鲁迅生平与
文稿考证

葛 涛◎著

北京师范大学出版集团
BEIJING NORMAL UNIVERSITY PUBLISHING GROUP
安徽大学出版社

图书在版编目(CIP)数据

鲁迅生平与文稿考证/葛涛著.—合肥:安徽大学出版社,2017.3
(国家社科基金丛书)
ISBN 978-7-5664-1381-9

Ⅰ.①鲁… Ⅱ.①葛… Ⅲ.①鲁迅(1881—1936)—生平事迹②鲁迅著作研究 Ⅳ.①K825.6②I210.97

中国版本图书馆 CIP 数据核字(2017)第 060301 号

本书为国家社科基金 2014 年度一般项目"国内六家鲁迅纪念馆的历史和现状研究(1951—2016)"〔编号:14BZW104〕的阶段性成果

鲁迅生平与文稿考证

葛 涛 著

出版发行:	北京师范大学出版集团 安 徽 大 学 出 版 社 (安徽省合肥市肥西路 3 号 邮编 230039) www.bnupg.com.cn www.ahupress.com.cn
印 刷:	合肥远东印务有限责任公司
经 销:	全国新华书店
开 本:	170mm×230mm
印 张:	25.5
字 数:	413 千字
版 次:	2017 年 3 月第 1 版
印 次:	2017 年 3 月第 1 次印刷
定 价:	58.00 元

ISBN 978-7-5664-1381-9

策划编辑:卢 坡　　　　　　　　　　装帧设计:李　军
责任编辑:赵 丽 朱 荣 卢 坡　　　美术编辑:李　军
责任印制:陈　如

版权所有　侵权必究

反盗版、侵权举报电话:0551-65106311
外埠邮购电话:0551-65107716
本书如有印装质量问题,请与印制管理部联系调换。
印制管理部电话:0551-65106311

目 录

鲁迅佚文研究 …………………………………………………… 1

新发现的鲁迅的六则佚文考释 …………………………………… 1
新发现的鲁迅校对《嵇康集》的手稿考释 ……………………… 18
新发现的两幅鲁迅搜集、整理汉画像的手稿考释 ……………… 28
新发现的鲁迅致郁达夫的三封书信考释
　　——兼为《新发现的鲁迅致郁达夫书简》一文补正 ……… 38
鲁迅博物馆藏鲁迅等六人联名致沈飚民的书信考释 …………… 50
鲁迅给姚克的请柬补正 …………………………………………… 61
再谈鲁迅给姚克的请柬 …………………………………………… 64
鲁迅自拟的杂文文集编目手稿考释 ……………………………… 68
鲁迅诉章士钊的诉状与互辩书考论
　　——兼谈章士钊的两则佚文 ………………………………… 74
赵荫棠与鲁迅的交往考略
　　——兼谈鲁迅的一封佚信 …………………………………… 89

鲁迅手稿研究 …………………………………………………… 95

鲁迅书信的附件应当完整地收入《鲁迅全集》………………… 95
"异国情调"与"中国化":鲁迅所译的三篇契诃夫小说的翻译手稿研究
　　………………………………………………………………… 115
"凡是翻译,必须兼顾着两面"
　　——鲁迅从德文翻译的《死魂灵》第一卷手稿研究 ……… 124

鲁迅藏品研究 ... 140

鲁迅挂在"老虎尾巴"书房中的安特莱夫照片应当恢复 ... 140
鲁迅博物馆收藏的两个关于内山书店的资料考释 ... 147
从一个新发现的鲁迅手写的购书单再谈鲁迅与嘉业堂所刻书 ... 153
新发现的鲁迅与光华书局的书账考释 ... 163
鲁迅收藏的"翟煞鬼墓记石" ... 169
鲁迅收藏的"大同十一年砖"砚 ... 172
鲁迅收藏的"君子馆砖" ... 174

鲁迅作品版本研究 ... 177

《三闲集》版本汇校札记 ... 177
鲁迅博物馆藏鲁迅小说《长明灯》的各版本汇校札记 ... 211
再谈鲁迅为"文艺连丛"撰写的出版广告 ... 221
写在鲁迅著作版本的边上
——略谈几则题跋 ... 226

鲁迅生平史实研究 ... 233

鲁迅、寿洙邻与周作人的一则佚文考论 ... 233
许广平关于鲁迅的一则佚文考论 ... 235
从新发现的李立三讲话记录再谈李立三和鲁迅的会见情况
——兼向朱正先生请教 ... 238
再谈《域外小说集》的存世数量 ... 249
鲁迅关心"左翼"文艺青年的历史见证 ... 253

鲁迅传播研究 ... 261

唐弢与鲁迅藏书的保护 ... 261
布道者萧军在延安传播鲁迅活动考
——以萧军编辑的《鲁迅先生纪念史料辑存选录》为中心 ... 267

萧军和胡乔木在"延安文艺座谈会"前后的交往及论争
　　——以萧军的日记和致胡乔木的三封书信为中心 …………… 291
真实刻画中国抗战的珍贵史料
　　——胡风收藏的抗战版画 ……………………………………… 309
《七月》杂志对鲁迅的传播与接受 ………………………………… 316
塑造鲁迅银幕形象背后的权力政治
　　——以《〈鲁迅传〉座谈会记录》为中心 …………………… 321
从"革命家鲁迅"到"文学家鲁迅"：20 世纪 60 年代塑造鲁迅银幕形象的艰难尝试
　　——以夏衍的集外佚作电影剧本《鲁迅传》第四稿的手稿为中心
　　………………………………………………………………………… 338
百年中国鲁迅研究的回顾与前瞻 ………………………………… 351

鲁迅友人研究 ……………………………………………………… 364

曹靖华的三封集外书信考释 ……………………………………… 364
李霁野集外的五封书信及一篇文章考释 ………………………… 368
茅盾谈电影剧本《鲁迅传》的两则佚文考释 …………………… 378
文物背后的历史信息
　　——萧军、萧红寄存许广平处的物品释读 ………………… 385

鲁迅佚文研究

新发现的鲁迅的六则佚文考释

鲁迅先生的文章经过数代鲁迅研究者的努力,基本都已经被收入人民文学出版社在 2005 年出版的《鲁迅全集》和人民出版社在 2009 年出版的《鲁迅著译编年全集》之中了,但是笔者在查找资料时又新发现了一些没有被收入这两部《鲁迅全集》之中的鲁迅的散篇文字,在 2013 年鲁迅研究这门学科诞生一百周年之际,特集中介绍这些新发现的鲁迅散篇文字。

一、新发现的现存最早的鲁迅手迹《拟购书目》考释

根据有关鲁迅文物的记载,现存的鲁迅最早的手迹是绍兴鲁迅纪念馆收藏的鲁迅在 1897 年 7 月手抄的《二树山人写梅歌》,但是笔者近日在北京鲁迅博物馆库房中偶然发现一个鲁迅打算向上海点石斋书局购买书籍的《拟购书目》。据周作人的考证,这个鲁迅的《拟购书目》当写在 1897 年之前,因此从时间上来说可能是比《二树山人写梅歌》更早的鲁迅手迹。

为了准确地释读出鲁迅的这个《拟购书目》,笔者请北京大学书法研究所的王坤宇博士帮助辨认,终于大致还原出鲁迅的原文如下:

拟购书目		
校邠庐逸笺		三角
泛槎图	四本	一元
历代名媛图说	二本	七角

梦迹图	一本	三角五分
晚笑堂画传	二本	二角八分
广陵名胜图	二本	八角五分
牧牛图	一本	八角
毓秀堂画传	四本	二角
劫火纪焚	一本	八角五分
任阜长名将图	二本	二元
百孝图	二本	三角
梅野人竹图		八角
沈桐敬王继遗事		七角
十五完人墨迹		四角
赵之谦琴旨		一角一分
上海点石斋图局新售		

周作人还为这个《拟购书目》写了一个说明，文字如下：

> 拟购书目为鲁迅早年笔迹，夹在伯宜公遗书石印十三经注疏中，时间大概为光绪丁酉（一八九七）年以前，因其中晚笑堂画传其时已经购得。海上名人画稿二册亦系早年可购之书，此书曾经伯宜公见过，当在光绪丙申上半年中。（伯宜公于丙申九月去世。）
>
> 椿寿光绪癸巳（一八九三）年六月十三日生
> 同戊戌（一八九八）年十一月初八日九十[时？]
> 小像系于己亥（一八九九）年二月十二日托叶雨香画师所画。

周作人说鲁迅手写《拟购书目》的时间在1897年之前，如果他的回忆正确的话，那么这个《拟购书目》就应当写在1894年4月鲁迅从亲戚家避难回到家中之后到1896年12月之间，因此也应当是现存最早的鲁迅手迹了。需要指出的是，这个《拟购书目》按照《鲁迅全集》的编辑体例，也应当作为鲁迅的佚文收入《鲁迅全集》。另外，周作人的这段说明文字也应当算作周作人未收集的集外佚文。

笔者通过国家图书馆网站和浙江图书馆网站检索了一下这个书目中的图书，大致了解了这几本书的版本概况：

《校邠庐逸笺》是清代冯桂芬（1809—1874）所撰，上海点石斋书局1885年出版；《泛槎图》是清代张宝所绘，上海点石斋书局1885年出版；《历代名媛图说》是汉代刘向所撰,明代汪氏增辑录,明代仇英绘图,上海点石斋书局1879年出版;《梦迹图》是清代宝琳所绘,上海点石斋书局1875年出版;《晚笑堂画传》是清代上官周撰写并绘图,出版机构和时间不详;《牧牛图》,上海点石斋书局1880年出版;《毓秀堂画传》,清代王墀绘,上海点石斋书局1883年出版;《劫火纪焚》是清代何贵笙(1841—1894)所撰,具体出版机构和时间不详;《任阜长名将图》是清代任熏所绘,平江沈氏1887年出版;《百孝图》是清代胡文炳辑录,清代谢仁澍书写,具体出版机构和出版时间不详。另外,《广陵名胜图》《梅野人竹图》《沈桐敬王继遗事》《十五完人墨迹》和《赵之谦琴旨》这几本书没有查到相关的信息。从上述简单的版本信息中可以看出,鲁迅当时所打算购买的图书大部分都是由上海点石斋书局出版的各种石印本画册和书法书籍,可以说,鲁迅购买这些画册和书籍主要用于阅读和影写练习。

据周作人回忆,因为父母担心自己和鲁迅受到祖父的"科场案"的牵连,而被送到皇甫庄和小皋埠的亲戚家中躲避(1893年八九月到1894年4月),鲁迅"在皇甫庄和小皋埠所受的影响立即向着两方面发展,一是开始买新书,二是继续影写图画。鲁迅回家后所买的第一部新书,大概是也应当是那两册石印的《毛诗品物图考》"。鲁迅那时"买到的画谱,据我所记得的,有《芥子园画传》四集,《天下名山图咏》,《古今名人画谱》,《海上名人画稿》,《点石斋丛画》,《诗画舫》,《晚笑堂画传》木版本尚有流传,所以也买到原本,别的都是石印新书了。有几种旧的买不到,从别人处借了来看,觉得可喜,则用荆川纸蒙在书上,把它影写下来。这回所写的比以前《荡寇志》要进一步,不是小说的绣像,而是纯粹的绘画了。这里边最记得清楚的是马镜江的两卷《诗中画》,他描写诗词中的景物,是山水画而带点小人物,描起来要难得多了。但是鲁迅却耐心的全部写完,照样订成两册,那时看过的印象觉得与原本所差无几,只是墨描与印刷的不同罢了"。①

从周作人的上述回忆中,可以看出青少年时代的鲁迅对美术非常热爱,甚至会花费大量的时间去影描两卷本的《诗中画》。可以说,少年鲁迅的这个《拟购书目》就是他喜爱美术的最好见证之一,而少年鲁迅对美术的热爱也为他后来所从事的推广木刻和翻印古代笺谱等美术活动打下了良好的基础,并间接影响到现代中国进步的美术运动。

---

① 周作人:《关于鲁迅·鲁迅的青年时代》,止庵编,乌鲁木齐:新疆人民出版社,1997年版,第404—406页。

二、新发现的鲁迅致蔡元培书信考释

笔者在北京鲁迅博物馆资料库查看资料时偶然看到鲁迅在一张盖有"春阳写真馆"印章的装照片的袋子的正面写下了如下文字：

  呈
  蔡孑民先生
  树人

另外，鲁迅在一个小一号的装照片的袋子上写有如下文字：

  介绍
  荆有麟君面奉
  蔡孑民先生
  周树人
  十二月六日

在这张纸上标有0014的号码，并有"已辦"字样。与上述信封和信纸在一起的还有鲁迅写在两张稿纸上的致蔡元培的信件，分别标有0015和0016的号码，已经被《鲁迅全集》收录。信的内容如下：

  孑民先生几下，谨启者：久违雅范，结念弥深，伏知贤劳，未敢趋谒。兹有荆君有麟，本树人旧日学生，忠于国事，服务已久，近知江北一带，颇有散兵，半是北军旧属，既失渠率，迸散江湖，出没不常，亦为民患。荆君往昔之同学及同乡辈，间亦流落其中，得悉彼辈近态，本非夙心，倘有所依，极甘归命，因思招之使来，略加编练，则内足以纾内顾之劳，外足以击残余之敌。其于党国，诚为两得。已曾历访数处，贡其款诚，尤切希一聆先生教示，以为轨臬。辄不揣微末，特为介绍，进谒台端，倘蒙假以颜色，俾毕其词，更赐指挥，实为万幸。肃此布达，敬请

  道安。
    后学周树人启上 十二月六日①

---

① 鲁迅：《鲁迅全集》第12卷，北京：人民文学出版社，2005年版，第94—95页。

从上述鲁迅写在照片袋上的文字和一张牛皮纸上的文字来看,这实际上是一封介绍荆有麟去拜见蔡元培的介绍信,也就是说,鲁迅在1927年12月6日给蔡元培实际上写了两封信,第一封是介绍荆有麟去拜见蔡元培的介绍信,第二封是鲁迅向蔡元培推荐荆有麟去江北接收改编散兵的推荐信,后者虽然已经收入《鲁迅全集》之中,但是和第二封信在一起的第一封信却一直被研究者忽视,没有被公开披露过,应当是鲁迅的佚文。从鲁迅博物馆文物来源档案中可以看到,这两封鲁迅致蔡元培的信都是1978年5月27日由中央办公厅秘书局转交国家文物局后划拨给鲁迅博物馆的,经手人是鲁迅博物馆当时负责文物保管工作的叶淑穗女士。

查鲁迅日记(按:本文所引鲁迅日记内容均引自人民文学出版社2005年出版的《鲁迅全集》),可以看出,鲁迅在1926年10月3日到上海后和荆有麟的来往仍然比较密切,从10月21日到11月17日,有1次会见,2次回信,3次收信的记载。此后的鲁迅日记中便没有关于荆有麟的记录,直到1927年12月1日才有荆有麟来访并邀午餐的记录。此后,鲁迅日记有荆有麟频繁来访的记载,其中在12月7日的日记中记载:"午后有麟来,付以致蔡先生信。"从上述两封鲁迅书信可以看出,荆有麟频繁登门访问鲁迅,是想让鲁迅介绍他拜访蔡元培,获得去江北收编散兵的差事。查王世儒编撰的《蔡元培先生年谱》(北京大学出版社1998年出版),没有看到蔡元培在1927年12月接见荆有麟的记载,而且从年谱中可以看出蔡元培在12月份比较忙。另外,鲁迅日记在12月9日、11日、12日、20日、23日、24日、26日、30日虽然有荆有麟来访的记载,并有13日收到荆有麟书信的记载,但没有收到蔡元培回信的记载。不过,从保存下来的那个装有鲁迅致蔡元培书信的照片袋上留下的"已办"两个字,可以推测出,荆有麟已经拿着鲁迅的介绍信和书信拜访了蔡元培,并获得了蔡元培的帮忙。《鲁迅全集》17卷对荆有麟的注释如下:"1927年5月在南京办《市民日报》,后任国民党中央党部工人部干事。1928年任国民党第22独立师秘书长,1930至1931先后在河北怀远县及江苏萧县任教员,1936年为国民党中央考选委员会委员,后加入国民党中统、军统特务组织。"[①]从荆有麟在1928年担任国民党第22独立师秘书长一职来看,大约这次蔡元培帮助荆有麟获得了他想要的工作。

---

① 鲁迅:《鲁迅全集》第17卷,第170—171页。

三、新发现的鲁迅题《初期白话诗稿》佚文考释

笔者在北京鲁迅博物馆资料库看到鲁迅在刘半农撰写的《初期白话诗稿》一书扉页上有如下的题字：

> 刘半农所赠五本之一，以此分送季市兄也。
>
> 鲁迅记（并盖"鲁迅"印）
>
> 一九三三年三月二日
>
> 上海

查鲁迅日记，1933年3月1日的日记记载："得静农信并《初期白话诗稿》五本，半农所赠。得季市（按：即许寿裳）信。……夜寄母亲信。复静农信。"查鲁迅书信，鲁迅在1933年3月1日致台静农的信中告诉台静农收到了《初期白话诗稿》："静农兄：二月廿四信，讲稿并白话诗五本，今日同时收到。"鲁迅收到5本《初期白话诗稿》后很快就又把该书送给了几位朋友。鲁迅在3月5日的日记记载："晚端仁及雁宾（按：即茅盾）来，同至聚风楼夜饭，共五人。赠端仁、雁宾以《初期白话诗稿》各一本。"鲁迅在3月9日的日记记载："季市来，赠以《竖琴》两本，《初期白话诗稿》一本。"鲁迅还特地在送给许寿裳的这本《初期白话诗稿》的扉页上题写了几句话，从落款时间可以看出鲁迅是在收到此书的次日即3月2日就准备送给许寿裳。通过鲁迅书信可以看出，鲁迅在3月2日写信告诉许寿裳已经委托内山书店直接给他邮寄了两本代买的儿童心理学书籍，大约是因为这两本儿童心理学书籍是从内山书店购买并由内山书店直接邮寄，所以鲁迅没有把这本《初期白话诗稿》和代买的两本儿童心理学方面的书一块邮寄，直到3月9日，许寿裳来访，鲁迅才面交给他。不过，从鲁迅收到《初期白话诗稿》的次日就题款送给许寿裳也可以看出两人的友谊之深厚。

因为这本《初期白话诗稿》扉页上有鲁迅的手迹，所以被作为国家一级文物收藏在鲁迅博物馆文物库房之中。从鲁迅博物馆文物来源档案中可以看到，这本书是1957年从许寿裳的藏书中提出来的，该书由陶伯勤（按：是许寿裳夫人）女士捐赠，经手人是鲁迅博物馆当时负责文物工作的许羡苏和叶淑穗两位女士。因为查阅鲁迅的文物比较困难，所以鲁迅的这个题词不被研究者所知，也因此一直没有被公开发表过。

鲁迅收到了5本《初期白话诗稿》，在日记中记载有3本送给了友人，其余2本自己保存留念了。据鲁迅博物馆编《鲁迅手迹和藏书目录》，在线装本子部第七艺术类记载：《初期白话诗稿》，刘复辑，民国二十二年北平星云堂书店，彩色影印本一册，白纸本另一部。另外，从鲁迅博物馆的藏书数据库中，可以检索出现有《初期白话诗稿》4本：鲁迅题款赠许寿裳的一本，鲁迅本人藏书中的两本，钱玄同藏书中的一本。另外，查鲁迅日记可以看出宋紫佩也送给鲁迅一本《初期白话诗稿》，鲁迅在6月4日的日记中记载："得紫佩信并《初期白话诗稿》一本，五月三十日发。"笔者推测，有可能这一本书是由周作人在收到刘半农交来的样书之后交给宋紫佩转寄给鲁迅的，因为《初期白话诗稿》也保留了周作人为鲁迅抄写的两首诗的手稿，只是这一本的下落待考。

刘半农在《初期白话诗稿序》中说："鲁迅先生在当时作诗署名唐俟，那时他和周岂明先生同住在绍兴县馆里，诗稿是岂明代抄，鲁迅自己写了个名字。现在岂明住在北平，鲁迅住在上海，恐怕不容易再有那样合作的机会，这一点稿子，也就很可珍贵了。"①周作人抄写鲁迅的两首诗投寄给《新青年》的编辑刘半农，这显示出周氏兄弟的亲密关系，但是鲁迅和周作人在1923年决裂之后就几乎没有往来，这本《初期白话诗稿》为周氏兄弟的友谊提供了一个历史见证。此外，这一本《初期白话诗稿》也是鲁迅和刘半农友谊的一个历史见证，收入《初期白话诗稿》的鲁迅的这两首诗就是刘半农亲自约稿并编辑发表的。

四、新发现的鲁迅致萧军的书信考释

鲁迅在翻译果戈理的《死魂灵》的过程中开始搜集《死魂灵》的相关插图，但是一直没有寻找到比较满意的插图，他在1935年5月22日致孟十还的信中这样说：

> 《死魂灵》的插图，《世界文库》第一本已用 Taburin 作，不能改了，但此公只画到第六章为止，新近友人寄给我一套别人的插图，共十二幅，亦只画到第六章为止，不知何故。那一本插图多的，我想看一看，但不急，只要便中带给我，或放在文学社，托其转送就好了。

---

① 刘半农：《初期白话诗稿序》，《新文学史料》，1979年第3期。

听说还有一种插图的大本,也有一二百幅,还是革命前出版,现在恐怕得不到了。①

鲁迅信中所说的有一二百幅图的书就是俄国画家阿庚所绘的《死魂灵百图》。孟十还知道鲁迅在搜集《死魂灵》的插图,就留意为鲁迅多方寻找好的插图,在11月4日偶然于一家旧书店中发现了一本阿庚所绘的《死魂灵百图》,就在当晚写信告诉鲁迅。鲁迅在11月6日收到此信之后,立即复信并托友人转交给孟十还25元钱用于购买这本书。

鲁迅致孟十还的这封书信保存下来并被收入《鲁迅全集》,信的内容如下:

十还先生:四夜信收到。那本画集决计把它买来,今托友送上大洋二十五元,乞先生前去买下为托。将来也许可以绍介给中国读者的。顺便奉送卢那察尔斯基的《解放了的D. Q.》美术版一本,据说那边已经绝版,我另有一本。但这一本订线已脱,须修一修耳。又中译本一册,印得很坏,我上印刷所的当的。不过译文出于瞿君之手,想必还好。专此布复,即颂时绥。

　　　　迅顿首

　　　　　　　　　　十一月六日②

不过,通过查鲁迅博物馆库房所保存的这封信,可以看出这封信并没有通过邮局邮寄,而是通过友人转交的,另外,还发现在信封上有鲁迅的如下手迹:

外书一包,洋二十五元,乞面交环龙路一六六号江苏饭店三楼孟十还先生收。

　　　　　　　　　　豫托　十一月六日

这幅手迹此前从未发表过,鲜为人知。需要强调的是,这些文字虽然写在信封上,但是有实质性的内容,是一封委托友人转交书、钱等给孟十还的短信,应当算作鲁迅的佚文收入《鲁迅全集》之中。

另外,从上述鲁迅手迹内容可以判断,鲁迅把11月6日写给孟十还的信

---

① 鲁迅:《鲁迅全集》第13卷,第464—465页。
② 鲁迅:《鲁迅全集》第13卷,第577—578页。

及赠送给孟十还的两本书籍和委托孟十还代购《死魂灵百图》的书款25元是委托友人一块转交给孟十还的。那么这位友人是谁呢？

从鲁迅在1935年11月6日的日记内容中可以推测出，鲁迅很可能是在晚上宴请萧军、萧红夫妇后通过萧军把书和钱转交给孟十还的，因为萧军、萧红夫妇和孟十还都是东北作家，彼此交往密切。

孟十还收到鲁迅的信和购书款之后很快就把鲁迅渴望已久的《死魂灵百图》买下并通过黄源转交给鲁迅。可惜的是，孟十还的这两封书信连同他在此前后给鲁迅的所有书信都没有能够保存下来。

值得一提的是，鲁迅在1935年11月15日签赠给孟十还的精装本《死魂灵》也于2006年在上海被发现，鲁迅在书上题写了如下的文字：

> 这是重译的书，以呈十还先生，所谓"班门弄斧"者是也。
> 鲁迅（印）
> 一九三五年十一月十五日，上海。

从上述题写在《死魂灵》一书上文字可以看出鲁迅和孟十还当时的交往状况，以及鲁迅对孟十还俄语水平的高度评价。这则题字已经被收入人民出版社2009年出版的《鲁迅著译编年全集》之中了。

五、鲁迅编辑瞿秋白的文集时的两则佚文考释

1935年6月18日，瞿秋白在福建长汀英勇就义，上海的《申报》在次日就报道了这一消息。鲁迅在得到瞿秋白被杀害的确切消息之后，心情非常悲痛，决定为瞿秋白编一部文集来纪念这位知己。

从目前已知的材料来看，鲁迅和茅盾、郑振铎等人讨论了瞿秋白文集的编选问题，杨之华认为瞿秋白的创作重要，主张先出版瞿秋白的创作文集，而鲁迅在1935年9月11日致郑振铎的信中说：

> 关于集印遗文事，前曾与沈先生商定，先印译文。现集稿大旨就绪，约已有六十至六十五万字，拟分两册，上册论文，除一二短篇外，均未发表过；下册则为诗，剧，小说之类，大多数已曾发表。草目附呈。
>
> ……
>
> 密斯杨之意，又与我们有此不同。她以为写作要紧，翻译倒在

其次。但他的写作,编集较难,而且单是翻译,字数已有这许多,再加一本,既拖时日,又加经费,实不易办。我想仍不如先将翻译出版,一面渐渐收集作品,俟译集售去若干,经济可以周转,再图其它可耳。①

鲁迅为了尽可能把瞿秋白的译文收齐,以二百元从现代书局赎回瞿秋白的《高尔基论文艺集》和《现实——马克思主义论文集》两部译作,从1935年10月22日开始编辑工作。一个月之后,30余万字的《海上述林》上卷编就。至于编法,鲁迅后来在1936年10月15日致曹白的信中说:"《述林》是纪念的意义居多,所以竭力保存原样,译名不加统一,原文也不注了,有些错处,我也并不改正——让将来中国的公谟学院来办罢。"②但是,笔者在鲁迅博物馆资料库中看到了一份鲁迅手写的《瞿秋白文集编目》,和一份由许广平女士在1956年随同保存在她那里的瞿秋白遗物一起捐献给鲁迅博物馆的不知何人手写的《瞿秋白文稿目录》(从手迹来看,既不像许广平的字,也不像杨之华的字,鉴于梅志协助鲁迅编辑《海上述林》,笔者推测这份保存在瞿秋白遗物中的瞿秋白文稿目录可能是梅志手写的),从这两份目录不仅可以看出鲁迅是在别人提供的《瞿秋白文稿目录》的基础上加以修改后编写完成《瞿秋白文集编目》的,而且也可以看出鲁迅最初也是准备把瞿秋白的创作与翻译作品在精选之后一起出版的。需要指出的是,《瞿秋白文稿编目》中没有瞿秋白与鲁迅合作并以鲁迅笔名发表的那12篇杂文,这可能是因为鲁迅认为这些杂文是瞿秋白和他合作撰写的。

鉴于鲁迅手写的《瞿秋白文集编目》还没有被收入《鲁迅全集》,也很少有研究者对此编目进行研究,特此把这个编目转录如下:

一、著作

通信

新俄游记

赤都心史

十月革命前的俄罗斯文学

落韈集(两篇)

---

① 鲁迅:《鲁迅全集》第13卷,第541—542页。
② 鲁迅:《鲁迅全集》第14卷,第169页。

骡子文学（两篇）

乱弹（约四十篇）

街头集（小调）

杂录

二、译述（上）

市侩颂（高尔基诗）

没功夫唾骂（别德讷衣诗）

解放了的OQ（卢那察尔斯基剧本）

托尔斯泰短篇集（耿济之同译）

二十六个和一个（高尔基小说）

莫尔华（同上）

高尔基短篇小说集

四十年（不全）

第十三篇小说（帕甫伦科作）

三、译述（下）

高尔基论文选集

现实主义文学论

杂集（约十篇）

四、研究

中国文字革命问题

仓颉集（四篇）

中国新文字草案

　　从这个编目中可以看出，鲁迅最初是准备把瞿秋白的文章分为"著作""译述"和"研究"三类编成四卷文集的，可能是考虑到书稿的内容较多，需要较大一笔印刷费用，所以最后只编选并出版了瞿秋白的译文集《海上述林》。

　　另外，从这个目录也可以看出，鲁迅对瞿秋白的一些文集和文章名字进行了修改，如卢那察尔斯基的剧本《解放了的OQ》的原来的题目是《解放了的董吉河德》，高尔基的小说《莫尔华》的原来的题目是《马尔华》，帕甫伦科的《第十三篇小说》的原来的题目是《第十三篇关于列尔孟托夫的小说》，这可能是鲁迅的书写时省略了一些较长的文章题目所致；另外，鲁迅还把一些原作者的名字有所改动，如把瞿秋白所翻译的"帕甫伦珂"写成"帕甫伦科"，把瞿秋白所翻译的"别德内依"写成"别德讷衣",这可能是鲁迅在书写这个书目时用自己的翻译人名来代替瞿秋白所翻译的人名。特别需要注意的是,鲁迅还把瞿秋白的两篇关于文字改革方面的著作的名字进行了更改,如把瞿秋白的《新中国的文字革命》改成《中国文字革命问题》,把瞿秋白的《新中国文草案》改成《中国新文字草案》,这主要是考虑到在当时的社会环境下用"新中国"这个词可能会引起一些政治上的麻烦。此外,鲁迅还删去了瞿秋白和耿济之合译的《托尔斯泰短篇集》,这可能是考虑到该书是两人合译,涉及版权问题。

最后,如果把这个目录中的"译述"部分和《海上述林》收录的瞿秋白译文目录进行对照,可以看出鲁迅把《瞿秋白文集编目》中的"译述"(下)作为《海上述林》上卷的主要内容,并增补了一些新搜集到的瞿秋白所翻译的文艺论文;同时把《瞿秋白文集编目》中的"译述"(上)作为《海上述林》下卷的主要内容,并予以适当分类。

《海上述林》上卷总目:
"现实"(按:此处省略了14篇文章的题目)
列宁论托尔斯泰(按:此处省略了3篇文章的题目)
高尔基论文选集(按:此处省略了22篇文章的题目)
高尔基论文拾补
关于真实的教育
译论辑存(按:此处省略了6篇文章的题目)
高尔基论文续补
冷淡
《海上述林》下卷总目:
讽喻诗二篇
M. 高尔基:市侩颂
D. 别德讷衣:没功夫唾骂
卢那察尔斯基:解放了的董·吉诃德
第一场
……
第九场
尾声
高尔基:早年创作二篇

二十六个和一个

莫尔华

高尔基创作选集

（按：此处省略了具体篇目）

高尔基：克里慕·萨慕京的生活

第一章

帕甫伦珂：第十三篇关于列尔孟托夫的小说

译者小引

本文

这里的高尔基小说《克里慕·萨慕京的生活》就是鲁迅所拟《瞿秋白文集目录》中的小说《四十年》。需要指出的是，鲁迅在这篇小说的结尾写了如下的文字：

> 原文已发表者，凡三部。这仅是第一部第一章的开端，以下未译。
>
> 编者识①

这一则文字应当以《〈克里慕·萨慕京的生活〉编者说明》为题收入《鲁迅全集》。鲁迅对于瞿秋白没有翻译完这篇小说就被杀害很感痛心，他在1935年6月28日致胡风的信中说：

> 检易嘉的一包稿子，有译出的高尔基《四十年》的四五页，这真令人看得悲哀。②

另外，在帕甫伦珂的小说《第十三篇关于列尔孟托夫的小说》中还有鲁迅所作的两条注释，全文如下：

> 第571页：他另有"光明"的方面，可参阅一卷六期(1)……
>
> (1)指"译文"——编者
>
> 第572页：所附的三幅插图(1)……
>
> (1)这里计四幅。第二幅为原书书面，"译文"未收。第一幅即本书主角列尔孟托夫画像。——编者

---

① 瞿秋白：《海上述林》下卷，诸夏怀霜社，1936年版，第567页。
② 鲁迅：《鲁迅全集》第13卷，第490页。

笔者认为鲁迅在第572页的注释也应当被作为鲁迅的集外散篇文字。

六、鲁迅手写的赠送《海上述林》上卷的两个书单

鲁迅在1936年10月2日收到从日本寄来的《海上述林》上卷之后，就开始分送有关人士，并把送书的名单记录如下：

（萧、孟　皮各一）（笔者按：这是鲁迅后来用铅笔新增加的文字。下文皆用毛笔书写）

内地		绒三
F	皮一	
开明	皮五	绒二
CT	皮八	绒六
胡	皮一	绒一
MD	皮二	绒二
谷	皮一	
广	皮一	绒一
谢	皮一	
杨	皮一	
乔	皮一	
曹	皮一	
鹿	皮一	
曹白		绒二
河清	皮一	
费		绒一
吴	皮一	
季	皮一	
台	皮（一）	
内山代发	革十九	
	绒十一	
送来	革十又一又五	
	绒十又四	

共	革三十五	应找	革十五	
	绒二十五		绒二十五	

另外，从鲁迅日记可以看出，鲁迅除了亲自把《海上述林》上卷赠送给友人外，还委托内山书店代为发送给一些友人，如鲁迅在1936年10月15日夜写给台静农的书信中就告知台静农已经委托内山书店给他寄了一本《海上述林》的上卷。所以，鲁迅在这个赠书名单中还专门记下了内山书店代为转交或转寄的图书数量：内山书店代为寄送了《海上述林》上卷共革面19本，绒面11本，另外内山书店还曾经把《海上述林》上卷的革面16本和绒面14本送到鲁迅家里，总数为《海上述林》上卷革面35本，绒面25本。鲁迅在记下了内山书店代自己寄发的《海上述林》上卷的详细数量之后，还记下了内山书店所存的《海上述林》上卷的数量为革面15本、绒面25本。

鲁迅的这个赠书名单所记的人名都是简称，我们可以把具体的人名再简单介绍如下："萧、孟"是萧军和孟十还；"内地"是指延安，三本绒面的书分送中共中央领导人张闻天、周恩来、毛泽东；"F"是冯雪峰；"开明"是开明书店；"CT"是郑振铎；"胡"是胡愈之；"MD"是茅盾；"谷"是胡风；"广"是许广平；"谢"是谢澹如；"杨"是杨霁云；"乔"是周建人；"曹"是曹靖华；"鹿"是鹿地亘；"河清"是黄源；"费"是费慎祥；"吴"是吴朗西；"季"是许寿裳；"台"是台静农。

鉴于这个送书名单比较完整，而《鲁迅全集》中收入了鲁迅的书账，因此笔者建议今后再修订《鲁迅全集》时把这个送书名单收入《鲁迅全集》之中。

另外，鲁迅还记下了通过友人转送《海上述林》上卷的名单，具体人名如下：

章雪村收	革五	绒二	
	叶、徐、章、宋、夏	以上革	
	王、丁	以上绒	
CT 收	革八	绒六	
	C.T	革五	绒五
	耿	革一	绒一
	傅	革一	
	吴	革一	
生活书店收	革一	绒一	
胡			

M.D收　　　　革二　　　　　　绒二

在这个赠书名单中,"叶"是叶圣陶;"徐"是徐调孚;"章"是章锡琛(即章雪村);"宋"是宋云彬;"夏"是夏丏尊;"王"是王伯祥;"丁"是丁孝先;"CT"是郑振铎;"耿"是耿济之;"傅"是傅东华;"吴"是吴文祺;"M.D"是茅盾。

如果把这份赠书名单与鲁迅在 1936 年 10 月 2 日写给章锡琛和郑振铎的书信对照一下,就可以看出两者的内容相似。特把这两封信转引如下:

西谛先生:

今送上《海上述林》上卷,系:

C.T.　　革脊五本、绒面五本

耿　　　革脊一本、绒面一本

傅　　　革脊一本

吴　　　革脊一本

共十四本。傅吴两位之书,仍希转交,因我无人可托,不能一一分送也。此布,即请

撰安。

迅　顿首[十月二日]①

雪村先生:

今送上《海上述林》上卷共七本,乞分赠:

章、叶、徐、宋、夏

以上五位,皮脊订本各一本,王、丁

以上二位,绒面订本各一本。

下卷已将付印,成后续呈。专此,即请

秋安。

树人　顿首[十月二日]②

笔者认为鲁迅亲笔记录的这个送书的名单在某种程度上也可以视为鲁迅的佚文,不过在送书名单与致郑振铎和章锡琛的书信内容近似的情况下,可以把这个送书名单作为这两封书信的附件收入《鲁迅全集》之中。

---

① 鲁迅:《鲁迅全集》第14卷,第160页。
② 鲁迅:《鲁迅全集》第14卷,第161页。

七、结论

　　人民文学出版社出版的《鲁迅全集》主要收录鲁迅创作的文字,这使得一些鲁迅的散篇文字因为没有被收入《鲁迅全集》之中而很少为研究者所知。笔者搜集了一些还没有发表过的鲁迅的散篇文字,这些文字虽然不是创作,但是对于研究鲁迅的生平仍然具有一定的参考价值,例如鲁迅拟定的《瞿秋白文集编目》,可以使我们知道鲁迅在决定先编选出版瞿秋白的译文集《海上述林》前曾经拟定了一个准备出版的《瞿秋白文集》的目录;而鲁迅在瞿秋白翻译的高尔基小说《克里慕·萨慕京的生活》后面所加的编者说明文字,可以让我们知道瞿秋白只翻译了这篇小说的第一章;鲁迅手写的赠送《海上述林》的两个书单,可以让我们知道鲁迅把《海上述林》具体送给那些人,特别是其中一个书单上还记着送给"内地"即延安的中共领导人三本绒面的《海上述林》,可以证明冯雪峰所说的鲁迅送给毛泽东革面的《海上述林》,送给周恩来绒面的《海上述林》这一说法是不准确的。另外,笔者认为鲁迅的集外散篇文字中的一些短文即使按照人民文学出版社《鲁迅全集》的编辑方针,也应当被收入该全集之中。总而言之,鲁迅的集外散篇文字值得重视,不仅是因为这些集外散篇文字是文化伟人鲁迅先生的吉光片羽,而且这些集外散篇文字对于我们全面深入地理解鲁迅其人其作也具有重要的参考价值。

新发现的鲁迅校对《嵇康集》的手稿考释

鲁迅生前多次整理并抄校《嵇康集》，所留下的手稿基本上都编入《鲁迅辑校古籍手稿》第五函之中。近日笔者发现了一份鲁迅校对《嵇康集》的手稿，该文不仅没有被收入《鲁迅辑校古籍手稿》之中，也没有被收入各种版本的《鲁迅全集》之中，应当是鲁迅的佚文。

一、鲁迅校对《嵇康集》的手稿内容

鲁迅的这份校对《嵇康集》的手稿写在三张带有"厦门大学国学研究院"的信笺上，内容如下：

卷一　　二页　下半　一行　清波　黄本清作轻
　　　　三页　神洲　洲作州　泰华　泰作太　泰玄　泰作太
　　　　　　　殉生命　殉作徇
　　　　五页　感寤　寤作悟　陵作崚　浩素　浩作皓
　　　　六页　垂降　降作景
　　　　　　　何足为　何作安……
卷二　　二页　参发竝起　起作趣
　　　　　　　競趣　競作竟
　　　　页三　流余鄉矣　流作留
　　　　页四　唱嚛　嚛讹處
　　　　页五　末二行　而无所不堪　而字无
　　　　页六　下半页　六行　第一字　钄作鑢
　　　　页七　注五　黄本作偪不作逼　宜改正
卷三　　页一　下半页　二行　末一字　撡作操
　　　　　　　八行　首二字　佯迷作任术
　　　　页一　二行　首一字　闲作间

		页四　八行　四字　闇作暗
卷四	页一	七行　斧斤作斤斧
		下半页　七行　飧作飡
	页二	末数第二行　蔬食　蔬作疏
	页三	而非木之所宜也　无所字
	下半页	四行　示盖之道也（四）疑当作不尽　各本无上四字
		肇祖案"盖"字疑为万字之误文形
		同行　智之所美　美作为
	页五	五行　忘富欲富者　忘字上有故
		十一行　第二字　动作勤
	下半页	十一行　第五字　知作止
	页六	六行　也作耳
	页八	五行　蘋蘩苻藻　苻作蕰
	下半页	四行　第二字　如作若
卷五		六行　識众国之风　識作知
	页三	九行　苟哀乐有声　有作由
	页五	下半页　行一　乐亦降杀　乐作声
	页六	一行　哀乐之理邪　邪作也
		末行　此为解其语　解作称
	页七	五行　吹律　吹作次
	页九	下半页　四行末一字　度作用
	页十	第二行　尽乎和　乎作于
	页十一	下半页　七行　应其度　度下有量字
		十行　感于哀乐　感作感
	页十二	下半页　四行　愿作幸
	页十四	二行　御作籞
卷六	一页	下半页　一行　不存于有措矣　于字无
	页五	六行　心所未安　所未作无所
	页六	八行　推作惟
	页八	九行　第二字　子作孑
卷七	一页	三行　人下无情字

	三页	七行	三字	为作其
卷八	页三	十行	至则当授衣	当字无
卷九	页一	下半页	八行 居殆	殆作怠
	页六	九行	皆性命之自然也	无皆字
	页八	下半页	九行 善卜者	作占
卷十	页二	行五	献作告	

二、鲁迅校勘《嵇康集》的手稿考释

鉴于这份手稿此前从未公开发表过，所以还没有研究者对这份手稿进行过研究。从手稿写在"厦门大学国学研究院"的信笺上来看，这应当是鲁迅在厦门大学任教时再次校对《嵇康集》时留下的校对手稿。

查鲁迅日记，可以看出厦门大学国学研究院是在1926年10月10日下午正式举行成立大会，因此，这个带有"厦门大学国学研究院"字头的信笺很可能是在此前后印制出的，所以，鲁迅的这份手稿也应当写于1926年10月10日之后。

另外，从鲁迅的书信中可以看到，鲁迅为厦门大学国学院主办的《厦门大学国学研究院季刊》第一期撰写了一篇学术文章《〈嵇康集〉考》，但是因为厦门大学发生了学潮，导致该杂志没能出版。鲁迅在1926年11月3日致许广平的信中提到了为《厦门大学国学研究院季刊》撰写文章的事：

> 明天是季刊文章交稿的日期，所以我昨夜写信一张后，即开手做文章，别的东西不想动手研究了，便将先前弄过的东西东抄西撮，到半夜，并今天上午，做好了，有四千字，并不吃力，从此就又玩几天。①

鲁迅信中说到的文章就是鲁迅在1926年11月4日上午撰写完成的《〈嵇康集〉考》，这篇文章写在厦门大学学生组织的文学社团泱泱社的稿纸上，分为三个部分："一、考卷数及名称"，"二、考目录及阙失"，"三、考逸文然

---

① 鲁迅：《鲁迅全集》第11卷，人民文学出版社，2005年版，第192页。

否"①,对《嵇康集》的原貌及版本流传情况进行了考证。需要指出的是,鲁迅在这篇文章的结尾注明的日期是1926年11月14日,这个日期可能是鲁迅后来修改这篇文章的时间,因此,这个保存下来的《〈嵇康集〉考》的修订完稿的时间应当是1926年11月14日。②

考虑到鲁迅信中提到了"将先前弄过的东西东抄西撮",并写成了4000字的《〈嵇康集〉考》,笔者查阅了相关资料,看到鲁迅的这篇文章的主要内容大致来源于他在1926年6月之前写的《〈嵇康集〉逸文考》和《〈嵇康集〉著录考》③这两篇文章。

笔者因此推测鲁迅的这份校对《嵇康集》的手稿很可能就是鲁迅在写作《〈嵇康集〉考》这篇文章前后所撰写的,而且,很可能鲁迅是准备把他校勘《嵇康集》的学术成果写入这篇《〈嵇康集〉考》之中,但是最后没有把这些文字校勘的内容写入《〈嵇康集〉考》之中。因此,鲁迅这篇校勘《嵇康集》的手稿的写作时间大约是在1926年11月。

另外,这份手稿所校对的《嵇康集》是依据哪个版本呢?

《鲁迅辑校古籍手稿》的"编辑说明"中介绍了该书所收录的鲁迅校勘《嵇康集》的几种手稿的情况:

> 鲁迅辑校的《嵇康集》,现存手稿四种。本函第一册是鲁迅一九三一年校订的定稿本,计十卷,前两卷为鲁迅手泽,后八卷为许广平续抄,一九三八年收入《鲁迅全集》二十卷本第九卷。本函第二册是一九二四年校订稿,系鲁迅第二次校录明吴宽丛书堂本《嵇康集》。附有《嵇康集逸文考》和《嵇康集著录考》。此稿一九五六年文学古籍刊行社曾影印出版。当时将未与正文订在一起的一九二四年六月十一日序和一九一三年跋一并收入,现保留序文,跋文则仍置于一九一三年校本之末,序文曾载一九三八年四月二十三日《华美周报》第一卷第一期,署名鲁迅,后收入一九三八年版《鲁迅全集》第九

---

① 鲁迅:《嵇康集考》,载北京鲁迅博物馆、上海鲁迅纪念馆编《鲁迅辑校古籍手稿》第5函第5册,上海古籍出版社,1986年版,第24至32页。
② 参见北京鲁迅博物馆鲁迅研究室编撰的《鲁迅年谱》(增订本)第二卷,人民文学出版社,2000年版,第35页。
③ 鲁迅:《〈嵇康集〉逸文考》,载《鲁迅全集》第10卷,第51—52页;《〈嵇康集〉著录考》,载《鲁迅全集》第10卷,人民文学出版社,2005年版,第55—59页。

卷的《嵇康集》中。本函第三册《嵇中散集》是鲁迅于一九一五年至一九二二年间用他人的抄本校订的。本函第四册是鲁迅于一九一三年第一次以手录丛书堂本《嵇康集》为底本，用明黄省曾、汪士贤刻本及其他有关书籍校勘，并于同年十月二十日作跋的初稿本……此外，北京鲁迅博物馆珍藏的鲁迅藏书中，尚有一部《嵇中散集》，系明汪士贤辑《汉魏诸名家集》之一种，书眉有鲁迅首批"南星精舍刻本，每页二十二行，行二十字"及若干校字，因系刻本，未予收入。①

笔者查阅了《鲁迅辑校古籍手稿》第五函所收集的鲁迅校订过的四种《嵇康集》版本，发现鲁迅的这份手稿很可能是以鲁迅1913年第一次校订过的《嵇康集》手稿为底本，因为这份手稿中的很多内容都可以从鲁迅1913年校订《嵇康集》的手稿中找到相近的校勘内容。具体例子如下：

卷八　页三　十行　至则当授衣　当字无（1913年校订的《嵇康集》手稿：黄本字无）②

卷九　页一　下半页　八行　居殆　殆作怠（1913年校订的《嵇康集》手稿：黄本作怠）③

页六　九行　皆性命之自然也　无皆字　（1913年校订的《嵇康集》手稿：黄本字无）④

页八　下半页　九行　善卜者　卜作占（1913年校订的《嵇康集》手稿：黄本作占）⑤

卷十　页二　行五　献作告（1913年校订的《嵇康集》手稿：黄本作告）⑥

最为明显的例子就是鲁迅这份手稿中出现了鲁迅在1913年校订的《嵇康集》手稿中所注释的内容，甚至连注释的序号也一样（案：黑色字体系笔者所标注）：

---

① 《鲁迅辑校古籍手稿》，第5函第1册第1—2页。
② 《鲁迅辑校古籍手稿》，第5函第4册第95页。
③ 《鲁迅辑校古籍手稿》，第5函第4册第152页。
④ 《鲁迅辑校古籍手稿》，第5函第4册第161页。
⑤ 《鲁迅辑校古籍手稿》，第5函第4册第166页。
⑥ 《鲁迅辑校古籍手稿》，第5函第4册第175页。

> 卷四　页三　下半页　四行　示盖之道也（四）疑当作不尽　各本无上四字
> 肇祖案"盖"字疑为万字之误文形

鲁迅在1913年校订的《嵇康集》手稿中对"示盖之道也"中的"盖"字是这样注释的：

> 四　疑当作不尽　各本无上四字　旧校亦删①

但是，鲁迅这份手稿中的部分内容没有出现在鲁迅1913年校订的《嵇康集》手稿中，具体例子如下：

> 卷一　二页　下半　一行　清波　黄本清作轻
> 卷七　三页　七行　三字　为作其

另外，鲁迅在1913年校订的《嵇康集》手稿中也有大量的校勘内容没有出现在鲁迅的这份手稿之中。由此可以推测，鲁迅在1926年11月又再一次校勘了《嵇康集》。

从《鲁迅年谱》可以看出，鲁迅在1913年10月15日开始用明吴宽丛书堂钞本来校对《全三国文》中的《嵇康集》，并在1913年10月20日夜第一次校完《嵇康集》后写下了《〈嵇康集〉跋》，指出了明吴宽丛书堂钞本和黄省曾所刻本的异同：

> 右《嵇康集》十卷，从明吴宽丛书堂钞本写出。原钞颇多讹敚，经二三旧校，已可籀读。校者一用墨笔，补阙及改字最多。然删易任心，每每涂去佳字。旧跋谓出吴匏庵手，殆不然矣。二以朱校，一校新，颇谨慎不苟。第所是正，反据俗本。今于原字校佳及义得两通者，仍依原钞，用存其旧。其漫灭不可辨认者，则从校人，可惋惜也。细审此本，似与黄省曾所刻同出一祖。惟黄刻帅意妄改，此本遂得稍稍胜之。然经朱墨校后，则又渐近黄刻。所幸校不甚密，故留遗佳字，尚复不少。中散遗文，世间已无更善于此者矣。癸丑十月二十日，周树人镫下记。②

鲁迅用明吴宽丛书堂钞本来校对《嵇康集》之后，对明吴宽丛书堂钞本颇

---

① 《鲁迅辑校古籍手稿》，第5函第4册第66页。
② 鲁迅：《〈嵇康集〉跋》，《鲁迅全集》第10卷第21页。

为满意,以致称"中散遗文,世间已无更善于此者矣"。

三、鲁迅两次校勘《嵇康集》的原因异同

鲁迅在1926年11月校勘《嵇康集》和他在1913年校勘《嵇康集》不仅在校勘的内容上有一些异同,而且在校勘的原因方面也有所异同。

总体来说,鲁迅在1913年首次校对《嵇康集》时更多的是出于对嵇康的精神的认同,此外也有一些在当时的社会环境下沉入古籍的整理之中以此来逃避现实社会的因素。许寿裳在《亡友鲁迅印象记》一文中特别指出当时在教育部工作的鲁迅在1913年校勘《嵇康集》的原因:

> 自民二以后,我常常见鲁迅伏案校书,单是一部《嵇康集》,不知道校过多少遍,参照诸本,不厌精详,所以成为校勘最善之书。其序文有云:"……今此校定,则排摈旧校,力存原文。其为浓墨所灭,不得已而从改本者,则曰:各本作某,以存其异。"并作《逸文考》,《著录考》各一卷附于末尾,便可窥见他的功夫的邃密。
>
> 鲁迅对于汉魏文章,素所爱诵,尤其称许孔融和嵇康的文章,我们读《魏晋风度及文章与药及酒之关系》(《而已集》),便可得其梗概。为什么这样称许呢?就因为鲁迅的性质,严气正性,宁愿覆折,憎恶权势,视若蔑如,皭皭焉坚贞如白玉,懔懔焉劲烈如秋霜。很有一部分和孔嵇二人相类似的缘故。①

而鲁迅在1926年11月再次校勘《嵇康集》时,他的身份已经是厦门大学教授了,更多是从学术研究的角度来校勘《嵇康集》,虽然较多地采用了1913年校勘《嵇康集》时的校勘成果,但是仍然有新的校勘发现。此外,他作为厦门大学国学研究所的教授,还要为即将创刊的《厦门大学国学研究院季刊》撰写学术论文,他便将此前校勘《嵇康集》所积累的研究成果撰写成一篇学术论文《〈嵇康集〉考》,从而把个人的学术兴趣和职业研究工作结合起来。

---

① 许寿裳:《亡友鲁迅印象记》,北京鲁迅博物馆编,《鲁迅回忆录(专著上册)》,北京出版社,1999年版,第243页。

四、鲁迅这次校勘的内容在 1931 年定稿本中的体现

《鲁迅辑校古籍手稿》第五函第一册收录了鲁迅 1931 年校勘《嵇康集》定稿本,其中前两卷是鲁迅的手稿,后八卷是许广平的抄稿,间或有鲁迅的眉批(为叙述方便,统称为鲁迅 1931 年校勘《嵇康集》的手稿)。通过对比鲁迅在 1926 年留下的这份校勘《嵇康集》的手稿和鲁迅 1931 年校勘《嵇康集》的手稿,可以看出鲁迅在 1926 年校勘《嵇康集》的部分成果被沿用到 1931 年的校勘手稿之中。如:

(1926 年校勘手稿)

卷一　二页　下半　一行　清波　黄本清作轻

1931 年校勘定稿第一卷第三页第六行中有如下夹批内容:

清(黄本作轻)波①

(1926 年校勘手稿)

卷一　六页　垂降　降作景　何足为　何作安

1931 年校勘定稿第一卷第七页第六行中有如下夹批内容:

垂降　(黄本作景)

1931 年校勘定稿第一卷第七页第十三行中有如下夹批内容:

何(黄本作安)足为

但是,鲁迅并没有完全把 1926 年校勘的成果用到 1931 年的校勘手稿之中,如:

卷一　三页　神洲　洲作州　泰华　泰作太　泰玄　泰作太
殉生命　殉作狥

鲁迅在 1931 年校勘定稿第一卷第四页第五行行中有如下夹批内容:

神洲(黄本作州)②

---

① 《鲁迅辑校古籍手稿》,第 5 函第 1 册第 3 页。
② 《鲁迅辑校古籍手稿》,第 5 函第 1 册第 4 页。

但是鲁迅在1931年校勘定稿中没有对"泰华""泰玄""殉生命"这几个词进行校勘。

再如1926年校勘手稿：

卷一　五页　感寤　寤作悟　陵作巄　浩素　浩作皓

鲁迅在1931年校勘定稿第一卷第五页第五行行中有如下夹批内容：

浩（各本作皓诗纪同）素①

但是鲁迅在931年校勘定稿中对"感寤"和"陵"这两个词没有作校勘，需要说明的是，鲁迅在1926年的校勘手稿中写成"陵云轻迈"，而在1931年的校勘稿中写成"凌云轻迈"。

另外，从上文也可以看出，鲁迅在1926年11月校勘《嵇康集》的手稿中所写出来的校勘成果相对于鲁迅在1913年初次校勘《嵇康集》的成果，和1931年校勘《嵇康集》的成果，是一个阶段性的研究成果。

例如，鲁迅在1913年校勘稿中对《嵇康集》卷二第七页的"因而济之禹不迫（五）伯成子高全其节也"这句话中的"迫"注释如下：

五　黄本程本二张本作偪　汪本作逼　晋书及唐本文选同②

鲁迅在1926年校勘手稿中有如下内容：

卷二　页七　注五　黄本作偪不作逼　宜改正

鲁迅在1931年校勘稿中对《嵇康集》卷二第十页的"因而济之禹不迫伯成子高全其节也"这句话中的"迫"的夹批内容如下：

黄程二张本作偪　尤袁本　文选同　汪本作逼　晋书及唐本文选同③

对照这三个注释的内容，可以看出鲁迅在1931年校勘《嵇康集》时沿用了他在1913年校勘《嵇康集》的一些内容，并有所增补。而鲁迅在1926年校勘《嵇康集》的这个注释虽然语气比较肯定，但是内容显得有些简短。因此，从鲁迅在1913年、1926年和1931年三次校勘《嵇康集》时对"迫"这个字的注

---

① 《鲁迅辑校古籍手稿》，第5函第1册第4页。
② 《鲁迅辑校古籍手稿》，第5函第4册第7页。
③ 《鲁迅辑校古籍手稿》，第5函第1册第10页。

释内容的变化,可以说,鲁迅在1926年校勘《嵇康集》的手稿中有一部分内容继承了1913年校勘《嵇康集》的成果,并有部分校勘成果被沿用到1931年校勘《嵇康集》的定稿本之中。需要强调的是,鲁迅在1926年校勘《嵇康集》的手稿的全部内容并没有被鲁迅沿用到在1931年校勘《嵇康集》的定稿之中。

五、这篇手稿为学术界关于鲁迅校勘《嵇康集》的次数的争论提供了新的材料

基于上述内容,笔者推测,鲁迅在厦门时又再次以他在1913年校订的《嵇康集》手稿为基础校订了一遍《嵇康集》,并写下了这份校订手稿。由此,也可以使研究界对鲁迅辑校《嵇康集》的准确次数有了新的考证材料。

关于鲁迅生前校勘《嵇康集》的准确次数,鲁迅研究界的一些学者有不同的说法,田刚教授通过对鲁迅的日记和书信等资料的详细梳理,认为鲁迅一生共九次校勘《嵇康集》:"前后凡九校,共采用校勘底本三种,自1913年到1931年始得定本。"[①]但是鲁迅在1926年11月写下的这篇校勘《嵇康集》手稿的发现又为这个学术争论提供了新的资料。总体来说,在田刚教授考证鲁迅共九次校勘《嵇康集》的基础上,还应当再加上鲁迅在1926年11月的这一次校勘,另外,考虑到鲁迅在日记中并不是事事都有详细记录,所以鲁迅生前校勘《嵇康集》的总的次数可能超过十次,因此,学术界此前关于鲁迅生前曾经十多次校勘《嵇康集》的说法应当是较为准确的。

六、结论

鲁迅在1926年11月再次校勘《嵇康集》并留下了三页的校勘手稿,这份手稿的内容虽然不多,但是也为鲁迅研究者提供了新的研究资料,对于了解鲁迅在厦门大学时的学术研究工作具有很好的参考价值。

---

① 转引自阎庆生:《厚重严谨 融会贯通——评田刚〈鲁迅与中国士人传统〉》,《鲁迅研究月刊》2005年第12期。

新发现的两幅鲁迅搜集、整理汉画像的手稿考释

鲁迅生前曾经搜集过大量的碑拓,并对其中的一些碑拓进行整理和研究,留下了不少的校勘和研究的手稿,但是这些记录鲁迅金石学研究经历的手稿却没有得到足够的重视,只有少数几篇被收入人民文学出版社出版的《鲁迅全集》之中,其余的手稿有一部分被收入《鲁迅辑校石刻手稿》之中,但还有一部分则直到现在也没有被公开发表过。笔者近日就查找到鲁迅的两幅搜集、整理碑刻和汉画像的手稿,经查阅各种版本的《鲁迅全集》之后,确认是鲁迅的佚文。

一、鲁迅收藏的山东汉画像目录及跋

笔者看到一幅鲁迅搜集汉画像的手稿复制件,全文转录如下:

汉画像

洪福寺一石	甲	刘家庄三石之一 见访碑录
七日山圣寿寺一石	乙	访碑录云七日山二石
隋家庄关庙二石	丙丁	访碑录云二石当印此
嘉祥上华林村真武庙一石	戊	访碑录云华林村二石
又吴家庄观音堂一石	己	
又郝家庄一石	庚	
又不知所出一石 旧在城小学堂	辛	
又洪家庙一石	壬	
又商村一石	癸	打碑人记云□□村

以上十石在山东图书馆 尚有十七石在学宫 前十石胡孟乐自山东来以拓本见予

查鲁迅日记中的人物注释,可以看到如下的内容:

胡孟乐(1879—?),又作猛碌,名豫,浙江绍兴人。与鲁迅同期留学日本,后在山会初级师范学堂同事,1912年间为教育部普通教育司主事。①

可以说,胡孟乐不仅是鲁迅的同事,也是鲁迅的同乡好友。在鲁迅日记中有七次提到胡孟乐:1912年7月21日记载胡孟乐来访;9月11日记载胡孟乐招饮于南味斋;1913年9月11日记载胡孟乐赠送山东画像石刻拓本十枚;11月29日记载与胡孟乐等人同饮;12月26日记载胡孟乐被免职;1914年2月7日记载收到胡孟乐的信并即复。从上述记载中可以看出,胡孟乐在1913年9月11日送给鲁迅十枚山东汉画像拓片,但是从鲁迅在当年的书账中可以看到如下记载:

武梁祠画像佚存石拓本十枚　胡君孟乐赠　九月十一日②

显然胡孟乐在1913年9月11日送给鲁迅的那十枚山东汉画像的拓片并不是鲁迅这幅手迹中提到的那十枚拓片,而鲁迅日记中再无胡孟乐赠送山东汉画像拓片的记录,因此也无法判定胡孟乐赠送鲁迅这十枚山东汉画像拓片的准确时间。

另外,从这幅手稿中可以看出鲁迅还参考《访碑录》的相关记载,用简短的文字对其中的几枚汉画像进行注释说明。《访碑录》即清代孙星衍、邢澍编著的《寰宇访碑录》,该书收集了从周代到元代的碑刻及少量瓦当共8000多种,是清代出版的最详尽的碑刻目录。

《寰宇访碑录》对鲁迅在这幅手稿写到的前四枚汉画像有如下记载:

洪福寺一石:刘村洪福院画像　八分书。凡三石。无年月。山东嘉祥

七日山圣寿寺一石:七日山画像　无题字。凡二石。无年月。山东嘉祥

隋家庄关庙二石:隋家庄画像　无题字。凡二石。无年月。山

---

① 鲁迅:《鲁迅全集》第17卷,人民文学出版社,2005年版,第174页。(本文所引鲁迅文字都来源于这一版本)

② 鲁迅:《鲁迅全集》第15卷,第97页。

东嘉祥

嘉祥上华林村真武庙一石：华林村画像　无题字。凡二石。无年月。山东嘉祥①

其余的六枚汉画像拓片可能发现的时间晚于《寰宇访碑录》出版的时间(1802年)，或者没有被该书的两位作者搜集到，所以没有被该书著录。

值得一提的是，鲁迅不仅把这些从山东搜集来的汉画像编目，还为其中的几幅汉画像撰写了较为简洁、准确的说明文字，从中可以看出鲁迅对这些汉画像已经具有一定的研究水平。

鲁迅撰写的隋家庄关庙汉画像拓本的说明文字如下：

嘉祥关庙画像

高二尺二寸五分，广五尺七寸。右方楼阁，楼上，女子中坐，左右侍者各二，楼下，男子坐持毂，一人持节在后，一人跪于前，又三人立，其二持器；左方上半，骑者一，车马一，又一人存半；下半，辎车一，女子三人坐舞，童一人。其后断阙。在山东历城金石保存所。②

鲁迅撰写的洪家庙汉画像拓本的说明文字如下：

嘉祥洪家山画像一石

打碑人手记云在城东北五里天齐庙壁间

高四尺八寸，广二尺七寸。上、下、右有缘，中画二层。上层孔子见老子像，共三人；下层一马脱驾，向车而立。今在山东历城金石保存所。③

鲁迅撰写的郗家庄汉画像拓本的说明文字如下：

嘉祥郗家庄画像一石

打碑人手记云，在城南五十里，庄南桥上。

高一尺八寸，广四尺八寸。上下有缘，左端一人拱立，次荷戈人，一骑者，车马各一，马特骏伟，一人拜于车后。④

---

① 孙星衍、邢澍编著：《寰宇访碑录》卷一，中华书局，1985年版，第11页。
② 叶淑穗、杨燕丽：《从鲁迅遗物认识鲁迅》，中国人民大学出版社，1999年版，第434页。
③ 叶淑穗、杨燕丽：《从鲁迅遗物认识鲁迅》，第436页。
④ 叶淑穗、杨燕丽：《从鲁迅遗物认识鲁迅》，第440页。

另外,鲁迅在这个目录中所列的十个汉画像拓片都在山东嘉祥境内,而鲁迅所说的"尚有十七石在学宫",从下文所引拓碑目录中所说的嘉祥"汉画像十七石在县学明伦堂"一句可以断定也是山东嘉祥的汉画像。由此,也可以断定鲁迅所列的这个汉画像目录实际上也可以说是鲁迅收藏的山东嘉祥的汉画像目录。

二、鲁迅拓印山东汉画像和碑刻的前言及目录

鲁迅的遗物中还有一个请友人在山东帮助搜集有关碑刻拓本的目录,叶淑穗女士曾经在《从鲁迅遗物认识鲁迅》一书中引用过这个目录的开头部分对拓工的四项要求,但是没有谈到整个目录的内容,在此,特把这个目录的全文转引如下:

一　用中国纸及墨拓

二　用整纸拓金石　有边者并拓边

三　凡有刻文之处　无论字画悉数拓出

四　石有数面者令拓工注明何面

济南

汉画像一石　在西关外十王殿

金石保存所　所列号数系照报部目录钞出

285 汉画像四石　286 龙飞一石

287 于纂墓志一石　290 大齐造像一

291 秦墓砖二　　　292 小汉砖二

293 魏砖一　　　　294 孙宝憘造像一

悟莹里石社碑一　阳及两侧均有画像,今欲拓全,外间所售皆无侧

曲阜

汉画像四石　在圣庙大中门

又二石　在颜氏乐圃

又二石　在衍圣公府后门

又一石　在元公庙殿及墙上
齐郡刺史墓碑　在县西北二十里郡即今陈抟(?)达墓
佛像石幢　今字

宁海州
汉画像一石　在今染院

蓬莱
汉画像一石　在泊干村西山墓间

益都
汉画像三石　在角楼村

渔台
汉画像一石　在伏羲庙内

兰山
汉画像一石　在右军祠
祠内闻有六朝造像及残碑不少

东平
汉画像一石　在州署
又一石　在州学

郯城
汉画像一石　在西城下
又三石　在洙龙桥(?)
刘平周残造像四面　在县署内

嘉祥
汉画像十七石　在县学明伦堂
又二石　在圣庙大殿壁间

武梁祠石阙
　　东西两阙　每阙三面均有画像　又两阙各有翼石　亦三面有画像　共十二面
　　又西阙南（？）仆石一　亦三面画像
　　武梁祠画像残石其数不详　约数十块
　　又祠西北墓间画像一石

　　费县
　　南武阳阙　在平邑集
　　凡西南东三阙　每阙四面均有刻文　共十三面
　　汉画像大小三石　在朱公铺南

　　金乡
　　朱鲔石室画像　在城西三里
　　不知几石　市上所有拓本皆只就清晰处零星拓之　今欲得全石整张拓本

　　济宁
　　汉画像二十七石　在东南八十里两城山
　　又一石　在西南六十里张古屯东南漫地内
　　又七石　在城西北三十五里晋阳山（俗名匡山）慈云寺
　　又七石　在城西北三十五里真武庙内
　　又三石　在城内鱼山书院

　　从这幅手稿开头部分所写的对工匠拓碑的具体要求，可以看出鲁迅对拓本的要求很高，不仅要求工匠用中国的纸和墨拓，而且要求拓本尽量清晰、全面；而从鲁迅所开列的准备拓的山东汉画像及碑刻目录，也可以看出他对山东所存的汉画像情况很熟悉。

　　另外，从这个拓印目录中出现的"所列号数系照报部目录钞出"这一句话可以看出，这是鲁迅委托教育部同事帮助搜集拓片的目录。因为鲁迅从1915年开始搜集历代碑刻拓片，所以就请经常去各地视察的教育部同事帮忙在各地搜集拓片。查鲁迅日记，可以看到1917年5月有三次收到教育部同事杨莘耜(即杨莘士)从山东寄来拓片的记录：

  5月16日：上午得杨莘耜信并鱼山书院所藏汉画像拓本一枚，十一日山东滋阳发。①

  5月21日日记记载：上午得杨莘士所寄汉画拓本一束，十六日曲阜发。②

  5月31日日记记载：杨莘士寄拓本一束，凡汉画像十枚，《于纂墓志》翻本一枚，造像四枚，专三枚，皆济南金石保存所藏石，卅日发。③

此外，鲁迅在1917年的书账中也有收到杨莘士所寄拓片的记载：

鱼山书院汉画像一枚 杨莘士寄 五月十六日④

汉画像十枚   杨莘士寄 五月卅一日⑤

翻本于纂墓志一枚 同上

杂造像四种五枚   同上

杂专文三枚   同上

  不过，鲁迅在5月21日收到杨莘士从曲阜所寄的汉画拓本一束，但是在本年的书账中却没有记载，原因不详。另外，鲁迅在1917年6月1日的日记中记载："上午得杨莘士信，廿九日济南发。"⑥日记只提到收到杨莘士从济南发来的信，并没有提到有关碑刻的信息。鲁迅在此后的日记中也没有收到杨莘士从山东寄来碑刻的记录。由此，我们也可以断定，鲁迅的这个拓印山东汉画像目录应当写于1917年5月初，即杨莘士赴山东视察教育前。

  可是从鲁迅所开列的希望搜集的山东碑刻目录和鲁迅的日记及书账的相关记载可以看出，鲁迅希望搜集的山东碑刻有好多并没有被杨莘士搜集到。不过，对照鲁迅的书账和这个希望搜集的山东汉画像及碑刻的目录，可以看出其中的一些汉画像此前就已经被鲁迅搜集到了。

---

① 鲁迅：《鲁迅全集》第15卷，第284页。
② 鲁迅：《鲁迅全集》第15卷，第285页。
③ 鲁迅：《鲁迅全集》第15卷，第286页。
④ 鲁迅：《鲁迅全集》第15卷，第309页。
⑤ 鲁迅：《鲁迅全集》第15卷，第310页。
⑥ 鲁迅：《鲁迅全集》第15卷，第287页。

如山东嘉祥的武氏祠梁阙的有关拓片,鲁迅在 1915 年的书账中就已经有购买的记载:

  武氏祠堂画像并题记拓本五十一枚 八.○○ 五月一日①

此外,如山东金石保存所收藏的碑刻及汉画像拓片、曲阜孔庙碑刻拓片、朱鲔石室画像、鲁迅在 1916 年的书账中也有已经购买的记载:

  山东金石保存所所藏石拓本一百十九枚 一○.○○ 正月十二日②

  (按:其中就有"嘉祥画像十纸跋一纸"。)
  孔庙六朝唐宋碑拓本十四枚 四.○○ 三月十一日③
  曲阜孔庙汉碑拓本十三[二]种十九枚 三.○○④
  朱鲔石室画像十五枚 四.○○⑤

鲁迅虽然已经搜集到了一些山东出土的著名碑刻和汉画像,但是可能因为拓片不清晰⑥,或者不全,所以希望杨莘士能按照他的拓碑要求委托工匠再次拓碑和汉画像,从而能搜集到更清晰、更全面的碑刻及汉画像。如悟莹里石社碑,"阳及两侧均有画像,今欲拓全,外间所售皆无侧";朱鲔石室画像,"不知几石市上所有拓本皆只就清晰处零星拓之,今欲得全石整张拓本"。

总体来说,从这个拓印山东汉画像、碑刻目录中不仅可以看出鲁迅对金石学的熟悉,而且可以看出他对于搜集汉画像的精益求精的态度。

另外,鲁迅不仅搜集整理汉画像,而且也从事相关的研究。鲁迅搜集和研究汉画像的事在朋友中颇有影响。蔡元培知道鲁迅对汉画像颇有研究,所以曾经致函鲁迅询问汉画像中人首蛇身像的问题。鲁迅在 1923 年 1 月 8 日的复信中说:

  子民先生左右: 谨启者,汉石刻中之人首蛇身象,就树人所收

---

① 鲁迅:《鲁迅全集》第 15 卷,第 203 页。
② 鲁迅:《鲁迅全集》第 15 卷,第 255 页。
③ 鲁迅:《鲁迅全集》第 15 卷,第 260 页。
④ 鲁迅:《鲁迅全集》第 15 卷,第 261 页。
⑤ 鲁迅:《鲁迅全集》第 15 卷,第 264 页。
⑥ 鲁迅在 1934 年 3 月 6 日致姚克的书信中说:"汉画像模胡的居多,倘是初拓,可比较的清晰,但不易得。"文见《鲁迅全集》第 13 卷,第 39 页。

拓本觅之,除武梁祠画像外,亦殊不多,盖此画似多刻于顶层,故在残石中颇难觏也。今附上三枚:

一 南武阳功曹乡啬夫文学掾平邑□郎东阙画像南阙有记云章和元年十一月十六日。在山东费县平邑集。此象颇清楚,然亦有一人抱之,左右有朱鸟玄武。(未摹)

二 嘉祥残画像旧为城内轩辕氏所藏,今未详所在。象已漫漶,亦有一人持之。

三 未知出处画像从山东来。此象甚特别,似二人在树下,以尾相缭,惜一人已泐。

周树人 启上 一月八日①

从这封信的内容中可以看出鲁迅不仅对汉画像比较熟悉,而且具有一定的研究水平。

三、结论

据统计,鲁迅从1913年到1936年共搜集了汉画像拓片696件,其中山东362件、河南南阳地区的汉画像292件、四川39件、江苏和甘肃共3件。鲁迅认为汉画像"气魄深沉雄大"②,对于了解秦、汉时代的典章文物及生活状态很有帮助,所以不仅长期搜集汉画像,还对汉画像进行初步的研究。鲁迅注重从图像的角度研究汉画像,把汉画像作为一种艺术品进行研究。蔡元培在《记鲁迅先生轶事》一文中指出:"我知道他对于图画很有兴会,他在北平时已经搜集汉碑图案的拓本。从前记录汉碑的书,注重文字;对于碑上雕刻的花纹,毫不注意。先生特别搜集。已获得数百种。"③鲁迅的这种研究方法不同于从宋代到清代以来的金石学注重从文字角度进行考据研究的方法,可以说是对于中国金石学的一种创新。

鲁迅生前曾经编定汉画像目录准备出版所收藏的一批汉画像,但终因印

---

① 鲁迅1935年9月9日致李桦信中说:"惟汉人石刻,气魄深沉雄大。"文见《鲁迅全集》第13卷,第539页。

② 鲁迅:《鲁迅全集》第11卷,第433页。

③ 蔡元培:《记鲁迅先生轶事》,转引自《1913—1983鲁迅研究学术论著资料汇编》第2卷,中国社会科学院文学研究所鲁迅研究室编,中国文联出版公司1986年版,第75页。

工浩大而未能如愿。鲁迅所藏的汉画像后来被鲁迅博物馆编为《鲁迅藏汉画像》（一、二）分别在1986年和1991年出版。当时负责整理出版鲁迅所藏汉画像的叶淑穗女士曾经撰文介绍过鲁迅所藏的汉画像，并披露过多篇鲁迅所撰写的汉画像说明文字，但是，鲁迅撰写的这些说明文字并没有得到重视，没有被作为鲁迅的佚文收入人民文学出版社出版的《鲁迅全集》之中，只被刘云峰编入天津人民出版社出版的《鲁迅全集补遗》之中。如果对照现在《鲁迅全集》中已经收入的《重订〈徐霞客游记〉目录及跋》一文，可以说，本文所介绍的鲁迅的这两个汉画像目录，以及鲁迅所撰写的汉画像说明义字都在一定程度上体现出鲁迅对金石学的研究水平，都应当被视为鲁迅的佚文，并被收入《鲁迅全集》之中。这两则文字分别可以定名为《鲁迅收藏的山东汉画像目录及跋》和《鲁迅拓印山东汉画像和碑刻的前言及目录》。

新发现的鲁迅致郁达夫的三封书信考释

——兼为《新发现的鲁迅致郁达夫书简》一文补正

黄世中先生在 2013 年 10 月出版的《王映霞:关于郁达夫的心声——王映霞致黄世中书简(165 封)笺注》①一书中不仅披露了王映霞在 20 世纪 80 年代以来致他的 165 封书信,而且披露了收藏在美国伊利诺伊州吴怀家先生处的鲁迅致郁达夫的三封书信,这无疑是近年来在鲁迅佚文方面的最重要的发现。

一、黄世中《新发现的鲁迅致郁达夫书简》一文的主要内容

黄世中先生在《新发现的鲁迅致郁达夫书简》[载黄世中《王映霞:关于郁达夫的心声——王映霞致黄世中书简(165 封)笺注》一书的附录部分]一文中介绍了这三封书简的内容,并提供了这三封书信的手迹图片。为了更好地对这三封书信进行考证,特摘要转引黄世中先生的文章(以下简称为黄文)如下②:

> 黄按:新发现的鲁迅致郁达夫书简共三件(其中一件缺页),分别为(1928 年 9 月)8 日夜、10 月 8 日夜和 10 月 11 日下午所作。(笔者按:黄文此处所引三封信的写作时间有误。)
> ……

---

① 黄世中:《王映霞:关于郁达夫的心声——王映霞致黄世中书简(165 封)笺注》,河南文艺出版社,2013 年版。
② 黄世中:《王映霞:关于郁达夫的心声——王映霞致黄世中书简(165 封)笺注》,第 412—414 页。

(一)1928 年 9 月 8 日鲁迅致郁达夫信

达夫先生：

　　昨得小峰来信，其中有云："《奔流》的稿费，拟于十六号奉上，五期希即集稿为盼。"

　　这也许是有些可靠的，所以现拟"集稿"。第五本是"翻译的增大号"，不知道先生可能给与一篇译文，不拘种类及字数，期限至迟可以到九月底。

　　密斯王并此致候。

迅上　九月八夜

　　黄按：1928 年 6 月 20 日，鲁迅与郁达夫合编的《奔流月刊》创刊，第二年 12 月即停刊。据鲁迅"五期希即集稿"云云，新发现致郁达夫三函，当为 1928 年所作。

(二)1928 年 10 月 2 日鲁迅致郁达夫信

　　……（缺页）商量出一类似奔流之杂志，而稍稍驳杂一点，似于读者不无小补。因为奔流即使能出，亦必断断续续，毫无生气，至多不过出完第二卷也。

　　北新版税，第一期已履行；第二期是期票，须在十天之后，但当非空票，所以归根结蒂，至延期十天而已。

迅启上　十月二夜

　　黄按：在《奔流月刊》第二期出版以后，郁达夫又想再编一种刊物，拟定名为《大众文艺》。《达夫日记》1928 年 7 月 31 日记云："（大众文艺）这四字虽从日文里来，但我的解释是——文艺不应由一社或几个人专卖的。"9 月 20 日，郁达夫与夏莱蒂合编的《大众文艺》创刊，由上海现代书局发行。在筹备期间，郁曾向鲁迅约稿，鲁迅欣然答应，写了《贵族妇女》一文，刊于《大众文艺》创刊号。此前，即 8 月 26 日，达夫往访鲁迅，就先预付该文稿酬大洋十元。在创刊号上，郁达夫在《编辑余谈》中特别感谢鲁迅赐稿，云："有许多寄稿的先生们，如鲁迅先生……我们也想在此地表示表示诚恳的谢意。"鲁迅认为"出一类似奔流之杂志，而稍稍驳杂一点，似于读者不无小补"。又因为北新书局对《奔流》作者的稿酬时常拖欠,"断断续续,毫无生气,至多不过出完第二卷也"(见十月二夜函),因此鲁迅对郁达夫与夏莱蒂合编《大众文艺》表示支持并为写稿。

(三)1928年10月11日鲁迅致郁达夫信

达夫先生:

十一信当天收到。Tieck似乎中国也没有介绍过。倘你可以允许我分两期登完,那么,有二万字也不要紧的。

昨天小峰又有信来,嘱集稿,但那"拟于十六",改为"十五以后"了。虽然从本月十六起到地球末日,都可以算作"十五以后",然而,也许不至于怎样辽远罢。

迅上　十一下午
(美国伊利诺伊州吴怀家收藏并提供)

二、新发现的鲁迅致郁达夫的三封书简考释

笔者查阅了人民文学出版社2005年出版的《鲁迅全集》,认为黄世中先生在判断这三封信的写作时间时出现了错误,具体考证如下。

(一)关于鲁迅写于"九月八夜"信的考证

黄文把鲁迅在"九月八夜"所写的致郁达夫的信断定在1928年,这个判断是不正确的。

其实,从鲁迅这封信中所说的"第五本是'翻译的增大号'",可以知道这封信中所说的《奔流》月刊第五期是1929年出版的第二卷第五期,并非1928年出版的第一卷第五期,由此也可以断定鲁迅的这封信是写于1929年的9月8日。

鲁迅在1929年11月20日写的《〈奔流〉编校后记(十二)》一文中说:

豫计这一本的出版,和第四本有整三个月的距离,读者也许要觉得生疏了。这迟延的原因,其一,据出版所之说,是收不回成本来,那么,这责任只好归给各地贩卖店的乾没……但现在总算得了

一笔款,所以就尽其所有,来出一本译文的增刊。

增刊偏都是译文,也并无什么深意,不过因为所有的稿件,偏是译文多,整理起来,容易成一个样子。①

另外,查鲁迅日记,可以看出鲁迅在1929年9月7日的日记中有收到李小峰来信的记载,在9月9日的日记中有寄郁达夫书信的记载:

七日　昙。上午秋田义一来还拓片。午钦文来。得小峰信并书报等。

九日　昙。上午复杨维铨信。复石民信。寄淑卿信。寄达夫信……②

此外,鲁迅在1929年9月10日的日记中还有收到李小峰寄来的《奔流》第四期和郁达夫来访的记载:

十日　晴。上午内山书店送来《厨川白村集》(六)一本,全部完。午后雨一陈[阵]即霁。寄修甫信。下午达夫来。晚得小峰信并《奔流》第四期……③

而鲁迅日记在1928年9月8日虽然有收到李小峰来信的记载:

八日　昙。午后杨维铨来。得小峰信并书又泉百,即复。④

但是在此后几天并没有寄信给郁达夫的相关记载,只在9月12日的日记中才有寄信给李小峰时附寄了郁达夫的一封信的记载:

十二日　昙。午后真吾来。寄小峰信,附寄达夫函……⑤

由此可见,《奔流》第二卷第四期刚刚出版,鲁迅这封信中所说的"五期希即集稿",应当指《奔流》第二卷第五期。综上所述,可以断定此信的写作时间是1929年9月8日。

---

① 鲁迅:《鲁迅全集》第7卷,人民文学出版社,2005年版,第196页。(本文所引《鲁迅全集》都来自这一版本。)

② 鲁迅:《鲁迅全集》第16卷,第151页。

③ 鲁迅:《鲁迅全集》第16卷,第151页。

④ 鲁迅:《鲁迅全集》第16卷,第94页。

⑤ 鲁迅:《鲁迅全集》第16卷,第95页。

（二）关于鲁迅写于"十一下午"信的考证

黄文认为写于"十一下午"的信是鲁迅在1928年10月11日写给郁达夫的，此说也不对。从鲁迅这封信开头的"十一信当天收到"，以及结尾所署的日期"十一下午"，可以看出，信中的"十一"应当是指具体的日期"11日"，而不是指"十月一日"。笔者认为这封信是鲁迅在1929年9月11日下午写给郁达夫的，具体考证如下。

查鲁迅日记可以看出，鲁迅在1928年10月11日的日记中并没有寄信给郁达夫的记载，在10月10日的日记中也没有收到李小峰来信的记载：

（十月）十日　晴。午后杨维铨来。下午往內山书店买书三种，共泉七元五角……夜真吾来。

十一日　晴。午收大学院九月分薪水泉三百。下午宋崇义来并赠柚子三个。①

而鲁迅在1929年9月11日的日记中有下午收到郁达夫的来信之后立即回信的记载：

（九月）十一日　晴。午后修甫来，托其以译著印花约四万枚送交杨律师。下午得达夫信，即复。下午往內山书店，遇辛岛、达夫，谈至晚……②

另外，鲁迅在1929年9月10日的日记中有收到李小峰来信的记载：

十日　晴。上午內山书店送来《厨川白村集》（六）一本，全部完。午后雨一陈[阵]即霁。寄修甫信。下午达夫来。晚得小峰信并《奔流》第四期……③

从鲁迅的上述日记中可以看出，郁达夫在9月10日下午来访鲁迅，鲁迅当天晚上接到李小峰的信和《奔流》第四期杂志，由此笔者推测，李小峰在信中请鲁迅开始筹备《奔流》第五期的稿件，鲁迅也因此在9月11日写信给郁达夫请他提供翻译稿件。同时，因为鲁迅和李小峰因拖欠版税产生的纠纷已

---

① 鲁迅：《鲁迅全集》第16卷，第97页。
② 鲁迅：《鲁迅全集》第16卷，第151页。
③ 鲁迅：《鲁迅全集》第16卷，第151页。

经在 8 月 25 日初步解决,鲁迅和李小峰达成协议,在收到预支的《奔流》的编辑费和稿费之后才会开始新一期的《奔流》的编辑工作,李小峰在 9 月 7 日致鲁迅的信中说:"《奔流》的稿费,拟于十六号奉上,五期希即集稿为盼。"但是,李小峰因为北新书局经营困难,所以又在 9 月 10 日致鲁迅的信中把"拟于十六号奉上"的《奔流》的稿费和编辑费改为"十五以后"奉上了。这也就是鲁迅在 9 月 11 日致郁达夫的这封信中接着在 9 月 8 日致郁达夫的信中所说的:"昨天小峰又有信来,嘱集稿,但那'拟于十六',改为'十五以后'了"。虽然鲁迅对李小峰能否在本月 15 日预支《奔流》第二卷第五期的稿费和编辑费产生一些疑问,但还是提前开始了该期《奔流》的编辑工作,并催促郁达夫提供稿件。

另外,对照鲁迅和郁达夫当时的日记,可以看出郁达夫在 1929 年 9 月 10 日"看了几位朋友",其中之一就是鲁迅,郁达夫还在 9 月 11 日下午与鲁迅和辛岛骁等人在内山书店会谈过,此外,也可以看出郁达夫那时正在为《奔流》第五期的稿件搜集翻译材料。

(九月)十日(旧历八月初八日),星期二,晴。

身体的疲倦如故,觉得精神总灰颓得很。午前上四马路去走了一趟,买了好几支的钢笔杆回来。午饭后小睡,睡不稳,三点多钟又出去,看了几位朋友。晚上和夏先生上徐家汇去看了半夜月亮。明天早晨起来,当写周启明的信一封,他住在八道湾十一号。

十一日(初九),星期三,晴。

早晨起床后,写了一早晨的信,周作人先生处也已经有信去了。午饭前出去走了一回,买 Hanns Heinz Ewers 著之 *Indien und Ich* 一册。读了两三节,很有趣味,而最有趣者,却是 Zum Geleit 的一篇序文。

午后去北四川路,有朝鲜京城大学文科讲师辛岛骁来访,询以中国新文艺的事情,晚上早睡。

九月十三日(阴历八月十一),星期五,晴。

晨起读短篇小说数篇,为《奔流》五期找材料也。看来看去,看了半天,终于找不到适当的东西,闷极出行,上街去走了半天。午后睡了一小时,仍复翻读各短篇小说集到夜。①

但是,从郁达夫当时的日记中可以看出,郁达夫没有翻译鲁迅在信中所说的德国作家 Tieck② 的作品,而是翻译了荷兰作家的 Juhani Aho(约翰尼·阿河)小说 Ein Wrack(《一个败残的废人》),后来刊登在 1929 年 12 月 20 日出版的《奔流》第二卷第五期上。鲁迅在 1929 年 9 月 19 日的日记中有"晚达夫来"③的记载,郁达夫此次访鲁迅估计是说明准备为《奔流》第五期翻译 Juhani Aho 的 Ein Wrack。从郁达夫日记中可以看出,郁达夫在 9 月 20 日开始翻译 Juhani Aho 的 Ein Wrack,9 月 23 日译完,并在 9 月 24 日撰写译后记:

二十日(旧历八月十八),星期五,晴。

早晨起就动手译 Juhani Aho 的 Ein Wrack,打算于三四日中译了它。④

九月二十三日(八月二十一),星期一,晴。

自朝至晚,译了一天,将 Ein Wrack 一篇译毕,共计万余字。⑤

鲁迅在 9 月 25 日的日记中有"达夫来别"⑥的记载,郁达夫可能是在 9 月 25 日为赴安庆任教而去鲁迅家辞行之时交给了鲁迅这篇翻译稿。

综上所述,笔者认为这封信应当是鲁迅在 1929 年 9 月 11 日写给郁达夫的。

---

① 郁达夫:《短篇日记五(1929 年 9 月 8 日—10 月 6 日)》,《郁达夫全集》第 12 卷,时代文艺出版社,2000 年版,第 4568—4569 页。

② Johann Ludwig Tieck(1773 年 5 月 31 日—1853 年 4 月 28 日),蒂克是和诺瓦利斯齐名的德国早期浪漫派代表作家,著有《威廉·洛弗尔》等小说和《奥克塔维安皇帝》等喜剧。郁达夫曾经在《小说论》一文中提到过这位作家:"德国的小说,本来在世界文学上,不大著名。歌德以后的作家,浪漫派的巨子 Tieck, Brentano, Arnim, Fouqué, Immermann 等除外后,就当推《未熟的享利》(Der Gruene Heinrich)的著者开拉(Gottfried Keller, 1819—1890),和弗拉衣泰哈(Gustav Freytag, 1816—1895)了。此外如海载(Paul Heyse, 1830—1914)的优美的体裁,弗伦森(Gustay Frenssen, 1863—)的乡土艺术的小说,都是世界有名的佳品。"(参见《郁达夫全集》第五卷,时代文艺出版社,2000 年版,第 1775 页。)

③ 鲁迅:《鲁迅全集》第 16 卷,第 152 页。

④ 郁达夫:《短篇日记五(1929 年 9 月 8 日—10 月 6 日)》,《郁达夫全集》第 12 卷,时代文艺出版社,2000 年版,第 4571 页。

⑤ 郁达夫:《短篇日记五(1929 年 9 月 8 日—10 月 6 日)》,《郁达夫全集》第 12 卷,时代文艺出版社,2000 年版,第 4572 页。

⑥ 鲁迅:《鲁迅全集》第 16 卷,第 153 页。

(三)关于鲁迅写于"十月二夜"信的考证

黄文认为鲁迅写于"十月二夜"的信是在1928年10月2日夜写的,笔者认为这一判断也不正确。仅从这封书信中所提到的"北新版税,第一期已履行;第二期是期票,须在十天之后,但当非空票,所以归根结蒂,至延期十天而已"这句话,就可以断定这封信写于1929年的10月2日。具体考证如下。

首先,鲁迅日记在1929年10月2日有收到郁达夫来信,和在10月3日复信郁达夫的记载:

(十月)二日 昙。……晚得达夫信。夜同三弟往福民医院,又之市买一帽,直三元。
三日 晴。晨复达夫信。①

其次,鲁迅在1929年8月因为北新书局长期拖欠版税,而聘请律师准备起诉北新书局,从鲁迅日记和当时的一些书信中可以看出鲁迅和北新书局在1929年8月12日开始的版税官司的大致过程。

鲁迅在1929年8月12日寄信给李小峰,声明停止《奔流》的编辑工作,并在当天访问律师杨铿,准备和北新书局打官司索回被拖欠的版税。鲁迅在当天的日记中有如下的记载:

十二日 昙,大风。晨寄小峰信,告以停编《奔流》。上午得幼渔信。下午访友松、家斌,邀其同访律师杨铿。晚得小峰信并版税五十,《奔流》编辑费五十。夜雨。②

另外,鲁迅在1929年8月11日所写的致李小峰信的内容如下:

小峰兄:

奉函不得复,已有多次。我最末问《奔流》稿费的信,是上月底,鹄候两星期,仍不获片纸只字,是北新另有要务,抑意已不在此等刊物,虽不可知,但要之,我必当停止编辑,因为虽是雇工,佣仆,屡询不答,也早该卷铺盖了。现已第四期编讫,后不再编,或停,或另请人接办,悉听尊便。

鲁迅 八月十一日③

---

① 鲁迅:《鲁迅全集》第16卷,第154页。
② 鲁迅:《鲁迅全集》第16卷,第147页。
③ 鲁迅:《鲁迅全集》第12卷,第200页。

李小峰收到鲁迅的这封来信之后，很惊慌，就到鲁迅家拜访鲁迅寻求和解。鲁迅在1929年8月16日的日记中有如下的记载：

十六日　昙。……下午得钦文信，即复。小峰来……①（据《鲁迅全集》的注释：李小峰得知鲁迅延请律师向北新书局交涉版税，来求和解。）②

此外，因为李小峰拜访鲁迅后没有解决双方的版税纠纷，所以李小峰又请两人共同的朋友郁达夫在1929年8月23日到鲁迅家里去调解版税官司。经过郁达夫的调解，鲁迅和北新书局在8月25日开会初步解决了版税问题。鲁迅在这两天的日记中有如下的记载：

二十三日　晴。午后访杨律师。夜达夫来……
二十五日　星期。晴，热。午后同修甫往杨律师寓，下午即在其寓开会，商议版税事，大体俱定，列席者为李志云、小峰、郁达夫，共五人。雨。③

（据《鲁迅全集》注释：是日会议上主要议定：北新书局当年分四期偿还拖欠鲁迅的版税共八千多元，次年起继续偿还，总共偿还欠款约两万元；鲁迅作价收回旧著纸型；此后北新书局出版鲁迅著作，必须加贴版税印花并每月支付版税四百元；鲁迅续编《奔流》，每期出版时北新书局将稿费交由鲁迅转发各作者。④）

鲁迅和北新书局的版税问题虽然协议解决了，但是北新书局因为经营问题，没有能按时支付第二批版税。鲁迅在1929年10月26日致章廷谦的信中说：

小峰之款，已交了两期。第二期是期票，迟了十天，但在上海习惯，似乎并不算什么。至于《奔流》之款，则至今没有，问其原因，则云因为穷，而且打仗之故。我乃函告以倘若北新不能出版，我当自行设法印售，而小峰又不愿，要我再等他半月，那么，须等至十一月

---

① 鲁迅：《鲁迅全集》第16卷，第148页。
② 鲁迅：《鲁迅全集》第16卷，第150页。
③ 鲁迅：《鲁迅全集》第16卷，第148页。
④ 鲁迅：《鲁迅全集》第16卷，第150页。

五日再看了。这一种杂志,大约小峰是食之无味,弃之不甘也。①

从鲁迅日记中可以看出,北新书局在9月21日支付了第一批版税,第二批版税则推迟到10月14日支付。

(九月)二十一日 晴。上午友松送来《小小十年》五部。午杨律师来,交还诉讼费一百五十,并交北新书局版税二千二百元,即付以办理费百十元⋯⋯②

(十月)十四日 雨。午杨律师来,交北新书局第二期板「版]税泉二千二百,即付以手续费百十⋯⋯③

因为郁达夫是鲁迅和北新书局版税官司的调解人,所以鲁迅在信中提到了北新书局支付版税的执行情况,特别是提到第二批版税推迟10天支付的情况。

另外,这封信中还提到了《奔流》的出版问题。从鲁迅日记中可以看出,鲁迅是在1929年11月6日和11日两次收到北新书局预支的《奔流》第二卷第五期的编辑费和稿费后才开始编辑工作的,并在11月22日完成《奔流》第五期的编辑工作。

(十一月)六日 雨。晚得小峰信并《奔流》稿费二百,即复。④

十一日 晴。午后寄友松信。夜得小峰信并《奔流》稿费一百。⑤

二十二日 晴。⋯⋯午后复杨骚信。寄小峰信。下午往内山书店买雕刻照片十枚,二元。杨律师来,并交北新书店第三次版税千九百二十八元四角一分七厘。夜编《奔流》二之五讫。⑥

但是,北新书局因为种种原因,在《奔流》第二卷第五期出版之后,就停止了该刊,这也和鲁迅在10月2日信中的判断一致:"《奔流》即使能出,亦必断断续续,毫无生气,至多不过出完第二卷也。"

综上所述,可以看出鲁迅在10月2日所写的致郁达夫的这封信,应当是

---

① 鲁迅:《鲁迅全集》第12卷,第209页。
② 鲁迅:《鲁迅全集》第16卷,第152页。
③ 鲁迅:《鲁迅全集》第16卷,第155页。
④ 鲁迅:《鲁迅全集》第16卷,第158页。
⑤ 鲁迅:《鲁迅全集》第16卷,第159页。
⑥ 鲁迅:《鲁迅全集》第16卷,第160页。

在1929年10月2日所写。

四、结论

经过上文的考证,我们确定了这三封鲁迅致郁达夫书信的准确的写作时间,因此,可以把这三封信的日期标注如下:

(一)1929年9月8日鲁迅致郁达夫信

达夫先生:

　　昨得小峰来信,其中有云:"《奔流》的稿费,拟于十六号奉上,五期希即集稿为盼。"

　　这也许是有些可靠的,所以现拟"集稿"。第五本是"翻译的增大号",不知道先生可能给与一篇译文,不拘种类及字数,期限至迟可以到九月底。

　　密斯王并此致候。

　　　　　　　　　　　　　　　　　　　迅上　九月八夜

(二)1929年9月11日鲁迅致郁达夫信

达夫先生:

　　十一信当天收到。Tieck似乎中国也没有介绍过。倘你可以允许我分两期登完,那么,有二万字也不要紧的。

　　昨天小峰又有信来,嘱集稿,但那"拟于十六",改为"十五以后"了。虽然从本月十六起到地球末日,都可以算作"十五以后",然而,也许不至于怎样辽远罢。

　　　　　　　　　　　　　　　　　　　迅上　十一下午

(三)1929年10月2日鲁迅致郁达夫信

　　……(缺页)商量,出一类似奔流之杂志,而稍稍驳杂一点,似于读者不无小补。因为奔流即使能出,亦必断断续续,毫无生气,至多不过出完第二卷也。

北新版税,第一期已履行;第二期是期票,须在十天之后,但当非空票,所以归根结蒂,至延期十天而已。

迅启上　十月二夜

最后,希望有关机构在再次修订《鲁迅全集》时,能准确完整地收入上述三封鲁迅致郁达夫的佚信,使之完璧归赵。

鲁迅博物馆藏鲁迅等六人联名致沈瓞民的书信考释

沈祖緜(1878—1969,字瓞民、迪民,以下统称沈瓞民)是鲁迅在弘文学院读书时期同宿舍(1903年3月—1904年3月)的同学,他在1961年写《高山忆旧录》一书时翻阅收藏的书信,偶然发现了鲁迅(当时名为周树人,为行文方便,统称鲁迅)等六人联名在1904年春写给他的一封书信,由此引发了他对鲁迅在弘文学院读书生活的回忆,并参考这封信的内容撰写了《回忆鲁迅早年在弘文学院的片断》[①]一文。

沈瓞民的这篇回忆鲁迅的文章此后被收入多种回忆鲁迅的文集之中,早已为鲁迅研究者所熟知。朱正先生早在1982年就对此文的可靠性提出了质疑。他在《鲁迅传记资料中有真伪问题——1982年在一个现代文学教师进修班上讲》一文中指出:

> 沈瓞民写的一篇回忆录,收在上海文艺出版社出版的《鲁迅回忆录》里。这个人确实是鲁迅在弘文学院的同学,因为弘文学院的同学录里有他的名字。他在回忆录中说他和鲁迅的关系也还够密切的,并说鲁迅曾和人联名给他写过信,文中还记录了鲁迅的两首宝塔诗等等。可是我们又可以注意到这样几点:在鲁迅的全部日记书信和作品里没有出现过沈瓞民这人的名字。第二点,在鲁迅逝世不久的时候许多人写了回忆纪念鲁迅的文章,可是没有沈瓞民的文章,一直到1949年解放,鲁迅逝世13年中间沈瓞民没有发表过一篇,解放后过了很多年忽然冒出沈的文章来了。那些宝塔诗究竟是不是鲁迅写的,即使鲁迅那时写了,过了四五十年以后回忆是不是准确都是无可查考的问题。[②]

---

① 沈瓞民:《回忆鲁迅早年在弘文学院的片断》,《文汇报》1961年9月23日。
② 朱正:《鲁迅的一个世纪:朱正谈鲁迅》,湖北人民出版社,2007年版,第41—42页。

应当说，朱正先生在1982年所做出的上述质疑是可以理解的，因为每一篇回忆鲁迅的文章都因为某些主观的或客观的原因而存在真实性的问题，特别是都存在记忆的准确性问题。但是，朱正先生可能没有看到早在1961年就被鲁迅博物馆收藏的鲁迅等六人联名致沈瓞民的书信的原件，加之对沈瓞民的生平了解得不详细，所以才会对沈瓞民的回忆鲁迅的文章提出质疑。我想，了解了沈瓞民的生平，会有助于重新理解沈瓞民的两篇回忆鲁迅的文章。

"江苏民革"网站对沈瓞民的生平做了简单的介绍。

沈瓞民（迪民），名祖绵，浙江杭州人，一八七八年出生，幼年从父学周易，兼学英、日文，不参加科举。稍长去上虞学堂就学，结识蔡元培、黄炎培诸人。一八九七年，由公费东渡日本，进早稻田大学。戊戌变法，回上海办时宜学塾，宣传救国思想，被清廷通缉，再次亡命日本，化名"高山独立郎"，在东京留日学生会任翻译，重进早稻田大学，继续求学，结识孙中山、陶成章、蔡锷、章太炎，投身反清斗争。

一九〇二年，在日本与陶成章、龚宝铨等筹组"光复会"。不久，龚宝铨在上海正式成立"光复会"，推蔡元培为会长，陶成章为副。在东京成立分部，由沈瓞民负责东南沿海革命工作。

一九〇四年，奉光复会命令，赴长沙任明德学校教习，与黄兴的华兴会进行联系，共筹起义。

武昌起义后，沈在同盟会、光复会的组织下，参加攻打上海制造局之役，首先攻入制造局，夺取大批军械，为起义立了头功。

一九一一年终，浙江都督府成立，应召赴杭，旋任上虞民事长。继任宁波民事长，在宁波举反袁义旗，会同独立旅常备队等共九千人宣布独立。沈被逮捕，后经光复会营救出狱，又东渡日本。一九三二年，定居苏州，潜心著述。一九三九年，因避日伪胁迫，寄寓上海友人家坚持到抗战胜利。此后，在上海与马叙伦、王绍鏊诸老友，积极参与民主活动。一九四九年后，先后担任江苏省和苏州市政协委员，并被聘任中国科学院历史研究所特约研究员。[①]

一九六九年在苏寓逝世，终年九十一岁。

---

① "江苏民革"网站：人物风采·辛亥革命人物·沈瓞民先生（网址：http://www.jsmg.cn/2010/2/3 17:04:49）

需要更正的是，上文中说沈瓞民定居苏州的时间在 1932 年，但是从苏州市文物管理委员会所设立的"沈瓞民故居"的简介中可以看出沈瓞民定居苏州的时间是在 1923 年，这可能是上文在打字方面出现了错误。另外，从上述对沈瓞民生平的介绍中可以看出，沈瓞民早年是一位革命者，定居苏州后继承家学，潜心著述，成为中国现代著名的易学家，并在新中国建立后，作为辛亥革命的元老先后担任苏州市和江苏省的政协委员。沈瓞民在鲁迅逝世后一直没有撰文提到他和鲁迅的交往，即使是在 1956 年社会上举行了大规模的纪念鲁迅逝世 20 周年的活动时也没有撰写回忆鲁迅的文章，个中原因不好推测，但是可以排除沈瓞民为了个人的名利而在 1961 年造假鲁迅等六人联名致他的书信的可能（作为辛亥革命元老的他这时已经 83 岁了），更何况这封书信中的鲁迅签名被多位研究者确认为真迹。

值得一提的是，沈瓞民的儿子沈延国在 1983 年在为发表《高山忆旧录》而撰写的"编校后记"中介绍了沈瓞民撰写这些回忆文章时的一些情况，并强调指出沈瓞民在撰写这些文章时的态度是"极严肃认真的"。

> 先君瓞民先生《高山忆旧录》，是 1963 年写成的。那时先君已是八十六岁高龄，腰脚犹健，记忆力强，加上苏州德寿坊自得斋还珍藏书刊和手迹，有丰富的第一手资料，睹物回忆，引起往事在脑际重现，写了不少篇章。每篇初稿成，经组织协助，多方核实。如写宁波反对袁世凯，宣布独立事中，追忆浙江都督朱瑞派特务某，潜往宁波活动，在 1963 年，某尚健在，经核实有此事，但不是他亲去的；记得第一次考留学生事，内中经上海第二医学院院长胡文耀和全国政协翁文灏提出意见，因胡、翁是参加考试的。凡此种种，先君在定稿时补充改正。但是也有回忆的，和现在发表的资料有出入，马叙伦和金城追忆的年月，记载不同；又中国科学院古数学史研究室钱宝琮提出情况，有较大的差异，凡此种种，先君自以拥有第一手资料，不同意修改。为了尊重各方面提出的资料，写入附注里，俾研究近代史者参考。总之，先君写回忆史料，是极严肃认真的。①

由此也可以知道，沈瓞民撰写的题为《高山忆旧录》的系列回忆文章，在写出初稿后，一方面得到"组织"（当时沈瓞民是政协委员，应政协的邀请撰写

---

① 中国人民政治协商会议江苏省苏州市委员会文史资料研究委员会编《文史资料选辑（十一）》（内部发行），1984 年 9 月印刷。

回忆录,因此这个"组织"可能是苏州政协)的帮助,核实了一些历史细节,另一方面也吸收了一些当事人的意见,做了补充和修改。但是沈瓞民对于一些人物和事件的回忆坚持从自己保留下来的一些书信和照片等史料为准,并不受其他观点的影响,"自信所写,可为信史"①,由此也可以看出沈瓞民在撰写这些回忆文章时所坚持的态度还是比较严肃认真的,他的回忆文章虽然有一些历史细节存在问题,但是沈瓞民的回忆文章也可以算作历史亲历者的一种说法,值得研究者重视。

笔者在此想重点讨论一下沈瓞民在这篇文章中披露的鲁迅等六人在1904年春联名写给他的书信。

一、解读鲁迅等六人联名致沈瓞民书信的原件

北京鲁迅博物馆的有关人士大约是看到了《文汇报》刊登的沈瓞民的《回忆鲁迅早年在弘文学院的片断》一文,就很快致信沈瓞民希望收藏沈瓞民保存的那封鲁迅等六人联名的书信。沈瓞民在 1961 年 10 月 31 日复信鲁迅博物馆有关人士,同意把这封信捐给鲁迅博物馆收藏,信的内容如下:

> 鲁迅博物馆诸位同志台鉴,倾奉
> 大札,敬悉,急欲原函寄奉,接陈叔老函,张燮和伍崇学二君,均已逝世,前文系误,将来更正。
> 回想老友,均已无存,拟将此函用珂罗版制就,藉留纪念,无如印刷所调[条]件不够,只好作罢。先寄贵馆保存。
> 大函说"希望我提出转让的条件,我们也俱可能满足您的要求"。我的要求,可否由贵馆在北京制就十余纸,惠谢不尽,这是我的希望。
> 敬礼
>
>   沈祖緜上
>   一九六一年十月卅一日
> 附上原函三纸,并希赐复。

沈瓞民在这封信中说"接陈叔老函,张燮和伍崇学二君,均已逝世,前文

---

① 沈瓞民:《高山忆旧录·序言》,中国人民政治协商会议江苏省苏州市委员会文史资料研究委员会编《文史资料选辑(十)》(内部发行),1983 年 6 月印刷。

系误,将来更正"。这里的"前文"就是指在 1961 年 9 月 23 日在《文汇报》上发表的《回忆鲁迅早年在弘文学院的片断》一文。沈瓞民在这篇文章的第一段中说:"的确,在东京弘文学院的同学,曾同住一寝室,同一自修室的,都超过八十高龄了。我所知道现在还健在的,只有北京张燮和(邦华)、南京伍仲文(崇学)和我三人而已。其他同学,真像鲁迅所说'旧朋云散尽了'了。"实际上,伍仲文(崇学)和张邦华(字燮和,又作协和)在沈瓞民于 1961 年写作这篇回忆鲁迅的文章时均已去世:伍仲文在 1955 年①(另有一说是 1954 年)去世,张邦华在 1957 年去世。

沈瓞民捐赠的这封鲁迅等六人联名的书信由此被北京鲁迅博物馆收藏,此后很少有研究者对这封信进行进一步的研究。如果把鲁迅等六人联名致沈瓞民书信的原件和沈瓞民在《回忆鲁迅早年在弘文学院的片断》一文中所披露的那封信的内容进行比对,就可以看出有一些文字上的差异,主要是书信正文旁边附加的说明性文字的位置不同,另外还有一些文字的字体明显小于书信正文的字体。

《回忆鲁迅早年在弘文学院的片断》一文中所披露的鲁迅等六人联名致沈瓞民书信的内容全文如下:

迪民先生同学台鉴:接读

来示,敬悉

台驾安抵申江。行装甫卸,(这句下有旁注:"《英文典》至今尚无人来取"十字。)家庭朋友之乐,固不待言。而足下滔滔雄辩,海客谈瀛,想必有天花乱坠之观也。申浦宴游,依然如昔,不独足下目击伤心,而弟等亦为之浩叹!

学院自君去后,山东速成师范诸君,联翩返国;湖北诸子,又结队而来。强士、季黻移居外塾。(这句旁注有"已入高等师范学校"八字。)绥之独处神田。乃弼将出院就学速成政法科。由是时局为之一变。此语近来之出典。

足下倘得重航东海,尤所欣盼!此复,敬颂

侍祺不宣!

同学 刘乃弼、顾琅、陈衡恪
周树人、张邦华、伍崇学 同顿首

---

① 金建陵:《南社中的民族教育家伍仲文》,《档案与建设》2006 年第 2 期。

(在"伍崇学"名下,附注:"已移外塾"四字。)

附呈江西学会章程一册。

北京鲁迅博物馆收藏的鲁迅等六人联名致沈瓞民书信原件的内容全文(按:信的原文是竖行书写的)如下:

迪民先生同学台鉴接读

　　来示　敬悉　　英文典至今尚无人来取

　　台驾安抵申江　行装甫卸　家庭朋友之乐　固不待言　而足下滔滔雄辩　海客谈瀛　想必有大花乱坠之观也　申浦宴游依然如昔　不独　足下目击伤心　而弟等亦为之浩叹　学院自　君去后　山东速成师范诸君　联翩返国　湖北诸子又结队而来　强士季馘移居外塾已入高等师范学校　绥之独处神田乃弼将出院就学速成政法科　由是时局为之一变 此语近来之出典

　　足下倘得重航东海　尤所欣盼　此复　敬颂

　　侍祺不宣

　同学　刘乃弼、顾琅、陈衡恪　　　　同顿首
　　　　周树人、张邦华、伍崇学已移外塾

附呈江西学会章程一册。

从书信正文中"乃弼"这两个字用小一号的字体书写,就可以断定这封信是由刘乃弼执笔,因为人名用小一号字体书写是为了表示自谦。类似的例子就是这封信中的"弟等"也用小一号字体书写以此表示自谦。另外,从笔迹来看,书信正文之外还夹杂着四行用另种笔迹写的文字,其中"英文典至今尚无人来取"和"附呈江西学会章程一册"的笔迹很像是鲁迅的,这两行字与"已入高等师范学校""此语近来之出典"(写这句话的人还特地在"由是时局为之一变"这句话下划一横线作为标记)、"已移外塾"等字句的笔迹因为例字较少也无法判断是否是同一个人的。(附带指出,对书法和鲁迅都颇有研究的姬学友教授在仔细看过这封信的照片之后,认为信中后来补写的四处文字从笔迹来看很可能是一个人补写的,但因例字太少无法认定是鲁迅的手迹。)此外,书信结尾六人的签名的笔迹显然不同,由此也可以断定是六个人分别签的。笔者由此推测,刘乃弼执笔写好给沈瓞民的回信后,又找鲁迅等五人一一签名。鲁迅等人签名后,可能有一个人或两个人又分别在书信正文中的空白处补写几行字,作为对书信正文的补充。因此也可以说,这封信是多人共同完

成的,其中也可能有鲁迅书写的一些文字。

值得注意的是,沈瓞民在《回忆鲁迅早年在弘文学院的片断》一文中明确指出信中的"英文典至今尚无人来取"是鲁迅的话,并由此回忆了鲁迅学习外语和从事翻译工作的一些事:

> 当时鲁迅在弘文学习日语,是比较紧张的。一有余暇,就参加集会,听演讲,与浙江革命机关暗中接触。在一九○四(甲辰)年,鲁迅正式参加浙江革命志士所组织的光复会,从事革命工作。有很多时间,鲁迅已涉猎欧美和日本的书籍,边学日语,边翻译。信中说:"《英文典》至今尚无人来取。"由此可证他当时还习英语的。他那时虽外文功底有限,但兴趣极高。平日顽强苦学,毅力惊人,每每工作到深夜才睡。
>
> 鲁迅译作,随阅随译,速度惊人。开始译笔,颇受严几道的影响。但后来却一变而清新雄健,在当时译书界已独树一帜了。……鲁迅译文主要是从日文翻译的;偶尔亦译英文书。有人认为鲁迅不喜英美著作,这是事实,但不等于说鲁迅不译英人著作。
>
> 又有《红星佚史》一书,有人说非鲁迅手笔。据我所知,主要部分倒确是鲁迅的。东海觉我(徐念慈)考证这本书译于一九○七(丁未)年,亦是不确的。这书译稿,在弘文时已开始译了。这时鲁迅习日语,又习英语,因译此书。译了几节后鲁迅给同学们传观,同学们还说:"'伊人有欢,爱其狙分!'林琴南也望尘莫及了。惜未有风人之旨耳?"①

需要指出的是,沈瓞民在这篇回忆文章中说《红星佚史》"主要部分倒确是鲁迅的",并说鲁迅在弘文学院期间就已经开始翻译《红星佚史》一书,目前只能算作一家之言,还没有别的材料可以作为旁证。周作人曾经指出鲁迅笔述的译文"还有《红星佚史》里的诗歌,共有十八九篇之多,有几篇长至二十行以上"②。目前各种版本的《鲁迅译文集》也采纳周作人的观点只收录了《红星佚史》中鲁迅所翻译的那些诗歌。此外,止庵先生认为《红星佚史》只能算

---

① 沈瓞民:《回忆鲁迅早年在弘文学院的片断》,《文汇报》1961年9月23日。
② 周作人:《鲁迅的故家·三二笔述的诗文》,转引自北京鲁迅博物馆编,《鲁迅回忆录(专著中册)》,北京出版社,1999年版,第1030—1031页。

是周作人口译,鲁迅笔述的。但是上述观点都无法推翻沈瓞民在这篇文章中提出的鲁迅在弘文学院期间就开始翻译《红星佚史》的说法。笔者认为有一种可能是,鲁迅在弘文学院期间就开始翻译《红星佚史》,但是因为英文水平所限,翻译的《红星佚史》的译稿水平不高,所以后来在周作人来日本留学后又请周作人重新翻译该书。

此外,关于鲁迅在日本阅读英文书的事情,周作人在《鲁迅的故家·三四补遗二》一文中也记述了他在1904年3月中旬收到过鲁迅从日本寄来的英文书的事情。

> 这以后日记多有中断,甲辰(一九〇四)年三月中的记有至大行宫日本邮局取小包事,云书十一册,《生理学粹》、《利俾瑟战血余腥录》、《月界旅行》、《旧学》等皆佳,又《浙江潮》《新小说》等数册,灯下煮茗读之。这些都是中文书,有些英文书则无可考,只记得有一册《天方夜谈》,八大册的《嚣俄》选集,日本编印的《英文小丛书》,其中有亚伦坡的《黄金虫》,即为《玉虫缘》的底本,《侠女奴》则取自《天方夜谈》里的。①

这些书都是鲁迅那时用过之后不用的,所以才寄给周作人使用,由此也可以知道鲁迅在1904年曾经阅读过一些英文书。

但是,除了沈瓞民的回忆之外,目前还没有鲁迅在东京弘文学院读书时翻译英文著作的旁证。止庵先生也认为鲁迅在弘文学院读书期间的英语水平还达不到翻译英语著作的水平。

另外,查阅北冈正子教授所编写的《"退学"事件一览表》②,可以看到联名写信中的五人(没有陈衡恪的信息)从弘文学院毕业后所入读的学校:顾琅,23岁,入读学校是正则英语预备校·东京帝国大学(工科);伍崇学,23岁,入读学校是东京高等师范学校;周树人,21岁,入读学校是仙台医学专门学校;张邦华,25岁,入读学校是国民英语学校·东京高等师范学校;刘迺弼,25岁,入读学校是法政大学。

需要指出的是,北冈正子所统计的各人的年龄依据的是《弘文学院沿革

---

① 周作人:《鲁迅的故家·三四补遗二》,转引自《鲁迅回忆录(专著中册)》,第1058页。
② [日]北冈正子:《鲁迅与弘文学院学生"退学"事件(下)》,靳丛林译,《鲁迅研究月刊》,2002年12期。

资料》中所收录的《第二次报告题名录》(1902年10月到1903年1月),她认为鲁迅的年龄是他自己计算的周岁年龄,其余人的年龄不好判断是周岁年龄还是虚岁年龄。如果按照顾琅(1880—1939①)、张邦华(1873—1957)、伍崇学(1879—1955)的出生年龄,可以说《第二次报告题名录》中所记录的这五位同学的年龄并没有严格按照各人的虚岁或周岁的年龄来登记,其中如张邦华的年龄可能就是假的。

另外,沈瓞民在《回忆鲁迅早年在弘文学院的片断》一文的注释中已经说明刘乃弼"年龄最大"(按:沈瓞民的此说可能有误,从有关资料来看,陈衡恪出生于1876年,但是因为在弘文学院学籍档案中没有能查到陈衡恪所填写的年龄,所以无法确认陈衡恪当时在弘文学院读书实在学籍档案中所填写的具体的年龄。张邦华实际出生于1873年,张邦华应当是六人中最大的,但是他在《第二次报告题名录》中所记录的年龄是25岁,有可能在虚假年龄的出生月份上小于同样是25岁的刘乃弼),因此,可能是六人在收到沈瓞民回国后的来信之后,由六人中年龄最大的刘乃弼代表大家执笔撰写了回信。

此外,结合这封信中在正文外所补充的文字"英文典至今尚无人来取",可以推知补写这行字的人当时保存了沈瓞民回国时留下的一本英文字典,一种情况可能是他借用了沈瓞民的英文字典,而沈瓞民回国时没有带走这本英文字典,留给别的友人使用;另一种情况可能是沈瓞民请他代为保存英文字典,等待别人来取走的。那么当时保存或使用英文字典的可能是六人中的哪一位呢?首先可以排除的人是刘乃弼,因为他是执笔撰写书信的人,而且笔迹也明显不同,其余的五人都有可能:顾琅和张邦华从弘文学院毕业后分别入读了两所英语学校,因此也可以说这两人的英文水平较高;陈衡恪曾在1901年在上海法国教会学校学习外语,并在家中私塾从外籍教师学英语,其英语水平估计也较高;伍崇学当时是否学习英语目前还没有材料可以证明;鲁迅当时在学习英语的情况有一些资料可以证实,并且鲁迅的英文水平不高。此外,沈瓞民在《鲁迅早年的活动点滴》②一文中记述了鲁迅与陈衡恪两人在自己从日本回国前曾经邀请他到公园吃茶话别,而他在回国后不仅帮助两人传送多封书信,也曾写诗寄给两人,从中可以看出鲁迅和陈衡恪与沈瓞

---

① "顾石臣先生追悼会筹备处"编印《江宁顾石臣先生事略》。
② 沈瓞民:《鲁迅早年的活动点滴》,载《鲁迅回忆录(散篇上册)》,北京出版社,1999年版,第44页。

民的关系较为密切。加之,这行字的笔迹与鲁迅的笔迹近似,综合上述因素,笔者认为鲁迅补写这行字的可能性比较大。

最后,关于这封信的写作时间,从信中所说的"乃弼将出院就学速成政法科",可以推测这封信是刘乃弼在弘文学院毕业前所写,而查阅北冈正子所编写的《"退学"事件一览表》,可以看到刘乃弼、顾琅、伍崇学、张邦华、周树人这五人都是在1904年3月从弘文学院毕业的。另外,信中还说"强士、季黻移居外塾已入高等师范学校",从北冈正子所编写的《"退学"事件一览表》中也可以看到韩永康(强士)、许寿裳(季黻)也都是在1904年3月从弘文学院毕业,而且韩永康毕业后入读的学校可能是东京高等师范学校,许寿裳毕业后入读的学校是东京高等师范学校。综合上述信息,可以推测这封信的书写时间很可能是在1904年3月中下旬。

二、鲁迅等六人联名致沈瓞民书信应当收入《鲁迅全集》之中

大约是因为朱正先生在1982年对沈瓞民的这篇回忆鲁迅的文章提出了质疑,加之鲁迅等六人联名致沈瓞民的书信的原件一直没有公开发表,所以沈瓞民这篇文章中所披露的鲁迅等六人联名致沈瓞民的书信没有得到应有的重视,也一直没有被收入各种版本的《鲁迅全集》之中。但是重新审视这封信的原件,可以看到这封信上不仅有鲁迅的亲笔签名,而且也可能有鲁迅在书信正文空白处补写的一些文字,而按照《鲁迅全集》的入选标准,这封信应当收入《鲁迅全集》之中。

一个相似的例子就是已经收入《鲁迅全集》之中的那几封鲁迅和茅盾联名致伊罗生的信。从收藏在哈佛大学燕京图书馆中的鲁迅和茅盾联名致伊罗生书信的原件中①可以看出有几封信是茅盾执笔撰写的,如在鲁迅和茅盾于1934年7月14日联名致伊罗生信的信中,鲁迅不仅在这封信的末尾署名,此外还在署名后增加了一些文字;在鲁迅和茅盾联名于1934年7月31日致伊罗生的信中,全信中不仅没有鲁迅的任何文字,而且连鲁迅的名字也是茅盾代签的;在鲁迅和茅盾于1934年8月22日联名致伊罗生的信中,鲁迅只是在这封信的末尾署了一个名字。但是这三封书信都被作为鲁迅的书

---

① 笔者在王德威教授、马小鹤先生的帮助下,通过正在哈佛大学访学的葛亮博士获得了这批书信的照片,特此向这三位学者致谢!

信收入《鲁迅全集》之中,并同时加了注释,说明该信是茅盾起草的①。

由《鲁迅全集》收录鲁迅和茅盾联名致伊罗生的三封书信的事实可以看出《鲁迅全集》收录书信的要求是有鲁迅的署名(无论是亲笔签名或他人代为签名),因此按照这一要求,鲁迅等六人联名致沈瓞民的书信也应当收入《鲁迅全集》之中,并在注释中说明这封信是刘乃弼执笔撰写的,鲁迅可能在这封信的空白处增加了一些文字。(附带补充一下,笔者曾就此信收入《鲁迅全集》的问题请教过朱正先生,他的意见是他无法确认这封信的真伪,如果这封信是真的,可以考虑收入《鲁迅全集》书信卷的附录之中。另外,止庵先生、刘运峰教授和姬学友教授均认同鲁迅是这封信的六位发信人之一的身份。)这封信的价值不仅在于它有鲁迅的亲笔签名和疑似鲁迅在书信正文空白处添加的一些文字,更在于它是现存最早的有鲁迅署名的书信(目前《鲁迅全集》中收录的最早的鲁迅书信是鲁迅在1904年10月8日在仙台撰写的致蒋抑卮信,而这封鲁迅等六人联名的书信应当写于1904年3月中下旬),同时也是鲁迅在南京矿路学堂和弘文学院的同学们留存至今的极少的手稿之一,是反映鲁迅和他的同学们当时生活和思想情况的一个很好的物证。

(本文在撰写过程中,先后得到过朱正先生、止庵先生、刘运峰教授、潘世圣教授和姬学友教授的指教,另外,还得到了汪卫东教授和他指导的研究生郭方同学的资料帮助,特此致谢!)

---

① 鲁迅:《鲁迅全集》第13卷,第309页、316页、319页。

鲁迅给姚克的请柬补正

在北京鲁迅博物馆的资料库中保存着一张鲁迅给姚克的请柬,王世家、止庵两位先生在编辑《鲁迅著译编年全集》(人民出版社 2009 年出版)时把这个请柬收入这套全集的第 15 卷之中,但是其中的一些文字有所遗漏,再加上目前笔者还没有看到过有人撰文探讨这个请柬,所以本文在王世家、止庵两位先生的基础上再进一步探讨这个请柬。

一、请柬的原貌

《鲁迅著译编年全集》第 15 卷所收录的鲁迅给姚克的请柬文字如下:

请柬

敬请

　　莘农先生于星六(二十二)午后六时驾临福建路大马路口知味观杭菜馆七座一叙,勿却是幸。即颂日祉。

四月十九日

　　令弟亦希惠临为幸　　鲁迅并记

编者在这个请柬下面的注释中说上述文字是:"未另发表。据手迹编入。"但是对照一下请柬的原文,可以看出上述的请柬在内容上有一些误差,不仅没有标点符号,而且漏掉了"周树人订""务"这几个字,另外误把"讬"字当作"记"字。请柬的原文如下:

请柬

敬请

　　莘农　　宝号先生　于星六(二十二)午后六时驾临福建路大马路口知味观杭菜馆七座一叙　勿却是幸即颂

日祉

周树人订

四月十九日

　　令弟亦务希惠临为幸　　鲁迅并讬

王世家、止庵两位先生在编辑《鲁迅著译编年全集》时可能没有看到这个请柬的实物,所以出现了一些小的差错,在此也希望他们在修订这套全集时能恢复这个请柬的原貌。

二、请柬应当算作一封书信

鲁迅在 1933 年 4 月 19 日把这个请柬给姚克寄出之后,因为担心姚克收不到,所以又在次日下午给姚克写了一封信,内容如下:

莘农先生:

  昨奉一柬,约于星期六(二十二日)下午六时驾临大马路石路知味观杭菜馆第七座一谈,未知已到否?届时务希与令弟一同惠临为幸。专此布达,顺请

  文安。

迅启上　四月二十日下午

对照这个请柬和这封信的内容,可以说鲁迅在 4 月 20 日的信中大致把 4 月 19 日写的请柬的内容重复了一遍。因此笔者认为鲁迅的这个请柬在很大程度上传达出一定的信息,因此也应当视为鲁迅的一封书信。目前,王世家、止庵两位先生虽然把这个请柬收入了《鲁迅著译编年全集》,不过是以"请柬"的标题收入的,这样的处理方式虽然表面看来比较严谨,但是却在一定程度上忽略了请柬所传达的信息,实际上这个请柬不仅仅是一个请柬,它还有附加的文字,如"令弟亦务希惠临为幸　　鲁迅并托",已经带有书信的功能,所以笔者建议《鲁迅全集》的编者在编辑《鲁迅全集》时能把这个请柬作为一封鲁迅的书信收入《鲁迅全集》之中。

三、请柬中的历史信息

这个请柬与鲁迅致姚克的书信一同保存下来,可以看出姚克不仅收到了这个请柬,而且也收到了随后的鲁迅的书信。值得注意的是,鲁迅在这个请柬中有两个署名:在请柬的正文中署名"周树人订",在请柬外的附录文字中署名"鲁迅并托",从中也可以看出鲁迅的谨慎:以"周树人"的名字公开向知

味观订餐,同时以"鲁迅"的名字邀请曾经帮助姚克和鲁迅传递书信的姚克的弟弟姚志曾与姚克一同赴宴。鲁迅在 4 月 22 日的日记中记载:"晴。午后得姚克信……晚在知味观招诸友人夜饭,座中为达夫等共十二人。"这个宴会也是鲁迅帮助姚克和上海文化界的一些名人见面,体现出鲁迅对姚克的关心和帮助。

再谈鲁迅给姚克的请柬

仔细拜读了李歌先生的文章《也谈鲁迅给姚克的请柬及其他》,很感谢李歌先生对拙文《鲁迅给姚克的请柬补正》的批评指正,在此也有几点不同意见就教于李歌先生,希望能更有助于广大读者和研究者准确地释读鲁迅给姚克的请柬。

一、关于"宝号先生"的问题

李歌先生指出拙文中的"莘农宝号先生"不通,但是笔者通过网络检索了一下,看到网民"天下无税"在《中国发票抬头的各种称谓》(中国收藏热线 http://www.997788.com/bbs/show_241882_1____1_1.html)一文中指出"宝号先生"是民国以来票据上常用的"抬头"之一,民国时期和20世纪50年代的发票"抬头"都出现过"宝号先生"这一固定称谓。既然"宝号先生"是民国时期常用的票据的"抬头"之一,因此就要确认鲁迅给姚克的请柬是知味观餐馆印制的供顾客宴请客人时通知客人的请柬。

李歌先生在文章中说:

> 在请柬上直呼朋友之名不礼貌,所以嘱咐知味观在请柬上写印"敬请""宝号"等等文字("宝号"就包括了朋友的字或号),留下一些空白,由鲁迅一一填写。

需要指出的是,这个请柬是知味观餐馆常用的请柬,方便顾客使用此请柬告知宴请客人的时间、地点等,并不是知味观餐馆为鲁迅这次请客而特地印制的。笔者从中国收藏热线网站中看到一些民国时期餐馆印制的请柬,其中的一个请柬在封面上有"万源永宝号"字样,一个请柬在封面上有敬请"胡永源宝号"字样(见文后附录的图片),都是在人名的后面加上"宝号",因此"宝号先生"应当被视为鲁迅给姚克的请柬的"抬头"。

顺带指出,李歌先生文章中关于请柬上的电话号码的说法也是错误的:

该请柬下方有一行字:"电话九〇二四〇",我认为应是鲁迅叮嘱该菜馆把电话写印下来的,应作为此请柬的内容之一,可以另起一行,补入"电话九〇二四〇"7个字,不补入这7个字也可以。

其时,这个电话号码也是知味观餐馆所印制的请柬上原有的,并不是鲁迅叮嘱餐馆特地印上的。

另外,从鲁迅给姚克的请柬原件的复印件也可以看出,"宝号先生"这四个字是在一起的,虽然"莘农"两字书写偏左,从上下文来看,接近"先生"两字,但是也不能据此把"宝号"和"先生"分开,仍然应当读为"宝号先生"。所以笔者在拙文中把"莘农宝号先生"作为请柬的"抬头"称呼语是正确的。类似的例子就是这个请柬中的"福建路大马路口"这一地点的书写方式,请柬把"福建路"与"大马路口"这几个字并排竖写,但是我们只能读作"福建路大马路口"。

二、关于鲁迅给姚克的请柬如何编入《鲁迅全集》的问题

李歌先生在文章中说:

> 请注意:《鲁迅日记》中写的是"发请柬",用的是"请柬"二字……次日(20日)日记中写有"致姚克信",用的是"信"字。可见"请柬"和"信"还是有一定区别的。

的确,"请柬"和"信"是有区别的,不过"请柬"是一种专用书信,也可以说一种特殊的书信。百度百科词条对"请柬"的起源解释如下:

> 请柬者,释庄重之礼也。古,礼之繁,婚之燕尔、殡之回龙、迁之轮奂、分家之调鼎哉,皆需请柬传情达意,乃文雅之举也。请柬原曰请简,纪事以简,时久矣。简,片窄长,大多竹木制,细分之,竹为简,木为牍。唯面之限,故精;唯篆之难,故珍。简牍连以成册,礼仪所用,常载祝福吉祥之语,至魏晋,则为短小信札之用。纸泛,取简牍之位,则短小信札渐曰柬,请简亦曰请柬也。

可以说,请柬不仅是一种简短的书信,还体现出主人请客的郑重含义。

另外,收藏家力里也在《请柬的收藏方法》(《常州日报》,2009年11月2

日)一文中指出：

"请柬"又名"请帖",也叫"邀请书",是邀请者告知被邀请者事由、应邀时间和地点的书面通知信。它虽属书信的一种,但图案漂亮、装帧美观、精致典雅是请柬区别于一般书信的最大外观特点。

综上所述,请柬是一种简短的专门书信。笔者在北京鲁迅博物馆资料库中看到鲁迅给姚克的这份请柬还有一个信封,原来的信封与请柬一起保存完好,可以推知鲁迅是把这份请柬装在信封中邮寄给姚克的。因此也可以说鲁迅给姚克的请柬是一种特殊的书信。

另外,鲁迅的这份请柬和他在次日下午写给姚克的书信在内容上比较一致,全信如下:

莘农先生:

昨奉一束,约于星期六(二十二日)下午六时驾临大马路石路知味观杭菜馆第七座一谈,未知已到否？届时务希与令弟一同惠临为幸。专此布达,顺请

文安。

迅启上 四月二十日下午

鲁迅在这封信中提到了给姚克的请柬,而这份请柬又被保存下来。顺带指出,这份请柬是和鲁迅在4月20日致姚克的书信保存在一起的,而鲁迅在寄送这份请柬和这封书信所用的两个信封上的文字几乎完全一样。考虑到鲁迅给姚克的这份请柬与鲁迅在4月20日的书信在内容上比较一致,所以这份请柬可以不作为一个单独的书信收入《鲁迅全集》之中,最好是作为鲁迅在4月20日致姚克书信的附件收入《鲁迅全集》之中,这样的处理方式或许是比较恰当的。实际上,北京鲁迅博物馆资料库也是把鲁迅给姚克的请柬作为鲁迅在4月20日致姚克的书信的附件收藏的。

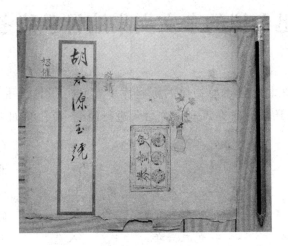

鲁迅自拟的杂文文集编目手稿考释

笔者近日在北京鲁迅博物馆的资料库中看到一张鲁迅手写的杂文文集目录,因为目前还没有研究者对这个目录进行研究,特介绍如下:

书名	写作年份	定价	印售书店
坟	一九〇七年至二五年	一元	北新书局
热风	一九一八至二四年	四角五分	同上
华盖集	一九二五年	六角	同上
华盖集续编	一九二六年	八角	同上
而已集	一九一八年至二四年	四角五分	同上
三闲集	一九二七至二九年	七角五分	同上
二心集(禁止)	一九三〇至三一年	一元	合众书店
南腔北调集(禁止?)	一九三二至三三年	八角	同文书店
伪自由书(禁止)	一九三三年	七角	北新书局
准风月谈	一九三三年	九角	兴中书局
花边文学	一九三四年		
且介亭杂文	一九三四年		
且介亭杂文二集	一九三五年		
集外集	一九〇三至三三年	七角	群众图书公司
集外集拾遗			
鲁迅杂感选集	一九一八年至三二年		北新书局

虽然鲁迅在这个目录中没有标明编定这个杂文文集目录的时间,但是从其中的一些杂文文集的编定时间及出版时间可以大致推测出鲁迅编写这个目录的时间。

在鲁迅编定的这个杂文集目录中,有《花边文学》《且介亭杂文》《且介亭杂文二集》和《集外集拾遗》没有标明出版机构,可以推测这几本杂文集在鲁迅编定这个目录时已经编好,但是还没有出版。我们不妨根据人民文学出版社 2005 年出版的《鲁迅全集》先查出这几本杂文集的编定及出版时间。

《花边文学》:"本书收作者 1934 年 1 月至 11 月所作杂文六十一篇,1936 年 6 月由上海联华书局出版。同年 8 月再版。作者生前共印行二版次。"①从鲁迅日记可以看出,鲁迅是在 1935 年 12 月 29 日夜写完《花边文学·序言》,并在 1936 年 1 月 6 日编定这本杂文集的。

《且介亭杂文》:"本书收作者 1934 年所作杂文三十六篇,1935 年末经作者亲自编定,1937 年 7 月由上海三闲书屋初版。"②从鲁迅日记可以看出,这本杂文集是在 1935 年 12 月 30 日由鲁迅编定。

《且介亭杂文二集》:"本书收作者 1935 年所作杂文四十八篇,1935 年末经作者亲自编定,1937 年 7 月由上海三闲书屋初版。"③从鲁迅日记可以看出,这本杂文集是在 1935 年 12 月 31 日由鲁迅编定。

《集外集拾遗》:"本书书名系由作者拟定,部分文章由作者收集抄录,有的加写'补记'或'备考'。但未编完即因病中止,1938 年出版《鲁迅全集》时由许广平编定印入。"④

另外,这个目录中所收录的鲁迅已经出版的几本杂文集的出版时间最晚的是《集外集》,据 2005 年出版的《鲁迅全集》对《集外集》的介绍:"是作者 1933 年以前出版的杂文集中未曾编入的诗文的合集,1935 年 5 月由上海群众图书公司初版,作者生前只印行一次。"⑤这本杂文集由杨霁云编辑,鲁迅先生校订并作序言。

从上述信息中可以推测,鲁迅的这个杂文集目录不仅应当写于 1935 年 5 月出版《集外集》之后,而且应当在编定完《花边文学》《且介亭杂文》和《且介亭杂文二集》之后,也就是在 1936 年 1 月 6 日前后。

值得注意的是,鲁迅在编定《且介亭杂文》和《且介亭杂文二集》时不仅为杂文这一文体辩护,还对自己的杂文创作过程进行了总结。鲁迅在 1935 年 12 月 30 日所写的《且介亭杂文·序言》中针对当时的一些人对杂文的攻击特别指出了杂文的价值:

---

① 鲁迅:《鲁迅全集》第 5 卷,人民文学出版社,2005 年版,第 436 页。(本文所引鲁迅文字均引自这一版本)
② 鲁迅:《鲁迅全集》第 6 卷,第 2 页。
③ 鲁迅:《鲁迅全集》第 6 卷,第 224 页。
④ 鲁迅:《鲁迅全集》第 7 卷,第 224 页。
⑤ 鲁迅:《鲁迅全集》第 7 卷,第 2 页。

其实"杂文"也不是现在的新货色,是"古已有之"的,凡有文章,倘若分类,都有类可归,如果编年,那就只按作成的年月,不管文体,各种都夹在一处,于是成了"杂"。分类有益于揣摩文章,编年有利于明白时势,倘要知人论世,是非看编年的文集不可的,现在新作的古人年谱的流行,即证明着已经有许多人省悟了此中的消息。况且现在是多么切近的时候,作者的任务,是在对于有害的事物,立刻给以反响或抗争,是感应的神经,是攻守的手足。潜心于他的鸿篇巨制,为未来的文化设想,固然是很好的,但为现在抗争,却也正是为现在和未来的战斗的作者,因为失掉了现在,也就没有了未来。①

鲁迅在 1935 年 12 月 31 日夜半到 1936 年 1 月 1 日晨撰写的《且介亭杂文二集·后记》中对自己的杂文创作进行了总结:

近两年来,又时有前进的青年,好意的可惜我现在不大写文章,并声明他们的失望。我的只能令青年失望,是无可置辩的,但也有一点误解。今天我自己查勘了一下:我从在《新青年》上写《随感录》起,到写这集子里的最末一篇止,共历十八年,单是杂感,约有八十万字。后九年中的所写,比前九年多两倍;而这后九年中,近三年所写的字数,等于前六年,那么,所谓"现在不大写文章",其实也并非确切的核算。而且这些前进的青年,似乎谁都没有注意到现在的对于言论的迫压,也很是令人觉得诧异的。我以为要论作家的作品,必须兼想到周围的情形。②

另外,鲁迅在 1936 年 2 月 10 日致曹靖华的信中谈到了想编印"三十年集"来为自己的三十年文学创作进行一个总结的事:

回忆《坟》的第一篇,是一九〇七年作,到今年足足三十年了,除翻译不算外,写作共有二百万字,颇想集成一部(约十本),印它几百部,以作记念,且于欲得原版的人,也有便当之处。不过此事经费浩大,大约不过空想而已。③

---

① 鲁迅:《鲁迅全集》第 6 卷,第 3 页。
② 鲁迅:《鲁迅全集》第 6 卷,第 466 页。
③ 鲁迅:《鲁迅全集》第 14 卷,第 24 页。

综上所述,可以从一个侧面看出鲁迅在1935年底到1936年初的心理:在1935年12月底为自己的杂文创作进行了总结,此后在1936年2月初,又开始考虑为自己三十年的文学创作进行总结。鲁迅为编定"三十年集"曾经在1936年初亲自编写了两个著作目录,已经以《"三十年集"编目二种》为题收入《集外集拾遗补编》。笔者推测,鲁迅的这个杂文集目录也大约编写于编定杂文集《且介亭杂文》《且介亭杂文二集》《花边文学》时期,大致范围在1936年1月到2月之间。因为从3月以后鲁迅一直被疾病所困扰:在3月2日因受寒生病,"几乎卒倒",虽一周后痊愈,但5月15日再次发病,自5月18日到6月1日日记均有发热记载,连日针药不断,5月31日经美国医生邓恩诊断为晚期肺结核,6月6日至30日卧床不起,日记也中断。

另外,鲁迅在这个杂文文集目录中还提供了一些值得注意的信息。

鲁迅特意在《二心集》《南腔北调集》《伪自由书》这三本杂文集后面注明被国民党当局查禁。鲁迅在《且介亭杂文二集·后记》中引用了1934年3月14日《大美晚报》刊登的新闻《中央党部禁止新文艺作品》,这个新闻罗列了被查禁的新文艺作品的目录,其中鲁迅被查禁的书籍有北新书局出版的《而已集》《三闲集》《伪自由书》,合众书店出版的《二心集》,天马书店出版的《鲁迅自选集》、大江书局出版的《现代新兴文学诸问题》《毁灭》《艺术论》,水沫书店出版的《文艺与批评》《文艺政策》等。对比一下,可以看出鲁迅没有在《而已集》和《三闲集》后面注明"查禁",只在《二心集》《伪自由书》后面注明"查禁",在《南腔北调集》后面注明疑似"查禁?"。其实,《南腔北调集》虽然由上海联华书店为躲避文网而改用同文书店的名义在1934年3月出版,但在1934年5月就以"攻击党政当局"的罪名被国民党中宣会查禁,同年10月又以"诋毁党国"罪名而被国民党中执会西南执行部再度查禁。①

从这个目录中可以看出,鲁迅划掉了《五讲三嘘集》,这是因为鲁迅虽然在《南腔北调集·题记》中说要再出一本《五讲三嘘集》,以与《南腔北调集》配对,但是鲁迅生前一直没有能够编定完成这本杂文集。"五讲"是指鲁迅在北平的五次讲演,"三嘘"的对象是指梁实秋、张若谷和杨邨人。

此外,从这个杂文文集目录中也可以看出鲁迅和瞿秋白的友谊。鲁迅特地把好友瞿秋白化名何凝编选的《鲁迅杂感选集》写入自己的杂文文集目录,从中可以看出他对这本杂文集的重视。瞿秋白在1933年4月选了鲁迅从

---

① 沈鹏年:《鲁迅研究资料编目》,上海文艺出版社,1958年版,第32页。

1918年到1932年的杂文共74篇(其中有杂文集《热风》中的杂文9篇,杂文集《坟》中的杂文9篇,杂文集《华盖集》中的杂文11篇,杂文集《华盖集续编》中的杂文11篇,杂文集《而已集》中的杂文13篇,杂文集《三闲集》中的杂文11篇,杂文集《二心集》中的杂文10篇),并撰写了长篇序言对鲁迅的杂文成就做出了高度的评价。瞿秋白的序言得到了鲁迅的认同。该书在1933年7月由北新书局以青光书局的名义出版,鲁迅还假借北新书局为瞿秋白提供了一笔编辑费。瞿秋白在1935年2月在福建被捕,6月18日被杀。鲁迅或许是借把这本杂文选集列入自己的杂文文集目录之中来寄托自己对生平知己瞿秋白的思念。

最后,鉴于2005年版的《鲁迅全集》收录了鲁迅在1936年初编定的两种"三十年集"目录,笔者建议今后修订《鲁迅全集》时也把这个鲁迅自拟的杂文文集目录收入《鲁迅全集》。鲁迅在1936年2月10日致信曹靖华谈到了编选"三十年集"的设想,不久就拟定了两种编辑方案,其内容后来被以《"三十年集"编目二种》为题收入《集外集拾遗》。我们不妨看一下《"三十年集"编目二种》的具体内容。

《"三十年集"编目二种》
一

人海杂言
1. 坟 300　野草 100　呐喊 250　二六,〇〇〇〇
2. 彷徨 250　故事新编 130　朝华夕拾 140　热风 120
   二五,五〇〇〇
3. 华盖集 190　华盖集续编 263　而已集 215
   二五,〇〇〇〇

荆天丛笔
4. 三闲集 210　二心集 304　南腔北调集 251
   二八,〇〇〇〇
5. 伪自由书 218　准风月谈 265　集外集 160
   二四,〇〇〇〇
6. 花边文学　且介居杂文　二集

说林偶得
7. 中国小说史略 372　古小说钩沉上
8. 古小说钩沉下
9. 唐宋传奇集 400　小说旧闻钞 160　二二,〇〇〇〇
10. 　两地书

二

一　坟 300　呐喊 250

二　彷徨 250　野草 100　朝华夕拾 140　故事新编 130

三　热风 120　华盖集 190　华盖集续编 260

四　而已集 215　三闲集 210　二心集 304

五　南腔北调集 250　伪自由书 218　准风月谈 265

六　花边文学　且介居杂文　且介居杂文二集

七　两地书　集外集　集外集拾遗

八　中国小说史略 400　小说旧闻钞 160

九　古小说钩沉

十　起信三书　唐宋传奇集①

如果把鲁迅自拟的杂文文集目录和上文所引的已经被收入《鲁迅全集》的《"三十年集"编目二种》对照一下，就可以看出两者具有一定的相似性，因此，这个鲁迅自拟的杂文文集目录也应当被收入《鲁迅全集》之中，题目可以定为《杂文集编目一种》。

---

① 鲁迅：《鲁迅全集》第 8 卷，第 519—520 页。

鲁迅诉章士钊的诉状与互辩书考论

——兼谈章士钊的两则佚文

有关鲁迅诉章士钊的公案,学界已多有论述,但笔者在拜读了相关研究文章之后却感到前人的论述还在一定程度上存在着不全或带有偏见之处,这或许是局限于当时的历史环境,因而也是可以理解的。鉴于前人对鲁迅诉章士钊案的经过已多有论述,本文将在前人研究的基础上主要探讨鲁迅诉章士钊的诉状与互辩书是否应是鲁迅佚文的问题。

一、鲁迅诉章士钊的简要经过

1925年8月10日,章士钊遵照执政的命令停办国立女子师范大学。

8月12日,章士钊向临时执政段祺瑞递交了呈请审批准予免去周树人教育部签事职务的免职文(附带指出,2000年出版的《章士钊全集》没有收录此文,因此此文应是章士钊的佚文),我们从鲁迅保存下来的抄件可以看出章士钊所指出的免职理由:

> 敬祈呈者,窃查官吏服务,首先恪守本分,服从命令。兹有本部佥事周树人,兼任国立女子师范大学教员,于本部下令停办该校以后,结合党徒,附合女生,倡设校务维持会,充任委员。似此违法抗令,殊属不合,应请明令免去本职,以示惩戒(并请补交高等文官惩戒委员会核议,以完法律手续)。是否有当,理合呈请　鉴核施行。　谨呈
> 临时执政
> 十二(按:原文为"五",后改为"二")日

从鲁迅的互辩书中可以看出这个呈文是在八月十三日获得批准,而鲁迅也是在此日被"公举"为校务维持委员会委员。鲁迅在十四日的日记中写道:"我之免职令发表。"当日有许多友人前来探望鲁迅,其中有鲁迅在绍兴府中

学堂教书时的学生、当时在北京图书馆担任职员的宋紫佩。宋紫佩擅长行文案牍,次日,他又和鲁迅塾师寿镜吾先生的次子、当时担任平政院记录科主任兼文牍科办事书记的寿洙邻同来看望鲁迅。这两个人在鲁迅诉章士钊案中起到了重要的作用。

据尚钺回忆:

> 在先生被撤职的次日,我去看他。当我走进小书斋时,他正在草拟起诉书。他见我进来,便放下笔转身和我笑着说:"老虎没有办法,下了冷口。""我已知道了,先生打算怎么办?"我想着他的生活,这样问他。"这是意料中的事,不过为了揭穿老虎的假面目,我要起诉。"他坦然地笑着。"找哪个律师呢?"我问,随手在烟筒中拿起一支烟。"律师只能为富人争财产;为思想界争真理,还得我们自己动手。"他也拿起一支烟,顺手燃着,把火柴递与我。①

8月15日,《京报》发表了一篇题为《周树人免职之里面为女师大问题》的文章,该文迅速披露了鲁迅"已预备控诉书,日内即可向平政院呈递"的消息:

> 教育部佥事周树人,系浙江绍兴籍,现兼任北大及女师大教授,自女师大风潮发生,周颇为学生出力,章士钊甚为不满,故用迅雷不及掩耳手段,秘密呈请执政准予免职。闻周在浙系中甚负清望,马叙伦、汤尔和、蔡元培均系彼之老友,意气用事,徒资口实。闻周已预备控诉书,日内即可向平政院呈递云。

8月21日,鲁迅的学生孙伏园担任编辑的《京报副刊》刊登了题为《鲁迅先生的免职》的文章,该文为鲁迅的免职鸣不平:

> 鲁迅先生的主张与章总长的不同,而鲁迅先生是章总长的部员,就因此得罪了部长。但是主张是主张,工作是工作,鲁迅先生管的是社会教育司的工作,岂能干涉得了教部对于女师大若何处置;然而竟因此免职了。鲁迅先生的社会教育司科长果然不称职吗?

---

① 尚钺:《怀念鲁迅先生》,见鲁迅博物馆编《鲁迅回忆录(散篇上册)》,北京出版社,1999年版,第143页。

何以十四年来都是称职的？称职吗，为什么免职呢？

8月22日，刘百昭率领军警和老妈子强行把女师大学生驱逐到报子街补习科内；鲁迅也在此日向平政院递交了诉状。他在8月23日给台静农的信中说：

> 这次章士钊的举动，我倒并不为奇，其实我也太不像官，本该早被免职的了。但这是就我自己一方面而言。至于就法律方面讲，自然非控诉不可，昨天已经在平政院投了诉状了。

鲁迅博物馆现在还保存着平政院开具的这张收据：

> 平政院收据
>
> 今收到周树人　付正诉状一件　附△件
>
> 中华民国十四年八月廿二日

8月24日，许寿裳、齐寿山发布《许寿裳、齐寿山反对教育总长章士钊之宣言》，以辞职的方式抗议章士钊非法免除鲁迅的佥事职务。

8月26日，女师大学生李桂生等24人向京师地方检察厅递交诉状控告章士钊、刘百昭、戴修瓒。

9月5日，鲁迅赴平政院递交了诉状的补充内容，从章士钊答辩书中的内容可知主要是追加对章士钊"倒填日期"的指控。这张诉状的收据也保存至今：

> 平政院收据
>
> 今收到周树人　正诉状一件　附△件
>
> 中华民国十四年九月五日

9月12日，鲁迅收到了平政院准予受理此案的通知：

> 平政院批第壹柒贰号
>
> 原具状人　周树人
>
> 状一件，因不服教育部免职之处分等情由。状悉，据称因不服教育部违法免职之处分，提起行政诉讼等情。案经本院审查与行政诉讼相符，堪予受理。仰侯将诉状副本咨送被告官署，依法答辩。此批。
>
> 中华民国十四年九月十二日

10月13日,鲁迅收到了平政院的通知和转来的章士钊的答辩书,因其中有鲁迅书信的残篇,兹转录如下:

  平政院　为

  通知事。据该诉讼人声称前因教育部违法免职提起行政诉讼一案,奉钧院批准受理并咨行被告答辩各在案。此项答辩书想已提出,请即发下以便互辩等情。查本案答辩书现准教育部咨送到院,兹将副本发交该诉讼人,如有互辩理由,限文到五日缮具诉状呈院可也。特此通知。

  右仰诉讼人周树人　准此

           中华民国十四年十月十三日

鲁迅在当天的日记中记述:"得平政院通知,即送紫佩并附信。"10月16日,鲁迅就得到了宋紫佩送来的互辩书提纲。鲁迅在对提纲进行修改之后立即送交平政院。鲁迅博物馆现在还保存着平政院开具的收据:

  平政院收据

  今收到周树人　正诉状一件　附一件

           中华民国十四年十月十六日

  11月29日,游行学生捣毁章士钊和刘百昭等人的住宅,11月30日,女师大学生复校。章士钊等人避居天津。

  新任教育总长易培基在接到平政院转来的鲁迅的互辩书后没有再行答辩,而是称:"此案系前任章总长办理,本部无再行答辩之必要。"

  1926年1月16日,教育总长易培基签发命令,在平政院还没有审理完鲁迅诉章士钊非法免职案的情况下就恢复了鲁迅的职务:

  教育部令第十六号

  兹派周树人暂署本部佥事,在秘书处办事。此令。

  中华民国十五年一月十六日

              教育总长易培基

  1月18日下午,鲁迅开始赴教育部上班。

  2月24日,鲁迅收到寿洙邻的信:"案已于昨日开会通过,完全胜利,大约办稿呈报得批登公报,约需两星期也。"

  3月4日教育总长易培基签发教育部部令第五一号:

本部暂属佥事周树人应照原叙等级给俸……此令。

           教育总长　易培基

3月16日,鲁迅接到平政院通知:

  前据诉讼人因不服教育部呈请免职之处分,提起行政诉讼一案,业经本院依法裁决,仰即……缴纳裁决书送达费一元,以便送达裁决书。

3月17日鲁迅日记记载:往平政院交裁决书送达费一元。

3月31日发出国务总理贾德耀签发"临时执政训令第十三号":

令教育总长

  据平政院院长王大燮呈,审理前教育部佥事周树人陈述不服教育部呈请免职之处分,指为违法,提起行政诉讼一案,依法裁决教育部之处分应予取消等语,著教教育部查照执行,此令。

            国务总理贾德耀

4月6日,鲁迅收到了平政院的裁决书:

  平政院　为

  通知事。前据该诉讼人周树人诉为不服教育部呈请免职之处分提起行政诉讼一案,业经本院就书状裁决。自将裁决书缮本送达,仰即遵照,特此通知。

  右仰诉讼人周树人　准此

            中华民国十五年四月六日

至此,这场官司终于以鲁迅的胜利而告终。

有趣的是,鲁迅在平政院裁决结果出来之前的三个月就已经提前恢复了教育部佥事职务,而他又在南下厦门大学的三个月之后才被正式解除佥事职务。1926年11月27日,教育总长任可澄签发教育部部令第一七〇、一七一号:

  本部暂属佥事周树人毋庸在秘书处办事,此令。

             教育总长　任可澄

  毋庸周树人暂属佥事,此令。

             教育总长　任可澄

二、鲁迅诉章士钊的诉状与互辩书的残篇

鉴于鲁迅诉章士钊的诉状与互辩书的原件迄今没有发现，本文将从鲁迅保存下来的《平政院裁决书》入手先钩稽出诉状与互辩书的残篇。

1983年4月出版的《鲁迅生平史料汇编》第三辑全文收录了《平政院裁决书》（原件现存鲁迅博物馆，全文无标点），为了下文论述的方便，兹将全文转录如下：

平政院裁决书

原告：周树人，年四十四岁，浙江绍兴县人，前教育部佥事

被告：教育部

右　原告因不服被告呈请免职之处分，指为违法，提起行政诉讼，本庭审理裁决如左：

主文：

教育部之处分取消之。

事实：

原告曾任教育部佥事，已历多年。上年八月间被告停办国立女子师范大学，该校学生不服解散，争执甚剧。被告以原告兼任该校教员，认为有勾结学生反抗部令情事，遽行呈请免职。原告不服，指为处分违法，来院提起行政诉讼。分由第一庭审查，批准受理。续据被告答辩到院，当即发交原告互辩，嗣后又将互辩咨送被告，旋准咨复："此案系前任总长办理，本部无再行答辩之必要"等语。兹将原告陈诉互辩及被告答辩各要旨列左：

原告陈诉要旨：

"树人充教育部佥事，已十有四载，恪恭将事，故任职以来，屡获奖叙。讵教育总长章士钊，竟无故将树人呈请免职。查文官免职系属惩戒处分之一，依文官惩戒条例第十八条之规定，须先交付惩戒，始能依法执行。乃竟滥用职权，擅自处分，无故将树人免职，并违文官惩戒条例第一条及文官保障法草案第二条之规定，此种违法处分，实难缄默"等语。

被告答辩要旨：

本部停办国立女子师范大学,委部员前往接收,不意本部佥事周树人,原系社会司第一科科长,地位职责均极重要,乃于本部停办该校正属行政严重之时,竟敢勾结该校教员及少数不良学生,缪托校务维持会名义,妄有主张,公然与所服务之官署立于反抗地位。据接收委员报告,亲见该员盘踞校舍,集众开会,确有种种不合之行为。校务维持会擅举该员为委员,该员又不声明否认,显系有意抗阻本部行政。查官吏服务令第一条:凡官吏应竭尽忠勤,服从法律命令以行职务。第二条:长官就其范围以内所发命令,属官有服从之义务。第四条:属官对于长官所发命令如有意见,得随时陈述。第二十九条:凡官吏有违上开各条者,该管长官依其情节,分别训告或付惩戒。规定至为明切。今周树人既未将意见陈述,复以本部属官不服从本部长官命令,实已违反文官服务条令第一第二第四各条之规定。本部原拟循例呈请交付惩戒,乃其时女师大风潮形势严重,若不即时采取行政处分,一任周树人以部员公然反抗本部行政,深恐群相效尤,此项风潮愈演愈恶,难以平息。不得已于将呈请周树人免职等语。

原告互辩要旨:

"(一)查该部称树人以部员资格,勾结该校教员及不良学生妄有主张等语,不明言勾结何事,信口虚捏,全无事实证据。树人平日品性人格,向不干预外事,社会共晓。此次女师大应否解散,尤与树人无涉,该部对于该校举动是否合宜,从不过问,观答辩内有周树人既未将意见陈述一言,可知树人在女师大担任教员,关于教课,为个人应负之责,若有团体发表事件,应由团体负责,尤不能涉及个人。(二)该答辩称,据接收委员报告,入校办公时亲见该员盘踞校舍,集众开会,确有种种不合之行为云云。试问报告委员何人?报告何在?树人盘踞何状?不合何事?概未言明,即入人罪?答辩又称:该伪校务维持会擅举该员为委员,该员又不声明否认,显系有意抗阻本部行政。查校务维持会公举树人为委员系在八月十三日,而该部呈请免职据称在十二日,岂预知将举树人为委员而先为免职之罪名耶?况他人公举树人,何能为树人之罪?(三)官吏服务令第二条:长官就其监督范围以内发布命令,属官有服从之义务,但有左列各项情形者不在此限。树人任教育部佥事,充社会教育司第一科科长,与女师大停办与否,职务上毫无关系,乃反以未陈述意见指为抗违命令,理由何在?且又以未陈述意见即为违反服务令第一第二第四等条,其理由又安在?殊不可解。(四)该答辩书谓本部原拟循例呈请惩戒,乃其时女师大风潮最剧,形势严重,若不即时采取行政处分,一任周树人以部员公然反抗本部行政,深恐群相效尤,此次风潮愈演愈恶,难以平息,不得已呈请免职。查以教长权利整顿一女校,何至形势严重?依法免一部员,何至用非常处分?且行政处分原以合法为范围,凡违法令之行政处分,当然无效"等语。

理由:

依据前述事实,被告停办国立女师大学,原告兼任该校教员是否确有反抗部令情事,被告未能证明,纵使属实,涉及文官惩戒条例规定范围,自应交付惩戒,由该委员会依法议决处分,方为合法。被告遽行呈请免职,确与现行法令规定程序不符,至被告答辩内称"原拟循例交付惩戒,其时形势严重,若不采用行政处分,深恐群相效尤"等语,不知原告果有反抗部令嫌疑,先行将原告停职或依法交付惩戒已足示儆,何患群相效尤,又何至迫不及待,必须采用非常处分?答辩各节并无理由,据此论断,所有被告呈请免职之处分属违法,应予取消。兹依行政诉讼法第二十三条之规定裁决如主文。

第一庭庭长、评事　　邵章(印)
第一庭评事　　　　　吴煦(印)
第一庭评事　　　　　贺俞(印)
第一庭评事　　　　　延红(印)
第一庭评事　　　　　周贞亮(印)
第一庭书记官　　　　孙祖渔(印)

中华民国十五年三月廿三日

从《平政院裁决书》中可以钩稽出鲁迅诉状和互辩书的主要内容如下:

(一)诉状

树人充教育部佥事,已十有四载,恪恭将事,故任职以来,屡获奖叙。讵教育总长章士钊,竟无故将树人呈请免职。查文官免职系属惩戒处分之一,依文官惩戒条例第十八条之规定,须先交付惩戒,始能依法执行。乃竟滥用职权,擅自处分,无故将树人免职,并违文官惩戒条例第一条及文官保障法草案第二条之规定,此种违法处分,实难缄默。

(二)互辩书

(一)查该部称树人以部员资格,勾结该校教员及不良学生妄有主张等语,不明言勾结何事,信口虚捏,全无事实证据。树人平日品性人格,向不干预外事,社会共晓。此次女师大应否解散,尤与树人无涉,该部对于该校举动是否合宜,从不过问,观答辩内有周树人既未将意见陈述一言,可知树人在女师大担任教员,关于教课,为个人应负之责,若有团体发表事件,应由团体负责,尤不能涉及个人。

(二)该答辩称,据接收委员报告,入校办公时亲见该员盘踞校舍,集众开会,确有种种不合之行为云云。试问报告委员何人?报告何在?树人盘踞何状?不合何事?概未言明,即入人罪?答辩又称:该伪校务维持会擅举该员为委员,该员又不声明否认,显系有意抗阻本部行政。查校务维持会公举树人为委员系在八月十三日,而该部呈请免职据称在十二日,岂预知将举树人为委员而先为免职之罪名耶?况他人公举树人,何能为树人之罪?

(三)官吏服务令第二条:长官就其监督范围以内发布命令,属官有服从之义务,但有左列各项情形者不在此限。树人任教育部佥事,充社会教育司第一科科长,与女师大停办与否,职务上毫无关系,乃反以未陈述意见指为抗违命令,理由何在?且又以未陈述意见即为违反服务令第一第二第四等条,其理由又安在?殊不可解。

(四)该答辩书谓本部原拟循例呈请惩戒,乃其时女师大风潮最剧,形势严重,若不即时采取行政处分,一任周树人以部员公然反抗本部行政,深恐群相效尤,此次风潮愈演愈恶,难以平息,不得已呈请免职。查以教长权利整顿一女校,何至形势严重?依法免一部员,何至用非常处分?且行政处分原以合法为范围,凡违法令之行政处分,当然无效。

三、鲁迅诉章士钊的诉状与互辩书的原貌考

(一)鲁迅诉状的原貌考

鉴于鲁迅的诉状至今没有发现原件,我们可以从如下几个角度尝试恢复其原貌。

《鲁迅生平史料汇编》第三辑全文收录了《国立北京女子师范大学被难学生控告章士钊刘百昭戴修瓒状词》,这为我们提供了民国时期诉状的样本。

国立北京女子师范大学被难学生控告章士钊刘百昭戴修瓒状词

告诉人

李桂生　年二十三岁　安徽太平人

雷　瑜　年二十二岁　湖南宝庆人

……(共24人,此处略)

右告诉人均系国立北京女子师范大学学生。原住国立北京女子师范大学内,现寓报子街补习科内。

被告人

章士钊,湖南人。现任教育总长。

刘百昭,湖南人。教育部专门教育司司长。

戴修瓒,湖南人。现任教育部科长。

为伤害侮辱,滥施捕禁,怙恶不悛,数罪俱发;恳请提起公诉,按律惩办,以保障民权事。窃生等,离家万里,负笈京华,素守学生本分,毫无越轨行动。祸因章士钊重长教育,怀挟私恨,激动学潮……自应依法告诉,付讫均厅迅拘该章士钊、刘百昭、戴修瓒及其余一干人等到案。提起公诉,按律惩办,以保人权施行。

谨呈

京师地方检察厅　公鉴

中华民国十四年八月二十六日

李桂生　印　刘和珍　印　雷瑜　印　张静淑　印

(以下是20人的印,此处略)

鲁迅博物馆还保存着章士钊的答辩书，这可以为我们提供重要的参考。附带指出，2000 年出版的《章士钊全集》没有收录此文，因此该文应是章士钊的佚文。

查周树人免职理由，本部上执政呈文业经声叙明白，兹更为贵院述之：本年八月十日，本部遵照执政训令停办国立女子师范大学，当委部员刘百昭等前往接收，不意本部佥事周树人，原系社会司第一科科长，地位职责均极重要，乃于本部执行令准停办该校，正属行政严重之时，竟敢勾结该校教员、捣乱分子及少数不良学生，缪托校务维持会名义，妄有主张，公然与所服务之官署悍然立于反抗地位。据接收委员会报告，入校办公时亲见该员盘踞校舍，集众开会，确有种种不合之行为。又该伪校务维持会，擅举该员为委员，该员又不声明否认，显系有意抗阻本部行政，既情理之所难容，亦法律之所不许。查官吏服务令第一条：凡官吏应竭尽忠勤，从法律命令以行职务。第二条：长官就其范围以内发布命令，属员有服从之义务。第四条：属官对于长官所发命令如有意见，得随时陈述。第二十九条：凡官吏有违上开各条者，该管长官依其情节，分别训告，或付惩戒。规定至为明切。今周树人既未将意见陈述，复以本部属员不服从本部长官命令，实已违反文官服务条令第一第二第四各条之规定。本部原拟循例呈请交付惩戒，乃其时女师大风潮最剧，形势严重，若不即时采取行政处分，一任周树人以部员公然反抗本部行政，深恐群相效尤，此项风潮愈演愈恶，难以平息。不得已于八月十二日呈请执政将周树人免职，十三日由执政明令照准，此周树人免职经过之实在情形也。查原诉状内有无故免职等语，系欲以无故二字遮掩其与女师大教习学生集会违令各行为，希图脱免。至追加理由所称本部呈请执政将周树人免职稿件倒填日月一节，实因此项免职事件情出非常，本部总长系于十二日面呈执政，即日明令发表，随后再将呈稿补发存案。即日补发，无所谓倒填，情势急迫，本部总长应有权执行此非常处分，周树人不得引为口实。兹特详叙事实答辩如右。

倘若我们对照一下章士钊的答辩书和裁决书中所引述的"被告答辩要旨"，可以看出，裁决书基本上完整引述了章士钊的答辩书的主要内容。因此，我们可以认为裁决书也引述了鲁迅的诉状的主要内容。按照诉状的体例

和裁决书的相关内容,我们大致可以恢复鲁迅诉状的原貌如下:

教育部前签事周树人控告教育部状词

告诉人:

周树人,年四十四岁,浙江绍兴县人。

右告诉人系前教育部签事,住宫门口三条胡同。

被告:教育部

为违法呈请免职;恳请提起行政诉讼,按律裁决,以保障民权

树人充教育部佥事,已十有四载,恪恭将事,故任职以来,屡获奖叙。讵教育总长章士钊,竟无故将树人呈请免职。查文官免职系属惩戒处分之一,依文官惩戒条例第十八条之规定,须先交付惩戒,始能依法执行。乃竟滥用职权,擅自处分,无故将树人免职,并违文官惩戒条例第一条及文官保障法草案第二条之规定,此种违法处分,实难缄默。提起行政诉讼,按律裁决,以保障民权施行。

谨呈

北平平政院　公鉴

中华民国十四年八月二十二日

周树人　印

(二)鲁迅互辩书的原貌考

鲁迅博物馆现在还保存着一份互辩书的提纲,这份提纲写在四页带有"法政学堂校外自修科笔记本"字样的纸张上。孙瑛先生在对这份提纲进行笔迹鉴定后认为是宋紫佩的笔迹,并推测有两个可能:"一个是宋紫佩或许当时正从事于这样的'自修';一个可能是由他再去请教那位'法官'寿洙邻,同时就在寿洙邻那里取到这种纸张将提纲写了出来。"

鉴于一些研究者对这份提纲的引述或者不全或者有不少错误,兹将这份提纲的全文转录如下:

提纲:

甲　事实之诬枉

一　查该总长妄称○○以部员资格勾结该校教员捣乱分子及少数不良学生,缪托校务维持会名义,妄有主张等语全部略言,勾结何事?捣乱分子及不良学生何人?○○主张何事?信口虚捏,全无

事实证据，殊不称长官体统，有玷人格。况各部职员兼任国立各校教员不下数百人，○○为女师大兼任教员之一，在部则为官吏，在校则为教员，两种资格，各有职责，不容率混。乃该总长竟诬为以部员资格勾结该校，何所见而云然？尤属荒谬。

二　○○平日品性人格，向不干预外事，社会共晓。此次女师大应否解散，与○○无涉，故该总长对于该校举动是否合宜，○○从不过问。在部诬蔑个人，朦惑执政，不但违宪，实犯刑章。据答辩书有周树人既未将意见陈述一言，可知从未干预之。○○在女师大担任教员职务，一方关于教课，固为个人应负之责，一方关于公众，又为团体共负之责。若有团体发表之事件，应由团体负责，尤不能涉及个人，更不能为诬○○一人而加以非法？譬如现北大与教部脱离关系，公然反抗，实为团体之运动，岂北大教员之兼部职员者将悉负其责也？

三　该答辩称"据接收委员会报告云云至种种不法行为"，试问报告委员何人？报告何在？○○盘踞何状？不合何事？概未言明，即入人罪○○？且谓教员维持校务会为伪托，伪者何在耶？岂凡为教员者于法不得维持校务耶？

四　答辩又称"该伪校务维持会推举○○为委员乃在八月十三日"，而该总长呈请免职折称在十二日，岂预知将举○○为委员而先为免职之罪名耶？况他人公举，何能为○○之罪？

五　照旧云云至。○○充教育部佥事、社会教育司科长，与女师大停办与否，职守上毫无关系。故对于女师大停办命令从未一字陈述意见，亦实无陈述之职责，既未陈述意见，即无违命之举动及言论可知，乃章士钊反以未陈意见指为抗违命令，其理由何在？又以未陈述意见即为违反服务令第一、二、四等条，此理由又安在？殊不可解。岂官吏须出位陈述职守外之意见方为遵守服务令耶？何悖谬至此！

六　该答辩书谓本部原"拟循例呈请惩戒，乃其时云云，不得已呈请免职"。查以教长权利整顿一女校，何至形势严重？依法免一部员职，何至迫不及待？风潮难平，事关学界，何至非常处分？此等饰词，殊为可笑！且所谓行政处分，原以合法为范围，凡违法令之行政处分，当然无效，此官吏服务令所明白规定者。今章士钊不依法惩戒,殊属身为长官弃蔑法令……

基上理由,请将章士钊答辩各节加以驳斥,并恳迅赐裁决,撤销该部违法处分,以伸法纪

呈

平政院

十月十六日

如果把这份提纲和《平政院裁决书》中引述的鲁迅最终呈交的互辩书对照一下,就可以看出鲁迅基本上是在这份提纲的基础上整理出最终的互辩书:鲁迅把提纲中的第一、第二两条合并为互辩书的第一条,把提纲中的第三、第四条合并为互辩书的第二条,把提纲中的六条调整为四条;此外鲁迅还对提纲的文字进行了加工,使之更加流畅,并特别删除了一些比较激烈的文字,使之更加有理、有节。

在此基础上,我们可以尝试恢复鲁迅互辩书的原貌如下:

周树人互辩书

(一)查该部称树人以部员资格,勾结该校教员及不良学生妄有主张等语,不明言勾结何事,信口虚揑,全无事实证据。树人平日品性人格,向不干预外事,社会共晓。此次女师大应否解散,尤与树人无涉,该部对于该校举动是否合宜,从不过问,观答辩内有周树人既未将意见陈述一言可知。树人在女师大担任教员,关于教课,为个人应负之责,若有团体发表事件,应由团体负责,尤不能涉及个人。

(二)该答辩称,据接收委员报告,入校办公时亲见该员盘踞校舍,集众开会,确有种种不合之行为云云。试问报告委员何人?报告何在?树人盘踞何状?不合何事?概未言明,即入人罪?答辩又称:该伪校务维持会擅举该员为委员,该员又不声明否认,显系有意抗阻本部行政。查校务维持会公举树人为委员系在八月十三日,而该部呈请免职据称在十二日,岂预知将举树人为委员而先为免职之罪耶?况他人公举树人,何能为树人之罪?

(三)官吏服务令第二条:长官就其监督范围以内发布命令,属官有服从之义务,但有左列各项情形者不在此限。树人任教育部佥事,充社会教育司第一科科长,与女师大停办与否,职务上毫无关系,乃反以未陈述意见指为抗违命令,理由何在?且又以未陈述意

见即为违反服务令第一第二第四等条,其理由又安在? 殊不可解。

（四）该答辩书谓本部原拟循例呈请惩戒,乃其时女师大风潮最剧,形势严重,若不即时采取行政处分,一任周树人以部员公然反抗本部行政,深恐群相效尤,此次风潮愈演愈恶,难以平息,不得已呈请免职。查以教长权利整顿一女校,何至形势严重? 依法免一部员,何至用非常处分? 且行政处分原以合法为范围,凡违法令之行政处分,当然无效。

基上理由,请将章士钊答辩各节加以驳斥,并恳迅赐裁决,撤销该部违法处分,以伸法纪。

呈

平政院

十月十六日

四、结论

由于长期以来一直没有发现鲁迅的诉状与互辩书的原件,所以鲁迅的这两篇文章一直没有得到应有的重视。值得庆幸的是,鲁迅本人保存着平政院关于本案的裁决书,使后人可以从这份裁决书一窥鲁迅的诉状与互辩书的主要内容。因为裁决书引述了鲁迅的诉状与互辩书的主要内容,笔者认为,鉴于这两篇文章的内容并不是普通的事务性文字,而是涉及鲁迅的斗争策略,对于研究鲁迅当时的思想状况有着重要的参考价值,因此在某种程度上,这两篇文章也可视为鲁迅的佚文。至少,鲁迅的互辩书在对照原来的提纲增补部分带有诉状格式的文字,可以视为鲁迅的佚文。

赵荫棠与鲁迅的交往考略

——兼谈鲁迅的一封佚信

人民文学出版社1981年出版的《鲁迅全集》对赵荫棠先生的注释如下：

> 赵荫棠(1893—?)，字憩之，河南巩县人。1926年间为北京师范大学国文系讲师。《莽原》周刊的投稿者。

这样的注释略显简单。20世纪90年代中期以来，学界陆续有人关注起赵荫棠，姜德明先生的《鲁迅与赵荫棠》①和张泉先生的《鲁迅同时代人赵荫棠及其后来的道路》②是其中较为重要的文章。笔者在前人的研究基础上继续查阅一些资料，大致了解了赵荫棠的一些经历，并注意到一些较为有价值的材料，以补正此前的相关文章，并以此就教于方家。

一、赵荫棠生平述略

赵荫棠(1893—1970)，曾用名仝光，憩之，笔名老铁等，河南巩县人。曾在北京大学国文系旁听③，后入北京大学国学研究所师从钱玄同等学习声韵学④，1925年6月，研究所毕业后，曾先后任教于河南大学、北京师范大学等校。赵荫棠在国学研究所学习声韵学期间，曾与友人发起组织过文学团体微

---

① 姜德明：《鲁迅与赵荫棠》，载《梦书怀人录》，汉语大词典出版社，1996年版。
② 张泉：《鲁迅同时代人赵荫棠及其后来的道路》，《鲁迅研究月刊》，2002年第6期。
③ 参见《北京大学日刊》1925年6月3日"研究所国学门通告"：现将已审查合格之研究生姓名、籍贯、履历及演技题目公布如下：
题目：建安文学。……魏建功等五人未经本学门委员会审查完毕后，再另行公布。另1925年9月3日"研究所国学门"通告：准予毕业者：魏建功，本科四年级。按：这一材料一方面表明赵荫棠与魏建功曾在北大研究所国学门同学，另一方面也证明魏建功直到9月初才毕业。魏建功毕业后曾留研究所做助教。
④ 参见钱玄同：《评赵荫棠的〈中原音韵研究〉》，《钱玄同文集》第4卷，刘思源等编，中国人民大学出版社，1999年版。

波社,并创办《微波》旬刊。20世纪20年代末,他在北京与许玉诺合编过《明天》、与庐隐合编过《明天》,以及河北民国时报周刊之《鹄》,1928年在北平华严书店出版了编译的文论集《风格与表现》,后转向学术研究,很少从事文艺创作。1932年,他受聘于北京大学国文系,讲授音韵学,后在私立辅仁大学任教时开设《韵学源流》等课程。1937年抗战爆发后,沉默了一年。20世纪40年代,他"一半为应付朋友的文债,一半为筹稿费,于是又大写特写起来",常以"老铁"的笔名发表小说,成为北平沦陷区较为活跃的作家,并被列入《国民杂志》"古城文学家介绍"系列之六。1944年11月,他作为华北作家协会的11名代表之一,赴南京出席了由日本官方召集的"第三次大东亚文学者大会",成为附逆的汉奸文人。其间,赵荫棠出版了短篇小说集《父与子》(1944),以及长篇小说《影》(1945)。1945年,赵荫棠奔赴解放区,先后在张家口农业专科学校、民众教育馆等处任职。新中国成立后,先在北京师范大学附中任教员,后在河北师范学院中文系和西北师范学院中文系任教授,1970年逝世,终年77岁。

作为一位著名的语言学家,赵荫棠著有如下学术著作:《中原音韵研究》《篆斐轩词韵时代考》《康熙字典字母切韵要发考证》《中洲音韵流源考——各版本的关系与发生的次序》《清初审音家赵绍箕及其贡献》《切韵指掌图撰述年代考》《明清等韵之存浊系统》《明清等韵文之北音系统》等。

二、赵荫棠与鲁迅的交往述略

1925年4月20日《晨报》报道了开封军士奸污河南高师学生的新闻,5月4日《京报副刊》刊登了鲁迅4月27日致孙伏园的信,该信转述了向培良认为此事纯属子虚乌有的观点。这封信引起了争论,鲁迅于5月6日在《京报副刊》发表《启事》,声明退出此次论争。鲁迅日记1925年5月6日记:"得赵荫棠信。"幸运的是这封信至今仍然被保存在鲁迅博物馆中。赵荫棠的这封信主要"以自己调查的情况,证明此事'实是乌有'"。内容与《妇女周刊》5月13日他自己的那篇《谣言的魔力》大同小异[①]。

鲁迅日记1925年5月29日记:"晚有麟来。赵荫棠来。长虹、钟吾来。"根据赵荫棠《回忆鲁迅》一文所记:"刚坐下,把交换广告的事同鲁迅先生谈完

[①] 参见杨燕丽:《河南女高师铁塔事件书信两封》,《鲁迅研究资料》(23辑),中国文联出版公司,1992年版。

后,又进来两位同学,一个是尚君铖,另一个是高君长虹。"所谓"交换广告的事",赵文中还有如下的记述:一次课间休息,我去教员休息室找鲁迅,开头便问:"《微波》旬刊,先生见到了么?"鲁迅很客气地回答:"见到了,是你办的么?"赵荫棠是受伙伴之托来问《微波》能否与《莽原》杂志交换广告。从这段记述,可以推断范泉先生主编、上海书店 1993 年出版的《中国现代文学社团流派词典》关于"微波社"成立于 1925 年 6 月的时间是值得商榷的。因为在赵荫棠 5 月 29 日去拜访鲁迅之前,鲁迅已见到过《微波》旬刊了。

查《莽原》周刊,果然找到了《微波》杂志的三则目录,因阿英所著的《中国新文学大系·史料·索引》卷对《微波》旬刊也是只记其名而未加介绍,所以转录《微波》的目录如下:

《莽原》周刊第 7 期(1925 年 6 月 5 日出版)刊登了"《微波》第一期出版了"的广告。这一期的《微波》目录如下:

文艺的起头	荫棠 译
归途	子惠
装饰品	爱之 译
老薛的故事	春芝
断线的风筝(一)	景星
闲话	编者

通信处:北京大学收发课转微波杂志社

价目:与本周刊同(按:与《莽原》同)

《莽原》第 8 期(1925 年 6 月 12 日)刊登了《微波》第二期的目录:

历史的谬见	荫棠 译
无题	孜研
批评杂话	荫棠

(按:因装订线过深,无法看到余下的文章名)

《莽原》第 11 期(1925 年 7 月 3 日)刊登了《微波》第三期的目录:

狂歌	斧坚
表现的艺术	憩之 译
断线的风筝(二)	景星
女孩儿的死	张定璜

车夫	继美
问少年	吴造我
铁韩斯(上)	王少明
唾壶(一)	柳险

附带提及,姜德明先生在《鲁迅与赵荫棠》一文中认为与赵荫棠合办《微波》杂志的"魏君"可能是魏建功。因为赵、魏此时同在北大研究所国学门,但因无法查到《微波》旬刊而无法确定[笔者按:《全国中文期刊联合目录(1833—1949)》和《北京大学日刊》均查不到关于微波社的记录]。不过,笔者认为这位"魏君"也可能是赵荫棠的同乡和同学魏春芝,因《微波》旬刊第一期即有署名"春芝"的文章,而较不易确认为有魏建功的文章。笔者查阅过几部现代作家笔名词典,尚未发现《微波》作者中有魏建功先生的笔名,另外还当面向魏建功先生的公子请教,据他回答,魏建功先生的日记中并没有提到过与赵荫棠发起成立"微波社"并合办《微波》旬刊之事,魏建功此时正与友人忙于筹建黎明中学①。

值得注意的是,尚钺在1925年7月10日致鲁迅的信中②(此信现存鲁迅博物馆中)提到过微波社:"我因从来开封,我与张目寒就弄得不对头……可是在张目寒心中,却大大种上一种仇恨。此外,我还有一件很危险的事情,即听说曹靖华和微波社诸同人,将在河南《新中州报》社要求出一副刊,其目的即在'打倒《豫》报社,骂死尚钺',并且还'使我永世不得露头'。将来不开战则已,一开战我定将双份都寄与我师看,不过他们要是谩骂(如曹君文)我或者也竟置之不理。"

这封信表明尚钺与微波社有较大的矛盾,但笔者未能查到《新中州报》,所以无法知道他们之间有无开战,以及开战的详情。但也可从中推测出微波社的成员可能都是由河南人组成的,另外,也可旁证,那个"魏君"是河南人魏春芝,而非江苏人魏建功。

鲁迅日记1925年7月14日记:"得赵荫棠信。晚仲芸、有麟来。长虹

---

① 魏建功:《忆三十年代的鲁迅先生》:"1925年五卅运动里,我们几个人发起开办了黎明中学。"参见《鲁迅回忆录》257页,北京出版社,1999年版。

② 参见赵荫棠、魏春芝等河南同乡人联合会的《公奠李邦翰先生启事》,刊《北京大学日刊》,1925年5月26日出版。

来。夜雨。得吕云章信。"①

很遗憾,这封信未能保存下来。不过,笔者推测,信中可能谈及《微波》旬刊停刊的事,因为《微波》旬刊在《莽原》周刊只登了3次目录(最后一次是1925年7月3日),在《猛进》周刊也只刊登了第3期的目录,如无意外即停刊的话,赵荫棠没有理由不在上述两刊继续刊登出版广告。另外一点,可能是赵荫棠在1925年6月毕业后曾赴河南大学任教(即尚钺1925年7月10日致鲁迅信中所说的"曹靖华和微波诸同人,将在河南《新州中报》社要求出一副刊"),从而无法在北京继续办《微波》旬刊了。倘如此,《微波》旬刊存世还不到3个月,即1925年5月—1925年7月。

鲁迅日记1926年1月18日记:"午后访李霁野,托其寄朋其稿费十二;遇张目寒,托其寄荫棠稿费二。"

《鲁迅全集》对赵荫棠的注释中也说明赵荫棠是《莽原》周刊的投稿者,但是遍查《莽原》周刊,也没有发现署名"荫棠"或"憩之"的文章。《莽原》周刊创刊于1925年4月,赵荫棠与鲁迅联系的最早纪录是1925年5月6日,另外,赵荫棠于5月29日还拜访过鲁迅,所以赵荫棠在《莽原》周刊发表文章的可能性极大。从时间上推断,1925年11月27日出版的《莽原》周刊32期最有可能刊登赵荫棠的文章。该期目录如下:

  劣者　　　　我赞美着秋天
  黄鹏基　　　狂言
  青尔　　　　三真天子
  朱大　　　　血的嘴唇的歌
  鲁迅　　　　评心雕龙
  朋其　　　　伪的求曙光的人
  王星华　　　可耻的三声——呜呼

这些作者中,只有"青尔"不详,不知是否即赵荫棠?

令人兴奋的是,赵荫棠还在《回忆鲁迅》一文中披露出鲁迅写在信封上的一则遗墨:

  内函并银两元,乞面交　赵荫棠兄。迅托。
  一·十八

---

① 参见《鲁迅研究资料》14辑,天津人民出版社,1984年版,第345页。

可能是因为这则手迹是写在信封上的缘故,一些研究者对此未加重视,如刘运峰编辑的《鲁迅佚文全集》就未收入此文。笔者认为,此文实则是一则短信,应收入新编的《鲁迅全集》,或者至少作为一则佚文,收入《鲁迅书信集》。

鲁迅日记1926年1月21日记:"得赵荫棠信。"据姜德明先生的观点,这封信应当是对鲁迅1月18日信的答复。遗憾的是这封信未能保存下来。

赵荫棠与鲁迅最后交往是1926年6月9日。鲁迅日记1926年6月9日记:"上午赵荫棠、沈孜研来。"据赵荫棠回忆,赵、沈两人是来为鲁迅送行的。

附带指出,《鲁迅全集》15卷对沈孜研的注释为"未详",张泉认为沈孜研有可能是沈兼士(1886—1947,浙江吴兴人),笔者认为,沈孜研作为"微波社"同仁,很可能是赵荫棠的河南同乡朋友,不可能是沈兼士。

20世纪40年代,身处沦陷区的赵荫棠在1944年10月29日第6号的《中华周报》发表了《回忆鲁迅先生》一文,回忆了他与鲁迅的交往,并披露了上述的一则鲁迅手迹,表达了对已逝的鲁迅先生的深深怀念。

鲁迅手稿研究

鲁迅书信的附件应当完整地收入《鲁迅全集》

鲁迅研究资料专家朱正在《补阙两则》一文中指出,《江绍原藏近代名人手札》①收录的鲁迅于 1927 年 10 月 21 日致江绍原(1891—1962)的书信附录了许寿裳致鲁迅的一封信的一部分,但是《鲁迅全集》在收录鲁迅的这封书信时没有同时收录鲁迅随信附录的许寿裳致鲁迅书信的一部分。朱正指出:

> 鲁迅将许寿裳来信中有关"此事"的一段裁了下来,附在信中寄给江绍原,"先以奉阅"。这裁下来许信的半页,应该说是鲁迅此信的组成部分。这一"附件"全文如下(按:此处省略信的内容)。
>
> 收信人看到这一附件,当然就明白信中所说的"此事"是何事了。所以这一"附件"是鲁迅此信不可缺少的组成部分,应补入原信正文之末。并在信中"先以奉阅"处设注,指明"奉阅"者指此附件。②

朱正的这篇文章在研究方法上给我以启示。翻阅文物出版社在 1978 年出版的《鲁迅手稿全集》"书信部分",看到其中收录了几则鲁迅书信的附件,《鲁迅手稿全集》编辑委员会在该书的"凡例"中指出:"五、鲁迅书信手稿的有些附件,作为书信内容的补充,附在原信之后,并在目录上标明附件的内

---

① 江小蕙编:《江绍原藏近代名人手札》,中华书局,2006 年版。
② 朱正:《补阙两则》,《鲁迅研究月刊》,2007 年第 8 期。

容。"①《鲁迅手稿全集》"书信部分"收录的鲁迅书信的附件形式多样,有的是他人的书信,有的是鲁迅的翻译文稿,有的是图像,有的是书目。笔者查阅了人民文学出版社1981年版的《鲁迅全集》和2005年版的《鲁迅全集》,发现其中的一些书信的附件已经被收入这些版本的《鲁迅全集》之中,但是仍然有一些附件没有被收入这些版本的《鲁迅全集》之中。笔者对所搜集到的鲁迅书信的附件(包括《鲁迅手稿全集》"书信部分"和鲁迅博物馆馆藏的鲁迅书信原件)进行梳理,发现这些书信的附件都是鲁迅书信的一个组成部分,如果删掉这些书信的附件就会破坏鲁迅书信的完整性。本文就按照鲁迅书信写作的时间为序,来恢复这些被2005年版的《鲁迅全集》编者所删改的鲁迅书信的原貌。

一、《鲁迅手稿全集》"书信部分"收录的部分鲁迅书信的附件考释

1.鲁迅1921年7月27日致周作人信的附件:关于两个日语词语的解释

鲁迅在1921年7月27日致周作人的信中附录了关于两个日语词语的解释②,全文如下:

コムツカシキ、
　　コマカシク面倒クサイ＝ヒドク面倒クサイ
　　例ヘバ子供ガグヅグヅ言フトキノ如シ
　　タモル、
　　知ラントス云フ　謹案辭林内有「タモリ」＝田守、此或即「田守ル」而即「守ル」之意歟?
　　此のニツの字はどう云ふ意味ですか。おしへてくれ。

笔者请日本学者秋吉收教授把这段文字翻译成中文,译文如下:

コムツカシキ、(秋吉收按:该写成「小难しき」)、
　　琐细而麻烦＝非常麻烦
　　比如说,小孩子嘟嘟囔囔地诉说的时候的样子

---

① 鲁迅:《鲁迅手稿全集》书信第1册,《鲁迅手稿全集》编辑委员会编,文物出版社,1978年版,第2页。
② 鲁迅:《鲁迅手稿全集》书信第7册,第227—228页。

タモル、

有人(?)说不知道。《辞林》里有「タモリ」=田守(发音一样),这个词(タモル)或许该写成「田守ル」,那么意思就是「守ル」(保护),这样解释对吗?

这两个字(词?)到底是什么样的意思,请告诉我。

但是2005年版的《鲁迅全集》在收录鲁迅的这封信时删掉了鲁迅写给周作人的关于两个日语词语的解释的文字[①],这样就破坏了鲁迅书信的完整性。

2.鲁迅在1927年6月30日致李霁野的书信的附件:《〈中国的学者〉按语》

2005年版的《鲁迅全集》在鲁迅于1927年6月30日致李霁野的书信后面附录了鲁迅在当年的6月9日写的《〈中国的学者〉按语》[②]。笔者查阅《鲁迅手稿全集》书信第二册,看到鲁迅的一个剪报《中国的学者》,并有一段评论文字[③],另外,鲁迅还在剪报上的部分文字旁加了一些圈以突出这些文字:"现代诗人邓南遮。。在一度参加战争之后。。便减少了人们的热望么。。"可以说,这个香港《循环日报》副刊所刊登的《中国的学者》一文和鲁迅所写的一段评论文字是一个整体,何况鲁迅还用笔标出《中国的学者》一文中的重要字句,所以应当一起作为附件收录在鲁迅于6月30日写的书信之后。如果只收录鲁迅的这一段评论文字,而删掉剪报中的《中国的学者》这篇文章,就会使鲁迅文章的这段评论文字没有批评的对象。

3.鲁迅1927年7月31日致章廷谦的信的附件:顾颉刚致鲁迅的书信和鲁迅的回信

2005年版的《鲁迅全集》在收录鲁迅于1927年7月31日致章廷谦的书信时删掉了这封书信附录的顾颉刚致鲁迅信和鲁迅的回信,并加注说明:顾颉刚来信及鲁迅的复信,参看《三闲集·辞顾颉刚教授令"候审"》。[④] 但是,

---

① 鲁迅:《鲁迅全集》第11卷,人民文学出版社,2005年版(本文所引鲁迅文章都来自这一版本),第398页。
② 鲁迅:《鲁迅全集》第12卷,第41—42页。
③ 鲁迅:《鲁迅手稿全集》书信第2册,第193页。
④ 鲁迅:《鲁迅全集》第12卷,第58页。

笔者校对了鲁迅致章廷谦书信的手稿①和2005年版的《鲁迅全集》收录的《三闲集·辞顾颉刚教授令"候审"》一文,发现两文并不完全一致,共有6处不同:(1)鲁迅致章廷谦书信的手稿中附录的顾颉刚致鲁迅信的内容最后是"顾颉刚(印)敬启十六年七月廿四日",但是《三闲集·辞顾颉刚教授令"候审"》一文却只有"中华民国十六年七月廿四日",没有顾颉刚(印)的落款。(2)鲁迅致章廷谦书信的手稿中附录的鲁迅复顾颉刚的信的内容最后是"鲁迅(印)(即周树人)七月卅一",但是《三闲集·辞顾颉刚教授令"候审"》一文的最后却只有"鲁迅。",没有"(即周树人)"这些文字。(3)鲁迅致章廷谦书信的手稿中附录的顾颉刚致鲁迅的信的开头部分有"未承明教",但是《三闲集·辞顾颉刚教授令"候审"》一文的开头部分却是"未即承教"。(4)鲁迅致章廷谦书信中附录的顾颉刚致鲁迅信只有顾颉刚来信的抄件,顾颉刚致鲁迅的信的全部内容不仅有这个抄件,还有顾颉刚的另外一个说明把抄件转寄到鲁迅家中的说明性书信。《三闲集·辞顾颉刚教授令"候审"》一文开头在"来信"的标题下收录了顾颉刚的来信和一个顾颉刚致鲁迅书信的抄件。(5)鲁迅致章廷谦书信中附录的顾颉刚致鲁迅信和鲁迅的复信是以"来函"和"复函"为标题,而《三闲集·辞顾颉刚教授令"候审"》一文则分别以"来信"和"回信"为标题。(6)鲁迅致章廷谦书信中附录的顾颉刚致鲁迅信中"而颉刚所作之罪恶,直为天地所不容,无任惶骇",但是《三闲集·辞顾颉刚教授令"候审"》一文却是"而颉刚所作之罪恶直为天地所不容,无任惶骇",中间缺少一个逗号。

因此,2005年版《鲁迅全集》在收录鲁迅于1927年7月31日致章廷谦的书信时不应当删掉这封书信附录的顾颉刚致鲁迅的信和鲁迅的回信。

4. 鲁迅1927年10月4日致台静农、李霁野的书信的附件:《小约翰》作者像版样

鲁迅在1927年10月4日致台静农和李霁野的书信中,不仅谈到了对《小约翰》作者像的版样的意见,而且在《小约翰》作者像的版样上写了两句点评的话,可以说这个《小约翰》作者像的版样及鲁迅的两句评点的话,是这封书信的一个组成部分,但是2005年版的《鲁迅全集》却删掉了这些内容②,这无疑就破坏了这封鲁迅书信的完整性。另外,2005年版的《鲁迅全集》的书信部分也收录了一封带图的书信,即鲁迅在1927年12月9日致江绍原的

---

① 鲁迅:《鲁迅手稿全集》书信第2册,文物出版社,1979年版,第214—216页。
② 鲁迅:《鲁迅全集》第12卷,第77页。

信,这封信只有一句话:

> 绍原先生:《百卅孝图》尚在,其所绘"拖鞍"之法如下:——(按:下面接着就是一幅"拖鞍"的图画) 迅 上 十二月九日①

因此,不能因为《小约翰》作者像的版样是一幅照片就删掉,何况这张照片制成的版样上还有鲁迅的两句评点的话。

5.鲁迅1934年7月27日致韩白罗书信的附件:《〈母亲〉木刻画序》

鲁迅在1934年7月27日致韩白罗的书信中附录了 篇文章《〈母亲〉木刻画序》②,2005年版的《鲁迅全集》在收录这封书信时删掉了《〈母亲〉木刻画序》,并把这篇文章收入《集外集拾遗补编》③。笔者校对了这篇文章的手稿(从笔迹看,不是鲁迅亲笔书写的,是他人代抄的)和2005年版的《鲁迅全集》收录文章,发现存在3处不同:(1)手稿中"是一个刚到三十岁的青年",而在2005年版的《鲁迅全集》收录文章中"是一个刚才三十岁的青年",无疑,手稿使用的"刚到"是比较正确的。(2)手稿的结尾是"一九三四年七月二十七日,记。",而在2005年版的《鲁迅全集》收录文章中的结尾"一九三四年七月廿七日,鲁迅记"。结合鲁迅书信原文,可以看出鲁迅在书信中用"七月廿七日",而手稿使用的是"七月二十七日",可能是这篇手稿抄写人的习惯。(3)手稿原文无标题,而在2005年版的《鲁迅全集》收录文章中有标题。

这封鲁迅书信附录的《〈母亲〉木刻画序》被收入《集外集拾遗补编》,这种编辑处理方式也是可行的,但是应当在注释中指出《集外集拾遗补编》所收录的这篇文章和鲁迅书信所附录的他人抄稿有两处不同之处。

6.鲁迅1934年10月20日致母亲的信的附件:海婴致祖母信

鲁迅在1934年10月20日致母亲的书信中附录了海婴致祖母鲁瑞的一封短信④,但是2005年版的《鲁迅全集》在收录迅的这封信时把海婴致祖母的信删掉了⑤。海婴致祖母的这封短信是由海婴口述,许广平代笔的,其中还有鲁迅增加的一些文字(按:信中的黑体字均是鲁迅手迹),内容如下:

---

① 鲁迅:《鲁迅全集》第12卷,第77页。
② 鲁迅:《鲁迅手稿全集》书信第5册,文物出版社,1979年版,第224—225页。
③ 鲁迅:《鲁迅全集》第8卷,第409页。
④ 鲁迅:《鲁迅手稿全集》书信第5册,第293—294页。
⑤ 鲁迅:《鲁迅全集》第13卷,第233页。

娘娘：

你好吗？弟弟有三本大书，还有　您送给我的两本大书收到了，还有一个礼拜送把我一本，不晓得谁人送我的小朋友。

（后面还有）

娘娘：

上海天气凉了，这两天落雨。

孙　海婴　叩上
广平代笔

鲁迅在致母亲的书信中提到"有一封他口讲，广平写下来的信，今附呈"。另外，鲁迅还在海婴的这封信中增加了一些文字，实际上参与了这封信的书写，因此，海婴致祖母的信也应当作为鲁迅这封信的附件一起收入《鲁迅全集》之中，这样才能保持鲁迅这封致母亲的书信的完整性。

7. 鲁迅1934年12月16日致母亲书信的附件：海婴致祖母信

鲁迅在1934年12月16日致母亲的书信中附录了海婴致祖母的一封短信①，但是2005年版的《鲁迅全集》在收录鲁迅的这封信时把海婴致祖母的信删掉了②。海婴致祖母的这封短信是由海婴口述，许广平代笔的，其中还有鲁迅增加的一些注释文字（按：信中的黑体字均是鲁迅手迹），内容如下：

娘娘：

娘娘好吗？侬(你)身体好吗？侬(你)寄把(给)弟弟的大衣收到了，弟弟穿起来蛮好看，谢谢侬(你)！蜜枣，真好，多多好东西，真好吃。娘娘，寄来的小米真好！我们屋里真好，爸爸毛病好哉，弟弟每天跟妈妈认认字，慢慢着再读书去。弟弟新刻了一个图章，印把(给)侬(你)看。还有两句话：弟弟水龙头坏了，（按：此处盖了两次"周海婴印"）会去喊人修好，人客来了，弟弟也会陪格(了)。

鲁迅在致母亲的书信中开头就说"海婴要写信给母亲，由广平写出，今寄上"。接着就对海婴书信中的内容进行说明和评论，此外，鲁迅还在海婴的这封信中增加了一些注释文字，实际上参与了这封信的书写，因此，海婴致祖母

---

① 鲁迅：《鲁迅手稿全集》书信第5册，第375—376页。
② 鲁迅：《鲁迅全集》第13卷，第299—300页。

的信也应当作为鲁迅这封信的附件一起收入《鲁迅全集》之中,这样才能保持鲁迅这封致母亲的书信的完整性。

8. 鲁迅 1935 年 1 月 16 日致母亲书信的附件:海婴致祖母信

鲁迅在 1935 年 1 月 16 日致母亲的书信中附录了海婴致祖母的一封短信①,但是 2005 年版的《鲁迅全集》在收录迅的这封信时把海婴致祖母的信删掉了②。海婴致祖母的这封短信是由海婴写的,其中还有鲁迅增加的一些文字(按:信中的黑体字均是鲁迅手迹),内容如下:

(按:此处盖了"周海婴印")娘娘:

带来的鸡,鸭,肉,杏仁,杏仁粉(,)榛子,茯苓片 多多东西都收到了,花纸也好看,谢谢。

海婴

鲁迅在致母亲的书信的结尾提到"海婴有几句话,写在另一张纸上,今附呈"。另外,鲁迅还在海婴的这封信中增加了一些文字,实际上参与了这封信的书写,因此,海婴致祖母的信也应当作为鲁迅这封信的附件一起收入《鲁迅全集》之中,这样才能保持鲁迅这封致母亲的书信的完整性。

9. 鲁迅 1935 年 6 月 24 日致曹靖华书信的附件:E. 君的通讯地址

鲁迅在 1935 年 6 月 24 日致曹靖华的书信信纸的背面写下了 E. 君的通讯地址③:

Paul Ettmguiz
  Novo. Bamannaya 10—92
  Moscow(66)U. S. S. R

但是 2005 年版的《鲁迅全集》在收入这封书信时却删掉了这个地址④。鲁迅在这封信中说:"E. 君信非由 VOKS 转。他的信头有地址,今抄在此纸的后面。"因为鲁迅在信中提到这个写在信纸背面的地址,所以这个地址也是鲁迅这封书信的一个组成部分,应当收入《鲁迅全集》之中,这样才能保留这封信的原貌。

---

① 鲁迅:《鲁迅手稿全集》书信第 6 册,文物出版社,1979 年版,第 23—24 页。
② 鲁迅:《鲁迅全集》第 13 卷,第 345 页。
③ 鲁迅:《鲁迅手稿全集》书信第六册,第 189 页。
④ 鲁迅:《鲁迅全集》第 13 卷,第 485 页—486 页。

10. 鲁迅 1935 年 8 月 31 日致徐懋庸信的附件:《大公报》"小公园"副刊报纸

1935 年 8 月 27 日出版的《大公报》"小公园"副刊刊登了张庚评论徐懋庸的杂文集《打杂集》的书评《"打杂"集》,8 月 31 日,鲁迅在刊登张庚这篇文章的报纸的空白处写下了对该文的评语,并请人把这张报纸转交给徐懋庸[1]。鲁迅的评语的内容如下:

乞转徐先生

（按:中间是《大公报》"小公园"副刊）

这篇批评,竭力将对于社会的意义抹杀,是歪曲的。但这是《小公园》一贯的宗旨。[2]

但是 2005 年版的《鲁迅全集》在收录这封信时却把这张副刊删掉了,只保留了鲁迅的评语。结合这张副刊所刊登张庚的文章来看,严格来说,鲁迅所写的文字并不是一封书信,而只是鲁迅在这张副刊空白处写下的评语,应当被视为一篇独立的文章被收入《鲁迅全集》之中。另外,《鲁迅全集》在收录鲁迅所写的这篇评语时应当把这张《大公报》"小公园"副刊的内容的影印件一起收录,这样才能不破坏鲁迅文章的完整性。

11. 鲁迅 1935 年 9 月 11 日致郑振铎书信的附件:瞿秋白文集编目

鲁迅在 1935 年 9 月 11 日致信郑振铎,谈到了为瞿秋白编辑文集的事,并附上了一个他编选的文集编目[3],供郑振铎审阅。鲁迅在这封书信中说:

关于集印遗文事,前曾与沈先生商定,先印译文。现集稿大旨就绪,约已有六十至六十五万字,拟分二册,上册论文,除一二短篇外,均未发表过;下册则为诗,剧,小说之类,大多数已曾发表。草目附呈。[4]

文集编目的内容如下:

上册:

1.现实(现实主义文学论)

---

[1] 鲁迅:《鲁迅手稿全集》书信第 6 册,第 236—237 页。
[2] 鲁迅:《鲁迅全集》第 13 卷,第 530 页。
[3] 鲁迅:《鲁迅手稿全集》书信第 6 册,第 252—254 页。
[4] 鲁迅:《鲁迅全集》第 13 卷,第 541 页。

2. 论 Tolstoi(Lenin)

3. M. Gorkj 论文选集

4. …   拾遗

5. 译文杂拾

下册：

1. 市侩颂(M. Gorkj)

2. 没功夫唾骂(O. Bediny)

3. 解放了的 DonQinixoe(A. bunachaicky)

4. M. Gorkj 早期小说二篇

5. …   多篇小说选集

6. …   四十年(残稿)

7. 第十三篇小说(P. Paulenko)

但是 2005 年版的《鲁迅全集》在收录这封信时却把这个文集的编目删掉了,这无疑就破坏了鲁迅这封书信的完整性,应当把这个瞿秋白文集的编目附在鲁迅的这封书信之后收入《鲁迅全集》之中。

12. 鲁迅 1935 年 11 月 26 日致母亲书信的附件:海婴致祖母信

鲁迅在 1935 年 11 月 26 日致母亲的书信中附录了海婴致祖母的一封短信[1],但是 2005 年版的《鲁迅全集》在收录鲁迅的这封信时把海婴致祖母的信删掉了[2]。海婴致祖母的这封短信是由许广平代写的,其中还有海婴写的一些文字(按:信中的黑体字均是海婴手迹),内容如下:

娘娘：

您好罢！昨天弟弟看过电影,电影名字叫寻子伏虎记。侬寄过来的东西很好吃,谢谢侬！弟弟有一百多个字认得了,有好些个会写了,不过写得不太好,请您看下面的字,是弟弟自家写的。可哥弟丁上花刀方森周先生好。? 今天。

叩请

福安

海婴上

十一月二十五日

---

[1] 鲁迅:《鲁迅手稿全集》书信第 6 册,第 314—315 页。

[2] 鲁迅:《鲁迅全集》第 13 卷,第 591 页。

鲁迅在致母亲的书信中提到"他（海婴）已认得一百多个字，就想写信，附上一笺，其中有几个歪歪斜斜的字，就是他写的"。因此，海婴致祖母的信也应当作为鲁迅这封信的附件一起收入《鲁迅全集》之中，这样才能保持鲁迅这封致母亲的书信的完整性。

13. 鲁迅 1936 年 1 月 21 日致母亲书信的附件：海婴致祖母信

鲁迅在 1936 年 1 月 21 日致母亲的书信中附录了海婴致祖母的一封短信[①]，但是 2005 年版的《鲁迅全集》在收录鲁迅的这封信时把海婴致祖母的信删掉了[②]。海婴致祖母的这封短信是由许广平代写的，其中还有海婴写的一些文字（按：信中的黑体字均是海婴手迹），内容如下：

娘娘：

您好吗，你寄过来的东西，娘娘好，海婴读书考弟（第）一，过年放假二星期，上面这些字都是海婴写的。海婴近来比前些天的照片更胖了一些，毛病也不大生了，有时还听话，北平天气冷得很，娘娘保重呀，

叩请

金安

一月21 娘娘。

海婴上

鲁迅在这封致母亲的书信中提到"海婴已放假，在家里玩，这一两天，还不算大闹。但他考了一个第一，好像小孩子也要摆阔，竟说来说去，附上一笺，上半是他自己写的，也说着这件事。他大约已认得二百字，曾对男说，你如果字写不出来，只要问我就是"。因此，海婴致祖母的信也应当作为鲁迅这封信的附件一起收入《鲁迅全集》之中，这样才能保持鲁迅这封致母亲的书信的完整性。

二、鲁迅博物馆馆藏鲁迅书信的附件考释

《鲁迅手稿全集》在出版时虽然附录了上述的一些书信的附件，但是还有一些鲁迅书信的附件没有被收录在《鲁迅手稿全集》之中，下面就择要介绍几个鲁迅博物馆所藏的鲁迅书信的附件。

---

① 鲁迅：《鲁迅手稿全集》书信第 7 册，文物出版社，1980 年版，第 14—15 页。
② 鲁迅：《鲁迅全集》第 14 卷，第 12 页。

1. 鲁迅 1927 年 12 月 6 日致蔡元培信的附件:鲁迅致蔡元培信

鲁迅在 1927 年 12 月 6 日致蔡元培的书信已经被收入《鲁迅全集》之中①,但是从鲁迅博物馆所藏的鲁迅这封的信封可以看出,鲁迅的这封书信是装在一张盖有"春阳写真馆"印章的装照片的袋子中,通过持信人荆有麟转交给蔡元培的。信封上还有鲁迅的如下手迹:

呈
蔡孑民先生
树人

另外,鲁迅在一个小一号的装照片的袋子上写有如下文字,并有"已办"字样:

介绍
荆有麟君面奉
蔡孑民先生
周树人
十二月六日②

从上述文字来看,这实际上是一封鲁迅介绍自己在北京时的学生荆有麟去拜见蔡元培的信,也就是说,鲁迅在 1927 年 12 月 6 日给蔡元培写了两封信,第一封是让荆有麟去拜见蔡元培的介绍信,第二封是鲁迅向蔡元培推荐荆有麟去江北接收改编散兵的推荐信,后者虽然已经收入《鲁迅全集》之中,但是和第二封信在一起的第一封信即介绍信却一直被研究者忽视。从照片袋上留下的"已办"字样和荆有麟曾经在 1928 年任国民党某师秘书长一职可以推测出,荆有麟已经拿着鲁迅的介绍信和书信拜访了蔡元培,并获得了蔡元培的帮忙。因此,这封介绍荆有麟拜见蔡元培的介绍信应当作为鲁迅在 1927 年 12 月 6 日致蔡元培的书信的附件收入《鲁迅全集》之中。

2. 鲁迅 1933 年 8 月 30 日致开明书店信的附件:李霁野、台静农致开明书店信

鲁迅在 1933 年 8 月 30 日致信开明书店,询问办理取书款的手续:

---

① 鲁迅:《鲁迅全集》第 12 卷,第 94—95 页。
② 原件现存鲁迅博物馆。

径启者:倾得未名社来函并收条。函今寄奉;其收条上未填数目及日期,希即由贵局示知,以便填写并如期走领为荷。①

鲁迅这封信中所说的未名社来函保存下来,全文如下:

开明书店执事先生:

贵店第二次应付未名社之款,早已到期,现已备妥收据,另行寄给鲁迅先生,请他在收据上签字盖章取款,希即照付为荷。该款数目因韦丛芜君他去,契约不在手头,已通知鲁迅先生去贵店询明填写。第三次付款期已将届,一切手续当照一二次办理,不另奉函矣。专此即颂

大安!

           李霁野(按:此处同时还盖有李霁野的印章)
           台静农 (按:此处同时还盖有李霁野的印章)

                  同上

                 八月廿三日②

从所用的信纸的文头带有如下英文单词:*Department of English Women's Normal College of Hopei Tientsin*, *China*(中国河北天津女子师范学院英文系),可以推测出这封信是由在该校任教的李霁野执笔撰写的,目前还没有被收入李霁野的文集之中,是一封佚信。另外,这封信的内容是通知开明书店办理付款给鲁迅的通知信函,对于鲁迅致开明书店的信具有补充意义,因此应当作为鲁迅这封信的附件收入《鲁迅全集》之中。

3.鲁迅1934年8月9日致唐弢信的附件:《日语学习书目》

鲁迅在1934年8月9日致唐弢的书信中附录了一个从内山书店要来的《日语学习书目》,但是这个书目被唐弢夹在一本书中,直到1959年才被发现。唐弢1972年10月19日给鲁迅博物馆写信,希望将保存在他手中的五封鲁迅给他的书信和鲁迅给他的一个书目单交给鲁迅博物馆保存。这五封书信后来都被收入《鲁迅全集》之中,但是唐弢交给鲁迅博物馆的这个书目单却没有被收入《鲁迅全集》之中。③

---

① 鲁迅:《鲁迅全集》第12卷,第440页。
② 原件现存鲁迅博物馆。
③ 鲁迅:《鲁迅全集》第13卷,第195页。

唐弢在致鲁迅博物馆的信中介绍了自己发现这个书目单的经过,并提出了处理意见:

  1959年我正式调北京,处理了一些旧书,又从一本线装书内,找到夹在里面的先生于1936年3月17日给我的一封信,书已给蟑螂咬坏,因此信也缺了一角。在这封信内,还夹有《日语学习书目》一纸,也是先生寄给我的。许编《鲁迅书简》第二封(1934年8月9日夜,《全集》未收录)里说:"内山书店的关于日文书籍的目录,今寄上。上用箭头的是书店老板所推举的;我以为可缓买或且不买的,就上面不加圈子。"指的就是这张书目,当时没有找到,这时却发现了,上有先生加的圈,本应作为1934年8月9日夜那封信的附件。①

从上述内容可以看出,唐弢作为收信人指出这张书目单是鲁迅在1934年8月9日致他的那封书信的一个附件。按照唐弢的这一说法,这个书目单也应当和那封信一起被收入《鲁迅全集》之中。但是令人遗憾的事,唐弢的意见没有被《鲁迅全集》的编者采纳,使得现收入《鲁迅全集》之中的那封1934年8月9日鲁迅致唐弢书信实际上是一个不完整的书信②。

另外,唐弢为了让鲁迅博物馆职工了解这五封书信和一张书目单的详细背景情况,还专门撰写了《鲁迅先生信五封目录一纸说明》,对这张书目单做了如下的说明:

  一、《日语学习书目》:
  这是我学日本语文,写信向先生请教,先生抱病去向内山书店要来的,于1934年8月9日夜附在信(原信已交许广平同志)里面寄来,目录上有四本书,由先生用墨加了圈。③

可以说这个书目单不仅是鲁迅书信的一个组成部分,而且是鲁迅关心唐弢的一个历史见证。因此,这个《日语学习书目》也应当作为鲁迅致唐弢书信的附件收入《鲁迅全集》之中。

  4.鲁迅1934年9月28日致郑振铎信的附件:周建人致郑振铎信

---

① 唐弢:《唐弢文集》第10卷,第806—807页。
② 鲁迅:《鲁迅全集》第13卷,第195页。
③ 唐弢:《唐弢文集》第10卷,第808页。

鲁迅在1934年9月28日写了一封致郑振铎的书信①,信中说:"昨得惠翰,即奉复,想已达。"另外,从鲁迅在这封致郑振铎的书信中所附录的周建人致郑振铎的书信中可以看出,郑振铎在9月24日致鲁迅的信是由周建人转交给鲁迅的。周建人这封信的内容是答复郑振铎拜托他转交给鲁迅的信及为出版《北平笺谱》所选的信笺,全文如下:

振铎兄:

快信及花信笺先后收到,已照转交,请勿念,那天别后下午即发热,但休息了三天便愈,嘱问之事,虽托人问鲁迅,云已和您见到,故次日不再打电话,专此颂好

弟　建人　拜　十月一日②

总体来说,鲁迅在这封致郑振铎的书信中所附录的周建人致郑振铎信,是鲁迅这封书信的一个组成部分,应当作为鲁迅这封书信的附件收入《鲁迅全集》之中。另外,周建人致郑振铎的这封书信也是周建人的一封佚信,并且对于郑振铎年谱的增订具有参考作用。

5.鲁迅1934年10月8日致郑振铎信的附件:夏丏尊致鲁迅信

鲁迅在1934年10月8日写了两封致郑振铎的书信,他在上午写的第一封书信中谈论选择印刷《北平笺谱》所用纸张的问题:

三日信已收到。日本纸样已去取,但无论如何,价必较中国贵。丏尊尚无信来,黄色罗纹纸事,且稍待后文罢。想周子竞[兢]会心急,但只得装作不知。③

但是,鲁迅在这封书信发出后不久收到了夏丏尊的来信,于是就又给郑振铎写了第二封信,并附录了夏丏尊致鲁迅的一封信。鲁迅在这封信中说:

上午寄一函并《木刻纪程》,不知已达否?顷得丏尊回信,附上备览。

最好是仍由王伯祥先生托来青阁,能得黄色者,如须染色,必大麻烦,至少,由京寄沪,由沪又寄东京,纸张要旅行两回了。④

---

① 鲁迅:《鲁迅全集》第13卷,第216页—217页。
② 原件现存鲁迅博物馆。
③ 鲁迅:《鲁迅全集》第13卷,第221页。
④ 鲁迅:《鲁迅全集》第13卷,第222页。

夏丏尊在致鲁迅的信中谈到了只有一种白色的罗甸纸,没有黄色的罗甸纸,所以鲁迅就把夏丏尊的来信转寄给郑振铎,并建议由王伯祥托来青阁书店设法印刷。这封书信的内容如下:

  罗甸纸已托人问询,据说只有白色的一种,黄色的没有,已由调孚兄关照振铎兄矣。

  率复,祝撰安

夏丏尊　十月八日①

总体来说,鲁迅在这封致郑振铎的书信中所附录的夏丏尊致鲁迅信,是鲁迅这封书信的一个组成部分,应当作为鲁迅这封信的附件收入《鲁迅全集》之中。另外,夏丏尊致鲁迅的这封信也是《夏丏尊文集》失收的一封佚信。

6.鲁迅1935年3月1日致萧军、萧红信的附件:《东方杂志》给萧军的退稿信

鲁迅在1935年3月1日致萧军、萧红的信中说:

  悄吟太太的一个短篇,我寄给《太白》去了,回信说就可以登出来。那篇《搭客》,其实比《职业》做得好(活泼而不单调),上月送到《东方杂志》,还是托熟人拿去的,不久却就给我一封官式的信,今附上,可以看看大书店的派势。②

鲁迅寄给萧军的《东方杂志》的退稿信③保存下来了,全文如下:

三郎先生大鉴　蒙

  惠大作业已拜读　殊深感佩　惟敝社积稿甚多　尊著恐一时不克刊登用　特奉还　即请查收并希　鉴谅为荷　专此布达顺请

  著安

东方杂志谨启　二月十八日

笔者认为这个《东方杂志》给萧军的退稿信应当作为鲁迅这封书信的附件一起收入《鲁迅全集》之中。

---

① 原件现存鲁迅博物馆。
② 鲁迅:《鲁迅全集》第13卷,第399页。
③ 原件现存鲁迅博物馆。

7. 鲁迅 1935 年 3 月 20 日致孟十还信的附件：郑振铎致鲁迅信

鲁迅在 1935 年 3 月 20 日致孟十还的信中说：

> 郑君已有回信，今附上，这两个人的原文，恐怕在东方未必容易找，而且现在又不知《文库》怎样，且待下回分解罢。郑寄信时，好像并没有知道生活书店的新花样。①

人民文学出版社 2005 版《鲁迅全集》对上文中的"这两个人"加了注释，内容如下：

> 指俄国别林斯基和杜勃罗留波夫。据郑振铎的回信说："现在最需要的是俄国的散文，特别是批评，不知他能够先着手译 Bylinsky 和 Dublolubov 的论文否？"②

其实，鲁迅在致孟十还的这封信中附录了郑振铎致鲁迅的信，内容如下：

> 孟十还先生的译笔，很流畅。很想请他多译些东西。现在最需要的是，俄国的散文，特别是批评。不知他能够先着手译 Bylinsky 和 Dublolubov 的论文否？每期也可登二万字左右。③

显然，人民文学出版社 2005 版《鲁迅全集》对这封鲁迅致孟十还的书信的处理方式欠妥，没有把这封书信所附录的郑振铎致鲁迅的信的完整的内容一并收入《鲁迅全集》之中。另外，这封郑振铎致鲁迅的信也是郑振铎的一个佚信。

8. 鲁迅 1935 年 9 月 19 日致王志之信的附件：内山书店账单

鲁迅在 1935 年 9 月 19 日致王志之信的说：

> 小说卖去三十六本，中秋节算，款已取来，今汇上，希签名盖印，往分馆一取。④

鲁迅这封信中所说的小说是指王志之的《风平浪静》，这本小说由鲁迅介绍在内山书店销售之后，书店开出了一个销售账单。鲁迅在信中附录了这个

---

① 鲁迅：《鲁迅全集》第 13 卷，第 416 页。
② 鲁迅：《鲁迅全集》第 13 卷，第 416 页。
③ 原件现存鲁迅博物馆。
④ 鲁迅：《鲁迅全集》第 13 卷，第 550 页。

账单,并在账单中注明:这一本是我拿的(豫注)。①

可以说,这个账单不仅是鲁迅这封书信的一个组成部分,而且也有鲁迅的手迹,应当被作为鲁迅这封信的附件收入《鲁迅全集》之中。

9. 鲁迅1935年10月22日致徐懋庸信的附件:曹靖华致徐懋庸信

鲁迅在1935年10月22日致徐懋庸的信中说:

  靖华寄来一笺,今附上。②

曹靖华致徐懋庸的信主要是介绍徐懋庸所翻译的一位俄国作家的情况的,全文如下:

懋庸先生:

  承赠著译,谢谢。关于这部书,作者曾有这样的话:"我很爱伊特勒共和国,不过批评家对牠很冷淡,都没有估量到牠的价值。"这是在问他爱他那一部作品时的回答。我想牠在中国一定能得到不少的读者。我也是爱读拉氏的一人。

  敬请

  著安

              K. H. 上

              十,十八。③

鲁迅在10月22日也在致曹靖华的信中特地告诉曹靖华:

  十八日信收到,致徐先生笺已转寄。④

因此,曹靖华致徐懋庸的这封信应当作为鲁迅在1935年10月22日致徐懋庸书信的附件收入《鲁迅全集》之中。另外,这封信没有被收入曹靖华的文集之中,是《曹靖华文集》失收的一封佚信。

10. 鲁迅1935年11月6日致孟十还信的附件:鲁迅致萧军信

鲁迅在翻译《死魂灵》期间很渴望找到俄国版画家阿庚(A. A. AZCW,1817—1875)所绘的《死魂灵百图》。1935年11月4日,孟十还偶然在一家旧

---

① 原件现存鲁迅博物馆。
② 鲁迅:《鲁迅全集》第13卷,第569页。
③ 原件现存鲁迅博物馆。
④ 鲁迅:《鲁迅全集》第13卷,第568页。

书店发现了这本《死魂灵百图》,于是当晚就兴奋地写信告诉鲁迅这个好消息。鲁迅立即复信并托友人转交给孟十还 25 元钱购买这本书。鲁迅致孟十还的这封信被收入《鲁迅全集》之中①,但是从鲁迅博物馆所藏的鲁迅在 1935 年 11 月 6 日致孟十还的书信的信封可以看出,鲁迅的这封书信是通过友人转交给孟十还的。信封上还有鲁迅的如下手迹:

  外书一包,洋二十五元,乞面交环龙路一六六号江苏饭店三楼孟十还先生收。

              豫托 十一月六日②

  鲁迅在当天的日记中有晚上在家中宴请萧军和萧红的记载,可以推测出鲁迅可能是通过萧军把书和钱转交给孟十还的,因为萧军、萧红夫妇和孟十还都是从东北流亡到上海的作家,他们不仅都认识鲁迅,而且彼此也交往密切。因此,鲁迅写在信封上的上述文字实际上是鲁迅写给萧军和萧红的短信,这封信不仅可以独立作为鲁迅致萧军、萧红的书信被收入《鲁迅全集》之中,也可以作为鲁迅致孟十还书信的附件收入《鲁迅全集》之中。

  11. 鲁迅 1936 年 2 月 1 日致曹靖华信的附件:俄国木刻家致鲁迅信

  鲁迅在 1936 年 2 月 1 日致曹靖华的信结尾附上一句话:

  再:刚才收到一包木刻,并一信,今将信附上,希译示为荷。③

  鲁迅在信中拜托曹靖华翻译的俄国作家的来信保存下来④,笔者请正在俄国圣彼得堡大学访学的北京外国语大学俄语系的李春雨博士和俄国学者一起把这封信翻译成中文,内容如下:

尊敬的鲁迅同志!

  请原谅,我这么晚才回信。我病了一场。您寄来的书我从 П. 艾金盖尔那里拿到了,非常感谢,这书很好看。

  我与全苏对外文化联络协会联系过了,特别是与该协会的切尔尼亚夫斯基先生。他说会给您写信。如果他还没有写,您能否找时间给他写封信? 他的邮寄地址是:

---

① 鲁迅:《鲁迅全集》第 13 卷,第 557—558 页。
② 原件现存鲁迅博物馆。
③ 鲁迅:《鲁迅全集》第 14 卷,第 18 页。
④ 原件现存鲁迅博物馆。

莫斯科

圣乔治广场,17号

全苏对外文化联络协会

切尔尼亚夫斯基同志

祝好!

向曹同志问好!

卡拉－穆尔扎向二位致敬!

您的
冈察洛夫

笔者认为应当把这封俄国作家冈察洛夫致鲁迅的信的中文翻译稿作为鲁迅这封致曹靖华书信的附件一起收入《鲁迅全集》之中。

12.鲁迅1936年2月9日致姚克信的附件:日本乐团在上海演出西洋音乐会的介绍资料

鲁迅在1936年2月9日致姚克的信中说:

> 日本在上海演奏者,系西洋音乐,其指挥姓近卫,为禁中侍卫之意,又原是公爵,故误传为宫中古乐,其实非也。①

鲁迅在信中还附上了日本乐团在上海演出西洋音乐会的英文介绍资料,并被保存下来②。笔者认为这份英文介绍资料也应当被翻译成中文作为鲁迅这封信的附件收入《鲁迅全集》之中。

三、结论

笔者查阅2005年版的《鲁迅全集》书信部分,感到编者在收录鲁迅书信的附件时,标准很不统一,如2005版《鲁迅全集》收录了鲁迅在1927年8月2日致江绍原书信中附录的两则剪报③,但是没有收录鲁迅在1935年8月31日致徐懋庸信的附件中的《大公报》"小公园"副刊的剪报;2005版《鲁迅全

---

① 鲁迅:《鲁迅全集》第14卷,第23页。
② 原件现存鲁迅博物馆。
③ 鲁迅:《鲁迅全集》第12卷,第60页。

集》在注释中收录了鲁迅在 1926 年 12 月 29 日致许广平信①和在 1927 年 1 月 5 日致许广平信②中所附录的孙伏园致鲁迅的两封信（按：前信完整，后信残缺，只有一半），但是没有收录本文所提到的那些书信。总体来说，上文所提到鲁迅书信的附件都是鲁迅原来书信的一个组成部分，应当和鲁迅的这些书信一起收入《鲁迅全集》之中，并在信末加注说明。但是，目前还没有一部《鲁迅全集》收录上述的鲁迅书信的附件。因此，严格来说，目前权威的 2005 年版的《鲁迅全集》中有多封鲁迅的书信都不是原来的完整的鲁迅书信，而这种删掉鲁迅书信部分附件的编辑方法无疑是值得商榷的，因此希望今后在修订《鲁迅全集》时能够标准统一，把鲁迅书信现存的附件都收入《鲁迅全集》之中。需要特别指出的是，鲁迅书信所附录的一些附件不是毫无价值的，通过其中的一些附件内容，可以更好地认识鲁迅、理解鲁迅。例如，通过鲁迅书信中附录的海婴致祖母的书信，可以看出鲁迅在家庭生活中所体现出的慈父的一面，从中可以感受到鲁迅对海婴的疼爱。另外还有一些书信的附件则提供了一些历史细节，可以帮助我们更准确、全面地认识鲁迅生平中的一些历史事实。如鲁迅曾经抱病前往内山书店为唐弢寻找学习日语的教材等。

此外，2005 年版的《鲁迅全集》在收录鲁迅书信的部分附件时还存在一些问题，如有时只是摘要引用附件的内容，而不是全文引用附件的内容，或者，只是在注释中引用部分鲁迅书信附件的内容，而不是全文引用鲁迅书信附件的内容，这种编辑处理方式也值得商榷，笔者也将另文讨论，此不赘。

总之，笔者赞同朱正先生的意见，认为应当在鲁迅书信的附录中全文引用鲁迅书信附件的内容，这样才能保持鲁迅书信的原貌和完整性。

---

① 鲁迅：《鲁迅全集》第 11 卷，第 669—670 页。
② 鲁迅：《鲁迅全集》第 12 卷，第 3—5 页。

"异国情调"与"中国化":
鲁迅所译的三篇契诃夫小说的翻译手稿研究

1935年3月24日晚上,鲁迅翻译完了契诃夫的小说《波斯勋章》《难解的性格》和《阴谋》,后来把这三篇翻译稿投给《译文》杂志。《难解的性格》和《阴谋》这两篇小说的译稿在4月16日出版的《译文》二卷二期刊登出来,但是《波斯勋章》的译稿则因为没有通过"中宣会图书杂志审委会"的审查而未能一起发表出来,后来发表于1936年4月8日出版的《大公报·文艺副刊》第124期。不过,鲁迅翻译这三篇小说的手稿都保存下来,现在收藏于北京鲁迅博物馆。从这些手稿的右上角可以看出鲁迅为这三篇手稿所编的页码,其中《波斯勋章》的翻译手稿共8页,页码从1到8;《难解的性格》的翻译手稿共3页,页码从9到11;《阴谋》的翻译手稿共7页,页码从13到19。其中只有《难解的性格》的翻译手稿不全,缺少第12页。顺便指出,北京鲁迅博物馆在1959年编印的《鲁迅手迹和藏书目录》一书中不知何故没有记载《难解的性格》这篇小说的翻译手稿,这可能会使研究者以为这篇小说的翻译手稿已经不存在世上了。

这三篇手稿中都保留了鲁迅在翻译的过程中对译稿的修改痕迹,从中不仅可以看出鲁迅修改译文的一些特点,而且也可以由此校勘出这三篇翻译小说的初刊本、初版本,以及38年版《鲁迅全集》、58年版《鲁迅译文集》、2005年版《编年体鲁迅著译全集》、2008年版《鲁迅译文全集》中收录的这三篇翻译小说在语言文字及标点符号的方面所存在的一些差异。

一、鲁迅在三篇小说翻译手稿上的修改类型及例句分析

总体来说,鲁迅在这三篇翻译小说的手稿上的修改可以大致归为如下几类:(1)修改译稿中的笔误。如手稿第14页第7行:"在前一次的会议上,几位可敬的同们已经发表……"鲁迅出现了笔误,所以把"同们"修改为"同事"。再如手稿第15页第2行:"然而,什么缘呢?"鲁迅此处出现了笔误,所以把

"缘"修改为"缘故"。

(2)改正一些错别字。如手稿第 8 页第 5 行:"他廠开外套,一直走到晚……""廠"字是"厂"的繁体字,也写作"厰",鲁迅此处写错了,所以把"廠"字改为"敞"字。再如手稿第 11 页第 5—6 行:"但是,这将军的拥抱,在我是觉得怎样的难堪和卑污呵,虽然别一面,他在战争上曾经显得很大的勇敢,也只好一任牠。"鲁迅把"一任牠"改为"任他去",一方面,"牠"字是指代人之外的事物,相当于后来简化字中的"它"字,用在此处显然是错别字。

(3)改正一些错误的词语。如手稿第 5 页第 12 行:"而且很满足地带着波斯人看市里的大街,看市场,还显点名胜给他看。""显"与"点"在汉语中不能组成一个词,所以鲁迅把"显点"修改为"指点"。再如手稿第 17 页第 3 行:"凡有医师们,倘要显出自己的聪明和是干炼的雄辩家来,就总是用这两词句腊丁话。""这两词句腊丁话"在汉语中显然不通顺,所以鲁迅结合下文的内容,删去了"词"字。

(4)修改译稿中不太恰当的字词。如手稿第 6 页第行:"为了尊敬俄罗斯和伊朗的钦善的表记。"鲁迅把"尊敬"先改为"作为",后又改为"尊重",从下文来看,鲁迅选择"尊重"可以更突出"敬重"的含义,从而使翻译的内容更准确地表达出市长的心理。再如手稿第 10 页第 6 行"那可怕的学校教育",鲁迅把"可怕"改为"吓人",是因为在汉语中,"可怕"和"吓人"的意思虽然相近,但是后者带有"使害怕"的含义,可以更为准确地表达出原意。

(5)删掉意思重复的字词。如手稿第 2 页第 4—6 行:"此外他还自己做了一个錶链的挂件,是用六弦琴和黄金色枪交叉起来的,从他制服的扣子洞里拖了出来,远远望去,就见得不平常,很像是光荣的记号。"鲁迅删去"黄"字,是因为在"黄金色枪"中,"黄"字和"金"字的意思重复。再如手稿第 2 页第 6—7 行:"如果谁有了徽章和徽章,越有,就越想多,那是一定的,——市长就久已想得一个波斯的勋章'太阳和狮子'勋章的了。"鲁迅把第一个"徽"章改为"勋"章是因为下文紧接着的就是"徽章"两字,词语重复了。另外,鲁迅删去第一个"勋章"两个字是因为这个词与下文出现的"'太阳和狮子'勋章"中的"勋章"一词重复了。

(6)修改译稿中不太通顺的句子。如手稿第 3 页第 8—9 行:"高贵的波斯人站起来了,又说了一点什么敲木头的话。古斤,他是什么外国话也没有学过的。"

鲁迅在"敲木头"后面增加"似"字,并删去"他"字,可以使句子更通顺。

再如手稿第8页第7行中"他气闷,肚里火在烧",鲁迅把"肚里火在烧"改为"肚里好像火在烧",可以使语言更准确,句子更通顺。

(7)修改一些略显啰唆的句子。如手稿第14页第1行:"他要没有声响的走进会场去,惰洋洋的手势摸一下头发,对谁也不看,坐在桌子的边上末一头。"鲁迅删去"边上",是因为该词的含义与"末一头"有所重复,可以使句子更简洁。再如手稿第15页第9行:"夏列斯妥夫却毫不合他一点心意继续地说到……"鲁迅把"毫不合他一点心意"修改为"置之不理",可以使句子更简洁。

(8)把一些表达普通语气的句子修改成带有强调含义的句子。如手稿第1页第2—4行:"一个波斯人来了,什么事呀?只有市长斯台班·伊凡诺维支·古斤一个从衙门的秘书听说了东方人的到来,却在想来想去。"鲁迅修改后的句子是:"只有市长斯台班·伊凡诺维支·古斤一个一从衙门里的秘书听到那东方人的到来,就在想来想去。"鲁迅此处用"一……就……"句式来突出市长对这件事的重视。再如手稿第18页第7—10行:"摩西教派的可敬的同事们应该出去!和他自己的一派,要弄到待到正月,就再不剩一点阴谋。"鲁迅把"待"改为"一",可以与后面的"就"字组成"一……就……"句式,可以起到强调的作用。

(9)为译稿中的一些外文单词增加中文说明。如手稿第4页第1—3行:"'我是市长……'他吃吃的说。'这就是 lord—maine('市长')……Municipale('市的'),……Wui('怎样?')kompnene,('懂么')?'"契诃夫在小说中使用不太准确的法语单词是为了刻画市长的丑态,鲁迅在市长所说的外国单词后面加上中文含义,主要是方便中国读者理解市长所说的内容。再如手稿第5页第7—8行:"他用叉刺着熏鱼,点点头说:'好!Bien!(好)'"鲁迅在波斯贵人所说的外国单词后面加上中文含义"好",可以方面中国读者理解他所说的内容。

(10)把一些人名、国名等修改为通用的中文译名。如手稿第2页第3行:"古斤已经有了两个徽章,一个斯丹尼斯拉夫三等勋章。"鲁迅把"丹"改为"坦",使人名更符合汉语中通用的译名。再如手稿第6页第12行"为了尊敬俄罗斯和伊朗的钦善的表记",鲁迅把"伊朗"改为"波斯",不仅是为了与上下文中出现的"波斯"这一译名相统一,而且是为了译名更符合历史情况,因为在契诃夫创作这篇小说时还没有"伊朗"这一国名,波斯国王礼萨·汗在1935年才宣布国名改称"伊朗"。

(11)把一些词语修改为专业的医学名词。如手稿第 15 页第 10 行:"可敬的同事希拉把女优绥米拉米提娜的肾脏误诊为脓疡。"鲁迅在肾的前面添加"游走"两字,并删掉"脏"字,这是因为"游走肾"是一个医学中的专业名词,指肾脏不在正常的肾脏位置,这样修改可以使译文更准确。再如手稿第 16 页第 3 行"她的下巴骨脱了臼",鲁迅把"下巴"修改为"下颚",可能是符合医学中的专业称呼。因为在汉语中,"下巴"和"下颚"意思相近,"下巴"是"下颌的通称","下颚"是指"脊椎动物的下颌",两者都可以指"下颌"。

(12)把三篇小说中的一些细节问题如写作时间、译者署名等统一。如手稿第 19 页第 13 行:(一八八七年一月作)(鲁迅译)。鲁迅删去"一月",可能是与前几篇小说在结尾所署的日期一致,都只标出写作年份,而没有标出月份。另外,鲁迅删去"鲁迅译"这几个字,主要是为了与另外的两篇小说的格式统一,那两篇小说的译稿都没有在小说末尾标明"鲁迅译"。

(13)把一些节日名称和机构名称修改成习惯的名称。如手稿第 6 页第 6 行:"第二天早上,市长就到官衙来。"鲁迅把"到官衙"改为"上衙门",一方面是符合汉语中的常用说法,另一方面也与上文中出现的"衙门"这一名称相统一。再如手稿第 16 页第 8—9 行:"他在大佐夫人德来锡金斯凯耶命名庆祝的席上,竟在说,和我们的可敬的会长夫人有关系的,并非可罗派理台勒尼,倒是我!"鲁迅把"命名"改成"命名日",是因为"命名日"是指和本人同名的圣徒纪念日,是主要在一些天主教、东正教国家庆祝的一个节日。

二、三篇小说翻译手稿与主要的发表、出版版本的校勘结果

1.《波斯的勋章》的手稿与主要的发表版本的校勘结果与分析

手稿第 1 页内容校勘结果:

第 3 行:一个波斯人来了,甚么事呀?

校勘结果:"甚"字,在初刊本、38 年版《鲁迅全集》中均作"甚",在 58 版《鲁迅译文集》、2008 版《鲁迅译文全集》中误作"什"。

手稿第 3 页内容校勘结果:

第 9 行:古斤,是什么外国话也没有学过的……

校勘结果:38 版《鲁迅全集》中漏掉"古斤"两字。

手稿第 4 页内容校勘结果:

第 10 行:挂在墙上的题着"威尼斯市"的一幅画……

校勘结果:38版《鲁迅全集》、2008版《鲁迅译文全集》均作《威尼斯市》。这可能是这些版本遵照现行的标点符号用法而做的修改。

手稿第6页内容校勘结果:

(1)第5行:他们俩坐在伦敦旅馆里,听一个闺秀的弹琴;但夜里怎么样呢,可是不知道。

校勘结果:38版《鲁迅全集》同,2008版《鲁迅译文全集》误作逗号。

(2)第12行:为了尊重俄罗斯和波斯的

校勘结果:手稿和初版在"的"字后面均无逗号,38版《鲁迅全集》在"的"字后误增一个逗号。

手稿第8页内容校勘结果:

第7行:肚子好像火在烧……

校勘结果:2008版《鲁迅译文全集》漏掉"在"字。

2.《难解的性格》的手稿与主要的发表版本的校勘结果与分析

手稿第9页内容校勘结果:

(1)第10行:那位太太悲哀的微笑着,说道。

校勘结果:初刊本、38版《鲁迅全集》均漏掉逗号。

(2)第11行:我是一个陀思妥耶夫斯基式的殉道者……

校勘结果:初刊本作"杜",可能是因为当时翻译的译名不统一。

手稿第10页内容校勘结果:

(1)第5行:您不要逼我从新记它出来了!

校勘结果:38年版《鲁迅全集》、2008版《鲁迅译文全集》误作句号。

(2)第10行:作家在手镯近旁吻着她的手……

校勘结果:初版本漏掉"着"字。

(3)第12行:您记得拉斯可里涅珂夫么?

校勘结果:2008版《鲁迅译文全集》误作"可"。

手稿第11页内容校勘结果:

第2行:简直不是女性的!

校勘结果:38版《鲁迅全集》、2008版《鲁迅译文全集》误作句号。

3.《阴谋》的手稿与主要的发表版本的校勘结果与分析

手稿第13页内容校勘结果:

(1)第6行:红红的或是苍白的脸相去赴会罢,

校勘结果:初刊本漏掉"罢"字。

(2)第 11 行：他要像一个对于自己的敌人和他们的恶声并不介意的人一样……

校勘结果：58 版《鲁迅译文集》误作"象"。

手稿第 14 页内容校勘结果：

第 10 行：于是他就随随便便的玩着铅笔或是表链…

校勘结果：2008 版《鲁迅译文全集》漏掉"是"字。

手稿第 15 页内容校勘结果：

第 5 行：Nomia sunt（举出姓名来），

校勘结果：初刊本，38 年版《鲁迅全集》均误把逗号放在括号内。另外，初刊本误作 Namia

手稿第 16 页内容校勘结果：

第 9 行：并非可罗派理台勒尼，到是我！

校勘结果：手稿、初刊本、初版本、38 年版《鲁迅全集》在"可"前均漏掉"斯"字。

手稿第 17 页内容校勘结果：

(1)第 1 行：ultima ratio

校勘结果：2008 版《鲁迅译文全集》误作：ultima maratio

(2)第 10 行：我以为是我的义务：

校勘结果：手稿、38 版《鲁迅全集》均误作冒号，其他版本均作句号。

(3)第 12 行：望·勃隆公司拼命的给普莱息台勒出力……

校勘结果：手稿、初刊本、初版本均误作"司"，其他版本作"开"。

三、结语

虽然鲁迅翻译的契诃夫的这三篇小说大约只有 8000 个汉字，但是鲁迅在翻译手稿上的修改达到 127 处（此外尚有多处被完全涂掉）。通过对鲁迅在这三篇翻译手稿上的修改内容的概述和分析，可以得出如下的结论：

1.从鲁迅对这三篇翻译手稿的修改可以看出，鲁迅对于翻译工作比较认真，通过对一些字、词、句和标点符号的修改，努力做到译文的"信""达"，从而方便中国读者的阅读，但是，金无足赤，在鲁迅修改后的手稿中仍然存在一些语言方面的错误，具体种类如下：

(1)仍然存在一些笔误。如手稿第 16 页第 9 行中的"并非可罗派理台勒尼,倒是我!"从上文出现的人名来看,鲁迅在"可"前漏掉了"斯"字。另外,手稿第 17 页第 12 行中的"望·勃隆公司拼命的给普莱息台勒出力",此句中的"公司"从上下文来看应当是"公开"。

(2)仍然存在一些翻译得不太恰当的字词。如手稿第 17 页第 1 行:"一个普鲁士的奸细——这已经确是 ultima ratio(至高的结论)了!"鲁迅把 ultima ratio 这个英文习惯用语先翻译成"至高的结论",后来又把"至高"修改为"惟一",但是,ultima ratio 的意思是"最后的结论,最后的手段",从上下文来看,鲁迅把 ultima ratio 翻译成"惟一的结论",仍然显得有些不准确。

(3)仍然存在一些翻译得不太通顺的句子。如手稿第 10 页第 10 行中的"我急于要如一个人!"鲁迅虽然把"如"改为"成",但是在汉语中,这个句子仍然不太通顺。

(4)仍然存在一些错误的标点符号。如手稿第 17 页第 10 行"我以为是我的义务:",从上下文来看,此处的冒号应当为句号。

2. 从鲁迅的这三篇翻译手稿中也可以看出,鲁迅的翻译观点和翻译实践并不太一致,我们要结合具体情况对鲁迅所倡导的翻译观点和他的翻译实践进行辨析。

鲁迅在写于 1935 年 6 月 10 日的《"题未定"草(一至三)》一文中表明了自己翻译《死魂灵》等外国讽刺小说的观点:

> 如果还是翻译,那么,首先的目的,就在博览外国的作品,不但移情,也要益智,至少是知道何地何时,有这等事,和旅行外国,是很相像的:它必须有异国情调,就是所谓洋气。其实世界上也不会有完全归化的译文,倘有,就是貌合神离,从严辨别起来,它算不得翻译。凡是翻译,必须兼顾着两面,一当然力求其易解,一则保存着原作的丰姿,但这保存,却又常常和易懂相矛盾:看不惯了。不过它原是洋鬼子,当然谁也看不惯,为比较的顺眼起见,只能改换他的衣裳,却不该削低他的鼻子,剜掉他的眼睛。我是不主张削鼻剜眼的,所以有些地方,仍然宁可译得不顺口。只是文句的组织,无须科学理论似的精密了,就随随便便,但副词的"地"字,却还是使用的,因为我觉得现在看惯了这字的读者已经很不少了。[1]

---

[1] 鲁迅:《鲁迅全集》第 6 卷,人民文学出版社,2005 年版,第 364 页。

如果用鲁迅的上述翻译观点来审视他在同年的3月24日翻译完成的这三篇契诃夫的讽刺小说的翻译手稿,就可以看出鲁迅的上述翻译的观点在这三篇翻译手稿的内容中有一定程度的体现。鲁迅在用"直译"的翻译方法来"保存着原作的丰姿"的同时还要"力求其易解",这就不可避免地造成翻译过程中的困难,使得他只好在一些地方采用"意译"的翻译方法。如手稿第15页第9行:"夏列斯妥夫却毫不合他一点心意继续地说……"鲁迅把"毫不合他一点心意"修改为"置之不理",就是采用了"意译"的方法,这样可以使译文更简洁。另外,鲁迅还强调翻译要"必须有异国情调,就是所谓洋气",但是从《波斯勋章》的翻译手稿中可以看出,鲁迅还使用了一些中国化的机构名称,如鲁迅在手稿中先后使用了"衙门"和"公署"这两个词来表明市长所在的官方机构的名称,并且又把"公署"修改为中国化的名称"衙门",但是这个单词在契诃夫的俄文小说的原文中是"参议会",毫无疑问,"参议会"这一西方化的机构名称比"衙门"这一中国化的机构名称更有"异国情调"。类似的例子还有鲁迅在《阴谋》的翻译稿中把"一月"翻译成"正月"("正月"显然是中国农历中的名称),在《波斯勋章》的翻译稿中把"日本"翻译成"扶桑"(虽然中国古代把日本称为"扶桑",鲁迅也曾经在赠增田涉的诗中用扶桑指代日本,但是很显然俄国并不把日本称为扶桑国)。

可以说,鲁迅在翻译外国讽刺小说时也并不都像他所倡导的那样要求译文具有"异国情调",而是故意把一些外国讽刺小说中出现的机构、时间等词语翻译成中国常用的词语,从而使这些外国的小说具有一些中国的色彩和情调,使中国的读者在阅读这些小说时会产生这些故事也会在中国发生的感觉,进而可以通过契诃夫的这些讽刺小说认识到中国现实社会中也存在着小说中所讽刺的类似的问题。鲁迅在《坏孩子和别的奇闻·前记》中就明确指出契诃夫的这八篇小说都反映出一些社会问题,希望中国读者在阅读后不要"一笑就了":"这些短篇,虽作者自以为'小笑话',但和中国普通之所谓'趣闻',却又截然两样。它不是简单的只招人笑。一读自然往往会笑,不过笑后总还剩下些什么,——就是问题……这八篇里面,我以为没有一篇是可以一笑就了的。"①总之,从鲁迅在翻译契诃夫的这三篇小说的过程中故意使用了一些中国化的词语的翻译策略可以看出他的翻译观点和翻译实践并不太一致。

---

① 鲁迅:《鲁迅译文集》第4卷,人民文学出版社,1958年版,第414页。

3.从鲁迅的这三篇翻译手稿中也可以看出,这三篇翻译小说后来发表、出版的各种版本都不同程度地存在一些问题:一方面,从鲁迅的这三篇翻译手稿可以校勘出这三篇翻译小说后来发表、出版的各种版本中都不同程度地存在着一些字、词和标点符号方面的错误;另一方面,也可以看出鲁迅的这三篇翻译手稿中原来存在的一些字、词和标点符号方面的错误被这三篇翻译小说后来发表、出版的一些版本沿用,或者被一些版本直接改正。

笔者认为,在这三篇翻译小说后来发表、出版的各种版本中,有的版本沿袭了鲁迅手稿中的错误,有的版本则直接纠正了鲁迅翻译手稿中的错误,但是没有加以注释和说明,这两种处理方式都不太妥当。正确的做法应当是,在出版鲁迅的翻译作品时一方面要尊重鲁迅翻译手稿的原貌,在正文中保留这些错误的字、词和标点符号,以尊重鲁迅的原文;另一方面我们也要用理校的方法纠正鲁迅翻译手稿中存在的一些明显的错误,用注释说明的方式对这些错误进行纠正,以方便现在的读者阅读鲁迅的翻译作品。

"凡是翻译，必须兼顾着两面"

——鲁迅从德文翻译的《死魂灵》第一卷手稿研究

鲁迅从德文翻译的《死魂灵》第一卷的手稿是国家一级文物，现存北京鲁迅博物馆，至今还没有公开发表，所以很少有研究者对这一手稿进行研究。据文物档案记载，这份手稿共 495 页，但是笔者查阅这份手稿后发现第 160 到 162 页的手稿的字迹明显是别人抄写的，第 215 页手稿是因为缺失而由鲁迅博物馆的工作人员抄补的，因此这份手稿中只能有 491 页算是鲁迅的笔迹。此外，这份手稿上的页码编号也存在一定的问题，中间有矛盾之处和不连续之处。

查阅这份手稿的照片，可以看出鲁迅在手稿上做了大量的修改。据笔者粗略统计，鲁迅在《死魂灵》第一卷的翻译手稿上的修改痕迹有近 2000 处，这些修改大部分都是鲁迅在翻译过程中或翻译完某一章节之后修改的，另外还有一些用红色笔迹的修改，这可能是鲁迅后来看到刊登在《世界文库》第一册上的《死魂灵》第一、二章的译稿中有一些错字而请黄源取回手稿后所做的校勘。

一、鲁迅在《死魂灵》第一卷翻译手稿上的修改类型

总体来说，鲁迅在《死魂灵》第一卷的翻译手稿上的修改可以大致归为如下几类：

1.修改译稿中的笔误。鲁迅在翻译过程中出现了一些笔误，主要是漏掉了一些字词，使译稿产生了明显的错误。如手稿 69 页："而和他说起来，又和对于蓄有八百个(加：魂)灵的地主完全两样。"在俄文中，"魂灵"和"农奴"是同一个单词，鲁迅在翻译《死魂灵》时都是把这个实际上是指"农奴"的单词翻译成"魂灵"，从上下文来看，鲁迅在此处无意中漏掉了"魂"字，所以做了添加。

再如手稿 117 页："真的！她是很(原作：这么)可爱,很(原作：这么)好,很(原作：这么)温柔，娇小……我常常要流出眼(加：泪)来。"在此句中，"流出眼

来"很显然是一个错误,所以修改为"流出眼泪来"。

另外,鲁迅在翻译过程中,也会出现文化方面的错误。如手稿60页:"贵族这个字(原作:两字),好像把老婆子打动了。"鲁迅在翻译时可能没有注意到"贵族"在德文中是一个单词,所以修改时把"这两字"改成"这个字"。再如手稿262页:"用起法国话来,则即使比上面所述的还要厉害的词句(手稿原作:句子),也全都不算什么事。"从上文内容来看,不仅有单词,还有句子,所以鲁迅把"句子"改成"词句",从而使译文更准确。

2.改正一些错别字。鲁迅在翻译过程中也写错了一些字词,在发现后又做了修改。如手稿96页:"你想想看,离市三维尔斯他的地方扎着一队龙(原作:龚)骑兵。"鲁迅最初的翻译是"龚骑兵",这显然不符合中文中通常的翻译名称,所以修改为"龙骑兵"。再如手稿75页:"三个礼拜前,我就又缴了一(原作:三)百五十卢布,(删:而)还要应酬税务官。"鲁迅发现翻译错了金钱的数目,所以作了修改。

3.修改翻译错误的词语。鲁迅在翻译过程中,也翻译错了一些词语,在发现后又做了修改。如手稿272页:"人类(原作:女性)社会女性的一半,自然是很难猜测(原作:捉摸)的;但我的声明,(加:我觉得)可敬的读者先生,却往往更其难于猜测(原作:以捉摸)。"鲁迅最初的译稿是"女性社会女性的一半",显然出现逻辑错误,所以把"女性社会"改为"人类社会",这样才较为准确。但是对比满涛、许庆道从俄文原著翻译的译文"当然,女性的心是深不可测的;但必须承认,可尊敬的读者的心往往更为深不可测"[①]可以看出,鲁迅此处的翻译内容与从俄文原著中翻译的内容有所增加,具体原因不好推测,很可能是因为从德文本转译时出现的问题。再如手稿304页:"我全不知道应该怎么着了! 他就硬逼我在什么假契据(原作:文凭)上署名。"从上下文的语境中可以看出,鲁迅最初翻译的"文凭"显然是错误的。

4.改正错翻译错的人名:鲁迅在翻译一些俄国的人名时出现了错误,或者译错了人名中的某些字,或者是漏掉了人名中的某些字,在发现后都做了修改。如手稿242页:"'谁?米锡(原作:哈)耶夫死了?'梭巴开(加:维支)一点也不惶窘,回问道。"再如手稿280页:"这时住着他的女儿亚兑(原作:持)拉大·梭夫伦诺夫娜和她的三个堂姊妹。"鲁迅基本上是采用中文音译的方

---

① [俄]果戈理:《死魂灵》,满涛、许庆道译,人民文学出版社,1983年版,第177页。(本文所引满涛译本中的文字均引自这一版本。)

法来翻译小说中出现的俄国人名,这就需要用读音比较相近的汉字来翻译,所以对译稿中原来读音不太近似的汉字进行了修改。

5. 修改译稿中不太恰当的字词。鲁迅在翻译过程中发现译稿中有些字词不太恰当,所以做了修改。如手稿214页:"当他走过前房的时候,就耸(原作:动)着鼻子,向彼得儿希加道:'窗户是你也可以开它一开的。''我(加:是)开了的',彼得儿希加回答说;但是他说谎。"在中文中,"耸着鼻子"要比"动着鼻子"更准确,所以鲁迅做了修改。满涛、许庆道从俄文原著翻译的这一段话的译文如下:"经过过道时,他耸了耸鼻子,对彼得卢氏卡说:'你至少也得把窗户打开呀!''我是把它们打开过的,'彼得卢氏卡说,但他明明是撒了一个谎。"对比一下,可以看出,鲁迅的这个修改是正确的。再如手稿275页:"当他走出罗士特来夫家的时候,当他的车子,因为车夫发昏或是马匹的碰巧的冲突,和她的马具缠绕(原作:纠结)起来的时候……"虽然在中文中,"缠绕"和"纠结"的含义有些近似,但是在这一句话中,显然"缠绕"更能准确地表达出两个马车的马具缠在一起的情景。

6. 删掉意思重复的字词。鲁迅在翻译过程中,在译稿中出现了意思重复的字词,在发现后做了修改。如手稿188页:"颈子上也围着一种莫名其妙的东西,是旧袜子,是腰带,还是绷带呢,不能断定。但决不是(删掉:领结)围巾。"此句中的"领结围巾"显然有所重复,所以做了删改。再如手稿164页:"然而梭巴开维支讲得出了神(原作:雄辩如流)。他的雄辩仿佛潺潺的流水一般奔下来,至于令人乐于倾听。"鲁迅在翻译此句时出现了错误,"雄辩如流"和"雄辩仿佛潺潺的流水一般奔下来"显然意思重复,所以做了删改。

7. 把外文单词和句子改为汉字:鲁迅在翻译过程中,有时会采用外文加中文注释的方法来处理小说中出现的外文,大约是后来觉得这种翻译方法不妥,所以就采用中文音译加注释的方法来处理小说中出现的外文单词。如手稿258页:"向着叫作伊凡·安特来也维支的邮政局长,人往往说:'司泼列辛·齐·德意支(注一),伊凡·安特来也维支?'"(注一:Sprechen Sie deutsch 德国话,意云:"你会说德国话吗?"因为发音和邮政局长的名字相像,所以用作玩笑。——译者)句中的"司泼列辛·齐·德意支",鲁迅最初是直接引用的德文原文,后来修改为把德文原文进行中文音译,并加注释进行说明。

此外,鲁迅译稿中有时也会把已经翻译成中文的词句改成外文。如手稿第12页:"他们的发(原作:须发)样既不挂落,也不卷缩(原作:起),又不是法国人的 a la Diable m'emporte（注一：法国话,直译是'恶魔捉我',意译是'任其自然'——译者）（原作:恶魔捉我式〔注一〕）式,头发是剪短的,或者梳得很平,他们的脸相因此（加：就越加显得滚圆、）威武。"对比满涛、许庆道的译文："他们的头发既不梳成鸡冠式（注一）,也不打卷儿,也不梳成如法国人所说的'任其自然'的式样：他们的头发不是剪得短短的,就是梳得光光的,而脸庞大多是圆滚滚的,结结实实的。"①鲁迅在译文中原来是用"直译"并加注释的方法翻译法文 a la Diable m'emporte,后来修改为外文单词加注释的方法。通过对比,可以看出鲁迅的译文虽然带有"异国情调",但不如满涛、许庆道的译文那样准确。

8. 把原来翻译正确的字词改错。鲁迅在翻译过程中,对一些字词的翻译没有把握,又做了修改,以致出现了把原来正确的翻译文字修改错了的情况。如手稿 28 页："但这些（原作:么）都是俗务,玛尼罗夫夫人却是一位（加:受过）好教育的闺秀。这好教育,谁都知道,是要到慈惠女（原作:寄宿书）塾里去受的,而在这女（原作:书）塾里,谁都知道,则以三种主要科目,为造就一切人伦道德之基础；法国话,这是使家族得享家庭的幸福；弹钢琴,这是使丈夫能有多少愉快的时光的；最后是经济部分,就是编钱袋和诸如此类的惊人的赠品。"满涛、许庆道从俄文原著翻译的译文："可是,这些事情都是低贱的,而玛尼洛夫太太是教养优良的。大家又知道,在寄宿女塾里,三门主要的功课构成着人类美德的基础：一是为家庭生活的幸福所必需的法语；二是使丈夫娱其闲暇之时的钢琴弹奏；三是家政,也就是编结钱包和其他出任意外的礼物等等。"②通过对比,可以看出鲁迅译稿中最初的"寄宿书塾"是正确的翻译,修改后的"慈惠女塾"反而是错误的翻译。再如手稿 105 页："'要多少?'那亲戚（原作:妹夫）问。"手稿 110 页："'一万是一定不到的',那亲戚（原作:妹婿）注意道,'这还不值一千。'"满涛、许庆道从俄文原著翻译的译文："'你买它没有出过一万卢布',妹夫说。'它连一千卢布都不值。'"③通过对比,可以看出鲁迅译稿中原先的"妹夫"或"妹婿"都是正确的翻译,后来修改的"亲戚"反而是不准确的翻译,因为在中文中,"亲戚"与"妹夫"显然是两个范畴不同的概念。

---

① ［俄］果戈理：《死魂灵》,满涛、许庆道译,第 12 页。
② ［俄］果戈理：《死魂灵》,满涛、许庆道译,第 24—25 页。
③ ［俄］果戈理：《死魂灵》,满涛、许庆道译,第 78 页。

9.对一个词语做多次修改。鲁迅在翻译过程中,因为对一些词语不太满意,所以做了多次修改。这种多次修改的情况比较复杂,主要有如下的三类。(1)多次修改后,确定了一个比较准确的词语。如手稿49页:"他于是吐(原作:吸)了很深(原作:长)的一口气,好像他把心里的郁结都出空了;后来(原作:到底)还并非(原作:已,又改为:不是,最后改为:非)没有做作的说出这样的话来。"鲁迅在译稿中最初用"并已",又改为"并不是",最后修改为"并非"。从句子的意思来看,"并非"这个词确实比另外的两个词更准确一切。再如手稿40页:"'最近一次的户口调查(原作:查户,又改为:调查户口,最后改为:户口调查)册,您已经送去很久了罢?'"鲁迅在译稿中最初用"查户册",后来又修改为"调查户口册",最后确定为"户口调查册"。满涛、许庆道从俄文原著翻译的译文是:"'您把纳税人口花名册(注一)交上去已经很久了吗?'"①[注一:在旧俄时代,地主每隔七至十年必须将农奴的名单呈交政府,以便政府征收人头税(妇女和孩子不计在内),此项名单称为"纳税人口花名册"。因此,男农奴亦称为纳税农奴。纳税人口花名册上纳税农奴人数至下次纳税钱不变。]通过对比,可以看出鲁迅所翻译的"户口调查册"仍然不太准确,正确的翻译应当是"纳税人口花名册"。(2)反复修改后,又恢复最初的翻译内容。如手稿77页:"'也许凑巧可以用在家务(原作:家务,又改为:经济,最后恢复为:家务)上的呵……'老婆子反对道。"在此句中,鲁迅最初的翻译"家务",后来又改为"经济",最后又恢复了原先的翻译。其实,鲁迅最初的翻译就是准确的,鲁迅因为对这个词没有把握,所以在做了多次的修改之后才确定了最初的翻译内容是正确的。再如手稿270页:"长手套并不紧接着袖口,显出肘弯以上(原作:上面)的臂膊的动人(原作:动人,又改为:撩人,再改为:出色,最后恢复为:动人)的一段来,有许多还丰满(加:得)令人羡慕。"在此句中,鲁迅最初的翻译"动人",后来修改为"撩人",第三次又改为"出色",最后恢复了最初的翻译"动人"。从鲁迅的这一修改过程可以看出,鲁迅最初翻译的"动人"还是比较准确的,所以鲁迅经过反复的修改,最后恢复了原先的翻译。(3)反复修改后,仍然是错误的。如手稿第9页:"据我看来,白天是要以一盘冷牛肉,加(此处删:加)一杯柠檬汽水和一场沉(原作:一杯酸汤一收场就酣)睡收梢了,恰如我们这俄罗斯祖国的有些(此处原作:几个)地方所常说的那样,鼾声如雷(原作:鼾声雷鸣)。"在此句中,鲁迅最初把"柠檬汽水"翻译成"酸汤",并

---

① [俄]果戈理:《死魂灵》,满涛、许庆道译,第31页。

加了一个注释,注文是一个英文单词:kigligshuehi。后又把"酸汤"改成"柠檬汽水",并删去注释的内容。满涛、许庆道从俄文原著翻译的译文:"最后,他大概是吃了一盘冷小牛肉,喝了一瓶喀瓦斯(注一)(注一:一种用面包和水果发酵制成的清凉饮料)之类酸溜溜的饮料,然后照俄罗斯国家某些地方的说法,鼾声如雷地进入梦乡,从而结束这一天的。"① 通过对比,可以看出满涛所音译的"喀瓦斯"才是正确的。鲁迅后来所修改的译文"柠檬汽水"是不正确的,不过,他最初翻译的"酸汤"一词倒有点接近这个词在俄文中的含义。

10. 删掉后又恢复所删掉的内容。鲁迅在翻译过程中因为对一些翻译内容没有把握,出现了删掉一些内容后来又恢复的现象。如手稿 244 页:"哦,厅长就下命令,注册费只要他付给一半,那别的一半,却算在别个(删掉后又恢复:个)请求人的身上。"在此句中,鲁迅最初删掉了"个"字,后来发现句子不通顺,所以又恢复"个"字。再如手稿 307 页:"'唉唉,请您不要这么说(删掉后又恢复:说)罢,苏菲耶·伊凡诺夫娜,她是搽胭脂(删掉后又恢复:搽胭脂)的,红到不要脸。'"在此句中,鲁迅本来删掉了"说"字和"搽胭脂"这位几个字,这样的话就会造成句子不通顺,意思不明确,所以又恢复了所删掉的内容。

11. 改后又删掉所改的内容。鲁迅在翻译过程中因为对一些翻译内容没有把握,出现了修改一些内容后又删掉所修改的内容的现象。如手稿 87 页:"'喂!贝拉该耶!'老婆子向**着**(初加:着,后又删去)一个站在阶沿近旁的大约十二岁的娃儿,叫道。"鲁迅在译文中最初在"向"字之后增加了"着"字,但是后来又删掉。从中文中的句子中的词语搭配来看,鲁迅在"向"字之后增加"着"字是正确的。满涛、许庆道的译文:"'喂,彼拉盖雅!'地主婆对一个就站在台阶附近的约莫十一岁左右的小姑娘说道。"② 通过对比,可以看出鲁迅译文中使用的"向着"不如满涛的译文中所使用的"对"字那样准确。再如手稿 117 页:"'你说的对!'罗士特来夫道,'我最讨厌这样的**屠头**(原作:废料)!'于是他大声的说**下去**(原作:出来)道:'好罢,那就(此处原作:他的,后改为:你,最后又删掉)滚你的。去!尽找你的老婆去,你这吹牛皮的!'"在此句中,鲁迅把"他的"两字修改为"你",最后又删掉"你"。如果保留"你"的话,就会使句子中的字词出现重复的问题。另外,对比满涛、许庆道的译文:"'说的倒也

---

① [俄]果戈理:《死魂灵》,满涛、许庆道译,第 8—9 页。
② [俄]果戈理:《死魂灵》,满涛、许庆道译,第 63 页。

对！'诺兹德廖夫说。'我顶不喜欢这种阴阳怪气不爽快的人！'接着又出声地找补了一句：'得了吧，见你的鬼去，你只管跟你的老婆唧唧咕咕去，呆鸟！'"①可以看出，鲁迅对这段内容的翻译仍然显得比较啰嗦，不够简洁。

12. 增加联结性的字词，使句子通顺。鲁迅在翻译过程中，虽然大多采用"直译"的方法从德文翻译《死魂灵》，由此造成很多翻译成中文的句子不太通顺，但是鲁迅也在翻译过程中对一些不太通顺的句子进行了修改。这些修改主要有如下的类型。如手稿 286 页："然而这并不能给他慰安，虽然他也竭力的（手稿原作：他竭力的装作欢颜用玩笑来回答玩笑）装出笑容，用玩笑来回答他们的玩笑。"鲁迅通过增加"然而""虽然"等连接词，不仅可以使句子更通顺，而且也可以更好地表达出乞乞科夫当时的心理状态。再如手稿 296 页："'我多么高兴呵，（加：一）知道您……我听到有谁来了，就自己想，谁会来得这么早呢？'"鲁迅在句中添加了一个"一"字，组成"以……就"句式，从而使整个句子更通顺。

13. 调整一些字词和句子的顺序，使句子更加通顺。如手稿 46 页："什么？死魂灵的买卖（原作：卖买，后调整顺序）合同？"在中文中显然"卖买合同"这一词组是不通顺的，所以修改为常用的"买卖合同"。再如手稿 36 页："这时候，那教师就把全副精神都贯注在绥密斯多克利由斯身上了，几乎要跳进他的眼睛里面去（原作：他的眼睛几乎要；后在把'几乎要'调整到'他'的前面，并在'他'之前添加'跳进'），但到得绥密斯多克利由斯说是'巴黎'的时候，也就放了心，只是点着头。"通过调整这几个词语的顺序，可以更准确地表现出教师的紧张的神态。

14. 修改一些略显啰嗦的句子，使句子更简洁。如手稿第 1 页："省会 NN 市的一家旅馆的大门口，跑进了一辆讲究的，软垫子的小小的篷车，这是独身的人们，例如退伍陆军中佐，（删：二）步兵二等大尉，（删：三）有着百来个农奴的贵族之类——一句话，就是大家叫作中流的绅士这一类人所爱坐的车子。"满涛、许庆道的译文："在省会 NN 市的一家旅馆门口，驶来了一辆相当漂亮的小型弹簧轻便折篷马车，乘坐这种马车得多半是单身汉；退伍的中校啦，上尉啦，拥有大约百把个农奴的地主啦，总而言之，一切被人叫做中等绅士的那些人。"②通过对比，可以看出鲁迅删改过后的翻译内容还是较为准确

---

① ［俄］果戈理：《死魂灵》，满涛、许庆道译，第 82 页。
② ［俄］果戈理：《死魂灵》，满涛、许庆道译，第 1 页。

的。另外,鲁迅删除句中出现的"二""三"等表示顺序的字词,可以使句子更简洁。再如手稿4页:"他在这房子里靠墙支起一张狭小的三条腿的床来,放上一件(删:东西去,这东西)好象棉被(加:的)东西去,蛋饼似的薄,恐怕也蛋饼似的油;这东西,是他问旅馆主人要了过来的。"满涛、许庆道的译文:"在这间小屋里,他把一张狭窄的三只脚的床靠墙放稳,再铺上他从旅馆主人那儿要来的一条小小的垫褥般的东西,这东西又薄又扁,有如一张薄饼,恐怕油腻得也不亚于一张薄饼。"①通过对比,可以看出鲁迅的译文基本正确,而删去手稿中"一件"之后原有的"东西去,这东西"这几个字,就可以使句子更简洁。

15. 增加一些字词,使句子内容更准确。如手稿第11页:"乞乞科夫(加:还来不及细看情形,就)被知事拉着臂膊,(加:去)绍介(加:给)知事夫人了。"对比满涛、许庆道的译文:"乞乞科夫来不及把四周看清楚,他的胳膊已经被省长抓住了,立刻带去介绍给省长太太。"②再如手稿第11页:"丰年的夏天,吃的东西多到插(原作:放)不下脚,它们飞来了,却并不是为了吃,(加:只)不过要在糖堆上露脸,用(原作:一只去摩另一只的)前脚或后脚(加:彼此摩一摩),在翅子下面去擦一擦(原作:搔一下,再把'搔'改为'撩',最后改为:擦一擦),或者张开两条前脚,(加:在)小脑袋下面(加:去,后又删去)搔一搔,于是(加:雄赳赳的转一个身,)飞掉了,却立刻从新编成一大队,又复飞了回来。"对比满涛、许庆道的译文:"其实,丰饶的炎夏把美味的东西撒得俯拾皆是,它们早都被喂饱了,飞来根本不是为了找东西吃,却不过是为了显示一下自己,挨近糖块前前后后飞一阵子,把后腿或者前腿互相蹭一下,或者搔搔自己翅膀下的身子,或者伸出两只前爪蹭一下自己的脑袋,转身匆匆飞走,然后带着一群群惹人厌烦的苍蝇重新飞回来。"③通过上述内容的对比,可以看出鲁迅在修改译稿时通过增加一些字词,从而使句子的内容更完整、更准确。

16. 红笔修改的内容。这份译稿中也有十多处用红笔修改的痕迹,如手稿307页:"'您知道,安娜·格力戈利耶夫娜,现在的风俗坏到这(红笔添加:这)地步,可真的叫人伤心呀。'"在此句中,增加"这"字,可以使句子更通顺。再如手稿274页:"直到听见已经对他站了两三分钟的(红笔删掉:的)知事太太的声音,这才记得起来了。"在此句中,"的"字重复出现,所以要删掉。

---

① [俄]果戈理:《死魂灵》,满涛、许庆道译,第4页。
② [俄]果戈理:《死魂灵》,满涛、许庆道译,第12页。
③ [俄]果戈理:《死魂灵》,满涛、许庆道译,第10—11页。

17. 把一些词语改成中文中的常用语言。如手稿 329 页："他的这话,是用一种带着震动的声音说出来的,使所有在场的人们,也都异口同声(原作:如出一口)的叫起来道:'那么,什么人呢?'"在此句中,"异口同声"这个成语显然比"如出一口"这个词语更为常用,也更容易被读者理解。再如手稿 58 页:"农奴是应该给点鞭子的,要不然,就不听话。规矩总的有(原作:上下贵贱要有分别)。"在此句中,"规矩总的有"显然比"上下贵贱要有分别"更为简洁。

18. 把一些词语改为专业常用的词语。如手稿 244 页："此外只要付半成的注册费,以及官报上的揭示(原作:广告)费就够,乞乞科夫只花了很少的钱。"满涛、许庆道的译文:"还收了在《公报》(注一)(注一:此指《枢密院公报》。这是帝俄时代登载不动产买卖其实的刊物。)上刊登启事的百分之零点五的费用,乞乞科夫要付的真是极为有限的一点钱。"[1]对比两段译文,可以看出鲁迅把"广告"这个词修改为"揭示",是因为"揭示"这个词在古代汉语中常有"揭举事实,公之于众"的含义,此外也有"张贴告示"的含义,是一个较为专业的词语。这样的修改在意思上更为符合原文的意思。再如手稿 321 页:"但据研讯的结果(原作:在读审的时候),乌斯德希梭里斯克的商人们却都是被煤气闷死了。"满涛、许庆道的译文:"据多方面调查和审讯的结果,乌斯季瑟索尔斯克的那帮小伙子原来是煤气中毒而丧命的。"[2]对比两段译文,可以看出鲁迅修改后的"研讯"这个词相对于原来翻译的"读审"这个词来说可能更准确一些,因为"研讯"这个词有"仔细审讯"的含义,是一个专业用词。

二、结语

通过对鲁迅在所译的《死魂灵》第一部的手稿上的修改类型的粗略分析,可以得出如下的结论:

1.《死魂灵》第一部翻译手稿上的近 2000 处的修改充分体现出鲁迅翻译该书时所付出的艰辛的劳动,以及他对待翻译工作的认真态度。

从鲁迅日记中可以看出鲁迅翻译《死魂灵》的大致过程:1935 年 2 月 15 日开始译《死魂灵》,3 月 12 日译完了第一和第二章(两章约二万字),5 月 8 日开始翻译第三章,5 月 22 日夜译完第三和第四章,6 月 11 日夜译完第五

---

[1] [俄]果戈理:《死魂灵》,满涛、许庆道译,160 页。
[2] [俄]果戈理:《死魂灵》,满涛、许庆道译,第 207—208 页。

章,6月24日译完第六章(两章共约三万字),7月4日开始译第七章,7月27日下午译完第八章并把第七、八两章译稿(两章共约三万二千字)寄给郑振铎,8月28日译完第九章和第十章(两章共约二万五千字),10月6日夜译完《死魂灵》第一部的附录(约一万八千字),10月17日夜译完内斯妥尔·柯德略来夫斯基为《死魂灵》所撰写的长篇序言(约一万二千字)。鲁迅在在翻译第三、四两章时,就在1935年5月17日致胡风的书信中谈到了翻译《死魂灵》时的困难:

> 这几天因为赶译《死魂灵》,弄得昏头昏脑,我以前太小看了ゴーコリ(按:果戈理)了。以为容易译的,不料很难,他的讽刺是千锤百炼的。其中虽无摩登名词(那时连电灯也没有),却有十八世纪的菜单,十八世纪的打牌,真是十分棘手。上田进的译本并不坏,但常有和德译本不同之处,细想起来,好像他错的居多,翻译真也不易。①

鲁迅虽然在翻译《死魂灵》时遇到了很多意料之外的困难,但是他仍然坚持认真地翻译下去,可以说"字典不离手,冷汗不离身"这一句话就是鲁迅翻译《死魂灵》时的形象的写照。

2.鲁迅虽然对《死魂灵》第一部的翻译手稿做了精心的修改,但是手稿中仍然存在一些翻译方面的错误。

(1)译错了一些食物名称、节日名称和官职名称。除了上文提到的鲁迅把俄国饮料"喀瓦斯"译成"柠檬汽水"外,还有一些错误。如手稿83页:"到耶稣复活节,我就有很好的荤(原作:猪)油了。"满涛、许庆道的译文:"我在圣诞节前后会有猪油的。"②通过对照,可以看出鲁迅所译的"耶稣复活节"是不正确的,应当是"圣诞节"。再如手稿第17页:"知事说他是好(原作:善)心人,检事说他是精明人,宪兵队长说(加:他)有(删:好)学问,审判厅长说他博学而可敬,警察局长说他(删:是)可敬而可爱,而警察局长太太则说他很可爱,而且是知趣的人。"满涛、许庆道的译文:"省长认为他是一个忠诚老实的人;检察长认为他是一个挺干练的人;宪兵上校说他是一个有学问的人;民政厅长说他是一个学识渊博、值得尊敬的人。警察局长说他是一个可敬可亲的

---

① 鲁迅:《鲁迅全集》第6卷,人民文学出版社,2005年版,第458页。
② [俄]果戈理:《死魂灵》,满涛、许庆道译,第61页。

人;警察局长的妻子说他是一个顶顶和蔼、顶顶讲究礼貌的人。"①通过对比,可以看出鲁迅译文中的"知事""审判厅长"等官职是错误的,应当是"省长""民政厅长"。

(2)译错了一些词句和谚语。鲁迅因为对德文还不太精通,加之对俄国文化也不太熟悉,所以在翻译过程中出现了一些明显的错误。如手稿第25页:"玛尼罗夫是怎样的性格呢,恐怕只有上帝能够说出来吧。有这样一种人:恰如俄国俗谚的所谓不是鱼,不是肉,既不是这,也不是那,并非城里的波格丹,又不是乡下的绥里方。"(注一)(注一:Bogdan 和 Selifan 都是人名。这两句话,犹言既非城里的绅士,又非乡下的农夫——译者)满涛、许庆道的译文:"只有老天爷才能够说得出玛尼洛夫是一种什么样性格的人。有这么一种人,他们被说成是:平平常常,不好也不坏,如俗话所说,既非城里的包格丹,又非乡下的谢里方。"②通过对比,可以看出鲁迅把这一段话的前面的内容翻译成"所谓不是鱼,不是肉,既不是这,也不是那",显然是错误的,正确的翻译应当是"平平常常,不好也不坏"。再如手稿270—271页:"粗野的迦落巴特(注一)(注意:Caloppade,调子极急的跳舞。——译者)发狂似的在他眼前奔了过去(原作:热闹起来了):邮政局长夫人,地方审判厅长,插蓝毛毛的太太,插白毛毛的太太——都忽然当面在地球上出现,在(原作:在他眼前出现汹涌起来了)那里奔腾奋迅(原作:热烈)了。"满涛、许庆道的译文:"跳加洛帕舞的人群发狂地飞闪过去:有邮政局长的太太,县警察局长,一位插蓝色羽毛的女士,一位插白色羽毛女士……所有的人都离开座位,飞舞起来。"③通过对比,可以看出鲁迅译文中的"都忽然当面在地球上出现"显然是错误的翻译,另外鲁迅译文中的"奋迅"一词不太恰当,这个词语在中文中也不是一个常用的词语,可能是鲁迅本人生造的一个词语。另外,如手稿第25页:"'但您知道,'玛尼罗夫说,'如果没有朋友,又怎能够彼此……'""'那倒是的,不错,一点也不错(删:的)!'乞乞科夫打断他,'就是有了(原作:连所有)世界上一切(原作:的)宝贝,又(原作:我们也没)有什么好(原作:益)处(删:的)呢。贤人说过,'好朋友胜于世上一切的财富。'"满涛、许庆道的译文:"'哦,您说的对,说得完全对!'乞乞科夫打断他的话头。'如果是那样的话,那么,世上

---

① [俄]果戈理:《死魂灵》,满涛、许庆道译,第15页。
② [俄]果戈理:《死魂灵》,满涛、许庆道译,第21页。
③ [俄]果戈理:《死魂灵》,满涛、许庆道译,第176页。

纵有奇珍异宝,又算得了什么呢?一位圣贤说过这样的话:'纵然身无分文,愿交天下豪杰'。"①通过对比,可以看出鲁迅把句子中的谚语翻译成"好朋友胜于世上一切的财富"是错误的,正确的译文是"纵然身无分文,愿交天下豪杰"。

3.《死魂灵》第一部的翻译手稿体现出鲁迅多元的翻译方法。

鲁迅虽然强调翻译要有"异国情调",也就是有"洋气",和"旅行外国,是很相像的",但是鲁迅在翻译《死魂灵》第一部时却使用了一些带有鲜明中国色彩的词语。如手稿174页:"嗜好是没办法争执的:谚语里说,有的爱和尚,有的爱尼姑。"满涛、许庆道的译文:"嗜好口味没有划一的规律:俗话说,有人喜欢神甫,有人喜欢神甫的老婆,各有所好。"②通过对比,可以看出满涛、许庆道的译文显然比鲁迅的译文更具有"异国情调",因为俄国的宗教徒显然不应当翻译成佛教徒的称呼"和尚""尼姑",而原文中的这两个单词也应当翻译成"神甫""神甫的老婆"。再如手稿200页:"其实是在什么军营里做事,和坤伶们鬼混的。"满涛、许庆道的译文:"而实际上十拿九稳当过军官,也是个追女戏子的色鬼。"③通过对比,可以看出鲁迅译文中的"坤伶"这个词虽然和"女戏子"的意思相近,但是更带有中国传统文化的色彩。另外还有手稿17页:"或是乡下人之所谓'掉枪花',几乎使全市的人们非常惊疑的时候。关于这,读者是不久就会明白的。"满涛、许庆道的译文:"或者按照外省的说法,一件咄咄怪事(关于这一点读者不久就会知道),使几乎全城的人完全陷于迷惑之中为止。"④通过对比,可以看出鲁迅是采用的意译方法把乞乞科夫通过购买"死魂灵"来行骗的行为翻译成"掉枪花",这个词显然是一个中文中特有的俗语,带有明显的中国传统文化色彩。

另外,鲁迅在翻译过程中,很注重用"直译"的方法来翻译,但是有时也采用"意译"的方法来翻译一些词语和句子。如手稿23页:"从其中的两株下面,看见一座蓝柱(加:子)的绿色平顶的园亭,扁上的字是'静观堂'。"满涛、许庆道的译文:"在其中两棵树下面可以看见一个绿色扁圆顶、蓝色木头圆柱的凉亭,上面刻着题词:'沉思冥想之神殿'。"⑤通过对比,可以看出鲁迅译文

---

① [俄]果戈理:《死魂灵》,满涛、许庆道译,第27—28页。
② [俄]果戈理:《死魂灵》,满涛、许庆道译,第116页。
③ [俄]果戈理:《死魂灵》,满涛、许庆道译,第133页。
④ [俄]果戈理:《死魂灵》,满涛、许庆道译,第16页。
⑤ [俄]果戈理:《死魂灵》,满涛、许庆道译,第20页。

中的"静观堂"一词不仅是用"意译"的方法所做的翻译,而且这个词语也带有鲜明的中国传统文化的特点。再如手稿 315 页:"连那些久已和他的朋友断绝关系,只还和两位地主熊皮氏(原作:裾)先生和负炉(加:氏)先生相往来的人[两个很出名的姓氏,是从'躺在熊皮上'和'背靠着炉后面'的话制成(原作:做出来的),在我们这里很爱说,恰如成语里的'去拜访打鼾氏先生和黑甜氏先生'一样,那两人是无论侧卧、仰卧,以及什么位置的卧法,都能死一般的熟睡,从鼻子里发出大鼾,小鼾,以及一切附属的声音来。]"满涛、许庆道的译文:"所有那些早已断绝了任何亲朋关系,如俗话说只和地主查伐里申和巴列查夫有交情的人(这是著名的惯用语,从'躺倒'和'躺一会儿'这两个动词变化而来,在我们俄罗斯非常流行,就像成语'去拜访索比科夫和赫拉波维茨基'一样,后者是表示侧着身子躺着,或者仰天躺着,或者以其他种种姿态躺着,睡得像死人一般熟,外加打着呼噜,或者发出轻微的鼻息声或者其他种种响声的意思)。"①通过对比可以看出,鲁迅的译文中的"熊皮氏"和"负炉氏",以及"打鼾氏先生和黑甜氏先生"采用的是"意译"的方法,而且用姓加氏的方法称呼某人,这些都具有一些中国传统文化的特色。

此外,鲁迅在翻译过程中,通常用中文音译的方法来翻译一些外国人名、物名等,但他有时并没有把小说中出现的一些其他语种的外文单词和句子翻译成中文,而是采用外语原文加注释的方法处理,这就使得他的译文在翻译外文时显得不够统一。如手稿 95 页:"他该玩一回陀勃列忒(注一)来试试,那我们就知道了,这家伙能什么。"(注一:Doublet,纸牌比赛的一种。——译者)再如手稿 87 页:"鞭子也不过 Proforma(注一)地在马背上拂拂的。(注一:形式的——译者)"满涛、许庆道的译文:"鞭子只是比试比试,在离马背老远的上空挥动挥动罢了。"②鲁迅在此句中完全可以把英文单词"Proforma"翻译成中文,大约是为了保存"异国情调"而没有翻译,但这就使得全书在翻译外文单词时的翻译方式不太一致。

4.鲁迅翻译《死魂灵》第一部的翻译观之检讨。

鲁迅在《"题未定"草(一至三)》一文中表明了自己翻译《死魂灵》等外国讽刺小说的翻译观点:

如果还是翻译,那么,首先的目的,就在博览外国的作品,不但

---

① [俄]果戈理:《死魂灵》,满涛、许庆道译,第 204 页。
② [俄]果戈理:《死魂灵》,满涛、许庆道译,第 63 页。

移情,也要益智,至少是知道何地何时,有这等事,和旅行外国,是很相像的:它必须有异国情调,就是所谓洋气。其实世界上也不会有完全归化的译文,倘有,就是貌合神离,从严辨别起来,它算不得翻译。凡是翻译,必须兼顾着两面,一当然力求其易解,一则保存着原作的丰姿,但这保存,却又常常和易懂相矛盾:看不惯了。不过它原是洋鬼子,当然谁也看不惯,为比较的顺眼起见,只能改换他的衣裳,却不该削低他的鼻子,剜掉他的眼睛。我是不主张削鼻剜眼的,所以有些地方,仍然宁可译得不顺口。只是文句的组织,无须科学理论似的精密了,就随随便便,但副词的"地"字,却还是使用的,因为我觉得现在看惯了这字的读者已经很不少。①

鲁迅特别强调:"凡是翻译,必须兼顾着两面,一当然力求其易解,一则保存着原作的丰姿。"应当说鲁迅的这个翻译观只是一个理想的目标,结合鲁迅在翻译《死魂灵》第一部的翻译实践,就可以看出鲁迅的翻译内容还没有能够达到这一理想的翻译目标。

首先,虽然鲁迅"力求其易解",但是因为鲁迅的外语水平所限,译稿仍然没有能够做到"易解"。鲁迅在翻译时常采用"直译"的方法来翻译原文,由此造成了许多语句在中文中显得不太通顺;加之,鲁迅本人的德文水平不太高,虽然在翻译时借助德文辞典并参考了《死魂灵》的日文译本和英文译本,但是在译文中仍然出现了一些译错的词句,这些因素都导致了译稿显得不太"易解"。

其次,虽然译者希望"保存着原作的丰姿",但是译稿没有能够做到这一点。翻阅长江文艺出版社在 2012 年重印的鲁迅从德文翻译的《死魂灵》(含柯德略来夫斯基撰写的共 1.2 万字的序言、《死魂灵》第一部和第二部以及附录的四章内容),可以看到该书版权页上标注的全书文字是 25 万字,而人民文学出版社在 2013 年重印的满涛、许庆道两人从俄文原著翻译的《死魂灵》,版权页上标注的全书文字是 35.5 万字(有钱中文撰写的约 6000 字的序言,但没有柯德略来夫斯基撰写的序言和《死魂灵》附录的四章内容)。附带指出,该书在 1986 年重印时标注的字数是 33.7 万字。对比这两个译本的字数,可以看出鲁迅从德文翻译的《死魂灵》大约比满涛、许庆道从俄文原著翻译的《死魂灵》少了近 10 万字,即使扣除排版、所收序言及附录的内容不同等方面的因素,两本译著

---

① 鲁迅:《鲁迅全集》第 6 卷,第 364—365 页。

在字数方面的差异至少也有 5 万字。目前还不知道鲁迅所翻译的《死魂灵》的德文本在从俄文翻译时是否做了一定的删改,除此之外,这两个译本的字数差异可能与两者采用的翻译方法有关:鲁迅基本采用的是"直译"的方法;满涛、许庆道两人基本采用的是"意译"的方法,可能会使用较多的中文文字来翻译俄文原文的内容。无论如何,字数差距如此之大,鲁迅可能会在较大的程度上无法反映出原文的全部内容,从而也就无法保存"原作的丰姿"。

除了字数的差异之外,还有果戈理在《死魂灵》中所使用的语言风格、讽刺手法等写作技巧在鲁迅的译文中没有能够很好地体现出来。鲁迅在译完《死魂灵》第五章之后,在 1935 年 6 月 10 日撰写的《"题未定草"(一至三)》一文中谈到了翻译《死魂灵》时所遇到的困难:

> 可恨我还太自大,竟又小觑了《死魂灵》,以为这倒不算什么,担当回来,真的又要翻译了。于是"苦"字上头。仔细一读,不错,写法的确不过平铺直叙,但到处是刺,有的明白,有的却隐藏,要感得到;虽然重译,也得竭力保存它的锋头。里面确没有电灯和汽车,然而十九世纪上半期的菜单,赌具,服装,也都是陌生家伙。这就势必至于字典不离手,冷汗不离身,一面也自然只好怪自己语学程度的不够格。但这一杯偶然自大了一下的罚酒是应该喝干的:硬着头皮译下去。到得烦厌,疲倦了的时候,就随便拉本新出的杂志来翻翻,算是休息。这是我的老脾气,休息之中,也略含幸灾乐祸之意,其意若曰:这回是轮到我舒舒服服的来看你们在闹什么花样了。①

从鲁迅的上述自述之中可以看出,鲁迅在力图传达出果戈理在《死魂灵》中所表达的"刺"时,因为德语水平所限,显得有些力不从心。虽然在中文中完整、准确地表达出果戈理在《死魂灵》一书中的语言风格是不太可能完成的任务,但是对照鲁迅的译本和满涛、许庆道两人的译本,就可以看出两个译本因为采用的翻译方法的差异,所以在语言表达方面也有明显的差异:鲁迅的译本虽然语言在句式方面显得比较"欧化",但是在表达含义方面就显得曲折,甚至还出现了一些翻译错误的词句,因此也无法准确地表达出"原作的丰姿";满涛、许庆道两人的译本在语言方面显得"中国化",译文流畅,比较符合中文的语言特点,但是因此也使译文产生了不能传达出俄文原著原有的语言

---

① 鲁迅:《鲁迅全集》第 6 卷,第 363 页。

特点的弊端。

最后,译稿没有能够很好地解决"力求其易解"与"保存着原作的丰姿"所产生的矛盾。鲁迅在翻译《死魂灵》时为了解决"力求其易解"与"保存着原作的丰姿"所产生的矛盾,采用的方法是:"只能改换他的衣裳,却不该削低他的鼻子,剜掉他的眼睛。"也就是在翻译时要保存原著在句子结构等语法方面的特点,只在部分字词含义方面为了句子通顺而作一些修改。其实,"保存着原作的丰姿"可以分为两个层面:在形式上保存和在内容上保存,但鲁迅显然更重视在形式上"保存着原作的丰姿"。为此,鲁迅在译稿中较多采用了"直译"的方法,希望可以在形式上"保存着原作的丰姿",但是德语中的字词肯定无法用"直译"的方法直接翻译成顺畅的中文,这就造成了鲁迅的中文译文在语言方面不太流畅,甚至还出现了一些语言文字方面的和语法方面的错误。

需要指出的是,鲁迅的《死魂灵》第一部译稿虽然从中文的标准来看,存在着不少语言和语法方面的错误,但仍然不失为一本很有价值的译著:一方面是因为果戈理的原著是一部杰作,为译稿奠定了很好的内容基础;另一方面是因为鲁迅的翻译虽然具有不少的不足乃至错误,但是译稿经过鲁迅的创造性翻译而具有独特的色彩,或者也可以说是译稿具有了鲁迅的翻译语言的独特风格。鲁迅在翻译时大量采用的"直译"翻译方法,加上独特的翻译语言风格,使果戈理的原著在被翻译成中文之后不可避免地减少了"果戈理式"的独特的语言风格的同时也形成了一种"鲁迅式"的独特的语言风格,从而使中文版的《死魂灵》具有了一种独特的语言魅力。

总之,在某种程度上也可以说,鲁迅翻译《死魂灵》的经历为东西方文化交流提供了一个很好的参考个案:鲁迅翻译的《死魂灵》虽然不能算作比较成功的译本,但是鲁迅在翻译《死魂灵》时所提倡的翻译观"凡是翻译,必须兼顾着两面,一当然力求其易解,一则保存着原作的丰姿",这种观点对于当代的中西文化交流仍然具有很好的参考价值。东方文化在译入和借鉴西方文化时,要发挥主体的能动性,既要使翻译过来的西方文化"易解",又要用创造性的翻译方法来保存西方文化的"原作的丰姿",这样就不仅会促进东西方文化的交流,而且也会促进东西方文化的深度对话。

鲁迅藏品研究

鲁迅挂在"老虎尾巴"书房中的
安特莱夫照片应当恢复

  鲁迅在北京的西三条故居的"老虎尾巴"书房中曾经摆放着俄国作家安特莱夫(现通译为安德列耶夫,本文为叙述方便采用安特莱夫这个译名)的照片,这张照片和藤野先生的照片一起挂在书桌上方的东墙上,但是在1956年鲁迅故居首次开放时,因为安特莱夫被国内某些人认为是所谓的"颓废主义"作家而被撤下,从此之后直到现在,安特莱夫的照片就从鲁迅的"老虎尾巴"书房中消失,一直沉睡在鲁迅博物馆的资料库房之中。

  一、许羡苏、许钦文的相关回忆文章和许寿裳拍摄的照片都证明"老虎尾巴"书房中挂有安特莱夫的照片

  关于鲁迅"老虎尾巴"书房中的安特莱夫的照片,有一些和鲁迅来往密切的友人曾经在文章中提到过。

  许钦文在1940年7月撰写的《在老虎尾巴的鲁迅先生》一文中说:

    房间虽然狭窄,在那小小的方块墙壁上,却经常可以见到新颖的图画和照片;安特烈夫的照相等,都在那里挂过。①

  许钦文又在1979年发表的《老虎尾巴》一文中说:

---

① 许钦文:《在老虎尾巴的鲁迅先生》,原载1940年10月16日《宇宙风乙刊》第31期。

在挂藤野先生照相的东墙上,也曾经挂过安特烈夫等的相片,和由春台等从巴黎等处寄来的画片。①

许羡苏1956年调到北京鲁迅博物馆负责清理鲁迅故居和鲁迅手稿,她在1961年6月30日撰写的《回忆鲁迅先生》一文中说:

"老虎尾巴"的情形大致就是现在的样子,除掉写字台上还有一张安特莱夫的照像(原件还在),不缺主要的东西。②

笔者在鲁迅博物馆的资料库房中看到了许羡苏所说的安特莱夫照片原件(照片背后有鲁迅的手迹"安特莱夫"四个字),但是许羡苏限于当时的环境,没有说到鲁迅故居在1956年开放时撤下安特莱夫照片的原因。直到2006年,鲁迅故居开放50周年时,曾经帮助许羡苏整理并发表这篇文章的陈漱渝在《鲁迅日记中"许小姐"真相》一文中才具体说出当时撤下安特莱夫照片的原因:

故居复原工作也是在许广平和许羡苏的直接指导下进行的。但由于种种原因,目前的故居陈列只能说是大致符合历史原貌。比如《野草》中描写的那两株著名的枣树就一直未能补种,给观众留下不少遗憾。许羡苏退休之后,曾谈到目前鲁迅故居布陈和修缮的两点不足:一是鲁迅工作室的桌面上原有一帧俄国作家安特莱夫的照片,可能因为这位作家有颓废厌世倾向,布陈时将它撤掉了。另一件事是鲁迅故居后园西墙根原有三棵柳树。那是鲁迅请她买来而后亲自种植的,应该补种。如果接受她的建议,每年飞燕又归时,鲁迅故居的后园就会春风剪柳,游丝落絮,呈现出又一道亮丽的风景线。③

另外,许寿裳在1937年曾经到鲁迅在西三条的故居中拍摄了一些照片,从其中的一张照片上可以清楚地看到"老虎尾巴"书房东墙上挂着藤野先生和安特莱夫的照片。可以说,许寿裳在1937年所拍摄的"老虎尾巴"书房的照片也是最为有力的证据。总体来说,鲁迅在"老虎尾巴"书房挂安特莱夫的

---

① 许钦文:《老虎尾巴》,《中国现代文学研究丛刊》1979年创刊号。
② 许羡苏:《回忆鲁迅先生》,《鲁迅研究资料》第3辑,文物出版社,1979年版,内部发行,第206页。
③ 陈漱渝:《鲁迅日记中的"许小姐"真相》,《今晚报》2006年1月5日。

照片不仅有人证,而且有物证,是无法否认的。

此后直到1947年,安特莱夫的照片仍然挂在"老虎尾巴"的东墙上。当年的9月10日,王冶秋在探视鲁迅在西三条的故居后给许广平写的信中还提到"老虎尾巴"墙上所挂的照片均未动:

> 上星期日与徐兄及摄影师往西三条,据阮太太云,并未搬去甚多物件。北房西头一间,全部堆存先生已整理未整理之书箱及其他物件。玻璃柜中之书,也似未经翻动,现俱贴有法院封条,我以为书稿能保全,即是大幸。"老虎尾巴"墙上所挂之像片等均未动,已分别摄影,云今日可洗来,待来后,当奉一视。①

因为鲁迅在西三条的故居被有关人士(包括王冶秋信中提到的徐兄即中共党员徐盈)以法院贴封条的形式保护下来,直到北平解放后被许广平捐献给国家,因此,可以推测,安特莱夫的照片是一直挂在"老虎尾巴"的东墙上,直到在1956年鲁迅故居对外开放时才被撤下。

二、鲁迅深受安特莱夫的影响

众所周知,鲁迅不仅翻译过安特莱夫的小说,而且在创作上也深受安特莱夫的影响。在某种程度上可以说,安特莱夫是鲁迅最喜欢的外国作家之一。止庵在《鲁迅与"白银时代"》一文中深入地分析了鲁迅所受到安特莱夫的影响:

> 鲁迅自己写作小说,极其沉重又极其轻松,后一方面或从果戈理、显克微支和夏目漱石得到启发,前一方面则显然得力于安德列耶夫,所作《〈中国新文学大系〉小说二集序》曾说:"《药》的收束,也分明的留着安特莱夫式的阴冷。"其实不止是《药》,《呐喊》《彷徨》中亦多有此种氛围,就连《野草》也说得上是"安德列耶夫式的"。当年在《域外小说集》的"杂识"中,鲁迅讲安氏"其文神秘幽深,自成一家",这样的话形容另一位作家也很恰当,就是鲁迅自己。周作人曾经提示,鲁迅喜爱安氏"或者这与爱李长吉有点关系"。我们更可以由此上溯至整个《离骚》一脉;安德列耶夫与鲁迅之间,在某一方向

---

① 王冶秋致许广平信,载《鲁迅研究资料》第14辑,天津人民出版社,1984年版。

上正有着相似的美学追求。①

止庵的上述评论准确地指出了鲁迅与安特莱夫在创作方面的相似之处,而鲁迅在 1924 年 5 月 25 日从砖塔胡同移居阜成门内西三条二十一号,直到 1926 年 8 月 26 日离京南下,他的《野草》中的全部散文诗和《彷徨》中的《孤独者》《伤逝》《弟兄》《离婚》等小说就是写于西三条的"老虎尾巴"书房中的。可以设想,鲁迅在书桌上写作这些散文和小说时会想到安特莱夫,并从安特莱夫那里获得灵感,正如他在写作和陈西滢等人的论战杂文时从墙上挂着的藤野先生的照片获得鼓励一样。另外,从许寿裳所拍摄的照片可以看出,安特莱夫的照片挂在藤野先生照片的下方,而安特莱夫和藤野先生可以说都是鲁迅比较欣赏和尊敬的外国人,因此,可以说鲁迅在"老虎尾巴"东墙上挂上安特莱夫的照片就是因为他比较喜欢安特莱夫的小说。

三、安特莱夫是所谓的"颓废主义"作家吗?

安特莱夫曾经在中国被某些人视为"颓废主义"作家,那么他到底是不是所谓的"颓废主义"作家呢?我们不妨看看苏联学者阿列克谢·波格丹诺夫对安特莱夫的评论:

> 安德列耶夫的文学遗产命运多舛。不能说安德列耶夫在革命后很快就变成"被禁"作家,何况在"历史大转变"前也不存在这样的作家。但在一个艰难接受全新革命秩序的国家,在一个事无巨细地起初以生存随后以社会主义革新为动向的国家,"时空之外"的创作,作家自主的"在政治意义上没有任何价值的"创作,似乎已经全然没有了存身之处。安德列耶夫的作品在一些地方依然再版,话剧也依然上演(甚至还出现了安德列耶夫未完成的遗作《撒旦日记》的改编剧本),但"灵魂大师"的昔日荣光似乎已成为虚幻的传说。1930 年出版了列·安德列耶夫最后一本小说集,而随后便是绵延无尽的沉寂。
> ……
> 1956 年,像所有革命前的著作一样,伴随《小说集》的问世,列

---

① 止庵:《鲁迅与"白银时代"》,《博览群书》2002 年第 4 期。

昂尼德·安德列耶夫作品在我国得以再次"发现"。这个发现已经持续了三十多年，但眼下这部六卷本文集也只是对这位伟大作家一个新的理解阶段。①

阿列克谢·波格丹诺夫的上述评论指出了安特莱夫在苏联成立之后的曲折接受过程：从苏联建立初期的被边缘化，到1930年之后被禁，再到1956年的被再次发现，并在此后的三十多年中一直受到重视。但是并没有说到安特莱夫是"颓废主义"作家。

另外，安特莱夫在苏联的曲折接受过程还需要提到他和高尔基的友谊以及决裂。可以说，安特莱夫是在高尔基的大力提携下才步入文坛，并成为知名作家的。但是他后来和高尔基因为文学观点的差异而逐渐决裂。高尔基后来在得到安特莱夫在1919年9月12日病逝于芬兰的消息后为这位曾经的好友主办了一个追悼会，并做了题为《回忆安德列耶夫》的发言。高尔基在发言中回忆了两人的交往过程，并对安特莱夫做出了高度的评价：

> 1916年，当列昂尼德给我送来他的小说集时，我们两个重新深深认识到，我们经历了那么多，我们又是多么难得的一对老同志啊。我们没有争论，可是只能谈一些过去的事，现实在我们中间竖起了一堵无法调和的矛盾高墙。实事求是地讲，如果这堵墙对我来说是透明的话，那么透过它我会看到墙对面是一个高大的、与众不同的人，一个我十几年里非常亲近、在文学圈子里惟一的朋友。
>
> 意见分歧不应该影响我对他的好感：在同人交往的过程中，我从来没有把理论和思想看作是决定性的因素。可列·尼·安德列耶夫的感觉却不同。不过我并没有把这看作是他的错，毕竟他是一个想到就能做到的人，一个在追求真理过程中非常罕见的、具有绝顶才华和足够勇气的人。②

从高尔基的上述发言中可以看出，高尔基虽然后来因为文学观念的不同而和安特莱夫决裂了，但是他仍然对安特莱夫的文学才华予以高度评价。

需要指出的是，安特莱夫在中国的接受过程也很曲折：鲁迅在20世纪初

---

① ［苏］阿列克谢·波格丹诺夫：《墙与深渊之间——列昂尼德·安德列耶夫的生平与创作》，转引自天涯读书频道2006年8月28日：16：27：44（网址：http://bbs.tianya.cn）

② 转引自李建刚：《高尔基与安德列耶夫的交往与恩怨》，《译林》，2006年第4期。

期就把安特莱夫的小说翻译成中文介绍给国内的读者,并在其小说创作上受到安特莱夫的影响,此后李霁野等人陆续翻译过安特莱夫的剧本,可以说在20世纪初期及二三十年代,安特莱夫在中国都受到了一定程度的重视和好评。但是当安特莱夫在1956年被苏联再次"发现"并获得应有的评价时,在中国,安特莱夫却仍然被视为"颓废主义"作家,他的照片也因此在鲁迅故居于1956年10月19日正式开放时从鲁迅的书房中被撤下了。

经历过中苏关系在五六十年代从友好到敌对,特别是经历过"文革"之后,应当说,从20世纪80年代以来,国内学术界对鲁迅与俄国文学关系的研究逐渐走上正轨,不仅对鲁迅与安特莱夫的关系有了很多客观的评价,而且对安特莱夫的创作也有了很多客观的评论,安特莱夫也不再被视为所谓的"颓废主义"作家,而是被视为俄国文学"白银时期"的重要代表作家之一,是俄罗斯文学从传统到现代转型的标志性作家。但是这些学术研究成果并没有影响到鲁迅西三条故居的展览布置,直到现在鲁迅故居仍然没有恢复安特莱夫的照片。

四、应当在"老虎尾巴"的东墙上重新挂上安特莱夫的肖像

鲁迅西三条故居在1956年开放时,在当时的时代背景下,可能是为了维护鲁迅的光辉形象,朱安的卧室被改称鲁迅藏书室,鲁迅挂在书桌上方的安特莱夫的照片也被撤下。经过一些人士的呼吁,朱安的卧室终于在1986年被恢复了称呼,但是遗憾的是,安特莱夫的照片至今仍然没有恢复。现在已经是21世纪了,学术界对鲁迅与安特莱夫及俄罗斯文学的关系已经有了很多客观的评价,但是这些研究成果并没有被及时地运用到对安特莱夫的注释之中。例如1981版的《鲁迅全集》中对安特莱夫的注释为:

> 安特来夫(1871—1919),俄国作家。作品多描写人生的阴暗面,有悲观主义气息。著有中篇小说《红的笑》等。①

> 安特来夫(1871—1919),通译安德列耶夫,俄国作家。十月革命后流亡国外。作品多描写人生的阴暗面,有悲观主义气息。著有小说《红的笑》,剧本《往星中》等。②

---

① 鲁迅:《鲁迅全集》第6卷,人民文学出版社,1981年版,第257页。
② 鲁迅:《鲁迅全集》第7卷,人民文学出版社,1981年版,第302页。

而2005版的《鲁迅全集》中对安特莱夫的注释为:

  安特来夫(1871—1919),通译安德列耶夫,俄国作家。十月革命后流寓国外。作品多描写人生的阴暗面,有悲观主义气息。著有中篇小说《红的笑》等。①

这条注释相对于2001版《鲁迅全集》的注释,虽然把"流亡"改为"流寓",在政治立场方面比较客观,但是仍然没有改变对安特莱夫创作的评价,没有指出安特莱夫创作所体现出来的现代性价值。

总而言之,我们应当尊重历史,弘扬鲁迅反对"瞒和骗"的精神,在"老虎尾巴"书房中恢复安特莱夫的照片,并在鲁迅展览和《鲁迅全集》的注释之中能更多地吸收学术界关于鲁迅研究的较新观点,从而能客观地展示出鲁迅的真实形象。这才是对鲁迅最好的纪念。

---

① 鲁迅:《鲁迅全集》第6卷,人民文学出版社,2005年版,第266页。

鲁迅博物馆收藏的两个关于内山书店的资料考释

在 2013 年 9 月于上海鲁迅纪念馆举行的鲁迅研讨会上,笔者在听福山市日本中国友好协会会长佐藤明久先生演讲时得知,北京鲁迅博物馆和上海鲁迅纪念馆的领导曾经向他询问是否还保存内山书店在上海时期的相关资料,但是被告知内山书店的相关资料没有保存下来。不过,笔者在从事鲁迅的资料研究时,曾经在北京鲁迅博物馆的藏品中发现了内山书店的一些资料,在此介绍给中外读者。

一、鲁迅 1934 年 8 月 9 日致唐弢信的附件:带有内山完造和鲁迅笔迹的内山书店印刷的《日语学习书目》

"左翼"青年作家唐弢在 1934 年 1 月 6 日由黎烈文邀请的宴会上和鲁迅初次相见,此后曾经和鲁迅多次通信,并得到鲁迅的帮助,后来成为著名的鲁迅研究专家。

1972 年 10 月 19 日,唐弢给北京鲁迅博物馆写信,希望将保存在他手中的五封鲁迅给他的书信和鲁迅给他的一个《日语学习书目》交给鲁迅博物馆保存。这五封书信后来都被收入《鲁迅全集》之中,但是唐弢交给鲁迅博物馆的这个《日语学习书目》却一直沉睡在鲁迅博物馆的库房之中,鲜为人知。其实,这个《日语学习书目》也应当作为鲁迅书信的附件收入《鲁迅全集》之中,因为这个书目单不仅是鲁迅书信的一个组成部分,而且也是鲁迅关心唐弢的一个历史见证。

唐弢在致鲁迅博物馆的信中介绍了自己发现这个《日语学习书目》的经过,并提出了处理意见:

> 1959 年我正式调北京,处理了一些旧书,又从一本线装书内,找到夹在里面的先生于 1936 年 3 月 17 日给我的一封信,书已给蟑螂咬坏,因此信也缺了一角。在这封信内,还夹有《日语学习书目》

一纸,也是先生寄给我的。许编《鲁迅书简》第二封(1934年8月9日夜,《全集》未收录)里说:"内山书店的关于日文书籍的目录,今寄上。上用箭头的是书店老板所推举的;我以为可缓买或且不买的,就上面不加圈子。"指的就是这张书目,当时没有找到,这时却发现了,上有先生加的圈,本应作为1934年8月9日夜那封信的附件。[①]

从上述内容可以看出,唐弢作为收信人指出这张《日语学习书目》是鲁迅在1934年8月9日致他的那封书信的一个附件。按照唐弢的这一说法,这个书目单也应当和那封信一起被收入《鲁迅全集》之中。但是令人遗憾的事,唐弢的意见没有被《鲁迅全集》的编者采纳,造成了现收入《鲁迅全集》之中的那封1934年8月9日鲁迅致唐弢书信实际上是一个残简的失误。

另外,唐弢为了让鲁迅博物馆职工了解这五封书信和一张书目单的详细背景情况,还专门撰写了《鲁迅先生信五封目录一纸说明》,对这张《日语学习书目》做了如下的说明:

一、《日语学习书目》:

这是我学日本语文,写信向先生请教,先生抱病去向内山书店要来的,于1934年8月9日夜附在信(原信已交许广平同志)的里面寄来,目录上有四本书,由先生用墨加了圈。[②]

从这个书目中可以看出,内山完造先生用箭头标出了如下的日语学习书籍:松本龟次郎著《汉译日本口语文法教科书》《言文对照汉译日本文典》《改订日本语教科书》;饭河道雄著《中日对译速修日语读本》;蒋君辉著《现代日语》(上卷,下卷);游无为著《东文实用读本》;服部操编《汉字索引日化大字典》;井上翠编《井上日华新辞典》;金泽庄三郎编《广辞林》。而鲁迅又在内山完造推荐的上述书籍中用圈标出了如下几部书籍:松本龟次郎著《汉译日本口语文法教科书》《改订日本语教科书》;饭河道雄著《中日对译速修日语读本》;蒋君辉著《现代日语》(上卷,下卷),并在信中建议唐弢先购买这些书籍来学习日语。

关于鲁迅关心并指导唐弢学习日语的情况,唐弢曾在发表于1936年11月15日的《纪念鲁迅先生》一文中有如下的回忆:

---

① 唐弢:《唐弢文集》第10卷,中国社会科学文献出版社,1995年版,第806—807页。
② 唐弢:《唐弢文集》第10卷,第808页。

（鲁迅）叫我多看一点外国书，也并非不经思索的敷衍。

前年秋天，我在有一封书信里，说自己很愿意学学日文。借此可以多看一点书，并作翻译时的参照，请他给我介绍几本日文的学习书。回信来了，他劝我划出三四年功夫来，先学日文，其间也带学一点俄文，并且不要间断。他又告诉我日本翻译界的情形，和学习日文所必须知道的几点，那时候，他正生着病在发热。

过了几天，内山书店关于日文书籍的目录寄来了，书名上面加着箭头的，是书店老板的推荐，他就在所推荐的书里挑了五本，我当时因为一次买不起，就自己选买了两本。但后来读的，却并不就是这两本。

而且一共也只读了两个月的书。

两个月后，我的学日文计划失败了，其中的缘故很多，一时说不清。但鲁迅先生仍旧给我鼓励，劝我自修。不要间断。我又终于间断了，而且还索性完全放弃它。所以放弃的缘故也很多，一时说不清。但我得承认一句：艰难犹如钢铁，只有奋斗的火力可以融化它。然而我没有，我因此更其想念鲁迅先生了。[①]

唐弢在这篇纪念鲁迅的文章中碍于当时的社会情况没有说明他为何在得到鲁迅的指点之后又中断学习日语的原因，不过我们可以从1995年出版的《唐弢文集》第9卷附录的"唐弢著作及学术、社会活动年表"中了解一个大概：

(1934年)7月，唐弢受读书会成员们的委托给鲁迅写信，提出很愿意学习日语，请鲁迅介绍几本社会科学方面的日语学习书。鲁迅几次复信，不但就学习日语方面的情况及学习方法提了意见，而且给唐弢寄去内山书店关于日文书籍的目录；目录上除有内山书店老板推荐的书目外，鲁迅还在他推荐的部分书上画上圈子。

唐弢在鲁迅的教导下，在上海邮局邮务工会酝酿开办了日语学习班，聘请专人讲授，每星期两次。读书会的成员能参加的都参加了，教科书就用鲁迅推荐的《现代日语》上册。当时邮务工会的大权

---

① 转引自：北京鲁迅博物馆编《鲁迅回忆录（散篇中册）》，北京出版社，1999年版，第659页。

掌握在国民党党棍手里,由于工贼暗中捣乱,学习班不久就宣告结束,停办了。①

从上述内容来看,鲁迅对唐弢学习日语的指点,实际上也间接指导了唐弢参加的由进步的邮局工人发起组织的读书会的成员。

唐弢虽然没能在鲁迅的指点下完成日语的学习,但是鲁迅对唐弢的关心和指导影响了唐弢的一生,唐弢也因此成为鲁迅精神的践行者和弘扬者,为鲁迅研究做出了重要的贡献。

二、鲁迅1935年9月19日致王志之信的附件:带有鲁迅笔迹的内山书店销售王志之的长篇小说《风平浪静》的账单

1932年11月,鲁迅到北平探亲。当时是北平第一师范学院国文系学生的王志之闻讯后在11月25日夜和两位同学一起去拜访鲁迅,并邀请鲁迅到北平第一师范学院演讲。鲁迅应邀发表了著名的演讲《再论"第三种人"》。此后,王志之多次致信鲁迅邀稿或寻求帮助,如请鲁迅为自己编辑的北平"左联"刊物《文学杂志》写稿,请鲁迅为自己校阅短篇小说集《落花集》,请鲁迅把自己的长篇小说《风平浪静》一书介绍到内山书店代售等。

鲁迅在1935年9月19日致王志之的信的主要内容就是告知《风平浪静》一书在内山书店销售状况的:

小说卖去三十六本,中秋结算,款已取来,今汇上,希签名盖印,往分馆一取。倘问汇款人,与信面上者相同,但大约未必问。②

鲁迅在这封信中附录了内山书店开具的《风平浪静》一书的销售账单,并在账单中注明:这一本是我拿的(豫注)。

这封信也是鲁迅写给王志之的最后一封信,此后,王志之曾经两次到上海的内山书店,期待会碰到鲁迅,但是终于没有能和鲁迅再次见面。王志之在鲁迅逝世的次日从报纸上看到了相关的消息,非常悲痛,他在1936年10月25日致信许广平说:要写一本关于鲁迅的回忆录(即在1936年11月出版的《鲁迅印象记》)以此来纪念鲁迅,并表示要把在内山书店剩余的十几本《风

---

① 唐弢:《唐弢文集》第9卷,第695页。
② 鲁迅:《鲁迅全集》第13卷,人民文学出版社,2005年版,第550页。

平浪静》的销售款作为鲁迅葬礼的礼金献给许广平：

  我不能到上海来看他的遗容，只能对着报上登出来的像片和他那些信流泪。我现在的能力，除了在文字上表示和跟着他的努力前进还可能表示什么呢？我只有从前托他在内山书店代卖的小说——《风平浪静》——剩下十几本收回的书款作为我的敬礼的意思表示吧！我相信他绝不会拒绝我的诚意的！①

王志之在《鲁迅印象记》一文中回忆自己受到鲁迅帮助的经历时说：

  他一贯的精神是这样，对敌人要"以牙还牙"，对青年则尽他力量来帮助；自从他离开北平，不但给我们筹出的《文学杂志》出版许多力，就连我们的事情（如投稿，出版，发行等）也因生活的急迫受了他无限的帮助。②

可以说，这个带有鲁迅笔迹的内山书店的销售《风平浪静》的账单就是鲁迅帮助王志之的一个很好的历史见证。

三、结论

1913年3月，内山完造先生从日本来到中国，1917年在上海创建了内山书店。1927年10月3日，鲁迅到上海暂居，在10月6日首次到内山书店购书，并由此和内山完造先生建立了终生不渝的亲密友谊。据不完全统计，鲁迅从1927年10月到1936年10月共去过内山书店500多次，购书1000多册。另外，因为当时鲁迅的居所还处于不完全公开的状态，所以鲁迅就通过内山书店和外界联系，如收取书信，会见来访的客人，介绍无法在其他书店公开销售的进步书籍在内山书店代销等，可以说，内山书店成为鲁迅和外界联系的一个重要的窗口。而北京鲁迅博物馆所收藏的这两个有关内山书店的资料，则充分地见证了鲁迅对于"左翼"青年作家的关心和帮助。

鲁迅先生和内山完造先生所结下的友谊成为中日民间友好的一个典型的代表，两人也为中日民间文化交流做出了许多的贡献。在内山完造先生来

---

 ① 转引自周海婴编《鲁迅、许广平所藏书信选》，湖南文艺出版社，1987年版，第289页。
 ② 王志文：《鲁迅印象记》，转引自北京鲁迅博物馆编《鲁迅回忆录（专著上册）》，北京出版社，1999年版，第49页。

到中国 100 周年之际，这两个此前鲜为人知的带有鲁迅笔迹（其中的《日语学习书目》还带有内山完造先生的笔迹）的有关内山书店的资料（也可能是目前仅存的两个有关内山书店的历史资料）被笔者幸运地发现了，这也是对内山完造先生来华 100 周年的最好的纪念。

从一个新发现的鲁迅手写的购书单再谈鲁迅与嘉业堂所刻书

鲁迅在《病后杂谈》一文中曾经谈到他去嘉业堂主人刘承干在上海的寓所购买图书的经历,并在1934年5月22日致杨霁云的信中把刘承干称为"傻公子"。鲁迅与嘉业堂的这些渊源已经被多位研究者所介绍,如顾农先生在《鲁迅与嘉业堂所刻书》(《鲁迅研究月刊》2013年第7期)一文就较为全面地介绍了鲁迅购买嘉业堂所刻书的经历,以及鲁迅对嘉业堂主人刘承干的评价,但是笔者在拜读相关的几篇文章之后,感到还有一些鲁迅与嘉业堂所刻书的相关资料没有被广大研究者涉及,特补充如下。

一、鲁迅藏书中的嘉业堂所刻书

据北京鲁迅博物馆1959年编印的《鲁迅手迹和藏书目录》[①],可以看出收藏在北京鲁迅博物馆数据库的鲁迅藏书中有如下的嘉业堂所刻书:
在史部杂史类有如下图书:
1.《安龙逸史》二卷
  清屈大均著,民国五年(1916)吴兴刘氏嘉业堂刻本,一册,嘉业堂丛书
2.《三垣笔记》三卷,附识三卷
  明李清著,民国十二年(1923)吴兴刘氏嘉业堂刻本,四册,嘉业堂丛书
在史部传记类有如下图书:
1.《玉溪生年谱会笺》四卷,卷首一卷
  张采田编著,民国六年(1917)南林刘氏求恕斋刻本,四册,有"鲁迅"印
  按:鲁迅1927年2月10日书账记载:《玉溪生年谱会笺》四本,二.〇〇[②]

---

① 北京鲁迅博物馆编:《鲁迅手迹和藏书目录》,打印本,1959年。
② 鲁迅:《鲁迅全集》第16卷,人民文学出版社,2005年版,第56页。

鲁迅1927年2月10日日记记载："收三弟所寄书三种,计《经典集林》二本,《孔北海年谱》等四种一本,《玉溪生年谱会笺》四本,共泉四元。"①

2.《司马温公年谱》,八卷　卷后一卷　遗事一卷

清顾栋高编辑,民国六年(1917)南林刘氏求恕斋刻本,四册,求恕斋丛书,第一册有鲁迅墨笔题字:"辛酉冬十二月购于上海之中国书店　鲁迅记"

按:鲁迅在1934年2月10的书账中记载:司马温公年谱　四本　三.〇〇②

鲁迅在1934年2月10的日记中记载:"晚蕴如携三孩来,并为买得《司马温公年谱》一部四本,三元。"③

从上述的鲁迅日记和书账来看,鲁迅购买过两套《司马温公年谱》。鲁迅曾经题写"辛酉冬十二月购于上海之中国书店　鲁迅记"的那套《司马温公年谱》,应当是周建人在1922年初从上海为鲁迅所购买的,因为"辛酉"是1921年,农历的"辛酉冬十二月"应在阳历的1922年初,而鲁迅的1922年日记和书账遗失,所以这套书如果在鲁迅日记和书账中有记载的话,也应当在已经遗失的1922年的日记和书账中。

3.《王荆公年谱》三卷　卷后一卷　遗事一卷

清顾栋高编辑,民国六年(1917)南林刘氏求恕斋刻本,二册,求恕斋丛书

在史部金石类有如下图书:

1.《邠州石室录》三卷

叶昌炽　辑　民国四年(1915)吴兴刘氏嘉业堂刻本,二册

2.《八琼室金石补正》　一百三十卷　目录三卷　附八琼室金石札记四卷　金石法伪一卷　金石偶存一卷

清陆增祥著　民国十四年(1925)吴兴刘氏希古楼刻本,六十四册,第一册有"鲁迅"印

按:鲁迅在1934年6月2日的书账中记载:八琼室金石补正　六十四

---

① 鲁迅:《鲁迅全集》第16卷,第8页。
② 鲁迅:《鲁迅全集》第16卷,第497页。
③ 鲁迅:《鲁迅全集》第16卷,第434页。

本　六〇.〇〇①

鲁迅在1934年6月2日的日记中记载:"午后往来青阁买《补图承华事略》一部一本,石印《耕织图》一部二本,《金石萃编补略》一部四本,《八琼室金石补正》一部六十四本,共泉七十元。"②

3.《汉武梁祠画像考》六卷　图一卷　前石室画像考一篇

清瞿中溶撰,吴兴刘氏希古楼刻本,二册

在子部杂家类有如下图书:

1.《蕉廊胜录》八卷

清吴庆坻　著　民国十七年(1928)南林刘氏求恕斋刻本,四册,求恕斋丛书

2.《横阳杂记》　十卷

清吴承志　著　民国十年(1921)南林刘氏求恕斋刻本,四册,求恕斋丛书

3.《订讹类编》三卷　续补二卷

清杭世骏著,民国七年(1918)吴兴刘氏嘉业堂刻本,四册,嘉业堂丛书

4.《闲渔闲闲录》九卷

清蔡显著,民国四年(1915)吴兴刘氏嘉业堂刻本,一册,嘉业堂丛书

5.《权斋老人笔记》四卷　权斋文稿一卷

清沈炳巽著,民国五年(1916)吴兴刘氏嘉业堂刻本,二册,吴兴丛书

6.《朴学斋笔记》八卷

清盛大世著,宣统二年(1910)吴兴刘氏嘉业堂刻本,二册,嘉业堂丛书

7.《云溪友议》三卷

唐范摅著　吴兴刘氏嘉业堂刻,朱印本　一册,嘉业堂丛书

8.《云溪友议》三卷　校勘记三卷

唐范摅著　吴兴刘氏嘉业堂刻本　二册,嘉业堂丛书

按:鲁迅在1934年3月5日的书账中记载:云溪友议　一本　豫约已付③

在子部类书类有如下图书:

---

① 鲁迅:《鲁迅全集》第16卷,第500页。
② 鲁迅:《鲁迅全集》第16卷,第454页。
③ 鲁迅:《鲁迅全集》第16卷,第497页。

《类林杂记》十五卷

明　王朋寿　编　民国九年(1920)　吴兴刘氏嘉业堂刻本　二册

按:鲁迅在1923年1月5日的日记中记载:"上午收三弟所寄书一包,内《月河所闻集》一本,《两山墨谈》四本,《类林杂说》二本,共泉二元三角。"[①]

鲁迅在1923年1月5日的书账中记载:月河所闻集　一册　〇.二〇　两山墨谈　四册一.三〇　类林杂说　二册〇.八〇[②]

在集部词类有如下图书:

《渚山堂词话》三卷

明　陈霆著　民国五年(1916)　吴兴刘氏嘉业堂刻本　一册

在集部诗文评类有如下图书:

《诗筏》一卷

清吴大受著　民国十一年(1922)　吴兴刘氏嘉业堂刻本　一册

另外,查鲁迅日记,可以看出鲁迅早在1923年1月5日就收到过周建人在上海帮助购买的《月河所闻集》一本(〇.二〇)、《两山墨谈》四本(一.三〇)、《类林杂说》二本(〇.八〇)[③],这些书都是刘承干刊刻的《嘉兴堂丛书》和《吴兴丛书》中的书籍。而鲁迅在1934年5月3日收到了许寿裳寄来的《嘉业堂书目》后很感兴趣,于是就在5月5日和7日两次去嘉业堂主人刘承干在上海的寓所买书,但都没有能够顺利地买到书,此后鲁迅也没有再去嘉兴堂刘宅购书,后来在11月份终于通过周建人托张梓生买到了一批嘉业堂刊刻的图书。鲁迅1934年11月3日的日记中记载:"晚蕴如及三弟携阿菩来,并为托梓生从吴兴刘氏买得其所刻书十五种三十五本,共泉十八元四角。"[④]

从鲁迅在1934年11月3日的书账中可以看到鲁迅这次购买的嘉业堂刊刻的图书如下:

《三垣笔记》四本

《安龙逸史》一本

《订讹类编》四本

---

① 鲁迅:《鲁迅全集》第15卷,第457页。
② 鲁迅:《鲁迅全集》第15卷,第493页。
③ 鲁迅:《鲁迅全集》第15卷,第457页。
④ 鲁迅:《鲁迅全集》第16卷,第483页。

《朴学斋笔记》二本
《云溪友议》二本
《闲渔闲闲录》一本
《翁山文外》四本
《呫呫吟》一本
《权斋笔记》附《文存》二本
《诗筏》一本
《渚山堂词话》一本
《王荆公年谱》二本
《横阳札记》四本
《蕉廊脞录》四本
《武梁祠画象考》二本①

对照鲁迅藏书目录中的嘉业堂刊刻的图书目录，可以看出上述15种图书都保存下来了。另外还有几本在鲁迅藏书目录之中有记载的书在鲁迅的日记和书账中都没有购买的纪录，因此也无法确定鲁迅购买这几本书的具体的时间。

二、鲁迅在上海时购买嘉业堂所刻书的一个书单

北京鲁迅博物馆资料库里有一个从未公开发表过的鲁迅书账，因为这些图书在鲁迅日记中没有记载，所以这个书账的具体年代暂时无法考证清楚，不过从这些书籍的出版时间来看（最晚的一本是1927年出版的），应当是鲁迅在上海期间购买图书的一个书账。

炎徼纪闻	一本	〇.五〇
叶天寥自定义年谱	四	二.四〇
查东山年谱	二	一.〇〇
阎古古年谱	一	〇.七〇
顾亭林年谱	一	〇.八〇
查他山年谱	一	〇.三〇

---

① 鲁迅：《鲁迅全集》第16卷，第505页。

授时历故	一	〇.六〇	
味水轩日记	九	三.〇〇	
司空表圣诗文集	二	一.二〇	
王荆公文集注一	一〇	五.〇〇	
王广陵集	四	二.〇〇	
嘉泰吴兴志	六	二.九〇	
两山墨谈	二	一.二〇	
水南集	九	一.九〇	
同岑集	六	二.八〇	
	二十	五.八〇	七折

笔者检索了一些文献，大致了解了这些图书的一些概况：《炎徼纪闻》的作者是明代的田汝成（1503—1557，浙江钱塘人），该书记述了作者在贵州、广西等地做官期间的一些见闻，可以检索到的民国版本是作为吴兴刘承干刊刻的《嘉业堂丛书》之一在1915年出版。《叶天寥自定义年谱》是明代文学家叶绍袁（1589—1648，江苏吴江人）自己编定的年谱，可以检索到的民国版本是作为刘承干刊刻的《嘉业堂丛书》之一在1913年出版。《查东山年谱》是清代沈起为明代史学家查继佐（1601—1676，晚号东山钓叟，浙江海宁人）编著的年谱，可以检索到的民国版本是作为刘承干刊刻的《嘉业堂丛书》之一在1916年出版。《阎古古年谱》是清代鲁一同为明末清初的文学家阎尔梅（1603—1662，号白耷山人，江苏沛县人）编著的年谱，可以检索到的民国版本是作为刘承干刊刻的《嘉业堂丛书》之一在1915年出版。《顾亭林年谱》是清代张穆为明末清初的思想家顾炎武（1613—1682，号亭林）编著的年谱，可以检索到的民国版本是作为刘承干刊刻的《嘉业堂丛书》之一在1918年出版。《查他山年谱》是清代陈敬璋为清代诗人查慎行（1650—1727，号他山，浙江海宁人）编撰的年谱，可以检索到的民国版本是作为刘承干刊刻的《嘉业堂丛书》之一在1913年出版。《授时历故》是明末清初的黄宗羲（1610—1695，号南雷，浙江余姚人）撰写的一部研究历法的著作，可以检索到民国期间出版的版本是作为刘承干刊刻的《嘉业堂丛书》之一在1923年出版。《味水轩日记》是明代李日华（1565—1635，号九疑，浙江嘉兴人）撰写的日记，其中记述了大量的明代文人书画鉴藏的事，可以检索到的民国版本是作为刘承干刊刻的《嘉业堂丛书》之一在1923年出版。《司空表圣诗文集》是唐代诗人司空图

(837—908,字表圣,自号知非子,今山西永济人)的诗文集,该书的"校记"由清末民初的学者缪荃孙等撰,可以检索到民国期间出版的版本是作为刘承干刊刻的《嘉业堂丛书》之一在1914年出版。《王荆公文集注一》是清代沈钦韩(浙江吴县人)为宋代政治家、文学家王安石(1021—1086,字介甫,号半山,封荆国公,世称王荆公,北宋临川县人)文集所做的注解,可以检索到的民国版本是作为刘承干刊刻的《嘉业堂丛书》之一在1927年出版。《王广陵集》是宋代诗人王令(1032—1059,初字钟美,后改字逢原,5岁移居广陵即今江苏扬州市)的诗集,清代沈文倬点校了《王令集》才使王令的诗歌才华广为人知,可以检索到民国期间出版的版本是作为刘承干刊刻的《嘉业堂丛书》之一在1922年出版。《嘉泰吴兴志》是南宋嘉泰年间由知府李景和邀请谈钥(生卒年不详,字符时,浙江湖州人)编修的一部地方志,也是现存最早的湖州地方志,可以检索到的民国版本是作为刘承干刊刻的《嘉业堂丛书》之一在1912年出版。《两山墨谈》是明代诗人陈霆(约1477—1550,字声伯,号水南,浙江德清人)撰写的一部著作,主要内容是对古籍的考证,另外还有一些关于饮茶的源流的内容,可以检索到的民国版本是作为刘承干刊刻的《吴兴丛书》之一在1912年出版。《水南集》是明代陈霆的诗文集,可以检索到的民国版本是作为刘承干刊刻的《吴兴丛书》之一在1919年出版。《同岑集》是清代李夏器(生卒年不详,浙江湖州人)的诗文集,可以检索到的民国版本是作为刘承干刊刻的《吴兴丛书》之一在1922年出版。

总之,上述15种图书都可以在刘承干刊刻的《嘉业堂丛书》和《吴兴丛书》中找到对应的图书,具体书名如下:

嘉业堂丛书目录

史部

B02 炎徼纪闻四卷　(明)田汝成撰　民国四年(1915)刊

B05 天寥道人自撰年谱一卷续一卷　(明)叶绍袁撰　民国二年(1913)刊

附

年谱别记一卷　(明)叶绍袁撰

甲行日注八卷　(明)叶绍袁撰

B06 查东山(继佐)年谱一卷　(清)沈起撰　(清)张涛　(清)查谷注　民国五年(1916)刊

附

书湖州庄氏史狱一卷 （清）翁广平撰

B08 白耷山人（阎尔梅）年谱一卷附寅宾录一卷 （清）鲁一同撰 民国四年（1915）刊

B09 顾亭林先生（炎武）年谱一卷附校补一卷 （清）张穆撰 校补 （民国）缪荃孙撰 民国七年（1918）刊

B10 查他山先生（慎行）年谱一卷补遗一卷 （清）陈敬璋撰 民国二年（1913）刊

B16 味水轩日记八卷 （明）李日华撰 民国十二年（1923）刊

子部

C01 授时历故四卷 （清）黄宗羲撰 民国十二年（1932）刊

集部

D03 司空表圣文集十卷诗三卷附录一卷校记一卷 （唐）司空图撰 校记（民国）缪荃孙等撰 诗附录民国三年（1914）刊 校记民国五年（1916）刊

D04 王荆公诗集李壁注勘误补正四卷王荆公文集注八卷 （清）沈钦韩撰 民国十六年（1927）刊

D05 广陵先生文集二十卷拾遗一卷补遗一卷附录一卷 （宋）王令撰 民国十一年（1922）刊①

吴兴丛书

018 吴兴志二十卷 （宋）谈钥撰 民国三年（1914）刊

029 两山墨谈十八卷 （明）陈霆撰 民国八年（1919）刊

035 水南集十七卷 （明）陈霆撰 民国八年（1919）刊

059 同岑集十二卷 （清）李夏器撰 民国十一年（1922）刊②

虽然鲁迅在这个书账中没有说明这些书就是刘承干刊刻的《嘉兴堂丛书》和《吴兴丛书》中的书籍，但是总体来说，上述的书籍都是收入刘承干刊刻的《嘉兴堂丛书》和《吴兴丛书》这两套丛书中，其中有一些图书还是刘承干首次刊刻的，因此也可以推测鲁迅所购买的这些书籍都是刘承干刊刻的《嘉兴

---

① 上海图书馆编：《中国丛书综录》，上海古籍出版社，1982—1983 年再版，第 282—284 页。

② 上海图书馆编：《中国丛书综录》，第 435—436 页。

堂丛书》和《吴兴丛书》中的书籍。刘承干刊刻的《嘉业堂丛书》主要收录了一些元、明遗老的著作及其年谱,《吴兴丛书》则专收浙江吴兴先哲遗著,而刘承干刊刻这两套丛书的目的都是为了表彰先哲遗著,由此也可以看出鲁迅对乡邦文献的重视。

鲁迅在阅读刘承干刊刻的书籍之后有不少的收获,他在1934年12月11日撰写的《病后杂谈》一文中谈到了阅读刘承干刊刻的《安龙逸史》一书后的感想,并对刘承干刊刻明清时期一些禁书的勇气表示赞赏:"对于这种刻书家,我是很感激的,因为他传授给我许多知识——虽然从雅人看来,只是些庸俗不堪的知识。"① 不过,鲁迅也对刘承干的思想有所批评:

> 每种书的末尾,都有嘉业堂主人刘承干先生的跋文,他对于明季的遗老很有同情,对于清初的文祸也颇不满。但奇怪的是他自己的文章却满是前清遗老的口风;书是民国刻的,"仪"字还缺着末笔。我想,试看明朝遗老的著作,反抗清朝的主旨,是在异族的入主中夏的,改换朝代,倒还在其次。所以要顶礼明末的遗民,必须接受他的民族思想,这才可以心心相印。现在以明遗老之仇的满清的遗老自居,却又引明遗老为同调,只着重在"遗老"两个字,而毫不问遗于何族,遗在何时,这真可以说是"为遗老而遗老",和现在文坛上的"为艺术而艺术",成为一副绝好的对子了。②

鲁迅的上述评论指出了刘承干思想和行为的矛盾之处,虽然很尖锐,但是因为鲁迅对刘承干的人生经历特别是藏书和刻书的原因不太了解,所以也存在一些偏差。刘承干在政治上认同清朝皇帝,是一个保皇派,同时他也是民国著名的藏书家,他从1910年开始藏书,到1924年嘉业堂藏书楼落成之时,藏书达18万册、60万卷。刘承干不仅花费大量金钱收藏书,而且也花费大量的金钱刊刻所收藏的有价值的图书,使之广为流传。据统计,刘承干总共投入20多万元刻书177种3015卷:"有曰《嘉业堂丛书》者,则聚萧齐以后罕传之撰述,以津逮后学也;有曰《吴兴丛书》者,则搜其乡先辈之书,以存乡帮文献也;有曰《留余草堂丛书》者,则择先儒性理格言诸编,以扶翼世教;而

---

① 鲁迅:《病后杂谈》,《鲁迅全集》第6卷,第173页。
② 鲁迅:《病后杂谈》,《鲁迅全集》第6卷,第173—174页。

《求恕斋丛书》则撮录近时人著述。"①刘承干刻书的目的一方面是为了保存文化遗产,另一方面也是以此解决清朝遗老中一部分学者的生计,并不全是"为遗老而遗老"。

四、结论

从鲁迅在北京和上海时所购买的嘉业堂刊刻的图书的书账中,可以看出鲁迅购买过嘉业堂刊刻的《嘉业堂丛书》《吴兴丛书》《求恕斋丛书》和《希古堂金石丛书》等几部丛书中主要图书,而且鲁迅所购买的嘉业堂刊刻的图书集中在史部、集部和子部,对于嘉业堂刊刻的经部图书则一本也没有购买。另外,从鲁迅所购买的嘉业堂刊刻的图书的书账中也可以看出鲁迅一生的阅读兴趣是一以贯之的,鲁迅在上海时期仍然和在绍兴时期一样注意搜集有关故乡文化的著作,关注故乡先贤留下的文化遗产。因此也可以说,故乡的文化也一直是鲁迅的精神源泉之一,鲁迅通过对故乡先贤留下的文化遗产的批判和继承,形成了自己独特的思想。

---

① 嘉业堂刊《求恕斋丛书》察罕升允序。

新发现的鲁迅与光华书局的书账考释

近日笔者在北京鲁迅博物馆的资料室中新发现了一张鲁迅的手迹,从内容上来看,应当是鲁迅出售《铁流》《毁灭》两书的存书以及《铁流》的纸版和插画版给光华书局的收支记录,也可以说是一个书账。

这个书账中的内容如下:

> 四月廿七日　收洋一百十七元正
> 　　　　　　同日付　《铁流》一百八十四本　《毁灭》一百另二本　六折计算作洋
> 　　　　　　二百二十七元四角正
> 五月四日　　收洋拾壹元八角正
> 六月廿二日　收洋壹百元正　同日付《铁流》纸版及插画版等作洋
> 　　　　　　一百四十元正

> 共收洋贰百廿八元八角正　共付洋叁百六十七元四角正
> 除收还外,光华书局尚欠洋壹百叁拾柒元六角也

查阅《鲁迅全集》"日记"部分,可以看出鲁迅在这三天的日记中有如下的记载:

> 1932年4月27日:……午后付光华书局《铁流》一八四本,《毁灭》一〇二本,五折计值,共二三〇元八角,先收支票百元。①
> 1932年5月4日:晴。下午寄母亲信。寄秉中信,谢其镌赠印章。往内山书店,得《世界美术全集》(别册十一及十四)二本,共泉六元四角,全书完成。买烟卷六包,共泉五元四角。夜大雨。②

---

① 鲁迅:《鲁迅全集》第16卷,人民文学出版社,2005年版,第16页。
② 鲁迅:《鲁迅全集》第16卷,第307、309页。

  1932年6月22日：……以《铁流》版售与光华书局，议定折价作百四十元，先收百元，即付以纸版一包、画图版大小十四块。①

  如果把这个新发现的书账与鲁迅日记所记录的内容进行对照，就可以看出其中一些差异。首先，鲁迅在1932年4月27日的日记中所记载的售书款总额及折扣与书账所记载的售书款的总额及折扣不同，当天收到的售书款的数目也不同。参考鲁迅撰写的《〈毁灭〉和〈铁流〉的出版预告》，并查阅三闲书屋在1931年再版的《毁灭》一书及该书后版权页上的《铁流》和《士敏土之图》的出版广告，可以看出这两本书的定价分别是一元二角和一元四角。按照这个定价计算，《毁灭》的定价是一元二角，则102本的书款是122.4元，五折就是61.2元，六折73.44元；《铁流》定价一元四角，则184本的书款是257.6元，五折就是128.8元，六折是154.56元。如果鲁迅是五折售书的话，那么这两种书的售书款共190元整；如果鲁迅是六折售书的话，那么这两种书的售书款共228元整。鲁迅在这个书账上记载的售书款共"二百二十七元四角正"，这一方面可能是鲁迅计算的售书款有误，另一方面也可能是鲁迅售书的数量有误。不过，从鲁迅收到的售书款的数目来说，这个书账的记录比鲁迅日记中的记录更可靠、更真实。其次，鲁迅在1932年5月4日的日记中没有收到光华书局所付的购书款"拾壹元八角正"的记录，这很有可能是鲁迅失记了。此外，笔者在鲁迅日记中也没有看到鲁迅收到光华书局支付售书欠款的记载。

  笔者认为鲁迅的这个书账虽然与鲁迅日记所记载的相关内容有差异，暂时还无法判断哪个对（鲁迅在1932年4月23日致曹靖华的信中提到过五折售书，但这个账单显然是在不早于6月22日的日期记录的，而且是不同于日记分在4月27日和6月22日这两天记录的，应当是在同一天连续记录的，因此也不能排除这段时间内售书的折扣发生了变化），但仍然是一个值得重视的史料，可以作为鲁迅上述日记内容的补充。附带指出，阿累在《一面》中写到自己在内山书店想购买《毁灭》时遇到鲁迅先生，鲁迅先生把《毁灭》送给他，并且只收取一元钱就卖曹靖华翻译的《铁流》给他。据该文所写，《毁灭》的定价一元四角，《铁流》的定价一元八角，这显然是他记错了。

  另外，从鲁迅致《铁流》一书的译者曹靖华的书信中，可以看出鲁迅把《铁

---

① 鲁迅：《鲁迅全集》第16卷，第315页。

流》《毁灭》的存书以及《铁流》的纸版和插画版出售给光华书局的原因:一是因为这两本书在当时战乱的环境下销售困难,二是为了抵制市场上出现的盗版《铁流》。

1932年"一·二八事变"爆发,鲁迅因住所靠近日本海军陆战队的司令部,受到炮火的影响,所以不得不在1月30日携带全家避难,到3月19日才搬回家。他在1932年4月23日致曹靖华的信中说:

> 这回的战事,我所损并不多,因为虽需逃费,而免了房租,可以相抵,但孩子染了疹子,颇窘,现在是好了。寓中被窃了一点东西去,小孩子的,所值无几。至于生活,则因书店销路日减,故版税亦随之而减,此后如何,殊不可知,倘照现状生活,尚足可支持半年,如节省起来,而每月仍有多少收入,则可支持更久,到本月止,北新是尚给我一点版税的,请勿念。自印之两部书(按:即鲁迅以"三闲书屋"的名义自费印行的《铁流》和《毁灭》。),因战事亦大受影响,近方与一书店商量,将存书折半售去,倘成,则兄可得版税二百元,此款如何办理,寄至何处,希便中先示知。①

此外,鲁迅从朋友处得知北平出现了《铁流》的盗版书,他在1932年6月18日致台静农的信中说:

> 北平预约(按:指盗版书商预约销售鲁迅的著作和《铁流》等鲁迅编辑出版的著作)之事,我一无所知,后有康君函告,始知书贾又在玩此伎俩,但亦无如之何。至于自印之二书(按:即《铁流》和《毁灭》。),则用钱千元,而至今收回者只二百,三闲书[屋]亦只得从此关门。后来倘有余资,当印美术如《士敏土图》之类,使其无法翻印也。②

鲁迅为了抵制这些盗版书,决定把《铁流》的纸版和插画版出售给光华书局,由光华书局印刷一些《铁流》的普及本来抵制这些盗版书。他在1932年6月24日致曹靖华的信中说:

> 《铁流》在北平有翻板[版]了,坏纸错字,弄得一榻[塌]胡[糊]

---

① 鲁迅:《鲁迅全集》第12卷,第299页。
② 鲁迅:《鲁迅全集》第12卷,第310页。

涂。所以我已将纸版售给（板[版]权不售）这里的光华书局,因为外行人实在弄不过书贾,只好让商人和商人去对垒。作者抽版税,印花由我代贴。①

鲁迅为抵制盗版所采取的策略使《铁流》的译者曹靖华得到了一些版税收入。从鲁迅日记中可以看到鲁迅收到光华书局支付的《铁流》版税的记载,如鲁迅在1932年6月25日的日记中记载:"夜收光华书局《铁流》版税五十。"鲁迅虽然借光华书局出版《铁流》的普及本来对付盗版书商,并取得了一些版税,但是仍然受到了光华书局的欺骗。鲁迅在1933年2月9日把四本光华书局再版的《铁流》寄给曹靖华,并在当日致曹靖华的书信中说到了光华书局在出版《铁流》之后支付版税的情况：

> 《铁流》系光华书局出版,他将我的版型及存书取去,书已售完,而欠我百余元至今不付。再版之版税,又只付五十元,以后即不付一文,现此书已被禁止,恐一切更有所藉口,不能与之说话矣。其实书是还是暗暗的出售的,不过他更可以推托,上海书坊,利用左翼作者之被压迫而赚钱者,常常有之。
>
> 兄之版税,存我处者共三百二十元(《铁流》初版二百元,再版五十元,《星花》七十元),上月得霁,静两兄来信,令寄尚佩芸五十元,又尚振声一百元,已于本月一日,由邮局汇出。所存尚有一百七十元,当于日内寄往河南尚宅也。②

此外,鲁迅在自费用三闲书屋的名义出版《铁流》《毁灭》两书时,也受到了承担排版和印刷两书工作的书商的欺诈。他在1932年6月18日致台静农的信中诉说了在这两本书出版时所受到书商的欺诈情况：

> 小说两种(按:即《铁流》《毁灭》两书),各两本,已于下午托内山书店挂号寄奉,想不久可到。两书皆自校自印,但仍为商店所欺,绩不偿劳,我非不知商人技[伎]俩,但以惮于与若辈斤斤计较,故归根结蒂,还是失败也。《铁流》时有页数错订者,但非缺页,寄时不及检查,希兄一检,如有错订,乞自改好,倘有缺页,则望见告,当另

---

① 鲁迅:《鲁迅全集》第12卷,第314页。
② 鲁迅:《鲁迅全集》第12卷,第368页。

寄也。①

可以说,出版《铁流》一书给鲁迅留下了惨痛的教训,他在1934年12月10日致萧军、萧红的信中,还以此为例提醒初到上海的萧军、萧红多加注意:

> 名人,阔人,商人……常常玩这一种把戏,开出一个大题目来,热闹热闹,以见他们之热心。未经世故的青年,不知底细,就常常上他们的当;碰顶[钉]子还是小事,有时简直连性命也会送掉,我就知道不少这种卖血的名人的姓名。我自己现在虽然说得好像深通世故,但近年就上了神州国光社的当,他们与我订立合同,托我找十二个人,各译苏联名作一种,出了几本,不要了,有合同也无用,我只好又磕头礼拜,各去回断,靖华住得远,不及回复,已经译成,只好我自己付版税,又设法付印,这就是《铁流》,但这书的印本一大半和纸版,后来又被别一书局骗去了。②

总而言之,鲁迅为出版《铁流》《毁灭》这两本小说,不仅付出了时间和金钱,而且也饱受书商的欺诈,受到了不少的委屈。此外,《铁流》《毁灭》在出版及再版时还遭到当时政府的查禁,只能在内山书店出售。虽然如此,鲁迅还是觉得出版《铁流》《毁灭》是值得的,他在《〈铁流〉编校后记》中详细描述了《铁流》的出版过程以及该书的特色,并希望读者喜欢这本书:

> 我们这一本,因为我们的能力太小的缘故,当然不能称为"定本",但完全实胜于德译,而序跋,注解,地图和插画的周到,也是日译本所不及的。只是,待到攒凑成功的时候,上海出版界的情形早已大异从前了:没有一个书店敢于承印。在这样的岩石似的重压之下,我们就只得宛委曲折,但还是使她在读者眼前开出了鲜艳而铁一般的新花。
>
> 这自然不算什么"艰难",不过是一些琐屑,然而现在偏说了些琐屑者,其实是愿意读者知道:在现状之下,很不容易出一本较好的书,这书虽然仅仅是一种翻译小说,但却是尽三人的微力而成,——译的译,补的补,校的校,(按:该书由曹靖华翻译,鲁迅校对,瞿秋白补译了涅拉陀夫为该书撰写的序言。)而又没有一个是存着借此来

---

① 鲁迅:《鲁迅全集》第12卷,第368页。
② 鲁迅:《鲁迅全集》第12卷,第310页。

自己消闲,或乘机哄骗读者的意思的。倘读者不因为她没有《潘彼得》或《安徒生童话》那么"顺",便掩卷叹气,去喝咖啡,终于肯将她读完,甚而至于再读,而且连那序言和附录,那么我们所得的报酬,就尽够了。①

鲁迅先生在这里说读者能读完《铁流》,那么他们所得的报酬就尽够了,他这种乐意为读者牺牲的精神值得每一位读书人珍惜。其实,《铁流》在中华民族抗日战争中产生了巨大的影响,激励着无数的进步青年和军人投身抗战之中(参见杨建民《曹靖华与〈铁流〉》,《中华读书报》2011 年 11 月 2 日 18 版),我想鲁迅先生泉下有知也会感到欣慰的。

---

① 鲁迅:《鲁迅全集》第 7 卷,第 394 页。

鲁迅收藏的"翟煞鬼墓记石"

翻看鲁迅在西三条故居的老照片,可以看到鲁迅先后在书房东北角的箱子上和在南房客厅东北角的木架上,都曾经摆放过"翟煞鬼墓记石"。由此可以看出,鲁迅很喜欢这件古玩。

北京鲁迅博物馆文物档案记载,"翟煞鬼墓记石"高23.5厘米,底长17.5厘米,厚9厘米,呈暗褐色,仅正面雕刻一个像龛和一些文字,其余各面均未加工。像龛中雕有一个头戴小帽、五官清晰、盘腿抄手的女孩的坐像。像龛下还刻有文字:"天保七季八月八日亡女翟煞鬼记。"

从文物的类别来说,这是一块墓记石,其作用与石刻墓志类似,都是放在墓室中标明死者身份、死亡时间的。墓记石和墓记砖通常都比较简陋,多使用在下层社会。从这件古玩的质地、雕刻的文字和图像可以知道,这是一个下层社会的翟姓父母为亡女翟煞鬼所刻的墓记石,时间在北齐天保七年(556)。虽然这件"翟煞鬼墓记石"在工艺上比较粗糙,却是在晚清时出土的年代比较久远的墓记石,因此也被当时一些著名的收藏家视为宝物。

鲁迅是在1918年4月14日买到这件古玩的,他在当天的日记中记载:"午后往留黎厂(即琉璃厂),以重出拓片就德古斋易他本,作券廿,先取残画象一枚,作券四元。又买北齐翟煞鬼墓记石一方,券廿,云是福山王氏旧物,后归浭阳端氏,今复散出也。"

鲁迅所说的"福山王氏",即福山(今山东省烟台市福山区)人王懿荣(1845—1900);"浭阳端氏",即浭阳(今河北省丰润县)人端方(1861—1911,清末满洲正白旗人,托活洛氏,号匋斋)。这两位都是晚清著名的收藏大家,前者因为首先发现了甲骨文而被称为"甲骨文之父",后者先后担任过清末的两江总督和直隶总督,号称"晚清第一藏家",是当时收藏金石最丰富的藏家,现在台北故宫博物院的镇馆之宝"毛公鼎"就是端方的旧藏。

从现存的鲁迅《壬子日记》所记载的书账中可以看出,鲁迅早在1912年4月28日就购买过鬼灶拓本一枚。鲁迅在1912年5月5日来到北京之后虽然继续搜集金石拓片,但是大量搜集金石拓片是从1915年开始的。另外,从鲁迅日记还可以看出,他曾经多次从琉璃厂的古玩店购买过端方藏石的拓片,如1916年7月28日日记:"往留黎厂买端氏臧(藏)石拓本一包,计汉、魏、六朝碑碣十四种十七枚,六朝墓志二十一种廿七枚,六朝造象四十种四十一种(枚),总七十五种八十五枚,共直二十五元五角。"附带指出,人民文学出版社2005年版《鲁迅全集》第15卷第237页中,在对端方注释时说:"鲁迅先后于本年起到1919年购得其藏石拓片及瓦当拓片等拓本九百三十枚。"从这个数字也可以看出,鲁迅很重视搜集端方所收藏金石的拓片,因为端方的金石拓片都来源于他本人收藏的罕见的金石,具有很高的收藏价值。如端方曾在《匋斋藏石记》中说:"余每有一墨本,即有一石,非所藏者不入焉。"

鲁迅的藏书中就有端方所编著的《匋斋藏石记》(四十四卷,附录《匋斋藏砖记》二卷,1909年上海商务印书馆石印本),因此,鲁迅对这块在收藏界较为知名的"翟煞鬼墓记石"也应当并不陌生,加之考虑到此石流传有序,是端方后人散出的,于是就决定买下此石。鲁迅此前也在德古斋买过端方收藏的石刻,他在1917年12月30日的日记中记载:"出留黎厂在德古斋小坐,购得周库汗安洛造象石一躯,券二十四元,端匋斋故物也。文字不佳,象完善。"鲁迅在买到端方的旧藏"翟煞鬼墓记石"和"库汗安洛造像石"后,对这两块石刻很是重视,特地委托古玩店德古斋为这两块石刻制作了拓片,并在1918年6月4日的日记中记载:"晚德古斋人来,为拓《库汗安洛象》及《翟煞鬼记》各六枚。"

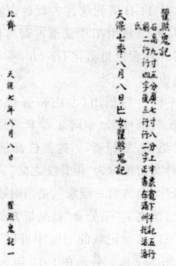

鲁迅辑录的翟煞鬼墓记石拓片说明

值得一提的是,鲁迅此前就已经买到过端方的"翟煞鬼墓记石"的拓片,他在辑校石刻的拓片时还专门对"翟煞鬼墓记石"的拓片作了如下的注释:"翟煞鬼记,石高九寸五分,广七寸八分,上半象龛,下半记五行,前二行,行四字,后三行,行二字。正书。在满州托活洛氏。"这里的"满州(洲)托活洛氏"就是指端方。鲁迅不仅收藏了"翟煞鬼墓记石"的原拓,也收藏了从"晚清第一收藏大家"端方家中散出的"翟煞鬼墓记石"的原石,内心当然很高兴,所以特地在自己编的《六朝墓志目录》中指出了这块墓记石现归自己所有:"亡女翟煞鬼记天保七年八月八日浙江会稽周氏藏石。"珍视之情可窥一斑。

鲁迅收藏的"大同十一年砖"砚

在北京鲁迅博物馆收藏的鲁迅所用过的物品中有一个用"大同十一年砖"制成的砚台,据有关人士回忆,这个砚台当时就常放在鲁迅在西三条住所的"老虎尾巴"书房中的书桌的右上方。因为这个砚台是鲁迅收藏的物品,所以在1962年被定为国家一级文物。

据文物档案介绍,这个用古砖制成的砚台长21.5厘米,宽17厘米,高8厘米;砖的上、下方分别嵌有紫檀木的盖和托,砖的一侧刻有文字"大同十一年作",另两侧分别刻有花纹。"大同十一年"是指南朝梁武帝大同十一年,即公元545年。

鲁迅在1918年7月14日的日记中记载:"拓大同砖二分(份)。"另外,鲁迅后来又把这个"大同十一年砖"的拓片收录进他在1924年编辑的《俟堂专文杂集》之中,并在该书稿的目录中注明:"大同十一年专 已制为砚 商契衡持来 盖剡中物。"商契衡是鲁迅的学生,浙江嵊县人,他知道鲁迅喜欢集古砖,所以就把从故乡得来的这个古砖制成的砚台送给鲁迅,鲁迅也因此判断这个古砖出土于浙江嵊县。鲁迅文中所说的"剡",是西汉时期设立的一个县的名称,位置在今浙江嵊州市西南,鲁迅在这里用"剡"来指代浙江嵊县。另外,有研究者用近年出版的《古剡汉六朝画像砖》一书中所收录的刻有"大同十一年作"的古砖与鲁迅收藏的这个古砖比对,发现两者几乎完全一样,由此也可以确认这个古砖确实是从浙江嵊县出土的。

除此之外,这个砖砚还有一番不平凡的经历。

1923年7月,鲁迅和周作人失和,并搬出位于八道湾的家中,在砖塔胡同赁屋居住。1924年5月25日,鲁迅搬到新买的西三条新居之中,并在1924年6月11日返回位于八道湾的家中准备取出个人的一些图书和物品,不料却遭到周作人夫妇的谩骂和殴打。鲁迅在当天的日记中有"然终取书、器而出"的记载,鲁迅当天所带出的少量图书和物品中就包括这个"大同十一年砖"砚。但是,鲁迅当时收藏的其他的古砖都遗留在八道湾的家中,没有能够带出。

鲁迅后来在 1924 年 9 月 21 日夜整理多年来所收藏的古砖拓片,编成《俟堂专文杂集》一书,并写下了《俟堂专文杂集·题记》:

> 曩尝欲著《越中专录》,颇锐意蒐集乡邦专甓及拓本,而资力薄劣,俱不易致,以十余年之勤,所得仅古专二十余及打本少许而已。迁徙以后,忽遭寇劫,孑身逭遁,止携大同十一年者一枚出,余悉委盗窟中。日月除矣,意兴亦尽,纂述之事,渺焉何期?聊集燹余,以为永念哉!甲子八月廿三日,宴之敖者手记。

鲁迅在这篇"题记"中使用了隐语来写他在 1924 年 6 月 11 日返回八道湾的家中搬个人物品时的遭遇:"迁徙以后,忽遭寇劫,孑身逭遁,止携大同十一年者一枚出,余悉委盗窟中。""寇劫"是指周作人夫妇的谩骂和殴打;"盗窟"是指八道湾的周作人的家;"俟堂"是鲁迅自取的别号;"宴之敖者"是鲁迅的笔名,是指被家中的日本女人(即周作人的日本籍妻子羽太信子)逐出的人。据许广平在《欣慰的纪念》一文中回忆:"先生说:'宴从宀(家),从日,从女;敖从出,从放(《说文》作㪇,游也,从出从放);我是被家里的日本女人逐出的。'"从这篇"题记"中可以看出鲁迅对周作人夫妇的愤怒,和对遗留在八道湾周作人家中的二十多块古砖的珍惜。

鲁迅对这个从"盗窟"中携出的"大同十一年砖"砚颇为珍惜,一直放在西三条新居书房中的书桌上。鲁迅在 1924 年 5 月 25 日移居西三条新居之后,到 1926 年 8 月 26 日离开北京,在此期间创作出大量的文章,笔者推测,鲁迅可能就是用常用的绍兴的"金不换"毛笔在这个砚台上蘸墨创作出了小说集《彷徨》、散文诗集《野草》和杂文集《华盖集》及《华盖集续编》中的大部分文章。鲁迅在 1926 年 8 月 26 日离开北平时并没有携带这个"大同十一年砖"砚,幸运的是,虽然历经战火,这个砖砚被亲友保存下来,并在北平解放后连同西三条房屋和鲁迅藏书及鲁迅个人物品等一起被许广平捐献给国家,目前完好地保存在北京鲁迅博物馆。

鲁迅收藏的"君子馆砖"

鲁迅喜爱收藏,在绍兴工作期间,他就对收集古砖产生了兴趣,1912年来到北京工作后他又陆续搜集了一些,但是因为资金所限,10多年只收集到20多块古砖。目前,在北京鲁迅博物馆的藏品中,有两块鲁迅收藏的古砖:一块是他从八道湾住所中带出的"大同十一年砖",另一块是他在1924年9月10日通过友人齐寿山购买的"君子馆砖"。

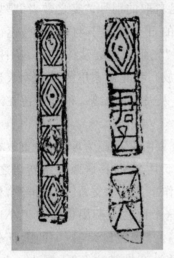 

鲁迅所藏的"君子馆砖"

"君子馆砖",是指西汉景帝时河间献王刘德(前171—前130,汉景帝次子)修建"君子馆"时所使用的特制的砖,其质地、颜色、形状等均与当时常用的砖不同,特别是每块砖的正面都刻有"君子"二字,因此也被称为"君子砖"。

鲁迅收藏的这块"君子馆砖"是灰色的扁方砖,高22厘米,宽32厘米,厚6厘米。关于这块古砖,鲁迅在1924年9月的日记中有相关记载:

> 十日晴。齐寿山为从肃宁人家觅得"君子"专一块,阙角不损字,未定直,姑持归,于下午打数本。

> 二十九日晴。午后寄李庸倩信。寄伏园信二。以六元买"君

子"专成。

齐寿山(1881—1965,河北高阳人),是鲁迅在教育部时交往最密切的同事之一,常和鲁迅一起逛小市购买一些古玩。民国时期的肃宁县与高阳县接壤,境内的武垣城遗址中有河间献王刘德所修建的"日华宫"旧址,而"君子馆"是"日华宫"中的一个馆舍。清代语言学家苗夔(1783—1857,河北肃宁人),在1822年游览武垣城遗址时,首先发现了"君子馆砖",此后肃宁县又出土过多块"君子馆砖"。该砖因为是当时发现的最早的带有文字的汉砖而成为收藏界热衷收藏的物品,甚至被一些收藏家称为"砖祖"。清代著名收藏家刘位坦,因为收藏了一块"君子馆砖"而将其居室称为"君子馆砖馆"和"砖祖斋",由此可见"君子馆砖"的收藏价值。

鲁迅读过一些金石学方面的书籍,对在金石学中大名鼎鼎的"君子馆砖"也不会陌生,能得到这样一块古砖当然是很高兴的了,于是在得到此砖的当天,他亲自制作了一些拓片(见图一),并分赠好友。鲁迅大概是考虑到这块砖的来源较为可信,很快就决定买下此砖。虽然这块砖有"阙角",但是"不损字",就其价值来说,鲁迅也算是捡了一个"漏"。

另外,从鲁迅当月的日记中可以看出,他分别在9月18日夜和9月21日夜整理所藏的古砖拓片,编辑成《俟堂专文杂集》一书。"俟堂专文杂集第三"的目录中列有两种"君子馆专"。书中所附的第一种"君子馆专"有两张拓片:一张是正面带有"君子"二字的拓片,其上有名为"子重"(即刘广文,刘位坦之子)的印章;另一张是侧面带有花纹的拓片,其上有"苗学植"(即苗夔)的印章。这两张拓片就是清代方朔撰写的《汉河间献王君子馆砖文跋》一文中所提到的"君子馆砖"的拓片。书中所附的第二种"君子馆专",即鲁迅通过齐寿山购买的这块"君子馆砖",附有该砖的三张拓片:一张是带有隶书"君子"二字和乳钉回字菱形纹的正面拓片;一张是"阙角不损字"的背面的拓片;另一张是带有乳钉回字菱形纹的侧面的拓片。

附带指出,当时的收藏界可能是因为出土的"君子馆砖"较少,都把《俟堂专文杂集》一书中所附的第一种"君子馆专"也称为"君子馆砖"。鲁迅同样没有意识到两种古砖的不同,把这两种文字和花纹均有差异的古砖都称为"君子馆专"。毛永发等当代的一些文物研究者通过考证,指出第一种砖多是出土于河北献县的墓砖,应当叫作"君子砖",不应当叫"君子馆砖";第二种砖出土于河北肃宁县"君子馆"遗址,才是名副其实的"君子馆砖"。

鲁迅在 9 月 21 日夜还撰写了《俟堂专文杂集·题记》，他在文中不无感慨地说："日月除矣，意兴亦尽，纂述之事，渺焉何期？聊集燹余，以为永念哉！"因此，在某种程度上也可以说，正是这块"君子馆砖"的入手，引发并促成了鲁迅编辑完成《俟堂专文杂集》一书的书稿，以此来纪念自己收藏古砖的那一段难忘的经历。

鲁迅对这块"君子馆砖"颇为喜爱。从现存鲁迅故居的老照片中可以看出，这块古砖和鲁迅收藏的"翟煞鬼墓记石"，一起被摆放在西三条新居南房客厅东北角的木几上，成为客厅中亮丽的装饰。鲁迅在 1926 年 8 月离开北京之后，没有带走这块古砖。幸运的是，这块古砖被保存了下来，并连同鲁迅的其他遗物一起被许广平女士捐给了国家。

北京鲁迅博物馆在 20 世纪 80 年代曾经恢复了鲁迅客厅的原貌，把这块古砖和"翟煞鬼墓记石"按照原来的位置摆放在客厅中，吸引了国内外众多游客的目光。但是 20 世纪 90 年代以后，考虑到文物的保护问题，这块古砖和"翟煞鬼墓记石"等有关鲁迅的遗物，作为文物均从故居的陈设之中撤下，永久收存于文物库房之中。从此，游客只能从文字之中了解鲁迅和"君子馆砖"的故事，这无疑是一种遗憾。

鲁迅作品版本研究

《三闲集》版本汇校札记

鲁迅的杂文集都曾经多次出版过,但是在出版过程中可能会因为排版、校对等方面的原因而导致不同的版本出现一些文字和标点符号的差异,因此需要对这些版本进行汇校,从中探究这些版本中文字和标点符号出现差异的过程。本文就以《三闲集》为例,选择《三闲集》初版本,鲁迅生前出版的最后一次单行本(以下简称"第四次印本"),1938年《鲁迅全集》本(以下简称"38年全集本"),人民文学出版社1956年《鲁迅全集》本(以下简称"56年全集本"),人民文学出版社1981年《鲁迅全集》本(以下简称"81年全集本"),以及《三闲集》所收文章的初刊本(以下简称"初刊本"),鲁迅手稿(以下简称"手稿"。按:《三闲集》中仅有《辞顾颉刚教授令"候审"》一篇有手稿)等,以人民文学出版社2005年《鲁迅全集》本(以下简称"05年全集本")为底本进行汇校。

一、《序言》无异文。
二、《无声的中国》无异文。
三、《怎么写》
1.05年《全集》本18页(按:以下都是这一版本的页码)
……夜九时后,一切星(1)散,一所很大的洋楼里,除我以外,没有别人(2)。我沉静下去了。寂静浓到如酒(3),令人微醺。
(1)初刊本误作:是。(2)初刊本作:阒其无人。(3)初版本误作:洒。
2.21页
《这样做》(1)却在两星期以前才见面,

(1)初刊本脱书名号。

3.22页

原来是达夫先生在《洪水》上有一篇《在方向转换的途中》,说这一(1)次的革命是阶级斗争的理论的实现……

(1)初刊本、初版本、第四次印本、38年全集本均误作:一二。

4.23页

其真实,正与(1)用第三人称时或(2)误用第一人称时毫无不同。

(1)初版本同05年全集本。初刊本脱:与。(2)初版本同05年全集本。初刊本误作:与。

5.25页

做作的写信和日记,恐怕也还不免有破绽,(1)

(1)初版本同05年全集本。初刊本作:直的写信和日记,也还是有破绽,

四、《在钟楼上》

1.29页

《在钟楼上——夜记之二》(1)

(1)初刊本误作:《在钟楼上——夜记之一》。初版本作:《在钟楼上——夜记之二》。

2.30页

这些事我一点(1)不知道。只有若干已经"政法"的人们,至今不听见有人鸣冤或冤(2)鬼诉苦,

(1)初刊本在"一点"之后有"都"字。初版本在"一点"之后有"都"字。

按:从句子通顺的角度来说,此处应当有"都"字。

(2)初刊本误作:怨。初版本作:冤。

3.同页

我是(1)的确有点高兴听的,

(1)初版本同05年全集本。初刊本无"是"字。

4.31页

也许竟(1)并没有接到我的信。

(1)初版本同05年全集本。初刊本无"竟"字。

5.32页

尸一君就在《新时代》上说:(1)

(1)初刊本、初版本、38年全集本均在冒号后有破折号。

6.同页

我所知道的言语,除一二三四……等数目外,只有一句凡有"外江佬"(1)几乎无不因为特别而记住的 Hanbaran(统统)

(1)初版本同05年全集本。初刊本中:"外江佬"脱双引号。

7.33页

我觉得广州究竟(1)是中国的一部分……

(1)初刊本、初版本误作:竟究;第四次印本误作:究是竟。

8.同页

黄河以北的几省,是黄色和灰色画的,江浙是淡墨(1)和淡绿,厦门是淡红和灰色,广州是深绿和深红。

(1)初刊本、初版本、第四次印本、38年全集本作:黑。56年全集本、81年全集本作:墨。

按:05版全集本此处的"墨"字应当遵照初版本和第四次印本改为"黑"字。

9.35页

为自便计,将前判加以修正了:(1)

(1)初刊本、初版本在冒号后有破折号。

10.同页

文中有这样的对于我的警告:(1)

(1)初刊本、初版本在冒号后有破折号。

11.36页

《在钟楼上》就是豫(1)定的题目。

(1)初刊本、初版本和第四次印本均作:预。38年全集本、56年全集本、81年全集本均作:豫。

按:05版全集本此处的"豫"字应当遵照初版本和第四次印本改为"预"字。

12.同页

那两句话是:(1)

(1)初刊本、初版本在冒号后有破折号。

13.同页

他那一(1)篇《无家可归的艺术家》译载在一种期刊上时，

(1)初版本同05年全集本。初刊本无"一"字。

五、《辞顾颉刚教授令"候审"》

1.40页

钞　件(1)

(1)手稿在此处之下有题目：来函。

2.同页

未即(1)承教，良用耿耿。

(1)手稿误作：承。

3.同页

前日见汉口《中央日报副刊》(1)上，(2)

(1)手稿在"中央日报副刊"上无书名号。(2)手稿在"中央日报副刊上"之后无逗号。

4.同页

而颉刚所作之罪恶(1)直为天地所不容，无任惶骇。

(1)手稿在："罪恶"之后有逗号。

5.同页

敬请大安，谢先生处并候。(1)

(1)手稿在该句之后有：顾颉刚敬启。

6.同页

中华民国(1)十六年七月廿四日

(1)手稿无：中华民国。

7.41页

回信(1)

(1)手稿作：复函。

8.同页

此复，顺请著安！(1)

(1)手稿作：句号。

9.同页

鲁迅。(1)

(1)手稿在鲁迅两字之后有:(即周树人),七月卅一。

六、《匪笔三篇》

1.43页

七(1)月末就收到了一封所谓"学者"的信

(1)初刊本、初版本、38年全集本误作:八。56年全集本、81年全集本均作:七。

2.同页

第二天偶在报纸上看见飞天虎寄亚妙信,有"提防剑仔"的话,不知怎地忽而欣然独笑,还想到别的两篇东西,要(1)执绍介之劳了。这种拉扯(2)牵连,若即若离的思想,

(1)初版本同05年全集本。初刊本作:想。(2)初刊本、初版本均误作:址。

3.同页

要夸大地说起来,则(1)此类文章,于学术上也未始无用;

(1)初版本同05年全集本。初刊本无"则"字。

4.44页

闲话休题,言归正传:(1)

(1)初刊本、初版本、38年全集本、56年全集本均在冒号后有破折号。81年全集本在冒号后无破折号。

4.同页

一(1) 撕票布告

(1)初刊本、初版本和第四次印本在"一"之后均有逗号。

5.45页

二(1) 致信女某书

(1)初刊本、初版本和第四次印本在"二"之后均有逗号。

6.同页

以火烘之,发现字迹如下:(1)

(1)初刊本、初版本在冒号之后有破折号。

7. 同页

但汝终身要(1)派大三房妾伴,不能坐正位。

(1)初刊本和初版本均误作:耍。

8. 同页

如有不顺从先生者,汝条命好处,无安乐也。……(1)

(1)初刊本脱省略号。初版本无省略号。

9. 同页

三(1)诘妙嫦书

(1)初刊本、初版本和第四次印本在"三"之后均有逗号。

七、《某笔两篇》

1. 49页

标点是我所加的,以醒眉目(1)。

(1)初刊本、初版本和第四次印本均误作:日。38年全集本、56年全集本、81年全集本均作:目。

八、《述香港恭祝圣诞》(1)

1. 52页

(1)初刊本无题目,刊登于"来函照登"栏。

2. 52页

今敬谨录呈,乞昭示内地,以愧意欲打倒帝国主义者:(1)

(1)初刊本、初版本和第四次印本在冒号后均有破折号。

3. 53页

今仅将载于《循环日报》者录出一篇,以见大概:(1)

(1)初刊本、初版本、和第四次印本在冒号后均有破折号。

4. 54页

香港孔圣会则于是日在太平戏院日夜演大尧天班。其广告云:(1)

(1)初刊本、初版本和第四次印本在冒号后均有破折号。

5. 同页

新戏院则演《济公传》四集(1),

(1)初刊本作:《济公传》四集。初版本误作:《济公传四集》。第四次印本误作:《济公传四版》。38年全集本误作:《济公传四集》。56年全集本、81年全集本作:《济公传》四集。

6.55页

今吾于人也,听其言而观其行,于予与(1)改是。

(1)初刊本、初版本、38年全集本、56年全集本均误作:予。81年全集本作:与。

九、《吊与贺》

1.57页

是十一月八日的北京《民国(1)晚报》的《华灯》栏,内容是这样的:(2)

(1)初刊本误作:国民。(2)初刊本、初版本在冒号之后有破折号。

2.同页

查《语丝》问世,三年于(1)斯,

(1)初刊本误作:如。初版本同05年全集本。

3.同页

"语丝派"已亡,众怒(1)少息,

(1)初刊本、初版本、38年全集本均误作:恐。56年全集本、81年全集本作:怒。

4.58页

内容是这一篇:(1)

(1)初刊本、初版本和第四次印本在冒号之后均有破折号。

5.59页

却"也许"不"会猜疑到权威者的反攻战略上面"去(1)了罢。

(1)初刊本中"去"误在引号内。

十、《"醉眼"中的朦胧》

1.61页

旧历和新历的今年似乎于上海的文艺家们特别有着刺激(1)力,

(1)初刊本误作:戟刺。初版本作:刺戟。按:"戟"的含义之一是"刺激"。

2. 62 页

和他们瓜葛已断,或则(1)并无瓜葛,

(1)初刊本脱:则。初版本同05年全集本。

3. 同页

便都在同地同时出现了(1)。

(1)初刊本脱:了。初版本同05年全集本。

4. 63 页

文章完了,却正留下一个不小的问题:(1)

(1)初刊本、初版本和第四次印本在冒号之后均有破折号。

5. 64 页

因为我记得曾(1)有人批评我的小说,

(1)初版本误作:會。初版本同05年全集本。

6. 65 页

但即刻又有一点不小的(1)问题:

(1)初刊本脱:的。初版本同05年全集本。

7. 同页

那解答只好是这样:(1)

(1)初刊本、初版本和第四次印本在冒号之后均有破折号

8. 66 页

所怕的只是成仿吾们真像符拉特弥尔·(1)伊力支一般,

(1)初刊本、初版本和第四次印本均脱间隔号。

9. 同页

二月二十三日,上海。(1)

(1)在初版本、第四次印本和38年全集本中,上述文字在括号内。初刊本、56年全集本、81年全集本均没有括号。

按:05版全集本应当遵照初版本和第四次印本保留括号。

十一、《看司徒乔君的画》

1. 73 页

在北京的展览会里,(1)

(1)初刊本误作句号。初版本同05年全集本。

2.同页

这回在上海相见,我便提出质问:(1)

(1)初刊本、初版本和第四次印本在冒号之后均有破折号

3.74页

一九二八年三月十四日夜,于上海。(1)

(1)初版本误作:一九二七年三月十四日夜,于上海。在初版本、第四次印本和38年全集本中,上述文字在括号内。初刊本、56年全集本、81年全集本均无括号。

按:05版全集本应当遵照初版本和第四次印本保留括号。

十二、《在上海的鲁迅启事》

1.75页

从开明书店转到M女士的一封信,其中有云:(1)

(1)初刊本、初版本和第四次印本在冒号之后均有破折号。

2.同页

所以她看见的,是另一个人。(1)

(1)初刊本误作逗号。初版本同05年全集本。

3.同页

但M女士又给我看题在曼殊师坟旁的四句诗:(1)

(1)初刊本、初版本和第四次印本在冒号之后均有破折号。

4.同页

飘萍山林迹(1),

(1)初版本、第四次印本、38年全集本作:跡。56年全集本、81年全集本均作:迹。

按:"跡"是"迹"的繁体字。

5.76页

我之外,今年至少另外还有一个叫(1)"鲁迅"的在,

(1)初刊本在"叫"之后有"作"字。初版本同05年全集本。

6.同页

三月二十七日,在上海。(1)

(1)在初版本和第四次印本中,上述文字在括号内。初刊本、38年全集

本、56年全集本、81年全集本均无括号。

按:05版全集本应当遵照初版本和第四次印本保留括号。

十三、《文艺与革命》

1. 79页

尤其看到俄国革命时期内的作家叶遂宁和戈理基(1)们的热切动人;

(1)初版本同05年全集本。初刊本作:奇。

2. 80页

经几个真知灼见的批评者为之阐扬(1)而后可。(2)然而,真能懂得他们的遗书的,究竟还是少数。

(1)初版本同05年全集本。初刊本在"阐扬"之后衍逗号。(2)初版本同05年全集本。初刊本误作逗号。

3. 同页

这且不说。(1)

(1)初刊本误作逗号。初版本同05年全集本。

4. 同页

我想,看前五十年的文艺家,(1)

(1)初刊本脱逗号。初版本同05年全集本。

5. 81页

使他们血脉偾张(1),而从事于革命。

(1)初刊本作:张脉偾兴。初版本同05年全集本。

6. 同页

那末我们便不能而且不应该撇(1)开艺术价值去指摘艺术家的态度,

(1)初刊本、初版本、第四次印本均作:搬。

按:05年全集本应当参照初版本和第四次印本把"撇"改为"搬"。

7. 同页

正(1)是他的渴慕人生之反一面的表白。

(1)初刊本作:真。初版本同05年全集本。

8. 同页

文艺家(1)用什么手段,使民众都能玩味?

(1)初刊本误作:者。初版本同05年全集本。

9. 82页

这个事实是不可否认的。(1)

(1)初刊本误作问号。初版本同05年全集本。

10. 同页

始(1)可以供给一般民众的玩味。

(1)初刊本作:殆。初版本同05年全集本。

11. 同页

然而艺术作品既有无限的价值等级存在。(1)以上,

(1)初版本、38年全集本均脱句号。初刊本、56年全集本、81年全集本均有句号。

12. 同页

那无论如何是(1)不值得有的事实。

(1)初刊本脱:是。初版本同05年全集本。

13. 83页

自然,借文艺以革命这梦呓(1),也终究是一种梦呓(2)罢了!

(1)(2)初刊本、初版本均误作:叹。第四次印本、38年全集本、56年全集本、81年全集本均作:呓。

按:从这句话的意思来看,此处应当是"梦呓"。

14. 同页

回信(1)

(1)初刊本无"回信"这个题目。初版本同05年全集本。

15. 同页

则无论他(1)所写的是外表,是内心,

(1)初刊本误作:你。初版本同05年全集本。

16. 84页

是自己摆着(1)文艺批评家的架子,

(1)初版本同05年全集本。初刊本误作:看。

17. 同页

现在所号称革命文学家者,(1)

(1)初刊本脱逗号。初版本同05年全集本。

18. 同页

斗争呢,我倒以为是对(1)的。

(1)初刊本误作:动。初版本同05年全集本。

19. 同页

用大字印出过,(1)

(1)初刊本误作分号。初版本同05年全集本。

十四、《扁》

1. 88页

乡间一向有一个笑谈:(1)两位近视眼要比眼力,

(1)初刊本、初版本均误作顿号。

2. 同页

这(1)个主义好,那个主义坏……

(1)初刊本误作:道。初版本同05年全集本。

2. 同页

四月十日。(1)

(1)在初版本、第四次印本和38年全集本中,上述文字在括号内。56年全集本、81年全集本均无括号。初刊本作:(四,十。)

按:05版全集本应当遵照初版本和第四次印本保留括号。

十五、《路》

1. 90页

又记起了 Gogol 做的《巡按使》的故事:(1)

(1)初刊本、初版本、第四次印本、38年全集本和56年全集本在冒号之后均有破折号。81年全集本无破折号。

2. 91页

四月十日。(1)

(1)在初版本、第四次印本和38年全集本中,上述文字在括号内。56年全集本、81年全集本均无括号。初刊本作:(四,十。)

按:05版全集本应当遵照初版本和第四次印本保留括号。

十六、《头》

1.93 页

四月十日。(1)

(1)在初版本、38 年全集本中,上述文字在括号内。56 年全集本、81 年全集本均无括号。初刊本作:(四,十。)

按:05 版全集本应当遵照初版本保留括号。

十七、《通信》

1.95 页

当然也因我嫌弃青年的浅薄,且想在(1)自己生命上找一条出路。

(1)初刊本、初版本、第四次印本均误作:在想。

2.96 页

不死,则精神和肉体,都在痛苦中挨生活,差不多每秒钟,(1)爱人亦被生活所压迫着。

(1)初刊本误作:句号。初版本同 05 年全集本。

3.同页

倘为生活问题所驱策,(1)则可以多做些"拥护"和"打倒"的文章,

(1)初刊本、初版本均脱逗号。38 年全集本、56 年全集本、81 年全集本均有逗号。

4.99 页

那么,一切死(1)者,伤者,吃苦者,

(1)初刊本脱:死。初版本同 05 年全集本。

5.100 页

现在他们已经看了我的文章,断定是"非(1)革命",

(1)初刊本脱:非。初版本、第四次印本、38 年全集本误作:反。56 年全集本、81 年全集本均作:非。

按:从上下文来看,因为前面出现过"非革命"这个词,所以此处应当是"非革命"。

5. 101页

第1,要谋生,(1)谋生之道,

(1)初刊本、初版本、38年全集本均脱:谋生,

第四次印本、56年全集本、81年全集本均有:谋生,

按:如果脱掉"谋生,"这两个字和逗号,就会使句子不通顺。

6. 102页

这不过不择手段(1)的手段(2),

(1)(2)初刊本均误作:段。初版本同05年全集本。

7. 同页

令爱人不挨饿。(1)

(1)初版本、第四次印本、38年全集本、56年全集本、81年全集本在此句之后还有如下文字:鲁迅。四月十日。初刊本脱:鲁迅。四月十日。

按:从书信的格式来说,如果脱掉上述文字,就会使这封书信在格式上缺少署名和日期,因此05年全集应当遵照第四次印本补上:鲁迅。四月十日。

十八、《太平歌诀》

1. 104页

四月六日的《申报》上有这样的一段记事:(1)

(1)初刊本、初版本和第四次印本在冒号之后均有破折号。

2. 同页

"南京市近日忽发现一种无稽谣传,谓总理墓行将工竣,石匠有摄收幼童灵魂,以合龙口之举。市民以讹传讹,自相惊扰,因而家家幼童,左肩各悬红布一方,上书歌诀四句,借避危险。其歌诀约有三种:(一)人来叫我魂,自叫自当承。叫人叫不着,自己顶石坟。(二)石叫石和尚,自叫自承当。急早回家转,免去顶坟坛。(三)你造中山墓,与我何相干?一叫魂不去,再叫自承当。"(1)(后略)

(1)初刊本、初版本、38年全集本、56年全集本中此段文字无引号。81年全集本有引号。

3. 同页

五十一百(1)年后能否就有出路,是毫无把握的。

(1)初刊本、初版本、第四次印本、38年全集本均脱:百。56年全集本有

"百"字。81年全集本脱:百。

按:从语句通顺的角度来说,此处应当有"百"字。

4.105 页

四月十日。(1)

(1)在初版本、第四次印本、38年全集本中,上述文字在括号内。56年全集本、81年全集本均无括号。初刊本作:(一九二八,四,十。)。

按:05版全集本应当遵照初版本和第四次印本保留括号。

十九、《铲共大观》

1.106 页

其中有几处文笔做得极好,抄一点在下面:(1)

(1)初刊本和第四次印本在冒号之后均有破折号。

2.107 页

四月十日。(1)

(1)在初版本、第四次印本和38年全集本中,上述文字在括号内。56年全集本、81年全集本均无括号。初刊本作:(四,十。)

按:05版全集本应当遵照初版本和第四次印本保留括号。

二十、《我的态度气量和年纪》

1.109 页

因为先是《"醉眼"(1)中的朦胧》做错了。

(1)初刊本、初版本和第四次印本均脱引号。38年全集本、56年全集本、81年全集本均有引号。

2.同页

复述易于失真,还是将这粒子弹移置在下面罢:(1)

(1)初刊本、初版本和第四次印本在冒号之后均有破折号。

3.110 页

狂飙派(1)的常燕生曾说《狂飙》的停版,也许因为我的阴谋。

(1)初刊本脱:派。初版本同05年全集本。

4. 111 页

莫非一有"弟弟",就(1)必须反对,

(1)初刊本脱:就。初版本同 05 年全集本。

5. 同页

而这一个"老"的(1)错处,

(1)初刊本脱:"老"的。初版本同 05 年全集本。

6. 113 页

于是归根结蒂,分明现出 Fascist(1)本相了。

(1)初版本、第四次印本误作:Facistist。38 年全集本误作:Fascistis。56 年全集本、81 年全集本均作:Fascist。

7. 同页

四月二十日。(1)

(1)在初刊本、初版本和第四次印本中,上述文字在括号内。38 年全集本误作:(四月十日。)56 年全集本作:四月廿日。81 年全集本作:四月二十日。

按:05 版全集本应当遵照初版本和第四次印本保留括号。

二十一、《革命咖啡店》

1. 117 页

革命咖啡店的革命底广告式文字,昨天在报章上看到了(1),仗着第四个"有闲",先抄一段在下面:(2)

(1)初刊本作:也看见了。初版本同 05 年全集本。

(2)初刊本、初版本和第四次印本在冒号之后均有破折号。

2. 同页

远处是许许多多(1)"龌龊的农工大众",他们(2)喝着,想着,谈着,指导着,获得着,

(1)初刊本脱:多。初版本同 05 年全集本。(2)初刊本脱:他们。初版本同 05 年全集本。

2. 118 页

我没有上去过,那一位作者所"遇见"的,又(1)是别宜人。

(1)初刊本脱:又。初版本同 05 年全集本。

3.同页

八月十日。(1)

(1)在初版本和第四次印本中,上述文字在括号内。38年全集本误作:(四月十日。)初刊本、56年全集本、81年全集本均无括号。

按:05版全集本应当遵照初版本和第四次印本保留括号。

二十二、《文坛的掌故》(1)

1.121页

(1)初刊本题目作:"通信"其一

2.同页

(1)成都的革命文(1)学家,

(1)初刊本脱:文。初版本同05年全集本。

3.123页

再加一个真是"跟在弟弟背后说漂亮话"的潘梓年的速成的《洪(1)荒》。

(1)初刊本误作:鸿。初版本同05年全集本。

4.124页

据日本的无产文艺月刊《战旗》七月号所载,(1)他就又走在修善寺的近旁(可不知洗澡了没有),

(1)初刊本脱逗号。初版本同05年全集本。

5.同页

鲁迅。八月十日。(1)

(1)初刊本脱句号。初版本同05年全集本。

二十三、《文学的阶级性》(1)

1.126页

(1)初刊本题目作:通信其二

2.128页

来信的"吃饭睡觉"的比喻,虽然不过(1)是讲笑话,但脱(2)罗兹基曾以对于"死之恐怖"为古今人所共同,

(1)初刊本脱:不过。初版本同05年全集本。(2)初刊本误作:说。初版

本同05年全集本。

二十四、《"革命军马前卒"和"落伍者"》

1. 131页
仿佛要令(1)人于饮水思源以后，
(1)初刊本脱：令。初版本同05年全集本。

2. 132页
二月十七。(1)
(1)在初刊本、初版本、第四次印本和38年全集本中，上述文字在括号内。56年全集本、81年全集本均无括号。
按：05版全集本应当遵照初版本和第四次印本保留括号。

二十五、《〈近代世界短篇小说集〉小引》

1. 135页
虽于这一点小事，力量也还很(1)不够，
(1)初刊本、初版本均误作：恨。

二十六、《现今的新文学的概观》(1)

1. 136页
(1)初刊本副标题做：五月二十二日鲁迅在燕京大学国文学会讲，改定稿
2. 同页
情不可却，只好来讲几句。(1)
(1)初刊本作逗号。初版本同05年全集本。
3. 137页
外国人说"No(1)"，翻译出来却是他说(2)"去枪毙"。倘想(3)要免去这一类无谓的冤苦，
(1)初刊本作：no。初版本同05年全集本。(2)初刊本中"他说"两字误排版于后面的引号内。初版本同05年全集本。(3)初刊本脱：倘想。初版本同05年全集本。

4.138 页

但后来,诗人叶遂宁,小说家索(1)波里自杀了,近来还听说有名的小说家爱(2)伦堡有些反动。

(1)初刊本作:梭。初版本同 05 年全集本。(2)初刊本作:亚。初版本同 05 年全集本。

5.同页

这倒不如古时候相信死后灵魂上天,坐在上帝旁边吃点心(1)的诗人们福气。因为他们在达到目的之前(2),已经死掉了。

(1)初刊本无"吃点心"这几个字。初版本同 05 年全集本。

(2)初刊本作:先。初版本同 05 年全集本。

6.同页

这照我上面所讲的推论起来,就(1)是文学并不变化和兴旺,

(1)初刊本作:便。初版本同 05 年全集本。

7.同页

有模(1)仿勃洛克的(2)《十二个》之志而无其力和才。

(1)初版本、第四次印本均作:摹。(2)初刊本无"勃洛克的"这四个字。

按:"模仿"通"摹仿"。

8.139 页

却未免"失"(1)得太巧。五体,四肢之中,倘(2)要失去其一,实在还不如一只手;(3)一条腿就不便,头自然不行了。只准备失去一只手,是能减少(4)战斗的勇往之气的;(5)我想,革命者所不惜牺牲的,一定不只这一点。《一只手》(6)也还是穷秀才落难,后来终于中状元,(7)谐花烛的老调。

(1)初刊本无引号。(2)初刊本脱:,倘。(3)初刊本作逗号。(4)初刊本脱:少。(5)初刊本作句号。(6)初刊本脱书名号。(7)初刊本脱逗号。按:初版本中这段文字同 05 年全集本。

9.同页

新近上海出版的(1)革命文学的一本书的封面上,画着一把钢叉,这是从《苦闷的象征》的书面上取来的,叉的中间的一条尖刺上,又安(2)一个铁锤,这是从苏联的旗子上取来的。然而这样地(3)合了起来,

(1)初刊本脱"出版的"这三个字。(2)初刊本在"安"之后衍"有上"两字。(3)初刊本脱:地。按:初版本中这段文字同 05 年全集本。

10.同页

不要脑子里存着许多旧的残滓，却故意瞒了起来，演戏似的(1)指着自己的鼻子道,"惟我是无产阶级！"现在的人们(2)既然神经过敏……单是这样的(3)指着自己的鼻子,

(1)初刊本无"故意瞒了起来,演戏似的"这十个字。(2)初刊本作:社会。(3)初刊本作:这样只。按:初版本中这段文字同05年全集本。

11.同页

便叫他跪在一个什么(1)门外面,

(1)初刊本误作:什么一个。初版本同05年全集本。

12.140页

问他(1)究竟可是要这样地骂呢？

(1)初刊本脱:问他。第四次印本把"他"误作:祂。初版本同05年全集本。

二十七、《"皇汉医学"》

1.140页

七月二十八日。(1)

(1)在初刊本、初版本、第四次印本和38年全集本中,上述文字在括号内。56年全集本、81年全集本均无括号。

按:05版全集本应当遵照初版本和第四次印本保留括号。

二十八、《吾国征俄战史之一页》(1)

1.147页

(1)初版本、第四次印本和38年全集本在文章题目中均有引号:"吾国征俄战史之一页"。56年全集本、81年全集本均无引号。

按:从文章内容来看,05版全集本的题目是:《吾国征俄战史之一页》,这无疑是错误的,对"吾国征俄战史之一页"这几个字不应当加书名号,而应当遵照初版本在文章题目上加引号。

2.同页

可惜限于篇幅,只能摘抄:(1)

(1)初刊本、初版本和第四次印本冒号均作破折号。

2.同页

太祖长子术(1)赤遂于其地即汗位。

(1)初刊本、初版本、第四次印本和38年全集本均误作:求。

3.148页

那结论是:(1)

(1)初刊本、初版本和第四次印本冒号均作破折号。

4.同页

这只有这(1)作者"清癯"先生(2)是蒙古人,倒还说得过去。

(1)初版本作同05年全集本。初刊本脱:者。(2)初版本作同05年全集本。初刊本脱:先生。

5.同页

术(1)赤在墨(2)斯科"即可汗位",

(1)初刊本、初版本和第四次印本均误作:求。

(2)初刊本、初版本、81年全集本作均作:墨。38年全集本、56年全集本均作:莫。按:从上下文来看,因为前文中出现了"莫斯科"这个词,所以此处应当是"莫斯科"。05年全集本应当把"墨"改为"莫"。

6.同页

"有足以壮吾国后人"之后人"之勇气者"矣(1)。

(1)初刊本脱:矣。初版本作同05年全集本。

7.同页

七月二十八日。(1)

(1)在初刊本、初版本和第四次印本和38年全集本中,上述文字在括号内。56年全集本、81年全集本均无括号。

按:05版全集本应当遵照初版本和第四次印本保留括号。

二十九、《叶永蓁作〈小小十年〉小引》

1.150页

初刊本题目作:小引。

2.151页

我觉得最有意义的是渐向战场的一段(1),

(1)初刊本作同05年全集本。初版本、第四次印本均误作:叚。

三十、《柔石作〈二月〉小引》(1)

1.153 页
(1)初刊本题目中无"柔石作"这三个字。

三十一、《〈小彼得〉译本序》(1)

1.155 页
(1)初刊本题目作:序言。初版本同05年全集本。
2.156 页
所以在他们,(1)和这是毫无关系,且不说他们的无钱可(2)买书和无暇去(3)读书。
(1)初刊本脱逗号。(2)初刊本脱:可。(3)初刊本脱:去。按:这句话在初刊本中同05年全集本。
3.同页
并且,我觉得,第五(1)篇中银茶壶的话,太富于纤细的,琐屑的,女性底的色彩,
(1)初刊本、初版本均误作:四。
4.同页
水瓶和杯子,则是细颈大肚的玻璃瓶和长圆(1)的玻璃杯,
(1)初刊本误作:圖。初版本同05年全集本。
5.同页
破雪草也并非我们常见的植物,(1)
(1)初刊本误作分号。初版本同05年全集本。
6.同页
日本称为"雪割草",就(1)为此。
(1)初版本同05年全集本。初刊本作:也。
7.157 页
原译本有六幅乔治·格罗斯[George Grosz(1)]的插图,现在也加上了,但因为几经(2)翻印,

(1)初刊本误作:George Gross。(2)初刊本作:从。按:这句话在初版本中同05年全集本。

8.同页

至(1)今还颇有人记得的。

(1)初刊本误作:只。初版本同05年全集本。

9.同页

一九二九年九月十五日,校讫记。(1)

(1)初刊本作:一九二九年九月十五日,校讫记。鲁迅

按:《小彼得》这本书是由许霞(许广平)翻译,鲁迅校改的。这篇序言没有单独发表,最初发表在《小彼得》的译本中,后来收入《三闲集》。虽然《三闲集》的初版本和第四次印本在结尾均无"鲁迅"两字。但05年全集本如果参考这篇序言的初刊本,补上"鲁迅"两字或许能让结尾的这句话更完整。

三十二、《流氓的变迁》

1.159页

他们所打劫的是平民,不是将相(1)。

(1)初刊本脱:不是将相。初版本同05年全集本。

三十三、《新月社批评家的任务》

1.163页

但老例,刽子手和皂(1)隶既然做了这样维持治安的任务,

(1)初刊本误作:早。初版本同05年全集本。

三十四、《书籍和财色》,无异文。

三十五、《我和〈语丝〉的始终》

1.168页

初刊本文章题目中还有副标题:我所遇见的六个文学团体之五。

1. 同页

大意是说我和孙伏园君在北京因(1)被晨报馆所压迫,所以此后鲁迅应该听命于孙伏园。

(1)初刊本误作:同。初版本同05年全集本。

3. 170页

而且所用的又是另一个新(1)鲜的假名,

(1)初刊本误作:清。初版本同05年全集本。

4. 171页

但同时也在(1)不意中显了一种特色,

(1)初刊本脱:在。初版本同05年全集本。

5. 同页

但自己卖报的成绩,听说并不佳,一纸风行的,还是在几个学校(1),

(1)初刊本、初版本均脱"校"字。

6. 同页

曾以胜利者的笑容,笑着对我说道:(1)

(1)初刊本后有破折号。初版本、第四次印本作破折号。

7. 172页

心里就一面想:(1)

(1)初刊本后有破折号。初版本、第四次印本作破折号。

8. 同页

这"将欲取之,必先(1)予之"的方法果然奏效,

(1)初刊本误作:姑。初版本同05年全集本。

9. 173页

中途出现的人,则(1)在中途(2)忽来忽去。

(1)初刊本作:已。(2)初刊本误作:塗。按:这句话在初版本中同05年全集本。

10. 同页

且同时遭了封禁,其时是一九二七(1)年。

(1)初刊本、初版本和第四次印本和38年全集本均误作:六。56年全集本、81年全集本均作:七。

11. 174页

或(1)本在别一团体,

(1)初刊本脱:或。初版本同05年全集本。

12.同页

当然也就淡漠起来。(1)

(1)初刊本误作逗号。初版本同05年全集本。

13.175页

但自(1)从移在上海初版以后,

(1)初刊本脱:自。初版本同05年全集本。

14.同页

但以前我也曾尽(1)了我的本分。

(1)初刊本作:做。初版本同05年全集本。

15.176页

十二月二十二日。(1)

(1)在初版本、第四次印本和38年全集本中,上述文字在括号内。56年全集本、81年全集本均无括号。初刊本作:1929,12,22

按:05版全集本应当遵照初版本和第四次印本保留括号。

三十六、《鲁迅译著书目》

1.181页

《工人绥惠略夫》(1)

(1)初版本、第四次印本均无书名号。

按:05年全集本此处应当参考初版本和第四次印本不加书名号。

2.同页

《一个青年的梦》(1)

(1)初版本、第四次印本无书名号。

按:05年全集本此处应当参考初版本和第四次印本不加书名号。

3.同页

《爱罗先珂童话集》(1)

(1)初版本、第四次印本无书名号。

按:05年全集本此处应当参考初版本和第四次印本不加书名号。

4.同页

《桃色的云》(1)[俄国 V.(2)爱罗先珂作童话剧。北新书局印行《未名丛刊》之一。]

(1)初版本及第四次印本均无书名号,38年全集本、56年全集本、81年全集本均有书名号。

按:05年全集本此处应当参考初版本和第四次印本不加书名号。

(2)初版本、第四次印本、38年全集本、56年全集本均误作:·。81年全集本作同05年全集本。

2.183页

《小约翰》(1)[荷兰F.(2)望·蔼覃作长篇童话。未名社印行《未名丛刊》之一。今版被抵押,不能印。]

(1)初版本及第四次印本均无书名号,38年全集本、56年全集本、81年全集本均有书名号。

按:05年全集本此处应当参考初版本和第四次印本不加书名号。

(2)初版本、38年全集本、56年全集本均误作:·。81年全集本作同05年全集本。

3.同页

《艺术论》(1)[苏联A.(2)卢那卡尔斯基作。印行所同上。]

(1)初版本及第四次印本均无书名号,38年全集本、56年全集本、81年全集本均有书名号。

按:05年全集本此处应当参考初版本和第四次印本不加书名号。

(2)初版本、38年全集本、56年全集本均误作:·。81年全集本同05年全集本。

4.同页

《艺术论》(1)[俄国G.(2)蒲力汗诺夫作。光华书局印行《科学的艺术论丛书》之一。]

(1)初版本及第四次印本均无书名号,38年全集本、56年全集本、81年全集本均有书名号。

按:05年全集本此处应当参考初版本和第四次印本不加书名号。

(2)初版本、38年全集本、56年全集本均误作:·。81年全集本同05年全集本。

5.184页

《毁灭》(1)[苏联A.(2)法捷耶夫作长篇小说。三闲书屋印行。]

(1)初版本及第四次印本均无书名号,38年全集本、56年全集本、81年全集本均有书名号。

按:05年全集本此处应当参考初版本和第四次印本不加书名号。

(2)初版本、38年全集本、56年全集本均误作:·。81年全集本作同05年全集本。

6.同页

唐刘恂《岭表录异》(1)三卷[以唐(2)宋类书所引校《永乐大典》本。]

(1)初版本及第四次印本均无书名号。

按:05年全集本此处应当参考初版本和第四次印本不加书名号。

(2)38年全集本和56年全集本在"唐宋"之间有顿号;初版本、第四次印本和81年全集本无顿号。

7.同页

魏中散大夫《嵇康集》(1)十卷

(1)初版本及第四次印本均无书名号。

按:05年全集本此处应当参考初版本和第四次印本不加书名号。

8.185页

谢承《后汉书》(1)辑本五卷[多于汪文台辑本。(2)未印。]

(1)初版本及第四次印本均无书名号。

按:05年全集本此处应当参考初版本和第四次印本不加书名号。

(2)初版本、第四次印本、38年全集本和56年全集本均误作逗号。81年全集本作句号。

9.同页

《莽原》(1)

(2)初版本及第四次印本均无书名号,38年全集本、56年全集本、81年全集本均有书名号。

按:05年全集本此处应当参考初版本和第四次印本不加书名号。

10.同页

《语丝》(1)

(1)初版本及第四次印本均无书名号,38年全集本、56年全集本、81年全集本均有书名号。

按:05年全集本此处应当参考初版本和第四次印本不加书名号。

11.同页

《奔流》(1)

(1)初版本及第四次印本均无书名号,38年全集本、56年全集本、81年全集本均有书名号。

按:05年全集本此处应当参考初版本和第四次印本不加书名号。

12.同页

《文艺研究》(1)

(1)初版本及第四次印本均无书名号,38年全集本、56年全集本、81年全集本均有书名号。

按:05年全集本此处应当参考初版本和第四次印本不加书名号。

13.同页

《故乡》(1)

(1)初版本及第四次印本均无书名号,38年全集本、56年全集本、81年全集本均有书名号。

按:05年全集本此处应当参考初版本和第四次印本不加书名号。

14.同页

《心的探险》(1)

(1)初版本及第四次印本均无书名号,38年全集本、56年全集本、81年全集本均有书名号。

按:05年全集本此处应当参考初版本和第四次印本不加书名号。

15.同页

《飘渺的梦》(1)

初版本及第四次印本均无书名号,38年全集本、56年全集本、81年全集本均有书名号。

(1)按:05年全集本此处应当参考初版本和第四次印本不加书名号。

16.同页

《忘川之水》(1)

(1)初版本及第四次印本均无书名号,38年全集本、56年全集本、81年全集本均有书名号。

按:05年全集本此处应当参考初版本和第四次印本不加书名号。

17.同页

《苏俄的文艺论战》(1)

(1)初版本及第四次印本均无书名号,38年全集本、56年全集本、81年全集本均有书名号。

按:05年全集本此处应当参考初版本和第四次印本不加书名号。

18. 同页

《十二个》(1)[苏联 A.(2)勃洛克作长诗,胡斅译。同上。]

(1)初版本、第四次印本均无书名号,38年全集本、56年全集本、81年全集本均有书名号。

按:05年全集本此处应当参考初版本和第四次印本不加书名号。

(2)初版本、38年全集本、56年全集本均误作:·。81年全集本作同05年全集本。

19. 同页

《争自由的波浪》(1)[俄国 V.(2)但兼珂等作短篇小说集,董秋芳译。同上。]

(1)初版本及第四次印本均无书名号,38年全集本、56年全集本、81年全集本均有书名号。

按:05年全集本此处应当参考初版本和第四次印本不加书名号。

(2)初版本、38年全集本、56年全集本均误作:·。81年全集本作同05年全集本。

20. 186页

《勇敢的约翰》

初版本及第四次印本均无书名号,38年全集本、56年全集本、81年全集本均有书名号。

按:05年全集本此处应当参考初版本和第四次印本不加书名号。

21. 同页

《夏娃日记》(1)

(1)初版本及第四次印本均无书名号,38年全集本、56年全集本、81年全集本均有书名号。

按:05年全集本此处应当参考初版本和第四次印本不加书名号。

22. 同页

《二月》(1)

(1)初版本及第四次印本均无书名号,38年全集本、56年全集本、81年全集本均有书名号。

按:05年全集本此处应当参考初版本和第四次印本不加书名号。

23. 同页

《小小十年》(1)

(1)初版本及第四次印本均无书名号,38年全集本、56年全集本、81年全集本均有书名号。

按:05年全集本此处应当参考初版本和第四次印本不加书名号。

24. 同页

《穷人》(1)[俄国F.(2)陀思妥夫斯基作小说,韦丛芜译。未名社印行《未名丛书》之一。]

(1)初版本及第四次印本均无书名号。

按:05年全集本此处应当参考初版本和第四次印本不加书名号。

(2)初版本误作:·。81年全集本作同05年全集本。

25. 同页

《黑假面人》(1)[俄国L.(2)安特来夫作戏曲,李霁野译。同上。]

(1)初版本及第四次印本均无书名号,38年全集本、56年全集本、81年全集本均有书名号。

按:05年全集本此处应当参考初版本和第四次印本不加书名号。

(2)初版本、38年全集本、56年全集本均误作:·。81年全集本作同05年全集本。

26. 同页

《红笑》(1)

(1)初版本及第四次印本均无书名号,38年全集本、56年全集本、81年全集本均有书名号。

按:05年全集本此处应当参考初版本和第四次印本不加书名号。

27. 同页

《小彼得》(1)[匈牙利H.(2)至尔·妙伦作童话,许霞译。朝华社印行,今绝版。]

(1)初版本及第四次印本均无书名号,38年全集本、56年全集本、81年全集本均有书名号。

按:05年全集本此处应当参考初版本不加书名号。

(2)初版本、38年全集本、56年全集本均误作:·。81年全集本作同05年全集本。

28. 同页

《进化与退化》(1)

(1)初版本及第四次印本均无书名号,38年全集本、56年全集本、81年全集本均有书名号。

按:05年全集本此处应当参考初版本不加书名号。

29. 同页

《浮士德与城》(1)[苏联A.(2)卢那卡尔斯基作戏曲,柔石译。神州国光社印行《现代文艺丛书》之一。]

(1)初版本及第四次印本均无书名号,38年全集本、56年全集本、81年全集本均有书名号。

按:05年全集本此处应当参考初版本不加书名号。

(2)初版本、38年全集本、56年全集本均误作:·。81年全集本作同05年全集本。

30. 同页

《静静的顿河》(1)[苏联M.(2)唆罗诃夫作长篇小说,第一卷,贺非译。同上。]

(1)初版本及第四次印本均无书名号,38年全集本、56年全集本、81年全集本均有书名号。

按:05年全集本此处应当参考初版本不加书名号。

(2)初版本、38年全集本、56年全集本均误作:·。81年全集本作同05年全集本。

31. 同页

《铁甲列车第一四—六九》(1)[苏联V.(2)伊凡诺夫作小说,侍桁译。同上,未出。]

(1)初版本及第四次印本均无书名号,38年全集本、56年全集本、81年全集本均有书名号。

按:05年全集本此处应当参考初版本不加书名号。

(2)初刊本、38年全集本、56年全集本均误作:·。81年全集本作同05年全集本。

32. 187页

《士敏土之图》(1)[德国C.(2)梅斐尔德木刻十幅。珂罗版印。]

(1)初版本及第四次印本均无书名号,38年全集本、56年全集本、81年全集本均有书名号。

按:05年全集本此处应当参考初版本不加书名号。

(2)初刊本、38年全集本、56年全集本均误作:·。81年全集本作同05年全集本。

33.同页

《铁流》(1)[苏联A.(2)绥拉菲摩维支作长篇小说,曹靖华译。]

(1)初版本及第四次印本均无书名号,38年全集本、56年全集本、81年全集本均有书名号。

按:05年全集本此处应当参考初版本不加书名号。

(2)初版本、38年全集本、56年全集本均误作:·。81年全集本作同05年全集本。

34.同页

《铁流之图》(1)[苏联I.(2)毕斯凯莱夫木刻四幅。印刷中,被炸毁。]

(1)初版本及第四次印本均无书名号,38年全集本、56年全集本、81年全集本均有书名号。

按:05年全集本此处应当参考初版本不加书名号。

(2)初版本、38年全集本、56年全集本均误作:·。81年全集本作同05年全集本。

35.同页

我所译著的书,景宋曾经给我开过一个目录,《关于鲁迅及其著作》里,但是并不完全的。这回因载在(1)为开手编集杂感,打开了装着和我有关的书籍的书箱,就顺便另抄了一张书目,如上。

(1)在初版本、第四次印本、38年全集本、56年全集本、81年全集本中,"载在"两字均在《关于鲁迅及其著作》之前;初版本、第四次印本、38年全集本、56年全集本、81年全集本中,在"这回因"之后均无"载在"两字。

按:05年全集本此处出现明显的错误,应当把"载在"两字放在《关于鲁迅及其著作》之前。

36.189页

那就是:不断的(!)努力一些,切勿(1)想以一年半载,几篇文字和几本期刊,便立了空前绝后的大勋业。

(1)初版本及第四次印本均误作:切。

通过对《三闲集》不同版本的汇校，可以看出一些版本存在标点符号和文字方面的差异，除了81年全集本和05年全集本按照现代汉语标点符号的规范对鲁迅作品中的标点符号进行一定程度的修改（如把表示书名的波浪线改为书名号，删去冒号之后的破折号，删去人名、地名的下划线等）之外，收入2005年《鲁迅全集》之中的《三闲集》仍然存在一些标点符号和文字方面的错误。这些错误大致有如下类型：

1. 为鲁迅作品添加标点符号。最明显的就是在《鲁迅译著书目》一文中为众多的书名添加了书名号。其实《鲁迅译著书目》中所列的众多的书名在初刊本和第四次印本中均无书名号，虽然在38年全集本中已经为这些书名添加了书名号，但是我们应当尊重鲁迅的原作，不应当给这些书名添加书名号。

2. 删掉鲁迅作品中原有的一些标点符号。如《三闲集》中的一些作品在文章最后还注明写作时间，并把写作时间放在括号内，但是05年全集本删掉了这些括号。笔者认为这些括号应当遵照初刊本和第四次印本的原貌予以保留。

3. 标错了一些标点符号。如《吾国征俄战史之一页》一文的题目，这篇文章的题目在初版本、第四次印本和38年全集本中均作："吾国征俄战史之一页"。但是56年全集本、81年全集本和05版全集本中，均把这篇文章的题目中原有的引号错改成书名号。从文章内容来看，文章题目"吾国征俄战史之一页"这几个字不应当加书名号，而应当遵照初版本在文章题目上加引号。

3. 部分文字校勘错误。如《在钟楼上》一文中，关于"淡墨"还是"淡黑"的问题，05年全集本校勘为"淡墨"，但是参考初刊本、初版本和第四次印本，此处的"墨"字应当改为"黑"字。再如《吾国征俄战史之一页》一文中，05年全集本把"莫斯科"的"莫"错误地校勘作"墨"，毫无疑问，此处不应当是"墨斯科"，因为上文中已经出现了"莫斯科"这个词。

4. 漏掉了一些文字。如《通信》一文中，初版本、第四次印本、38年全集本、56年全集本、81年全集本均在"令爱人不挨饿。"这句话之后还有如下文字：鲁迅。四月十日。但是05年全集本却盲从初刊本，漏掉了这些文字。如果通过汇校就会发现初版本和第四次印本中在信的结尾还有"鲁迅。四月十日。"等文字，因此05年全集本应当补上上述文字，从而使这封书信带有署名和日期，在格式上就显得比较完整。

5. 排版出现明显的差错。例如，在《鲁迅著译书目》一文中的一段话："我所译著的书,景宋曾经给我开过一个目录,《关于鲁迅及其著作》里,但是并不完全的。这回因载在为开手编集杂感,打开了装着和我有关的书籍的书箱,就顺便另抄了一张书目,如上。"这句话中的"载在"两字应当排在"《关于鲁迅及其著作》里"之前。这样的话,句子才通顺。虽然这个错误显得匪夷所思,但是笔者相信这个错误不是全集修订者造成的,很可能是排版错误造成的。

　　总而言之,通过对《三闲集》的汇校可以看出 05 年全集本的《三闲集》仍然存在一些标点符号和文字方面的错误(其实,05 年全集本在出版以后,就陆续有学者指出全集中所存在的一些错误),虽然可能因为学术观点的差异,本文所列举的这些错误并不会被有关人士特别是 05 年全集本修订者全部视为错误,但是本文所列举的错误之中有一些是比较明显的,也可以说是无可否认的。在此也希望人民文学出版社以及其他的出版社在重印《三闲集》时能够订正那些明显的错误,特别是校勘和排版方面的错误,这样不仅是对鲁迅负责,也是对读者负责。

鲁迅博物馆藏鲁迅小说
《长明灯》的各版本汇校札记

　　鲁迅的小说《长明灯》在1925年3月5日至8日连载于北京《民国日报副刊》,但是因为该报出版时间较短(差不多两周的时间),存世较为稀少,所以最初刊登《长明灯》的这几期北京《民国日报副刊》不易被研究者查到,孙用先生的《〈鲁迅全集〉校读札记》(湖南人民出版社1982年出版)就因为资料所限而没有对这一篇小说进行校读。近日,上海鲁迅纪念馆出版的《鲁迅小说散文初刊集》影印了鲁迅留存下来、目前收藏于北京鲁迅博物馆的《长明灯》的初刊本,从而可以使研究者对鲁迅的这一篇小说进行校读。

　　本文以北京鲁迅博物馆收藏的北京《民国日报副刊》刊登的《长明灯》的原刊(以下简称"初刊本"),和小说集《彷徨》的初版本(1926年8月由北新书局出版。《长明灯》收入这本小说集中,以下简称"初版本"),《彷徨》的第6次印本(1928年10月,以下简称"第6次印本"),《彷徨》的第10次印本(1931年7月,以下简称"第10次印本"),1938年出版的《鲁迅全集》(以下简称"38年全集本"),1981年出版的《鲁迅全集》(以下简称"81年全集本"),以及2005年出版的《鲁迅全集》中的《长明灯》(以下简称"05全集本"),进行汇校,以05全集本为底本,从中梳理出各版本在字、词、句以及标点符号方面的差异。

一、各版本在字、词、句以及标点符号方面的差异

　　1.58页(按:这是《长明灯》在05全集本中的页码,下同。)第2行:仿佛还留着一种微细沉实的声息——
　　按:"声息"在初刊本作"声气"。
　　2.58页第4—5行:这屯上的居民是不大出行的
　　按:"出行"在初刊本作"出门"。
　　3.58页第5行:出去也须先走喜神方,迎吉利。

按:"出去"在初刊本作"出走"。

4.58 页第 9 行:现在也无非就是这茶馆里的空气有些紧张。

按:初刊本无"也"字。

5.58 页第 16—17 行:阔亭捏了拳头,在桌上一击

按:初刊本无逗号。

6.58 页第 18 行:翻了身。

按:初刊本中句号作逗号。

7.58 页第 19 行:"不成。要送忤逆,须是他的父母,母舅……"方头说。

按:"不成"初刊本作"不行";初刊本无"要"字。

8.59 页第 3—4 行:阔亭睁着眼看了他一会,没有便答;胖脸的庄七光已经放开喉咙嚷起来了:

按:初刊本分号作逗号;初刊本无"放开喉咙";初刊本冒号作句号。

9.59 页第 5—6 行:不就完了么?老年人不都说么:这灯还是梁武帝点起的,

按:初刊本中"不"后有"是"字;"老年人"作"老人们";"点"后无"起"字。

10.59 页第 9 行:啧,多么好……。

按:初刊本无如下内容:啧,多么好……。

11.59 页第 14 行:"我想:还不如用老法子骗他一骗,"

按:初刊本冒号作逗号;初刊本在"骗"后脱引号。

12.59 页第 15—16 行:看见形势有些离了她专注的本题了,便赶忙来岔开纷争,拉到正经事上去。

按:"她"在初刊本作"伊",在初版本、第 10 次印本和 38 年全集本均误作"他";初刊本无"赶忙";"到"在初刊本作"回";初刊本无"经"字。

13.59 页第 18—19 行:"他不是先就发过一回疯么,和现在一模一样。那时他的父亲还在,骗了他一骗,就治好了。"

按:第一个句号初刊本作逗号;初刊本无"的"字;初刊本无"就"字。

14.59 页第 20 行:庄七光更其诧异地问。

按:这一句在初刊本中作:方头问。

15.59 页第 20 行:"你现在也还是粉嫩粉嫩……"方头说。

按:初刊本在"你"前脱引号。

16.60 页第 1 行:"放你妈的屁!"灰五婶怒目地笑了起来,"莫胡说了。

按:"屁"在初刊本误作"庇";初刊本无逗号。

17.60页第2—4行:他那时也还年青哩;他的老子也就有些疯的。听说:有一天他的祖父带他进社庙去,教他拜社老爷,瘟将军,王灵官老爷,他就害怕了,硬不拜,跑了出来,从此便有些怪。

按:"哩"在初刊本作"呢";分号在初刊本作逗号;冒号在初刊本作逗号;初刊本在"有一天"后有逗号;初刊本在"祖父"前无"的"字;第2个句号在初刊本中作逗号。

18.60页第6—8行:长明灯。他说熄了便再不会有蝗虫和病痛,真是像一件天大的正事似的。大约那是邪祟附了体,怕见正路神道了。要是我们,会怕见社老爷么?你们的茶不冷了么?对一点热水罢。

按:第一个句号在初刊本中作逗号;初刊本无"再"字;初刊本中"病痛"后的逗号作冒号;"那是"在初刊本中误作"那时";两个问号在初刊本中均作逗号;"热水"在初刊本中作"热的";最后的句号在初刊本中作问号。

19.60页第9—12行:好,他后来就自己闯进去,要去吹。他的老子又太疼爱他,不肯将他锁起来。呵,后来不是全屯动了公愤,和他老子去吵闹了么?可是,没有办法,——幸亏我家的死鬼那时还在,给想了一个法:

按:初刊本中"好"后的逗号作破折号;初刊本中"太疼爱"无"太"字;"又"字在第10次印本中误作"仅"字,在38年全集本中误作"反"字;初刊本中"和"误作"利"字;问号在初刊本中作破折号;初刊本中无破折号;初刊本中无"那时";冒号在初刊本中分好。

20.60页第14行:"唉唉,这真亏他想得出。"

按:初刊本中无"得出"。

21.60页第16—17行:"打死了就完了,吓!"

按:初刊本中无逗号;无"吓"字。

22.60页第18行:"那怎么行?"她吃惊地看着他,连忙摇手道,"那怎么行!

按:问号在初刊本中作逗号;初刊本中无如下文字:"吃惊地看着他,";初刊本无"道"字;初刊本中无如下文字:那怎么行!

23.60页第20行:觉得除了"死鬼"的妙法以外,

按:"除了"在初刊本中作"除掉"。

24.61页第1—2行:后来就好了的!"她又用手背抹去一些嘴角上的白沫,更快地说,"后来全好了的! 他从此也就不再走进庙门去,

按:"她"在初刊本中误作"他";初刊本中无"又"字;"手背"在初刊本中无"背"字;"一些嘴角上的"在初刊本中作:口角;感叹号在初刊本中作分号;

初刊本中无"从此"两字。

25. 61 页第 4 行:又疯了起来了。

按:该句在初刊本中无"了起"两字。

26. 61 页第 6 行:那灯不是梁五弟点起来的么?

按:该句在初刊本中无"起来"两字。

27. 61 页第 9—10 行:便轩昂地出了门。

按:"便轩昂"在初刊本中作:气昂。

28. 61 页第 14—15 行:走到东墙下拾起一块木炭来,就在墙上画有一个小三角形和一串短短的细线的下面,划添了两条线。

按:"木炭"在初刊本中无"木"字;"小三角形"在初刊本中无"小"字;"一串短"在初刊本中作"一排";"划添"在初刊本中作"划上";"两"在初刊本中作"四"。

29. 61 页第 16 行:果然一并看到了几个人:

按:冒号在初刊本中误作分号。

29. 62 页第 1 行:短的头发上粘着两片稻草叶,

按:"片"在初刊本中误作"牢"字。

30. 62 页第 3 行:就都缩了颈子,

按:初刊本中无"都"字。

31. 62 页第 6 行:他低声,温和地说。"就因为那一盏灯

按:初刊本中脱句号和引号。

32. 62 页第 9 行:不会有猪嘴瘟……。

按:初刊本中无"不会有"这三个字。

33. 62 页第 10 行:"唏唏,胡闹!"阔亭轻蔑地笑了出来,

按:初刊本中第一个逗号作感叹号;初刊本中"笑"字之前有"也"字。

34. 62 页第 16 行:你的伯伯会打断你的骨头!

按:"伯伯"在初刊本中作"伯父"。

35. 62 页第 19 行:眼光赶紧辟易了。

按:"赶紧"在初刊本中作"赶急"。

36. 62 页第 20—21 行:"你吹?"他嘲笑似的微笑,但接着就坚定地说,"不能!不要你们。我自己去熄,此刻去熄!"

按:这两句在初刊本作:"不能!"他坚定地说,"不要你们。我自己去熄,此刻去熄!"

37.62 页第 22 行:阔亭使立刻颓唐得酒醒之后似的无力;方头却已站上去了,

按:分号在初刊本中作句号;"已"在初刊本中作"已经"。

38.62 页第 24 行:让我来开导你罢,

按:初刊本中无"来"字。

39.63 页第 2 行:不要这么傻头傻脑了,

按:初刊本无"这么"两字。

40.63 页第 3—5 行:他忽又现出阴鸷的笑容,但是立即收敛了,沉实地说道,"然而我只能姑且这么办。我先来这么办,容易些。我就要吹熄他,自己熄!"

按:初刊本无"又"字;"但是立即"在初刊本中作"但又立刻";"地"在初刊本中误作"他"字;初刊本中无"姑且"两字;"我先来这么办"在初刊本中无"我"字;"容易"在初刊本中作"安稳";"就"在初刊本中作"但";"吹熄他"后的逗号在初刊本中作感叹号。

41.63 页第 7—9 行:"……你一定要我们大家变泥鳅么?回去!你推不开的,你没有法子开的!吹不熄的!还是回去好!"

按:初刊本中在"我们"之前有"害得";第 1 和第 2 个感叹号在初刊本中均作逗号;"推不开的"之后的逗号在初刊本中作感叹号;"还是"在初刊本中前有"你"字。

42.63 页第 11 行:"不成!你没法开!"

按:初刊中无如下内容:"不成!"

43.63 页第 14 行:"那么,就用别的法子来。"他转脸向他们一瞥,沉静地说。

按:初刊本中无"就用"两字;"他们"在初刊本中作"人";初刊本在"一瞥"后无逗号。

44.63 页第 15 行:"哼,看你有什么别的法。"

按:句号在 81 版全集中作感叹号。

45.63 页第 18 行:"我放火。"

按:句号在初刊本中作感叹号。

46.63 页第 19—20 行:"什么?"阔亭疑心自己没有听清楚。"我放火!"

按:初刊本中没有这一句。

47.63 页第 22 行:就有几个人交头接耳,

按:逗号在初刊本中作分号。

48. 64 页第 1—2 行:"你庙门要关得紧!老黑呀,你听清了么?关得紧!我们去想了法子就来!"

按:初刊本无"庙门";初刊本无如下文字:"老黑呀,你听清了么?关得紧!"

49. 64 页第 3—4 行:但他似乎并不留心别的事,只闪烁着狂热的眼光,在地上,在空中,在人身上,迅速地搜查,仿佛想要寻火种。

按:"他似乎"在初刊中误作"他们手";初刊本中"在人身上"之后有"搜寻";初刊本无"迅速地搜查",另外,第10次印本脱如下文字:"中,在人身上,迅速地搜查,仿佛想要寻火种。"

50. 64 页第 8 行:心里是全没有。

按:初刊本在"心里"之后有"还"字。

51. 64 页第 10 行:毁灭。他们自然也隐约知道毁灭的不过是吉光屯,

按:句号在初刊本中作逗号;"隐约"在初刊本中作"约略"。

52. 64 页第 13—14 行:坐在首座上的是年高德韶的郭老娃,脸上已经皱得如风干的香橙,还要用手捋着下颏上的白胡须,

按:"娃"在初刊本误作"姓"字;初刊本无如下内容:"脸上已经皱得如风干的香橙,还要用手";"捋"在初刊本中误作"将"。

53. 64 页第 16—18 行:这样一来,将来,万一有,什么,鸡犬不宁,的事,就难免要到,府上……是的,都要来到府上,

按:初刊本和初版本在"这样"之后均有逗号;初刊本在"万一"之后无如下文字:"有,什么,";初刊本在"鸡犬不宁"之后的"的事"两字作"起来";初刊本中的第二个"府"字误作"政"字。

54. 64 页第 19—21 行:四爷也捋着上唇的花白的鲇鱼须,却悠悠然,仿佛全不在意模样,说,"这也是他父亲的报应呵。他自己在世的时候,不就是不相信菩萨么?我那时就和他不合,可是一点也奈何他不得。"

按:"捋"字在初刊本中误作"将"字;初刊本中在"报应"之后无"呵"字;初刊本中在"他"之后无"自己"两字;初刊本中"不就"之后无"是"字;初刊本中问号作分号;初刊本中在"一点"之前无"可是"两字。

55. 65 页第 1 行:在那个,那个城隍庙里,

按:初刊本中在"城隍庙"之前无"那个"两字。

56. 65 页第 2 行:阔亭和方头以守护全屯的劳绩,

按:"劳绩"在初刊本中作"功业"。

57. 65 页第 3 行:并且还坐在老娃之下和四爷之上,

按:"娃"在初刊本中误作"姓"。

58. 65 页第 8 行:郭老娃吓了一跳,

按:"娃"在初刊本中误作"姓"。

59. 65 页第 11—12 行:阔亭便不再说话,立即拿起茶来喝。浑身一抖,放下了,

按:初刊本中在"拿起茶来喝"之前无"立即"两字;句号在初刊本中作逗号。

60. 65 页第 15 行:真该死呵!唉!

按:初刊本中无"呵"字。

61. 65 页第 16—18 行:"去年,连各庄就打死一个:这种子孙。大家一口咬定,说是同时同刻,大家一齐动手,分不出打第一下的是谁,后来什么事也没有。"

按:初刊本中"去年"之后无逗号;冒号在初刊本中作句号;初刊本中无"这种子孙。";初刊本中在"谁"之前无"是"字。

62. 65 页第 23 行:"那倒也是一个妥当的办法。"

按:"也"在初刊本中作"确"。

63. 66 页第 1—3 行:"那倒,确是,一个妥当的,办法。"老娃说,"我们,现在,就将他,拖到府上来。府上,就赶快,收拾出,一间屋子来。还,准备着,锁。"

按:初刊本在"一个"之后有逗号,初版本同 05 全集本;初刊本在"我们"之后无"现在,";初刊本在"准备着"之前无"还,"。

64. 66 页第 4 行:"屋子?"四爷仰了脸,想了一会,说,

按:初刊本中在"屋子"之后无问号。

65. 66 页第 6 行:"就用,他,自己的……"老娃说。

按:初刊本中在"他"之后无逗号;初刊本中在"自己"之后无"的"字;省略号之后的引号在初版、第 6 次印本、第 10 次印本以及 38 年全集本中均误放在"老娃说"之后。

66. 66 页第 9 行:单知道发疯,不肯成家立业。舍弟也做了一世人,

按:初刊本中在"成家"之后无"立业"两字;"做"在初刊本中误作"傲"字。

67. 66 页第 15—16 行:"这一间破屋,和我是不相干;六顺也不在乎此。可是,将亲生的孩子白白给人,做母亲的怕不能就这么松爽罢?"

按:"和"字在初刊本中误作"于"字;初刊本中分号作句号;初刊本中"可是"之后无逗号;初刊本中"白白"作"白"字;初刊本中,"做母亲的怕不能就这么松爽罢?"这一句作"他的新媳妇儿肯么?"

68. 66 页第 19—20 行:四爷在暂时静穆之后,这才缓缓地说,

按:初刊本中在"才"之前无"这"字。

69. 66 页第 21—22 行:无法可想,就照这一位所说似的关起来,免得害人,出他父亲的丑,也许倒反好,倒是对得起他的父亲……。

按:初刊本中"无法可想"之后的逗号作句号;初刊本中在"害人"之前无"免得"两字;初刊本中在"丑"之后无逗号;初刊本中"也许倒反好"之后的逗号作分号。

70. 67 页第 2 行:粗木直栅的,

按:初刊本中"粗"作"糙"字。

71. 67 页第 3 行:老娃和方头也顿然都显了欢喜的神色;阔亭吐一口气,

按:初刊本中"也"之后无"顿然"两字;初刊本中"吐一口气"作"呼一口气"。

72. 67 页第 6 行:但不久也就稀少了。

按:句号在初刊本中作逗号。

73. 67 页第 10 行:"你猜。"一个最大的说,"我再说一遍:

按:初刊本在"最大的"的之前无"一个";初刊本中"说"作"唱"。

74. 67 页第 12 行:摇到对岸歇一歇,

按:初刊本中逗号作分号。

75. 67 页第 18 行:"航船。"赤膊的也道。

按:初刊本中"航船"之后的句号作感叹号;初刊本中"道"之前无"也"字。

76. 67 页第 19—20 行:"哈,航船?"最大的道,"航船是摇橹的。他会唱戏文么?你们猜不着。我说出来罢……"

按:初刊本中"最大的"作"最小的";初刊本中无如下文字:"他会唱戏文么?你们猜不着。"初刊本中"我说出来罢……"这一句作"我说出来罢,那是:鹅。"

77. 67 页第 21—22 行:"慢一慢,"癞头疮还说。"哼,你猜不着。我说出来罢,那是:鹅。"

按:初刊本中无这些内容。

78. 67 页第 23 行:"鹅!"女孩笑着说,"红划楫的。"

按:"红划楫的。"在初刊本中作"鹅,是红脚的。"

79.68 页第 1 行:"怎么又是白篷船呢?"赤膊的问。

按:初刊本中没有这一句话。

80.68 页第 3 行:**孩子们**都吃惊,

按:"孩子们"在初刊本中作"孩子"。

81.68 页第 7—8 行:其余的也都笑着嚷着跑出去了。

按:初刊本中无"了"字。

82.68 页第 10—11 行:绿莹莹的长明灯更**其**分明地照出神殿,**神龛,而且**照到院子,

按:初刊本中"更"后无"其"字;初刊本中无"神龛,而且"。

83.68 页第 13 行:**都**笑吟吟地,

按:初刊本中无"都"字。

84.68 页第 14 行:"白篷船,对岸歇一歇。

按:初刊本中无"一"字。

85.68 页第 17 行:我放火!哈哈哈!

按:初刊本中作"嗳哈哈!"

86.68 页第 21—22 行:………   …

按:初刊本无这两行。

89.68 页第 23 行:一九二五年三月一日。

按:初刊本中无"一九二五年"。

二、结语

通过对比《长明灯》的初刊本和初版本,可以看出鲁迅在《长明灯》初版本中对初刊本做了如下几个类型的修改:

1.订正错误的字、词和标点符号。如 65 页第 8 行:郭老娃吓了一跳。初刊本中误把"娃"误作"姓",初版本对此做了订正。

2.修改一些不太准确的字、词。如 2.58 页第 4—5 行:这屯上的居民是不大出行的。本句中的"出行"在初刊本作"出门",初版本把"出门"改为"出行",可以使意思更准确。

3.补充初刊本遗漏的字、词、句子和标点符号。如 60 页第 14 行:"唉唉,这真亏他想**得出**。"初版本补上"得出"两字使句子的意思完整。

4.增加一些连接词使句子更通顺。如 64 页第 21 行:我那时就和他不合,可是一点也奈何他不得。初版本增加"可是"两字,可以使句子更通顺。

总体来说,《长明灯》的初版本订正了初刊本在字、词、句和标点符号等方面的一些错误或不足之处,使得小说的语言更准确,显示出鲁迅对小说语言的精益求精的创作态度。

另外,通过不同版本的汇校,也可以看出其他版本存在一些错误,如 64 页第 3—4 行:"但他似乎并不留心别的事,只闪烁着狂热的眼光,在地上,在空中,在人身上,迅速地搜查,仿佛想要寻火种。"在第 10 次印本中脱如下文字:"中,在人身上,迅速地搜查,仿佛想要寻火种。"再如 64 页第 16—18 行:"这样一来,将来,万一有,什么,鸡犬不宁,的事,就难免要到,府上……是的,都要来到府上,"在初刊本和初版本中,"这样"之后均有逗号,而在 05 年全集本中,此处没有逗号,笔者认为,从作者描写郭老娃的断断续续的说话的角度来说,05 年全集本应当参考初刊本和初版本在此处加上一个逗号。

再谈鲁迅为"文艺连丛"撰写的出版广告

鲁迅为"文艺连丛"撰写了两份文字上略有不同的广告:《"文艺连丛"出版预告》《"文艺连丛"的过去与现在》。后者先后收入了许广平等编辑的1938年版《鲁迅全集》、人民文学出版社出版的1958年版《鲁迅全集》、1981年版《鲁迅全集》和2005年版《鲁迅全集》,以及王世家和止庵合编的《鲁迅著译编年全集》。目前已知,《"文艺连丛"的过去与现在》一文先后刊登在"文艺连丛"丛书中的《不走正路的安德伦》(野草书屋1933年5月发行)、《解放了的董吉诃德》(联华书局1934年4月发行)、《坏孩子与别的奇闻》(三闲书屋在1935年印造,联华书局在1936年发行)等书的卷末,但是查阅上述图书的初版本,可以发现各种版本的《鲁迅全集》在收入《"文艺连丛"的过去与现在》一文时均存在一些错误。

一、各版《鲁迅全集》均注错了《〈文艺连丛〉——的过去与现在》一文的出处和发表时间

1938年版的《鲁迅全集》在收入《"文艺连丛"的过去与现在》(按:这是该版《鲁迅全集》中的文章名)一文时没有标明该文的出处,只在文章的最后标注:[一九三四]。1958年版的《鲁迅全集》在收入《"文艺连丛"——的过去与现在》(按:这是该版《鲁迅全集》中的文章名,下同)一文时,在第七卷卷末(第844页)注明:"本篇刊载于1933年5月野草书屋出版的《不走正路的安德伦》和1934年4月联华书局出版的《解放了的董·吉诃德》等书后。"1981年版的《鲁迅全集》第七卷在收入《〈文艺连丛〉——的过去与现在》一文时,注明:"本篇最初刊载于一九三三年五月野草书屋出版的《不走正路的安德伦》卷末。"(第461页)2005年版的《鲁迅全集》第七卷在收入《〈文艺连丛〉——的过去与现在》一文时,注明:"本篇最初刊载于一九三三年五月野草书屋出版的《不走正路的安德伦》卷末。"(第485页)

其实"文艺连丛"收录的三本书所刊载的《"文艺连丛"的过去与现在》一

文并不相同。《不走正路的安德伦》刊登的《"文艺连丛"的开头和现在》一文如下：

"文艺连丛"的开头和现在

投机的风气使出版界消失了有几分真为文艺尽力的人。即使偶然有，不久也就变相，或者失败了。我们只是几个能力未足的青年，可是要再来试一试。首先是印一种关于文学和美术的小丛书，就是"文艺连丛"。为什么"小"，这是能力的关系，现在没有法子想。但约定的编辑，是肯负责任的编辑；所收的稿子，也是可靠的稿子。总而言之：现在的意思是不坏的，就是想成为一种决不欺骗的小丛书。什么"突破五万部"的雄图，我们岂敢，只要有几千个读者肯给以支持，就顶好顶好了。现在正在校印的，还有：

2."山民牧唱"西班牙巴罗哈作，鲁迅译。西班牙的作家，中国大抵只知道伊本纳兹，但文学的本领，巴罗哈实远在其上。日本译有选集一册，所记的都是山地住民跋司珂族的风俗习惯，译者曾选译数篇登"奔流"上，颇为读者所赞许。这是选集的全译。不日出书。

3."Noa Noa"法国戈庚作，罗怃译。作者是法国画界的猛将，他厌恶了所谓文明社会，逃到野蛮岛泰息谛去，生活了好几年。这书就是那时的记录，里面写着所谓"文明人"的没落，和纯真的野蛮人被这没落的"文明人"所毒害的情形，并及岛上的人情风俗，神话等。译者是一个无名的人，但译笔却并不在有名的人物之下。有木刻插画十二幅。现已付印。

本丛书每种印有道林纸本子三百本，较为耐久，而且美观，以供爱书家及图书馆等收藏之用。本数有限，购者从速。

（按：此处还有《萧伯纳在上海》一书的广告，从略。）

　　　　　上海　野草书屋　谨启
　　　　　东华德路中兴里七号

《解放了的董吉诃德》刊登的《"文艺连丛"的开头和现在》一文如下：

"文艺连丛"的开头和现在

投机的风气使出版界消失了有几分真为文艺尽力的人。即使偶然有，不久也就变相，或者失败了。我们只是几个能力未足的青年,可是要再来试一试。首先是印一种关于文学和美术的小丛书,就是"文艺连丛"。为什么"小",这是能力的关系,现在没有法子想。但约定的编辑,是肯负责任的编辑;所收的稿子,也是可靠的稿子。总而言之:现在的意思是不坏的,就是想成为一种决不欺骗读者的小丛书。什么"突破五万部"的雄图,我们岂敢,只要有几千个读者肯给以支持,就顶好顶好了。

现在出版的,已有:

1."不走正路的安得伦"苏联聂维洛夫作,曹靖华译。作者是一个最伟大的农民作家,可惜在十年前就死掉了。这一篇中篇小说,所叙的是革命开初,头脑单纯的革命者在乡村里怎样受农民的反对而失败,写得十分生动。译者深通俄国文字,又在列宁格拉的大学里教授中国文学有年,所以难解的土话,都可以随时询问,其译文的可靠,是早为读书界所深悉的。内有蒿支(Ez)的插画五幅。实价二角半(精印本三角半)。

正在校印的,还有:

2."山民牧唱"西班牙巴罗哈作,鲁迅译。西班牙的作家,中国大抵只知道伊本纳兹,但文学的本领,巴罗哈实远在其上。日本译有选集一册,所记的都是山地住民跋司珂族的风俗习惯,译者曾选译数篇登"奔流"上,颇为读者所赞许。这是选集的全译。不日出书。

本丛书每种印有道林纸本子三百本,较为耐久,而且美观,以供爱书家及图书馆等收藏之用。本数有限,购者从速。

(按:此处还有《萧伯纳在上海》一书的广告,从略。)

上海　联华书局　谨启

《坏孩子与别的奇闻》一书所刊载的《"文艺连丛"的过去与现在》一文如下:

"文艺连丛"的开头和现在

投机的风气使出版界消失了有几分真为文艺尽力的人。即使偶然有,不久也就变相,或者失败了。我们只是几个能力未足的青年,可是要再来试一试。首先是印一种关于文学和美术的小丛书,就是"文艺连丛"。为什么"小",这是能力的关系,现在没有法子想。

但约定的编辑,是肯负责任的编辑;所收的稿子,也是可靠的稿子。总而言之:现在的意思是不坏的,就是想成为一种决不欺骗的小丛书。什么"突破五万部"的雄图,我们岂敢,只要有几千个读者肯给以支持,就顶好顶好了。现在已经出版的,是——

1."不走正路的安得伦"苏联聂维洛夫作,曹靖华译,鲁迅序。作者是一个最伟大的农民作家,描写动荡中的农民生活的好手,可惜在十年前就死掉了。这一个中篇小说,所叙的是革命开初,头脑单纯的革命者在乡村里怎样受农民的反对而失败,写得又生动,又诙谐。译者深通俄国文字,又在列宁格拉的大学里教授中国文学有年,所以难解的土话,都可以随时询问,其译文的可靠,是早为读书界所深悉的,内附蔼支的插画五幅,也是别开生面的作品。现已出版,每本实价大洋二角半(精印本三角半)

2."解放了的董吉诃德"苏联卢那卡尔斯基作,易嘉译。这是一大篇十幕的戏剧,写着这胡涂固执的董吉诃德,怎样因游侠而大碰钉子,虽由革命得到解放,也还是无路可走。并且衬以奸雄和美人,写得又滑稽,又深刻。前年曾经鲁迅从德文重译一幕,登"北斗"杂志上,旋因知道德译颇有删节,便即停笔。续登的是易嘉直接译出的完全本,但杂志不久停办,仍未登完,同人今居然得到全稿,实为可喜,所以特地赶紧校刊,以公同好。每幕并有毕斯凯莱夫木刻装饰一帧,大小共十三帧,尤可赏心悦目,为德译本所不及。每本实价五角。

正在校印中的,还有——

3."山民牧唱"西班牙巴罗哈作,鲁迅译。西班牙的作家,中国大抵只知道伊本纳兹,但文学的本领,巴罗哈实远在其上。日本译有选集一册,所记的都是山地住民跋司珂族的风俗习惯,译者曾选译数篇登"奔流"上,颇为读者所赞许。这是选集的全译。不日出书。

4."Noa Noa"法国戈庚作,罗怃译。作者是法国画界的猛将,他厌恶了所谓文明社会,逃到野蛮岛泰息谛去,生活了好几年。这书就是那时的记录,里面写着所谓"文明人"的没落,和纯真的野蛮人被这没落的"文明人"所毒害的情形,并及岛上的人情风俗,神话等。译者是一个无名的人,但译笔却并不在有名的人物之下。有木刻插画十二幅。现已付印。

如果把《鲁迅全集》中收录的《〈文艺连丛〉——的过去与现在》一文(以下简称"全集本")与上述三篇文章进行比较,可以确认"全集本"与《坏孩子与别的奇闻》一书所刊载的《"文艺连丛"的过去与现在》(以下简称"初刊本")一文基本相同。因此,各版本《鲁迅全集》所注释的《〈文艺连丛〉——的过去与现在》一文的出版时间和出处都是错误的。这篇文章的最初出处应当是刊载于三闲书屋在 1935 年出版、联华书局在 1936 年发行的《坏孩子与别的奇闻》一书的卷末。

二、各版《鲁迅全集》中的《〈文艺连丛〉——的过去与现在》一文均存在文字和标点符号的错误

如果把"全集本"和"初刊本"进行对校,就可以发现前者存在一些错误。在文字方面,"初刊本"中"每本实价大洋二角半(精印本三角半)"(按:"初刊本"排印时在这句话后面脱了一个句号。),"全集本"中的这一句中脱了如下的文字和标点符号:(精印本三角半)。在标点符号方面,"初刊本"中"所记的都是山地住民跋司珂族的风俗习惯","全集本"在这一句中的"山地住民"和"跋司珂族"之间衍逗号。另外,"初刊本"中"日本译有选集一册"和"这是选集的全译","全集本"对这两句中的"选集"都加了书名号。应当遵照鲁迅原文,不加书名号。

值得一提的是,从 1958 年版《鲁迅全集》开始,各版《鲁迅全集》均按照现代汉语的规范对鲁迅文章中的标点符号进行修改。例如在收录《〈文艺连丛〉——的过去与现在》一文时均把文章中出现的"文艺连丛"这四个字加上书名号。另外,这篇文章在"文艺连丛"收录的三本书中刊登时,"文艺连丛"这几个字用了比正文文字较大的字号,而"的过去与现在"这几个字则另起一行,用了比正文文字还小的字号。1958 年以后出版的各版《鲁迅全集》的编者都在"文艺连丛"和"的过去与现在"之间加上破折号,形成了《〈文艺连丛〉——的过去与现在》这样的文章名,这样就与鲁迅原文的文章名不同。因此应当把文章名改为《〈文艺连丛〉的过去与现在》。

写在鲁迅著作版本的边上

——略谈几则题跋

鲁迅博物馆在20世纪50年代建馆之初为充实馆藏曾征集过鲁迅先生的著作和遗物,各界人士纷纷响应,捐献了大量有价值的著作和文物。笔者近期在整理鲁迅博物馆馆藏的鲁迅著作版本时,注意到这些版本的扉页或最后一页常有一些题字或留言,留言者有名人,也有广大工农兵群众,其中的一些人很可能已不在人间了,这些留言为我们留下了民间有关鲁迅先生的珍贵记录。这些著作也因此而更具有收藏价值。

一、鲁迅著作版本与后人纪念

鲁迅先生因其对中国现代文化的巨大贡献而深受人们的景仰,所以一些读者在向刚组建不久的鲁迅博物馆捐赠鲁迅先生著作时便在书的扉页题字,以表达自己对鲁迅先生的热爱之情。

在1926年8月北新书局出版的一本《彷徨》的扉页上有如下题字:

万斯年　敬赠

在一本《野草》(按:版权页已无法辨认)的扉页有如下题字:

天津春和无线电厂段玉章同志捐赠　　1964,4

在一本北新书局出版的《热风》的扉页有如下题字:

许彦中　捐(并印)

在一本《鲁迅小说选集》(解放社出版,1946年1月新华书店晋察冀分店翻印)的扉页上有如下题字:

孙英(印)捐

在一本《鲁迅代表作》的扉页有如下题字:

1949年12月购于江苏泰州市　　张双文（并印）

作为一个敬爱鲁迅先生的人,本书捐赠鲁迅先生博物馆。

在一本《工人绥惠略夫》的扉页有如下题字：

孙裳持　赠

在一本《表》(袖珍本,浙江新华书店1949年9月出版)的扉页有如下题字：

赠给北京鲁迅博物馆

绍兴　　赵凤昌

56,6,13

在一本《中国小说史略》(油印本)的扉页有如下题字：

罗常培藏书(印)

(按:这本书存世的可能只有几本。)

在一本《中国矿产志》(初版本,光绪三十二年四月初七日印刷)的扉页有如下题字：

1950年拾月底

沈祖緜　(飂民)赠

(按:沈祖緜先生是鲁迅先生的朋友;另外,这本书存世的已不多。)

在一本1946年12月10日第3版的《呐喊》(由鲁迅先生纪念委员会编辑、鲁迅全集出版社)——的扉页有如下题字：

顾准　捐,黄金宝烈士遗物

这位"顾准"是否就是近期被重新评价的经济学家的顾准尚有待考证。至于黄金宝烈士也有待考证。

一些读者还在鲁迅著作中写下了自己对鲁迅和鲁迅著作的评价。

在一本《夜记》(文化生活出版社　1937年5月3版)的封二有如下题字：

鲁迅先生死后,中华民族失去了一枝锋利的刺刀。

另外,该书的扉页上还有如下题字：

为了面包和自由！

这句对鲁迅的评价也是读者发自内心的。

在一本《热风》(北新书局)的扉页有如下题字：

> 许彦　捐(印)
>
> 读这本书,是我第一次明了鲁迅的一本书,有人说鲁迅也不过"刀笔吏"式的刻毒鬼,根本没有使人佩服的地方。那我可以代他说几句:刻薄不刻薄是没有关系的。犹如一个人凶不凶相同,假使你是抗战式的凶那是好的。假定是侵略式的凶那才是不对的。所以鲁迅的骂"鬼"也是对的。假定是骂"人"当然是不对的。除非你自己也是"鬼"。
>
> 许力

应当说,这位"许力"先生对鲁迅的评价还是很正确的。

鲁迅著作出版中较为曲折的首推《拾零集》,于是一些细心的读者谈到了这本书的来历。

在一本《拾零集》(合众书店,1934年10月出版)的扉页有如下题字：

> 即为《二心集》改本,然少廿一篇及附录一篇,计少六分之一质量。
>
> 明方

在另一本《拾零集》(合众书店,1947年5月出版)的扉页有如下题字：

> 此集为《二心集》被检查官删剩的一些文章,书店改名为《拾零集》,"但在杭州仍被没收"。(见《且介亭杂文二集·后记》)

二、鲁迅著作版本与战争

鲁迅先生的一本著作居然在抗战时期在敌我之间两次被作为"战利品",这或许可称得上战争年代的一大奇迹,这本书也因此而弥足珍贵。

在这本《鲁迅论文选集》(粉纸本,新华日报华北分馆1941年出版)的扉页有如下题字：

此书为日本战时掳获品,八一五和平后又为中国战胜品也。

民国卅四年九月

这本在敌后根据地极简陋的条件下用粉纸印刷的鲁迅著作,被日寇当作战胜八路军的"掳获品"抢去(或许还被作为战利品展览),从中可见日寇对这本鲁迅著作的重视或兴趣。更为奇特的是这本历经战火的书在沦入日寇之手数年后再被我军缴获居然还被保存得基本完好。

三、鲁迅著作版本与爱情

鲁迅先生的著作还被一些青年当作传情达意的工具。

在一本《两地书》(上海青光书局 1933 年 4 月出版)的封二有如下题字:

牠是渠介绍我买的

内容也不错

看,看了再看!以慰渠期待的衷心

萍子　于元×　1933 年 8 月 18 日

另外扉页还有李希梅(印)

从题字和印章来看,这本书也曾转过手。最早购买该书的"萍子"小姐在题字中流露出对介绍她买这本书的那个"渠"的无限柔情,或许就是这本鲁迅著作促成了他们之间的一段姻缘。至于该书如何又属于李希梅小姐就不得而知了。

此外,还有一些人通过鲁迅的著作表达自己对恋人的相思。在一本《二心集》(合众书店　1932 年 10 月出版)的扉页有如下题字:

天空响着霹雷,闪电辉煌着示威。

是在风雨的夜里,那儿找到一棵星!

呵!四外格下的雅静,天上泛起了一朵一朵的白云。

你看破晓的曦光,那时告诉快临到早晨。

巴三于默相思中

蕴,我的好人……

阳历年已竟(按:原文如此)到了,回首一年已逝,所余只有苦闷而已。一年的开始,更应重新打鼓努力。鼓起兴奋,共同前进!将来我们会光明灿烂的……那只有天晓得!今与你寄上《二心集》《西弥×静》(按:原文已经辨认不出)两书并我的保存十年的铅笔小刀送给你,替我用和保存吧。你可将那旧铅笔赠给大鹏,因为买不着那一样类的。亲爱者原(按:原文如此)你快乐和勇往直前,×(按:原文已经辨认不出)出一条黑暗界视(按:原文如此)的曙光——我自有感谢你了!

  北络 十二月廿六日圣诞赠

至于在该书题字的"巴三"与"北络"是否就是一个人尚不得而知,也无法考证。

四、鲁迅著作版本与时代变迁

鲁迅先生著作的版本(主要是民国期间出版的,带有鲁迅印花的著作)大多已经历经了半个世纪的沧桑,其中也有时代的变迁的投影。

在一本《两地书》(上海青光书局1933年出版)扉页的后一页有如下题字:

  1933,6,6
  购自北平东安市场书社

在扉页上有如下题字:

  1943年"五月四日"晚购自西单商场与琐感集及冰心诗选同时得,共用洋七元。
  May5th 5,5,1943
  是日晚购书共用洋拾元
  在中央看复活

在该书封二上有如下题字:

  此为三三年,四三年两度作为"商品"移手,其间相去十年。不意一九五三年6月廿二日又为我于解放后的首都鼓楼地摊遇到,相隔又十年。这廿二年来时事的变化可真不小。
  看到四三年得此书的某君曾"在中央看《复活》",不由得忆起了往事。那时,我不是和"要命鬼"也正看《复活》吗。

  解放后的书商也变得聪明起来了,他说这本书虽然旧,但也不能少要,因为它是"原版"。可是八角的标价还是少要了一角五。不管怎样,我已不会把它再作商品了。

  ××(字迹已辨别不出) 1955,6,28
  有空时记

  从这几段题字不仅可以看出时代的变迁、物价的变化,老北京的旧书市场的情景,还可以看出留言者对鲁迅著作的珍视。这本从1933年到1953年每隔10年就换一个主人的、已经三易其主的、不会再作商品的《两地书》后来被捐赠到鲁迅博物馆,可以说是它最好的归宿了。(按:因捐献时的记录已经无法在鲁迅博物馆查到,所以捐献者是否就是这本书的第三个主人尚不能确定。)

五、其他

  鲁迅的著作《长明灯》(三通小丛书,上海三通书局)还被一些读者当作劝人"惜时"的媒介,大约是因为世上根本就没有什么"长明灯"。在一本《长明灯》的扉页有如下题字:

  琦　惠留
  过去的譬如昨日死
  未来的譬如今日生
  韶华留言
  人生的时光流计结果只是三十五年的整天——宜珍惜!

               王瑞峰
         一九四四、六、二六购于广艺

  一些读者还在鲁迅著作中留下了自己购书的小故事。在一本《工人绥惠洛夫》(阿尔志跋绥夫著,鲁迅译,未名社1927年6月出版)的扉页有如下题字:

  迅翁所校魏中散大夫嵇康集余珍视之,惜于昨深夜访友途中不慎遗失,今于××(按:已经辨认不出为何字)书铺得此《工人绥惠洛夫》，此乃一向所阙者，一得一失可谓巧矣。

刘宾　六二年元月廿 3 日
于候领差旅费中
刘宾（印）

有的读者还在鲁迅著作中记录了过团组织生活的时间、地点，把鲁迅著作当作了笔记本、备忘录，或者确切地说是随身必备的书。

在一本《两地书》(1943 年 3 月成都复兴书局发行)的封底有如下题字：

> 每月十四日、廿八日午后二钟乡政府上团课；每月卅日午后二时乡政府支部大会；每周星期六午后八时组过组织生活。

六、结语

法国的年鉴学派注重从历史细节入手研究历史，关注细节背后的历史意义与价值。按照这种理论，上述题跋无疑就是有关鲁迅先生的"历史细节"，从这些"历史细节"可以看出不同年代的普通读者对鲁迅的爱戴与接受的时代色彩。

鲁迅生平史实研究

鲁迅、寿洙邻与周作人的一则佚文考论

鲁迅先生在《中国小说史略·再版附识》中写到:"此书印行之后,屡承相知发其谬误,俾得改定;而钝拙及谭正璧两先生未尝一面,亦皆贻书匡正,高情雅意,尤感于心。"查鲁迅日记,1925 年 5 月 9 日记:"得钝拙信。"这封信指出:"《中国小说史略·清之拟晋唐小说及其支流》中所说的滦阳辖属于奉天,应为辖属于热河。"①

后人考证出这位鲁迅先生"未尝一面"的钝拙先生即是鲁迅先生的老师寿镜吾先生的次子寿洙邻先生。

再查鲁迅日记中有关寿洙邻先生的记载,可以看出,自 1912 年 9 月 21 日记"晚寿洙邻、钱稻孙来"始,至 1929 年 3 月 29 日记"洙邻来,赠以《游仙窟》一本"止,共有 51 次记载之多。其间,鲁迅先生与寿洙邻先生多次互访、同饮。在寿洙邻先生担任平政院记录科主任兼文牍科办事书记(1914—1928 任此职)时,他曾向鲁迅先生通报平政院审判鲁迅诉章士钊案取胜的消息。②另外,寿洙邻先生也曾陪同鲁迅先生看屋买房。③

由上述记载可以看出,鲁迅先生与寿洙邻先生交往频繁,是至交,但鲁迅先生至死都不知到曾给他的《中国小说史略》匡正谬误的"钝拙先生"竟是自己恩师的次子,也是自己好友的寿洙邻先生,于是就有了寿洙邻先生在一本

---

① 参见《鲁迅全集》8 卷第 139 页注②。
② 参见《鲁迅书信集·260225 致许寿裳》。
③ 据鲁迅日记 1919 年 4 月 13 日记载。

《中国小说史略·再版附识》边上的如下题记：

> 钝拙其人即我也，我因此书中不知溧阳为今热河，故贻书以告鲁迅，然终未面告之也。
>
> 洙邻

（按：此据手迹录入，标点系笔者所加。）

这段题记流露出寿洙邻先生对鲁迅先生的内疚之情。

这本寿洙邻先生题字的《中国小说史略》是否为鲁迅先生所赠的那一本，尚有待考证。查鲁迅日记，1925年11月28日记"寄赠洙邻《小说史略》一本"。另外，在1925年10月9日记："寄锡琛、西谛、谭正璧以《小说史略》各一本。"这个谭正璧即是鲁迅先生在《中国小说史略·再版附识》中所提到的为他提出修改意见的谭正璧。但在《鲁迅日记》中查不到赠《中国小说史略》给"钝拙先生"的记载，这可能是因为鲁迅先生始终不知到"钝拙先生"是谁，因而无法赠书。好在他送给好友寿洙邻先生的《中国小说史略》或许能弥补这一遗憾。据笔者推测，极有可能是，寿洙邻先生在接到鲁迅先生寄赠的《中国小说史略》，读到封二所刊"再版附识"后，提笔在"再版附识"旁边留下上述题字，但这本《中国小说史略》上没有鲁迅先生的任何题字和印章，所以，尚不能最后确定这本《中国小说史略》就是鲁迅所赠寿洙邻先生的那一本。

这一文坛佳话引起了周作人的重视，于是又有了周作人在该书扉页上的如下题词：

> 此为寿洙邻先生遗书之一，先生于六一年一月去世以后，寿师母整理遗物，承以是见赐，中有题记，颇足供研究是书者之参考。今特以捐献于鲁迅博物馆。时一九六二年二月十二日。
>
> 作人记　（知堂书记）（印）

查《周作人年谱》，1962年2月12日记："将《中国小说史略》托常维钧转赠鲁迅博物馆，因此书上有寿先生所写的批注。"

这两则题记无疑为研究鲁迅、周作人、寿洙邻三先生的关系提供了珍贵的史料。这一本《中国小说史略》也因有了这两则题记而弥足珍贵。

许广平关于鲁迅的一则佚文考论

孙伏园先生在编辑《京报副刊》期间曾策划组织过一次评选当时"社会十大柱石"的活动,吸引了广大读者的踊跃参与。该刊 404 号(1926 年 2 月 3 日)第 6 版刊登了"瞧瞧他们为什么选这班人(三)"的系列选票,其中第 234 票是署名"景宋"的女士所选,全文如下:

一、汪精卫,

二、蒋介石(他的党军制可救国的),

三、吴稚晖(白头少年英气勃勃),

四、鲁迅(思想革命的导师),

五、李石曾,

六、李大钊,

七、冯玉祥(北方军人中比较可合作的,但还要看他以后的态度是否接近民众意旨做去,不过可希望的人就是了),

八、蔡松坡,

九、孙文,

十、郭松龄。

(蔡孙郭三先生先后死去,可以算是国殇。虽然蔡郭二先生之死未必便栋折梁摧,但是这路人总不可多得。因为凑足十人之数并写出以作我个人心目中柱石之代表之楷模耳。)

附言:我是普通的一个大学生。我还没有投入任何党。但是,女师大变了臭毛厕之后,我因此得以认清各式各样的人物的态度。回头看中国柱石所写的人,在某一方面色彩甚浓,管他那些,索性暂时推许以上各人吧。

景宋选于女师大。

通读全文,可以断定此"景宋"即是许广平女士无疑。以笔者所见,此文不曾收录于许女士的各种集子之中,如海婴先生编的《许广平文集》、陈漱渝、刘丽华两先生所编的《许广平》等均未收此文；也不见收于张梦阳先生所编《1913—1983鲁迅研究学术论著资料汇编》之中。张先生所编的六卷本巨著事无巨细地收罗了有关鲁迅的各种文字，其中就包括了评选"社会十大柱石"活动中提到鲁迅的两张选票：张申府的《终于投一票》和朱岳峙的第619号选票。由此可以认定此文是许广平女士的一则佚文。

这则佚文虽短却具有重要的学术价值：首先，此文为研究许广平女士与鲁迅先生之间的交往提供了一则重要史料。从许广平女士在选票中给鲁迅先生冠以"思想革命的导师"这一称号可以看出鲁迅先生在许广平女士心目中占有何等重要地位。这张选票中所提到的十大社会柱石，除鲁迅先生外，似乎只有李大钊先生（共产主义者）、吴稚晖先生、李石曾先生（两者均是著名的无政府主义者。其中李石曾曾于1915年在法国与汪精卫、陈璧君、蔡元培发起组织"世界社"，宣传无政府主义。在此之前，汪精卫、李石曾、吴稚晖等无政府主义者在1912年于国内组织"进德会"，标榜"六不主义"，以示清高。而吴稚晖不仅是著名的无政府主义者，还是"一位著名的科学宣传家"，1923年以《一个新信仰的宇宙观及人生观》为科学与玄学论战铁锤定音。）在思想领域有较重要影响，但这些人在许广平女士的评价中均不及鲁迅先生，只有鲁迅先生可以称得起"思想革命的导师"的称号。

其次，此文为研究许广平女士当时的思想提供了重要文本。如"附言"所记，在"女师大变了臭毛厕之后"，许女士"得以认清各式各样的人物的态度"，其思想也随之发生了变化，这张选票上"某一方面色彩甚浓"就是她当时思想状况的鲜明体现。从选票中可以看出这"某一方面色彩"应指政治色彩，再具体一点说，就是指反对军阀专制的革命色彩。汪精卫、蒋介石、吴稚晖、鲁迅、李石曾、李大钊、冯玉祥，再加上当时已经去世的孙文、蔡松坡（蔡锷）、郭松龄三位，这十个人的共同之处大约就是反对北洋军阀专政了。许广平女士选择这十个人（包括三名死者）为心目中的十大社会柱石无疑寄托了其反对军阀专制的思想。笔者未曾见到全都选票，但就所见到的选票而言，这一张的确政治色彩颇浓，充分体现出许广平女士在思想上的特异之处。

再次，此文也体现了许广平女士眼光的敏锐。许女士指出蒋介石的"党军制可救国的"，后来果被其言中，当然，蒋介石党军制所救的是中华民国。至于许女士对冯玉祥的评价就更有先见之明了，冯玉祥是"北方军人中比较可合作的，但还要看他以后的态度是否接近民众意旨做去，不过可希望的人就是了"。冯玉祥先生作为北方军阀的一员，但因其具有革命色彩而被许女士视作"比较可合作的",但还要"看他以后的态度是否接近民众意旨做去"。冯玉祥先生后来在抗战中终于"接近民众意旨",投身抗战,后冲破阻力试图回国,都说明了他是许广平女士所寄予"希望"的人。

总而言之,这则佚文对研究许广平女士的思想具有重要参考价值。

从新发现的李立三讲话记录
再谈李立三和鲁迅的会见情况

——兼向朱正先生请教

朱正先生在鲁迅生平史料的考证和辨析方面做出了突出的贡献,他的《鲁迅回忆录证误》一书多次再版,成为众多鲁迅研究者的必读之书。

1999年,朱正先生在《鲁迅回忆录证误》的"三版后记"中曾这样说:

> 人做一件事,总要找出一点冠冕堂皇的理由来,重印这本二十年前出版过的旧作,也得有一个说法。我想,它可以供有意研究鲁迅生平的人,以及《鲁迅回忆录》的读者参考,这是不用说的。此外,我以为这书还是向作者们和读者们的一份建议,对于作者,我希望他有一种尊重读者的态度,着笔之际认真一些,慎重一些,不要以为读者可欺,怎样随便乱写也不要紧。要知道,有毛病迟早会有读者看出来的,那时岂不有损自己的声誉吗?对于读者,我希望他从这些具体的例证看到,无论读什么权威的著作,也不能轻信,而要自己动脑筋,判别其是非。对于这些并不准备花大力气研究鲁迅生平的读者,对书中的方法会比对书中的结论更有兴趣吧。①

作为一位"并不准备花大力气研究鲁迅生平的读者",笔者对朱正先生的这一段话印象深刻,深以为然,并按照朱正先生所指点的方法论读书。

2006年,朱正先生又在《鲁迅回忆录证误(增订本)》的"后记"中说:

> 三十年间,出现了不少新的资料,使我能够对书中的几篇作了修订和增补,还写了几篇新稿。……这个增订本将要面对新一代的读者了。他们以新的眼光看这本旧书。我期待他们的批评。②

朱正先生的这段话很让我感动,现在的学界,一些人热衷于翻印旧作,但

---

① 朱正:《鲁迅回忆录正误》(第三版),浙江人民出版社,1999年版。
② 朱正:《鲁迅回忆录正误》(增订本),人民文学出版社,2006年版。

却不对旧作所存在的一些错误进行修改、增补,而朱正先生作为一位久负盛名的学者尚且能不断根据新发现的史料修订、增补旧作,这种对学术和史实严谨负责的态度很值得学习。

笔者在五年前曾偶然得到一份许广平女士笔录的她和李立三会见的谈话记录,因为一时不能确认这份资料的真实性,所以就暂且放下,近日,笔者通过有关渠道证实了这份资料的真实性,所以就披露出来,并以此向朱正先生请教。

一、许广平《鲁迅回忆录》中关于鲁迅与李立三会见的相关文字

许广平在《鲁迅回忆录·"党的一名小兵"》一章中这样论道:

> 鲁迅和党的关系是非常亲密的。在北京时期,他就和中国共产党的最早创始人之一李大钊同志有着亲密的往还;在广州时期,他曾秘密会见过党在广东方面的负责人陈延年同志;在上海时期,就是自由大同盟成立的前后,党中央研究了鲁迅在各阶段的斗争历史以后,认为鲁迅一贯站在进步方面,便指定李立三同志和鲁迅见面。这次见面,对鲁迅有极其重要的意义。当时,党着重指示两点:一,革命要实行广泛的团结,只有自己紧密地团结,才能彻底打败敌人;二,党也教育鲁迅,无产阶级是最革命、最先进的阶级,为什么它最先进、最革命?就因为它是无产阶级。经过那次会见以后,鲁迅的一切行动完全遵照党的指示贯彻实行了。和瞿秋白同志相知更深,我在前一节文章中,已经做过叙述,这里不必重复了。值得特别提出的是:鲁迅生前虽然没有能够和我们伟大的领袖毛主席见面,但是他对毛主席的英明领导,是倾心拥护、诚恳接受的。……他这种坚决维护党的原则,紧紧跟着党走,一时一刻也离不开党的忠实态度,永远是我们学习的榜样。①

---

① 许广平:《鲁迅回忆录》,转引自北京鲁迅博物馆编《鲁迅回忆录(专著下册)》,北京出版社,1999年版,第1198页。

二、朱正《鲁迅回忆录证误》一书中关于鲁迅和李立三的会见的相关文字

朱正先生在《关于鲁迅和李立三的会见》（收入《鲁迅回忆录证误》一书中）一文中对许广平上述文章中所提到的李立三和鲁迅谈话的两点内容进行了辨析,他指出:

> 讲话的内容,许广平就只记了这样两点。第一点,团结问题。如果是说革命作家内部不要争吵不休,而要团结一致,共同对敌,那么,"左联"的成立就已经做到了这一点。这一次也许是重新强调一下,说明这样做的必要性吧。至于第二点,说"无产阶级是最革命、最先进的阶级",是马克思主义的最初步的常识,难道李立三会认为鲁迅连这些都不懂,而有待于他的谆谆教诲吗？大家都知道,在当年的上海,不论是在国民党反动政府直接统治下的华界,还是在帝国主义统治下的租界,斗争都是极其尖锐的。在那种白色恐怖之下,旅馆饭店都不是什么安全的地方。柔石、殷夫等二十多个共产党员就是在旅馆开会时被捕而牺牲的。这一件大家都知道的大惨案就发生在鲁迅和李立三会见以后不到一年的时间里。当时,李立三作为党的主要负责人,他冒着一定的风险在饭店里开了房间约见鲁迅,决不会仅仅是为了向鲁迅讲授一大通政治常识和政治空谈,或是为了已经实现的团结再作一回解释,他一定还有更具体的目的。什么目的呢？回忆录的作者对此却没有作出回答。
>
> 我们应该注意回忆录作者的一项声明。她在《鲁迅回忆录》的《前言》中说:
>
> > 牵涉到保密问题的一些事情,如有关左联的活动以及与其他革命者的来往,我则遵守铁的纪律,不便与闻,因而未能详说其中情况。
>
> 这是确实的。就说这一次李立三约鲁迅谈话,许广平因为"不便与闻",当时并没有陪同前往,所以写作回忆录的时候也就"因而未能详说其中的情况"。既然写的是自己本来不甚了然的事情,当

然就不免有些不够确切了。①

朱正先后引用了冯雪峰撰写的三则文字材料:在1967年8月写的《关于李立三约鲁迅谈话的经过》、在1973年7月23日答复一位鲁迅研究者的信、在1973年8月3日和中山大学中文系现代文学组的访问者的谈话,来证明当时会见谈话的内容,他指出:

> 冯雪峰是这次会见的参与者,他所写的这些材料,是现有的关于这件事情唯一的第一手资料,弥足珍贵。其中转述鲁迅的一些话,在鲁迅本人的文章和书信中,以及在别人写的一些回忆文中,都可以找到类似的说法,这也就证明了这些材料的真实性和准确性是无可怀疑的。

朱正先生在文章最后说:

> 鲁迅和李立三的这一次会见,我想,这仅仅说明了鲁迅和党的关系是这样亲密,党对鲁迅是这样信任,这才有可能发生党的负责人约见他这样的事情。至于要说到这次会见的具体结果,那么,不论从当时的交谈或是后来的事实来看,鲁迅是并没有听从李立三的意见。可见许广平所说"完全遵照""贯彻实行"云云,就与事实有较大的出入了。②

应当说,朱正先生对许广平在文章中所写的关于鲁迅与李立三谈话内容的"正误"是非常有力的,已经被学术界认可,并被广泛引用。

另外,除了朱正先生上述所引用的冯雪峰三次谈鲁迅与李立三会见的资料之外,冯雪峰在1962年11月24日于北京的家中接受几位茅盾研究者的访问时曾经提到过鲁迅与李立三会见的情况:

> "左联"成立前,李立三与鲁迅见面,我陪鲁迅到一品香旁边一个外国人开的饭店(叫什么"爵禄",是翻译名字),这次会见不是为了成立"左联",而是李立三想搞几次大的运动(如"五一""五四"等)希望得到鲁迅的支持。鲁迅不表示支持,但话说得很客气。③

---

① 朱正:《鲁迅回忆录》(增订本),人民文学出版社,2006年版,第83页。
② 朱正:《鲁迅回忆录》(增订本),人民文学出版社,2006年版,第88—89页。
③ 孔海珠:《冯雪峰在1962年的一次谈话》,《上海鲁迅研究》2003年秋季号。

显然,冯雪峰在这次谈话中所提到的李立三于鲁迅会见的情况与上述三次的谈论李立三与鲁迅会见的文字有明显的不同,另外,这次谈话的内容在时间方面也有几处错误,如这次见面在5月7日,应当是"左联"成立之后,另外李立三想搞几次大的运动(如"五一""五四"等),应当说,此时李立三确实想搞几次大的运动,但并不在"五一""五四",因为他见鲁迅是在5月7日,"五一""五四"已经过去了。需要强调的是,许广平的《鲁迅回忆录》此时已经出版了,冯雪峰应当已经看到过许广平关于李立三与鲁迅会见的文字,但是在这次谈话中并没有表达出不同的看法。

三、夏衍关于鲁迅与李立三会见的相关文字

朱正先生在这篇文章之后还附录了夏衍的一则谈话来证实自己的观点。夏衍指出:

> 关于这次会面……冯雪峰的回忆录讲的是对的,当时一起面谈的是四个人:冯雪峰陪同鲁迅,潘汉年陪着李立三去的。朱正考证许广平回忆的正误,许广平把此事拔高了,说从此之后鲁迅完全听党的话。其实不然,冯雪峰的回忆对,说这次见面是各说各的,并未取得完全一致的意见。就是见了面,谈了大概不到一个钟头吧。冯雪峰同许广平的回忆录都讲到:李立三这次见鲁迅,是希望鲁迅发表一篇文章支持他,支持党。但是鲁迅没有同意。究竟为什么要发宣言?发表一个什么宣言?只要看一下当时的历史,就很容易了解。左联成立(1930年3月2日)不久,李立三在5月9日准备发表一个文件,就是后来在6月11日发表的那个党史上有名的《新的革命高潮与一省和几省的首先胜利》。在提此口号之前,李要求见鲁迅,希望鲁迅发一个宣言支持他,即指此事。当时是立三路线高峰,他扬言"会师武汉,饮马长江",搞城市暴动。为什么鲁迅冒这个危险到爵禄饭店呢?这里有一个小秘密。当时爵禄饭店是一个中型、中档的饭店,在西藏路、汉口路附近。上层、达官贵人不会去,平头百姓也不去,比较安全。最重要的一点是,饭店有个领班是宜兴人,是潘汉年的同乡,人很可靠,可惜姓什么叫什么记不起来了。1937年,抗战前,潘汉年每次到上海,都是在那里开个房间,约我见面,这

是别人不知道的。①

夏衍的文章不仅进一步证实了朱正"正误"的正确性,而且,也对朱正的说法有所补充,并点明许广平"把此事拔高了"。

四、许广平笔录的李立三讲话内容

1960年3月1日,许广平与李立三会见,请李立三回忆一下他和鲁迅见面的情况,并把李立三讲话的大意笔录下来以《李立三同志的谈话摘记》为题保存下来,并作为资料提供给有关研究者。

笔者通过多方查证,证实了这份许广平笔录的李立三谈讲话的可靠性,现全文转录如下:

李立三同志的谈话摘记

一九六〇年三月一日,许广平先生访问了李立三同志,谈话记录摘要如下:

李立三同志说:(大意)

关于一九二八年创造社与鲁迅笔战的问题,在原则上他们之间是有分歧的,创造社讲无产阶级革命文学,而鲁迅在当时还没有成为一个马列主义者,这是事实;但创造社有关门主义的错误,同时,个别人也有骂名人藉以出名的思想,因此,彼此之间,争论的很厉害。

当时,党中央发现了这一问题之后,曾研究了鲁迅在各个阶段的斗争历史,认为鲁迅一贯站在进步方面,便指定我和鲁迅作一次会面,谈谈这个问题。当时鲁迅谈了些什么?已不能记忆,只记得我谈了二个问题:

(一)我们要实行广泛的团结,反对国民党反动派。因此,在这次会面了不久之后,我们即发动成立"自由大同盟",后来又有了"左联"和"民权保障同盟"。那次谈话,我对创造社方面有所批评。

(二)分析无产阶级是最革命、最先进的阶级,为什么它是最革

---

① 夏衍:《夏衍谈"左联"后期》,《新文学史料》1991年第4期,转引自朱正《鲁迅回忆录正误》第88—89页。

命、最先进呢？就因为他是无产者。接着又谈了无产阶级革命的问题。

经过那次谈话以后，鲁迅完全和党一致了。和创造社的对骂也不见了。鲁迅的革命立场从未动摇过。（以后，鲁迅在有一些回忆和一些文章中，对创造社的个别人也曾提到过一、二句，但那口气，已经和过去完全不同了。）在此以前，鲁迅可能和党有关系，但我不知道。

这次会见的地点，是在我们党的一个秘密机关（大概是创造社的党组）。至于，和鲁迅如何联系，由谁陪见，已完全不记得了。（陈赓同志是当时特科的负责人，很可能知道此事。）

在这次会见之前，我们曾经首先去找过创造社党组负责人谈过，指出他们所犯的错误所在，和错误的性质，并帮助他们克服和改正。后来，在创造社党开过会，也费了不少力量，因为当时创造社内包括党员和非党员，有很多的一批人。

从李立三的讲话记录可以看出，李立三关于他和鲁迅会见时的谈话内容只记得自己讲的两个问题，鲁迅所谈的内容已经没有印象了，另外，还存在一些时间方面的错误，如"在这次会面了不久之后，我们即发动成立'自由大同盟'，后来又有了'左联'和'民权保障同盟'"。对照李立三在1960年的讲话记录和许广平在《鲁迅回忆录》（1959年11月写完初稿，1961年5月由作家出版社出版）中所提到的鲁迅和李立三会见的谈话内容，可以确认许广平所写鲁迅与李立三会见的谈话内容即来源于李立三的这次回忆。这也从一个方面说明朱正先生所说李立三"冒着一定的风险在饭店里开了房间约见鲁迅，决不会仅仅是为了向鲁迅讲授一大通政治常识和政治空谈，或是为了已经实现的团结再作一回解释"，是有点过度阐释了。

许广平在《鲁迅回忆录·前言》中说：

本书没有大段的鲁迅谈话记录，好在这些大段的话，都在鲁迅著作或给朋友的通讯里尽言无隐，在家庭生活中倒不是讲整套话的时间。加以朋友一来，我就每每张罗家务，或添菜吃饭，或看顾孩子，对鲁迅和客人的谈话，往往听到片言只语，未必全面，时日一长，便多所忘记了。因系历史事实，不能马虎出之，所以有些话如果找不到引证，就是有些印象，也都从略了。另外，牵涉到保密问题的一些事情,如有关左联的活动以及与其他革命者的来往,我则遵守铁的纪律,不便与闻,因而未能详说其中情况。①

可以说,许广平在写到鲁迅与李立三会见的情况时是比较慎重的。她因为不了解鲁迅和李立三会见的详情,而又需要在文章中写到两人会见,所以才专门请李立三回忆当时的谈话内容,并把李立三所回忆的内容笔录下来,然后又写到文章中去。另外,许广平和李立三同为全国政协委员,同在国务院工作,许广平的《鲁迅回忆录》在1961年出版,而李立三在1967年6月22日才去世,李立三很有可能看到许广平的《鲁迅回忆录》,因此,许广平在理论上不存在歪曲或伪造李立三讲话的可能。

需要特别指出的是,许广平在写到鲁迅和李立三会见的情况时,并非像夏衍所说的"把此事拔高了","说从此之后鲁迅完全听党的话"。对照李立三的讲话记录,可以看出许广平所说的:"经过那次会见以后,鲁迅的一切行动完全遵照党的指示贯彻实行了。"这一句话来源于李立三的讲话,李立三的原话是:"经过那次谈话以后,鲁迅完全和党一致了。和创造社的对骂也不见了。鲁迅的革命立场从未动摇过。"因此,在批评许广平说鲁迅在和李立三会见后完全听党的话,这是把鲁迅"拔高"了时,需要了解当时说这句话的人是党的高级领导人李立三和说这句话的语境,许广平只是引用李立三的话,在这一点上并没有在主观上有"拔高"鲁迅的意图。

另外,李立三所说"这次会见的地点,是在我们党的一个秘密机关(大概是创造社的党组)",夏衍解释说李立三与鲁迅会见的爵禄饭店是潘汉年经常秘密会见他的地方,"比较安全"。李立三和鲁迅在旅馆饭店会见的确有危险,朱正先生还特地提到柔石等人在饭店里被捕的事,但是后来的材料表明柔石等人被捕是因为有人告密,不知道朱正先生在这次"增订本"出版时为何没有改正,希望朱正先生在下一次修改这篇文章时能再举一个比较恰当的例子。

五、冯雪峰、胡愈之、周建人关于李立三和鲁迅会见的相关说法

1972年12月25日,北京鲁迅博物馆邀请冯雪峰、胡愈之等一些与鲁迅

---

① 北京鲁迅博物馆编:《鲁迅回忆录(专著下册)》,北京出版社,1999年版,第1084—1085页。

有过交往的人士举行座谈会。冯雪峰在这次座谈会上谈到了李立三会见鲁迅的情况：

> 鲁迅抵制错误路线，主要的表现是在他文章的思想上。例如"左联"成立于立三路线抬头时，但鲁迅在"左联"成立大会上的讲话，是既反对右倾主义，也反对"左"倾机会主义的；在这时所写的许多辉煌的战斗文章，思想上也都和立三路线根本不同。在王明路线统治时期，他的文章在思想上不同于王明路线更明显。
>
> 李立三与鲁迅见面，时间是一九三〇年五月七日晚上，地点是爵禄饭店，鲁迅在日记上有到爵禄饭店的话。谈话约四五十分钟。李立三的目的是希望鲁迅发个宣言，以拥护他的"左"倾机会主义那一套政治主张。鲁迅没有同意。谈话中李立三提到法国作家巴比塞，因为在这之前巴比塞发表过一篇宣言似的东西，题目好像叫《告知识阶级》。但鲁迅说中国革命是长期的、艰巨的，不同意赤膊上阵，要采取散兵战、壕堑战、持久战等战术。鲁迅当时住在景云里，回来后他说："今天我们是各人讲各人的。要我发表宣言很容易，可对中国革命有什么好处？那样我在中国就住不下去，只好到外国去当寓公。在中国我还能打一枪两枪。"①

胡愈之在这次座谈会上接着冯雪峰的话题也谈了他听到鲁迅曾经对他讲过的鲁迅和李立三会见的情况：

> 上面那次见面，鲁迅也对我说过，记得就是我从香港回上海那时说的。他说："李立三路线到底怎么回事，我不明白。一天晚上，人家开好旅馆找我谈话，开门进去一个高高大大的人接待我。他自我介绍说他是李立三，党要在上海搞一次大规模示威游行，搞武装斗争。还说：'你是有名的人，请你带队，所以发给你一支枪。'我回答：'我没有打过枪，要我打枪打不倒敌人，肯定会打了自己人。'"这是鲁迅把当时谈话内容漫画化了。记得鲁迅和我谈这件事是和"憎恶自己营垒里的蛀虫"这段话联系一起的。回想当年，正是党内"左"倾机会主义闹宗派、搞分裂，出现了大批的叛徒，其中有披了极

---

① 冯雪峰：《在北京鲁迅博物馆的谈话》，《鲁迅回忆录（散篇中册）》，北京出版社，1999年版，第992页。

"左"的外衣派进来的,也有由于对革命失望而被拉出去的。鲁迅憎恶的就是这些人。现在回想鲁迅这一席话,意义是十分深刻的。①

对比一下冯雪峰关于李立三同鲁迅见面的相关文字和胡愈之关于李立三同鲁迅见面的相关文字,不难看出,两人的讲述还是有比较大的差别的。

周建人在《天津师范学院学报》1977年5期发表的《关于鲁迅的若干史事》一文中也写到了鲁迅对他讲述的和李立三会见的情况:

十五、关于鲁迅与李立三会晤的情况

鲁迅同我讲过他见过一次李立三。他说:"李立三找我去,我去了。李立三说:'你在社会个是知名人物,有很大的影响。我希望你用周树人的真名写篇文章,痛骂一下蒋介石。'我说:'文章是很容易写的。蒋介石干的坏事太多了,我随便拣来几条就可以写出来。不过,我用真名一发表文章,在上海就无法住下去了。'李立三说:'这个问题好办!黄浦江里停泊着很多轮船,其中也有苏联船,你跳上去就可以到莫斯科去了。'我说:'对,这样一来蒋介石是拿我没办法了。但我离开了中国,国内的情况就不容易理解了,我的文章也就很难写了,就是写出来也不知在什么地方发表。我主张还是坚守阵地,同国民党进行韧性战斗,要讲究策略,用假名字写文章,这样,就能够真正同国民党反动派战斗到底。'李立三没有办法,只好说:'好吧,你自己考虑吧!'我就回来了。"鲁迅对我讲的会晤李立三的情况,我记得就是这一些。②

需要指出的是,周建人在这篇文章中纠正了不少关于鲁迅史实的错误,态度比较严肃认真。后来,周建人又在80年代初向正在写作《伯父的最后岁月——鲁迅在上海》一书的女儿周晔讲述了鲁迅曾和他谈到过自己和李立三会见的事。对比周晔在书中的相关记载和周建人本人所写的内容,可以看出两者基本一致。

---

① 胡愈之:《谈有关鲁迅的一些事情》,《鲁迅回忆录(散篇中册)》,北京出版社,1999年版,第1005页。
② 周建人:《回忆大哥鲁迅》,上海教育出版社,2001年版,第119页。

六、结论

李立三和鲁迅究竟谈了些什么？从现有的上述资料来看，作为在场的人，李立三和冯雪峰的回忆以及周建人、胡愈之对鲁迅讲述的回忆均有明显的不同，虽然目前学术界多采用冯雪峰的回忆，但是，李立三的回忆也应当引起重视。

从许广平笔录的内容可以看出，李立三的回忆内容在开头和结尾都是谈要创造社停止论争，和鲁迅搞好团结的问题，而团结鲁迅的目的就是共同"反对国民党反动派"。所以，他作为党的高级领导人首次会见鲁迅和鲁迅所讲的第一点是"团结"问题就可以理解了。这在一定程度上可以补充冯雪峰、胡愈之、周建人等人的回忆内容。

至于李立三所谈的第二点"无产阶级"和"无产阶级革命"问题，因为李立三的回忆只说了几句关于无产阶级是最革命、最先进的阶级的话，没有详谈"无产阶级革命"问题，不过，李立三会见鲁迅的主要目的应当是动员鲁迅参加"无产阶级革命"，所以，冯雪峰回忆中说李立三要鲁迅发表宣言支持无产阶级革命的就可以补充李立三的回忆了。但是，鲁迅拒绝了李立三的要求，至于鲁迅拒绝李立三要求的原因，除了冯雪峰的说法之外，胡愈之和周建人的说法也可以作为一种参考。因此，应当把李立三的回忆和冯雪峰、胡愈之、周建人的回忆放在一起，这样才能大致恢复李立三和鲁迅会见的真实情景。

再谈《域外小说集》的存世数量

鲁迅在1920年撰写的《〈域外小说集〉序》中回忆1909年出版《域外小说集》的情况时说，原计划"待到卖回本钱再印第二第四，以至第X册的。如此继续下去，积少成多，也可以约略介绍了各国各家的著作了"。因此，在第二册的末页还预告了今后将要出版的小说篇目。但是，《域外小说集》的销售很不理想，结果"大为失败。第一集（印一千册）卖了半年，总算卖掉二十册。印第二集时，数量减少，只印五百本，但最后也只卖掉二十册，就此告终"①。"于是第三册只好停版，已成的书，便都堆在上海寄售处堆货的屋子里。过了四五年，这寄售处不幸被了火，我们的书和纸版，都连同化成灰烬；我们这过去的梦幻似的无用的劳力，在中国也就完全消灭了"②。"所以现存的书便成珍本，但当时谁也没有珍视它"③。鲁迅研究史上众多的研究著作和鲁迅传记基本都采用鲁迅的这个说法，在2007年11月出版的由著名鲁迅资料专家朱正先生所著的《一个人的呐喊——鲁迅1881—1936》也引用了鲁迅的这个说法，而未加辨别。

其实，鲁迅的这个说法只是来源于听说，并不符合事实。但是，鲁迅的这个说法却误导了众多的研究者和收藏家，使得《域外小说集》"成了鲁迅先生著译发行量最少的一部"④，因此有必要再次更正，以正视听。

据《北京商报》报道："11月4日，北京海王村2007秋季拍卖会为藏家准备的有关新文学运动书刊中鲁迅先生的早期版本著作《域外小说集》以29.7万元拍卖成交，同场鲁迅编著《北平笺谱》1933年编号签名本以41.8万元落槌，这是还新文学版本书应有的尊严。竞得者为同一位北京鲁迅著作版本收藏家、研究家。"该报同时说："《域外小说集》是鲁迅先生与胞弟周作人合译的

---

① 鲁迅：1932年1月16日致增田涉的信。
② 鲁迅：《〈域外小说集〉序》。
③ 鲁迅：1932年1月16日致增田涉的信。
④ 秦杰：《1元升到29.7万鲁迅〈域外小说集〉秋拍》，《北京商报》，2007年11月8日。

短篇小说集。1909年出版后分别在日本东京卖出21本,上海卖出20本上下,余书存放在上海寄售处时不慎失火,将书与书板全部化为灰烬。此书初版初印本也成了鲁迅先生著译发行量最少的一部。"①

2007年12月21日的《文汇读书周报》刊登了舒芜先生撰写的《周启晋藏〈域外小说集〉〈北平笺谱〉跋》一文:"谨案,《域外小说集》希世珍奇,今所知存世者七,分藏中国国家图书馆、中国现代文学馆、北京鲁迅博物馆,此本次第八,书品佳良,盖有神物呵护,历劫不磨。余以耄耋衰病之年,幸得一见,弥平生之憾,启晋世兄之惠也。《北平笺谱》解放后有重印本,此原版初印,版权页编者鲁迅、西谛,皆亲笔签名,序言作者鲁迅、书者天行山鬼,印章皆出版后逐本加盖,今亦天壤间罕有。'老见异书犹眼明',拜观赞叹,欢喜无量。"②从舒芜先生的文章中可以看出在这次拍卖会上竞得"希世珍奇"《域外小说集》和《北平笺谱》的"北京鲁迅著作版本收藏家、研究家"就是周启晋先生了。

其实,《域外小说集》虽然被谢其章等一些收藏家称为"新文学第一善本",但它存世的数量远远不止舒芜先生所说的这八本。唐弢先生在谈到《域外小说集》的书话中就指出过:按照鲁迅的回忆,"东京版《域外小说集》流行于人间的,似乎只有四十部左右。但其实不止此数。鲁迅每印一书,常好持赠知音,而蒋抑卮回国后,也曾托浙江省立图书馆大批捐赠,在卷首空页上盖一印云'浙江省立图书馆辅导组代绍兴蒋抑卮捐赠'。我曾从别的图书馆里看到"③。著名收藏家谢其章在《〈域外小说集〉拍卖亲历记》一文中也采用了鲁迅的《域外小说集》都毁于(1914年或1915年)的大火的说法,不过,谢先生又进一步指出:《域外小说集》除了周氏兄弟赠送友人,以及蒋抑卮赠送给图书馆、社会名流和友人的书之外,从周氏兄弟的往来信件和日记中还可以看出《域外小说集》存世的数量:"鲁迅在老家到底有多少存书不清楚,数量看来很可观,寄到北京有日记可查的是19套书送了13人,还是有余书的却不知下落,这个下落有两个意思,一个是北京的余书,一个是绍兴的余书。"④

不过,广兴隆货栈的火灾并没有将《域外小说集》未售出者都化为灰烬,据上海广兴隆绸缎庄老板蒋抑卮的女儿蒋思壹女士回忆:"她在少年时期常

---

① 秦杰:《1元升到29.7万鲁迅〈域外小说集〉秋拍》,《北京商报》,2007年11月8日。
② 舒芜:《周启晋藏〈域外小说集〉〈北平笺谱〉跋》,《文汇读书周报》,2007年12月21日。
③ 唐弢:《唐弢书话》,北京出版社,1997年版,第91页。
④ 谢其章:《〈域外小说集〉拍卖亲历记》,《中国文物报》,2008年1月9日。

常看到家藏的一大堆《域外小说集》,也曾检读,直到'文革'前这些书还在,后来毁于十年浩劫之中。"①另外,《域外小说集》"出书后,除鲁迅先生自己分赠给亲朋好友外,抑公也一面亲自将鲁迅先生的书赠送友人,一面通过浙江国立图书馆分赠社会名流学者。因此《域外小说集》广为流传,决非仅此出售的四十本之数"②。

　　从上文可以看出,除了周氏兄弟及蒋抑卮的相当数量的赠书之外,鲁迅和周作人以及蒋抑卮都还有一些存书可能留存下来,因此初版的《域外小说集》存世的数量恐怕绝非仅仅8本,而可能会有几十本之多。例如,钱玄同的藏书中有鲁迅所赠的《域外小说集》第一册,著名鲁迅研究专家林辰的藏书中有2本《域外小说集》第二册,他们的藏书在近年先后捐给了北京鲁迅博物馆,使得鲁迅博物馆所藏的《域外小说集》第一册有4本,第二册有5本。而上海鲁迅纪念馆也有《域外小说集》第一册4本,第二册2本。中国现代文学馆藏有初版《域外小说集》第一册和第二册两套共4本(含唐弢藏书中的一套2本),仅这三个机构所藏的《域外小说集》第一册就有10本,第二册有9本。黄裳在2000年发表的《关于〈金陵杂记〉》一文中的记述:"沈(鹏年)君有一种'习惯',久借不归。从我这里'借'去的《域外小说》初二集,木刻原本鲁迅的《会稽郡故书杂集》,郑西谛的手稿《纫秋山馆行箧书目》,和其他明刻书等。时间已过去五六十年,沈君素有珍藏新文学书秘本之好,希望诸书、特别是《金陵五记》的后半部,仍有还来之日,得成全璧,不禁企予望之。"③由此可知,沈鹏年手中应当还有一套初版本的《域外小说集》。谢其章在文章中还引用了一位网友谈论自己所看到过的现存的初版《域外小说集》的情况:"吴泰昌的藏本封面灰暗,显旧(按:据谢其章推断,吴泰昌藏本即为阿英的藏本);上图的藏本品甚佳,只是封面盖了馆印,书脊贴有书签;唐弢的藏本品奇佳,且相当毛;钱玄同的藏本[1981年展览本]连毛都未裁,堪称绝佳;张中行友人的藏本只是听说。"这位网友还认为:"己酉版《域外小说集》有两个版本,制过两次版,中国现代文学馆藏有两本不同的己酉版《域外小说集》,其中一本

---

①　据蒋思豈与陈梦熊在1984年8月20日的对话,转引自陈梦熊《〈鲁迅全集〉中的人与事·鲁迅与蒋抑卮交游考》,上海社会科学院出版社,2004年版,第248页。

②　孔宝定:《鲁迅与蒋抑卮》,《华东师范大学学报》1983年第2期。转引自陈梦熊《〈鲁迅全集〉中的人与事·鲁迅与蒋抑卮交游考》,上海社会科学院出版社,2004年版,第248页。

③　黄裳:《关于〈金陵杂记〉》,载《金陵五记》,江苏古籍出版社,2000年版。

是世间孤本,朱金顺,一个有重度考据癖的行家,竟没有察觉,让人失望。"①从这位网友所提到的 6 套《域外小说集》数量来说,钱玄同、唐弢所藏的《域外小说集》均已入藏鲁迅博物馆和中国现代文学馆,吴泰昌和张中行友人应当还被私人珍藏着。另外,据一位著名的藏书家透露,近日在上海的收藏市场上又出现了 2 本《域外小说集》的初版本。相信随着时间的流逝,会有越来越多的《域外小说集》现世。最后需要特别指出的是,虽然《域外小说集》存世的数量可能会有几十本之多,但它仍然具有重要的收藏价值,而这个价值不能仅仅用拍卖市场上的价值来衡量。

---

① 谢其章:《〈域外小说集〉拍卖亲历记》,《中国文物报》,2008 年 1 月 9 日。

鲁迅关心"左翼"文艺青年的历史见证

鲁迅逝世后,许广平在1937年发出了征集鲁迅书信的启事,准备出版《鲁迅书简》一书。很多保存着鲁迅书信的人纷纷把手头的鲁迅书信寄给许广平,以此表达对鲁迅的怀念之情。这些致许广平的书信大部分都收入了周海婴编辑的《鲁迅、许广平所藏书信选》一书中,但还有一部分书信及收信人所写的关于鲁迅书信的说明没有被公开发表过。这些致许广平的书信及关于所收到的鲁迅书信的说明文字不仅提供了鲁迅关心和帮助"左翼"文艺青年的一些具体事实,而且对于了解鲁迅所写的一些书信的背景也具有一定的参考价值。

一、青年作家叶紫对鲁迅来信的说明

叶紫(1910—1939),原名余昭明,又名余鹤林,是鲁迅扶持过的一位"左翼"作家,他不仅在鲁迅的帮助下发表小说,出版了收入"奴隶丛书"中的小说集《丰收》,成为20世纪30年代有代表性的"左翼"青年作家,而且他在生活困难时也多次得到鲁迅的经济援助,渡过了生活上的难关。

叶紫在看到许广平征集鲁迅书信的启事之后,在1937年4月15日写信给许广平,并把手头保存的鲁迅书信寄给许广平。叶紫在信中说:

> 从1933年的冬季起,我开始和豫先生(按:即鲁迅)通信,算到去年10月止,至少也应当有三四十封。但是我费了很多气力,翻箱倒箧,寻来寻去,只找到这八九页信纸,其中还有一页是不完全的。我记得最初和他的通信,因为种种方面的不便,大抵一看过就扯掉了,很少保留起来(其中也有和其他朋友有关的信,寄给或转给其他的朋友了)。我总以为,豫先生是永远不会离开我们的,谁知道不过三四年后的现在,就连求他的一个亲笔字也不可得了呢!唉!这几页信纸上每一笔一画,是如何的宝贵啊!我后悔我当时为什么不将

那些信一页一页地留起来呢。

这里一共是 10 页,最后一页(离先生去世仅 13 天),是写给我女人的,另外还有一封长的,是我在医院时写给我的,那封信我看得很宝贵,收得好好的,但不知道给孩子们翻到哪里去了,怎么也寻不到。

这些信我不愿意收回来了,请先生代为好好保存吧。如果印出来,我都要一副本做纪念。注解我希望在付印时也能加进去。①

叶紫转给许广平的这些鲁迅的书信后来被收入了《鲁迅全集》,但是叶紫给这些鲁迅书信所写的说明文字虽然有一部分内容被《鲁迅全集》收入了注释部分,但是全部文字至今没有公开发表过,可以视为叶紫的佚文,所以全文转录如下:②

1935 年 1 月 4 日鲁迅致叶紫信的说明(按:鲁迅书信略,下同):

这封信的后半页是回答我关于另一个朋友的话(大概是这封信,现在记不十分清楚了),我裁下来,寄给那位朋友了。那朋友在北平清华大学读书,写信来要我转请先生给他们的文艺社写一块招牌。先生回信给我,说他不能写:一者,是说他的字并不好,写招牌要请字写得漂亮的人写。二者,他写的招牌不但不能替文艺社生光,而且还有许多不便,甚至有害。三者,他希望中国的青年以后作事或研究文艺,都要脚踏实地地去干,不要只在外表上出风头,图漂亮。招牌的用处是:只在指明这是什么地方而已……意思大概是这样的。

"书籍印出"是指我的习作《丰收》,"书店"是指内山书店。木刻插图因铁耕先生不能,后来仍由先生介绍新波先生给我刻了十二幅。

1935 年 1 月 9 日鲁迅致叶紫信的说明:

有一家新开的书店,想将先生《二心集》的被检察掉的部份,另出一书,请我征求先生的同意。随后见到先生,他对我说:那一部份

---

① 转引自周海婴编《鲁迅、许广平所藏书信选》,湖南文艺出版社,1987 年版,第 412—413 页。

② 原件现收藏于北京鲁迅博物馆。

文章,他要自己将它印刷出来。因为那是经检察员们一一挑选过的,书名最好是用《二心集精华》。但这本书后来终于没有印出。

1935年2月26日鲁迅致叶紫信的说明:

"小说稿"也是指《丰收》,我请先生送给茅盾先生去看一看,改一改。"交回来"是由茅先生那里交回来的。插画是指新波先生所刻的那十二幅画。

先生平常写信,总是用"时安"或"时绥"的。这回用了"刻安",所以加了那一个小注解。

1935年7月30日鲁迅致叶紫信的说明:

我写一信给先生,说我已经挨饿了。请他(一)问问郑振铎先生,我那篇中篇小说《星》怎样了(那小说由先生介绍给郑、章合编的《文学季刊》)?(二)内山书店的《丰收》可不可以算一算账?(三)如果上列上二项都无办法,就请他借我十元或十五元钱,以便救急。

1935年9月23日鲁迅致叶紫信的说明:

"郑"是指郑振铎先生。小说即《星》,登在《文学季刊》第二卷第三期内。

1935年11月25日鲁迅致叶紫信的说明:

"看文章"是《星》刊出了,请他代我看一看。

我告诉他:我近来一个字文章都写不出,又丢了。总是写不成……我想休息一下(一星期或半个月)再写。

"选集"是日译的《鲁迅选集》,其他两本是什么书,现在忘记了。

1935年12月22日鲁迅致叶紫信的说明:

上海有几种"狗报",专门攻击"奴隶丛书"三本小说,并且将三位作者的姓名,籍贯及出身,通统公布了出来,其中关于我的部份写得特别详细,而且少错误。这是因为我在上海的某一家报馆做过一年副刊编辑的原故。

《漫画和生活》是张谔和黄士英两先生主编的。《殖民地问题》是吴清友先生的大著。

1936年10月6日鲁迅致汤咏兰信的说明：

> 这是先生给我女人的信（离先生去世仅十三天），那时我正患着肺结核和湿性肋膜炎，住在医院里。

叶紫所撰写的这几封鲁迅书信的说明文字，对于了解鲁迅这几封书信的写作背景具有一定的参考价值，从中不仅可以看出鲁迅对于叶紫在文学上的指导和提携，也可以看出鲁迅对叶紫生活上的关心和帮助。另外，从中也可以看出，鲁迅最初准备把《二心集》删掉的文章重新以《二心集精华》为名出版这一历史细节。

二、青年木刻家唐诃对鲁迅来信的说明

唐诃（1913—1984），原名田际华，是"左翼"木刻家，曾经和友人在太原发起成立了文艺社团"榴花社"，在北平医学院读书时，还担任过平津木刻研究会的负责人之一，策划过全国木刻联合展览会。他曾经多次致信鲁迅寻求指导和经费帮助，并得到了鲁迅的大力支持。唐诃在看到许广平征集鲁迅书信的启事之后，就在1937年2月25日致信许广平，把手头保存的4封鲁迅书信寄给许广平，并对这4封鲁迅书信的内容做了简短的说明。这封信也没有公开发表过，转录如下：

> 广平女士：
>
> 一个月以前看见你征集鲁迅先生遗信的启事，本当把手边存着的两封即刻寄去，只因还有两封没有找出，所以直到现在才能一并检出寄上。附带写几句，说明原委：
>
> 第一信（一九三三年六月二十日）
>
> 榴花社是一九三三年在太原组织的一个文学团体，也是我和先生通信的第一次。这团体曾出版有《榴花》周刊，附于山西日报，但只出七期，就被当地官厅所禁止了。
>
> 第二信（一九三五年一月十八日）
>
> 这是全国木刻联合展览会在北平闭幕后的一封信。
>
> 第三信（一九三五年十月三日）
>
> 全国木刻联合展览会在上海举行前，曾向先生借陈西欧木刻画名作并捐款，当时经济状况极为窘迫，故焦急情形露于笔下，于先生

复信中,可以看出。

第四信(一九三六年九月二十一日)

这是鲁迅先生逝世前一月给我的复信,所说序文,即指先生手写全国木刻联展专辑序刻板的印片。植物名是我翻译《木刻画和树胶版画》一书时,向先生质疑的几个名词。K氏画集即《凯绥·珂勒惠支版画选集》。

附注:

我和先生的通信,大约有八九封。但除过这以上的四信外,其余或因为预防某项问题而自动烧毁,或不慎遗失,到现在,再也没有法子可以添补这个缺憾了。记得一九三五年二月初我到上海时,曾写信要求和先生会见,因为时间地点都难决定而作罢。贻赠先生的汾酒回信谓:"我近来因病已经戒酒,但必须尝它一尝,然后送给会喝的人,庶几不辜负这远道而来的名酒。"另外谈到:"靖华现状,穷而已矣,他常常有稿子寄来,但每被检察官所抽掉。这些官,大抵即是先前所称为文学家的"。"江浙的官府,都认木刻为反动,听说有青年曾因之而下狱的。"这些话都活生生地存在我的记忆里。又说《木刻纪程》寄到苏联,那边的批评家 Ettinger 以为张致平作人像,李雾城作风景较好。寄《全国木刻联展专辑序》的信上,谓那是新的八股文章。这些,虽然年月大多可以指出,而内容却几乎全忘记了。

"我们太不宝贵鲁迅先生了!"这句话一直在我悲哀的忆念中震荡。

信用完后,希望仍然挂号寄了回来。前些日子,虽陆续寄上编辑的《文地》,请指正!《海上述林》上卷,在北平见过一次,无从购得,倘若尚有余书,希望给我寄一册,书款当奉还。下册何时出版?能印普及本最好!我的通讯处是:北平府右街运料门内医学院。

顺祝　时绥

唐诃　谨上
二月廿五日①

唐诃的这封信不仅对保存下来的4封鲁迅书信做了说明,提供了鲁迅这

---

① 原件现藏于北京鲁迅博物馆。

4封书信的写作背景,而且也提供了其他几封已经遗失的鲁迅书信的部分内容,这些内容虽然简短,但是都提供了他和鲁迅交往中的一些细节,具有一定的史料价值。

三、青年读者康小行对鲁迅来信的说明

康小行是天津的一个进步青年,他致信鲁迅,希望购买《凯绥·珂勒惠支的版画选集》,正在患病中的鲁迅在1936年8月26日委托许广平回信说该书已经售完。康小行在看到许广平征集鲁迅书信的启事后,就在1937年2月28日把保存着的这封鲁迅书信寄给许广平,并在信中说明了自己和鲁迅书信来往的经过。

> 景宋先生:
>
> 寄上鲁迅先生的信一通。
>
> 这信虽短短地几句话,但在我看来是很重要的,以为应当寄给您保存。鲁迅先生对一个不相识的人,一件很小的事,都那样恳切,足见人格的伟大了。鲁迅先生一共给过我三次信。第一次远在九年前,创造社等"围剿"的时候。内容记不十分清楚了,大约是说那些那时自命革命文学家的人们,虽也有坚实的人在,但大多数是杂七杂八的人物,所以对他们是不满的。至于,对无产阶级文学是没有反对的意思之类的话。第二次是答复《毁灭》中的一个疑问。可惜那两封信都落在"三道头"之类的手中,不知所终了。现在想起,比我坐了几年冤狱还来的痛心!这封信和以往的笔迹是不相同。而且用钢笔写的,我疑惑或许不是鲁迅先生的亲笔?——如果是亲笔的话,那就归您保管吧。①
>
> ……

人民文学出版社2005年出版的《鲁迅全集》因为没有查到康小行的相关资料,所以对康小行这个人的注释是"不详"。不过,从这封康小行致许广平的信中,大致可以看出鲁迅对普通青年读者的关心:他在1928年到1936年之间曾经三次写信给普通的青年读者康小行,第一封信大概是应康小行的要

---

① 原件现藏于北京鲁迅博物馆。

求还谈到了他当时和创造社进行的革命文学论争的情况,第二封信是解答关于《毁灭》中的一个问题,第三封书信是鲁迅在病中无法写信的情况下委托许广平代笔回信告知《凯绥·珂勒惠支的版画集》已经售完的信息。另外,从这封书信中也可以看出,康小行在和鲁迅通信时是一个在天津工作的进步的青年(通讯地址是天津),不仅阅读鲁迅翻译的进步书籍《毁灭》,关注鲁迅编选的珂勒惠支的版画,还曾经因为思想进步而入狱(鲁迅致康小行的前两封书信都是被"三道头"即天津租界的外国警察抄没的)。这些信息可以帮助注释鲁迅的这封书信,解决现行的《鲁迅全集》中对康小行这个人没有注释的问题。

四、"我们太不宝贵鲁迅先生了!"

鲁迅不仅把别人喝咖啡的时间都用于写作,而且也花费了大量的时间关心和指导青年作家、木刻家,乃至普通的青年读者,影响一大批的进步青年走上了革命的道路,为中国的"左翼"文化运动缔造了一大批生力军。鲁迅在1932年4月29日所写的《三闲集·鲁迅译著书目》一文中特别提到了他在写作之外为青年作家校对著译的事情:

> 据书目察核起来,我在过去的近十年中,费去的力气实在也并不少,即使校对别人的译著,也真是一个字一个字的看下去,决不肯随便放过,敷衍作者和读者的,并且毫不怀着有所利用的意思。虽说做这些事,原因在于"有闲",但我那时却每日必须将八小时为生活而出卖,用在译作和校对上的,全是此外的工夫,常常整天没有休息。

鲁迅的上述话虽然是在1932年说的,但是他直到生命的最后仍然在花费大量的时间来关心和帮助进步的青年作家、木刻家和普通的读者,上述的叶紫、唐诃和康小行三位青年致许广平的书信就是一个很好的历史见证。1939年10月19日,鲁迅遽然逝世的消息,震动了全国。当时正在医院中治疗的叶紫闻讯后在10月20日写下了悼诗《哭鲁迅先生》:

> 我患着肺结核和肋膜炎,
> 他写信来,寄来一包钱,对我说:
> "年青人,不要急,安心静养,

病自然会好的。"

但是,忽然地,朋友们来告诉我他的恶消息,于是我哭了起来。

医生跑来对我说:

"你底热度太高,你不能哭。"

但是我怎能不哭呢!

看护跑来对我说:

"你底病很危险,

我们不许你伤心,不许你哭。"

但是我怎能不哭呢!

我们不但是死了伟大的导师,伟大的战友,而且失掉了伟大的民族底魂魄。

这——我怎能不哭呢!

叶紫的这首诗中说到的自己在住院时得到鲁迅的经济资助和精神鼓励的事,就是指鲁迅在1936年10月6日致信叶紫的夫人汤咏兰并资助50元钱为正在住院治疗的叶紫救急的事。这首诗虽然只是写鲁迅对他的关心和他对鲁迅的怀念,但是也在很大程度上表达出了当时的"左翼"进步青年对鲁迅的热爱和尊敬:"我们不但是死了伟大的导师,伟大的战友,而且失掉了伟大的民族底魂魄。"唐河也在给许广平的信中自责为了一些事情而求助鲁迅以至于占用了鲁迅的宝贵的时间,他说:"我们太不宝贵鲁迅先生了!"这句话也充分地表达出进步的青年对鲁迅逝世的无限的惋惜之情。可以说,鲁迅一生中倾注了大量的心血来指导和帮助进步的青年,为中国现代的"左翼"青年的成长和中国"左翼"文化的建设贡献了毕生的力量。

鲁迅传播研究

唐弢与鲁迅藏书的保护

众所周知,唐弢为保护鲁迅的藏书做出了重要的贡献,他在1944年受郑振铎的委托与友人刘哲民一起从上海到达北平,成功地劝说朱安女士放弃了出售鲁迅藏书的念头,从而使鲁迅的藏书不至散失,为中华民族保护下来一批重要的文化遗产。笔者认为,唐弢一生最大的贡献和成就恰恰就是肩负郑振铎的委托赴北平成功地保护了鲁迅的藏书。我们从保存在鲁迅博物馆库房中的唐弢和朱安女士的几封往来书信(其中唐弢致朱安的4封书信未曾公开发表过,也没有被《唐弢文集》收录;朱安致唐弢的书信也没有公开发表过,但有很少的几位研究者曾经引用过其中的部分内容)可以看出唐弢为此事所付出的努力。

唐弢与刘哲民在1944年10月12日从上海到达北平,然后就在"十二、十三、十四、十六、十八、十九六天,穿梭似的出入各书铺,十四、十六两次到北京(平)图书馆访宋紫佩,十五日清晨八时访赵万里,谈的都是鲁迅藏书出售的问题"①。14日傍晚,唐弢和刘哲民在宋紫佩的陪同下到西三条拜访朱安,通过介绍上海出版鲁迅全集的情况,许广平中断朱安生活费的原因,特别是海婴的近况,成功地消除了朱安对许广平的误解,并打消了出售鲁迅藏书的念头。(许广平曾经通过许寿裳等人向朱安承诺按月支付北平鲁迅家属的生活费以换取朱安授权出版《鲁迅全集》,但因许广平被捕及战乱等原因,汇款中断,朱安不得不准备出售鲁迅的藏书来谋生,并对许广平产生了误解和敌

---

① 唐弢:《〈帝城十日〉解》,《新文学史料》,1983年第3期。

意。从唐弢文章对当时情景的描述中可以看出,朱安是在得到海婴近况时才化解了对许广平的矛盾。)唐弢顺利完成保护鲁迅藏书的任务之后在 10 月 21 日离开北平返沪,24 日到上海后就和许广平等人会面告知朱安的近况,并在 10 月 30 日致函朱安告知许广平不仅已经承诺按月汇寄朱安的生活费,而且已经汇出了一笔款,最后又再次请朱安谅解许广平的困难。

周太太赐鉴:

违别以来,于廿四日抵申,已与诸友好及许先生晤谈,许先生表示力所能及,定当设法汇转并于晚抵申前(十月十八日)由邮局汇出储币五千元合联票九百元,此为邮局限汇之最高额,北平经济情形,业经详细转告许先生,许先生深为关切,表示今后愿按月汇转此数,设有收不到时,请来函通知晚为荷。许先生原拟早日汇出此款,惟因误于受托人,致稽延时日,并此转留,三先生于十九日另有一函转上,想可与汇款同时收到矣。沪平家属,原系一体,过去因道路遥远,不免有隔膜之处,但愿早日太平,大先生遗物,能毫不散失,此不特周氏家属之幸,亦许多朋友所盼望者也。专此顺颂大安!

晚唐弢上

十月卅日

如许先生经济困难,万一不能续汇时,当由在沪友人设法汇上,诸祈释念又及。

1945 年 1 月 7 日,唐弢致函朱安告知许广平汇款因南北汇兑不畅的原因而拖延,并请她查收许广平新近的一笔汇款。

周太太赐鉴:

迩来沪平汇兑以年底关系,多方不通,日昨许先生来找我,经设法后,换得中孚银行支票字第三二五四三九号壹支,计联银叁千五百零捌元柒角柒分,(票合储币贰万元)上有横线两条,收到后请托宋先生设法一提,并乞赐复为幸。匆匆并颂冬安!

晚唐弢上

一月七日

此后,唐弢致函朱安希望抄录鲁迅藏书的目录,但此信已遗失。唐弢收到朱安同意抄录鲁迅藏书的目录之后,又在 3 月 19 日致函朱安表示感谢,并详细介绍许广平的经济困难,请朱安谅解,最后又个人汇给朱安一千元帮助朱安维持生活,从而兑现了他在1944年10月30日致朱安书信中的承诺。

周太太赐鉴:

　　惠示敬悉,许先生委汇款项,如数收到,曷胜欣慰。周先生遗书目录承允著手钞掷,敬为学术及研究周先生著作者致深切谢意。至平地生活费用日涨,自在意料之中,按月津贴,应予提高,亦属情理之常,惟晚一时不便向许先生提起,此无他故,实缘晚深知许先生近来生活至为拮据,上海情形,平地日报上当亦略有记载,人口在疏散中,书籍之类,无人问津,文化人毫无出路,而海婴又时有小恙。不得已,由晚个人汇上壹千元,聊兹贴补,经缓设法,支票仍可托宋先生向中孚兑现,些小之数,幸勿间哂,便中并乞赐复为荷。专此顺祝春祺。

晚　唐弢上

三月十九日

朱安收到此信之后,托人代笔给唐弢回信,不仅表达了她对许广平、周海婴母子的挂念,而且也表达了她对唐弢成功调解鲁迅在平沪家属之间的矛盾的感谢。

唐先生大鉴:

　　昨接手书,并蒙惠寄北京钞币一千元,已托宋先生往取,愧不敢承,即请宋先生先作抄录书目之用。钟承关注感谢。值世乱年荒,吃饭难者,于斯益极。许女士居沪,海婴多病,消资量大,度日维艰。诚然未识作何支持,颇为念虑,深冀和平实现,或能脱离苦海也。氏但能消耗,而生产无力,怅恐莫名,困苦情况,惟个中人自知,实不足为外人道。

　　承先生顾念先夫旧谊,多方调停,多方爱护,身受知感,良非笔墨所能罄,惟有铭感五中,容图后谢耳。此复敬颂

台绥

周朱氏拜启

唐弢在4月23日再次致函朱安,告知因南北汇兑不便只好托友人先行垫付朱安的生活费,并详细介绍许广平、周海婴母子生活困顿的近况,希望许广平和朱安都能体谅彼此的生活困难。

周太太赐鉴：

惠书敬悉。前寄千元，知已收到，良以为慰。书目如在平抄写麻烦，请寄至晚处，当留钞一份，再将原目录寄还，不知尊意如何？北平生活日艰，晚所深悉，许先生闻之，亦极关心，鉴于沪平汇兑不便，欲多寄数月用款，以便早为打算，但筹款甚觉不易，经许先生与晚商酌结果，决定先由刘先生（即前与晚同来趋谒者）垫款，汇奉平币一万元，中孚支票第375750号壹支，随函附上，收到后请仍按前次办法托人代领，并乞当即示复，以释下念。此款由刘先生垫付，将来再由许先生陆续拨还，请勿远念。海婴以天气转暖，渐见康复，沪上生活，近来一涨再涨，许先生于年初起，已将所雇女佣辞去，母子两人，相依为活。晚得便常往拜访，亦常以周太太在平生活之清苦情形相告，彼此同命，自应相惜。在晚不过以沪平实际情形，就所目睹，代为转达，使彼此互相了解，以慰鲁迅先生于地下而已。调停云云，实不敢当。敬复，顺颂近安！

晚唐弢上
四月廿三日

6月5日，唐弢再次致函朱安，告知因南北之间汇款的困难而托北平的友人先垫付一笔款给朱安作为生活费，并介绍许广平筹款的困难以及海婴的身体逐渐康复，请朱安释念。

周太太赐鉴：

前接宋先生来函，得悉汇上万元，早已收到，至堪欣慰。自此款寄出后，沪平汇款，不久即生障碍，而后如何，颇难逆料。晚为此奔走数日，毫无眉目，中孚银行方面，亦称无头寸可套。许先生尤感心焦。经再三商量，已托吴性栽先生由平划上一笔，款项颇巨，收到后请即以详细数目见示，以便与前途算账。寄此巨款，乃因后此汇兑阻碍尚多，恐一时无法汇出，故请预为打算，以渡此苦难时期。在许先生确已费尽心力，此点谅蒙鉴及。款当由吴先生送至府上，请将联银数见告，以便折买储票，设法结清。上海生活大涨，应付弥难，海婴弟近曾患伤寒，在家休养，日来已转痊，渐勿念！

草上，顺颂大安！

晚唐弢　叩
六月五日

6月16日,唐弢得到已经被日军宪兵队逮捕的柯灵托人带出的宪兵队也准备逮捕他的口信,离家外出避难。即使在这样危险的情况下,他仍然挂念朱安的情况,当天还致函朱安告知将由何海生送去一部分生活费。朱安收到此信后,托人代笔致函唐弢告知收到了生活费,介绍了自己的病况,并表达了对许广平和唐弢的感谢。

唐先生台鉴:

　　本月十六日接奉航快,敬悉种种。至十八日由何海生君送来准备钞币支票一张计四万元。贵在何君常来,一面将款取回,略买米盐煤炭,以资日用,而免被高价剥削。但近日因北粮南运,米面价格已涨起四五倍之谱,其他百物,亦无不同时高涨,当在有涨无已时也,所预大部份之款,现存商号,收取利息,以资贴补零用。氏于上月二十九日吐血三口,因西医太昂,不敢问津,但请知中医之亲戚,义务治疗,服中药五六剂,与服丸药,现在血已止病见好,唯胃仍不甚开,气力太少。只须略能支持,实不愿多吃药,多花钱也。氏本一老朽废物,耗资大量财物,累及先生与许女士多方张罗多方爱护,人非草木,身受知感,只以报答未由,惟有益加刻苦,益加节俭,以期仰答厚谊,于是乎对得起海婴,即先夫有知亦必含笑于地下矣。海婴大约病已痊愈,早占白药之庆,托为代向许女士道谢,嘱海婴格外保重。余惟藏之五内,俟后会有期,再图晤谢。奉复,敬颂台绥。

周朱氏启

六月　　日

8月15日,抗战胜利,北平和上海的通信逐渐恢复,但是汇兑仍然困难。唐弢此后还致函朱安表达慰问,但此信不存,具体时间不详。朱安收到此信之后就致函唐弢,诉说物价飞涨之后的生活困难,希望唐弢转告许广平尽快多汇寄一些生活费。

唐先生大鉴:

　　前承存问,并先后兑掷生活之费,俾得苟延残生,中心感怀,莫可名言。本拟将大部份存商生息,以为长久之计,讵期物价飞腾,币钞恐慌,于忧该庄远景,不敢代存,因恐物价更涨,即径购买煤球火炭米盐杂粮等物,作三四月之储备,截至和平实现之前,即已妙手空空，维时交通梗阻，邮便问鸿，惟有变卖衣饰，维持身前。现在物价迭而后涨，日用杂买，亦颇不资，传闻上海亦未安定，北平情形，报端屡有记载，想先生早在问答中也。氏素乏交游，二三戚族，又自顾不遑，告贷无门，先生，代为设法，迅赐接济，氏但祈粗衣淡饭，得以维持生命，于愿已足，绝无其他奢望，格外求盈，使祈许女士厚幸之意。并躬赐复为荷。特此奉达，敬颂台绥。

周朱氏捡衽

从周海婴在1945年11月30日致朱安的信中可以看出，唐弢此前已经把朱安急需用钱的信息转告了许广平，所以许广平才设法筹款托人带给朱安。朱安后来在11月24日及27日两次致函周海婴告知收到许广平托人带来的生活费，并让周海婴转达她生活苦难的情况，请许广平继续设法汇款。这可能是因为朱安和唐弢失去了通讯联系（朱安在1946年1月13日致周海婴的书信中就询问唐弢是否在上海，并提到唐弢汇款一千元的事情，可见两人已经失去了通讯联系），所以朱安在没有办法的情况下就只好直接写信给周海婴，多次请海婴向许广平转达她的生活困难情况，并让许广平设法汇寄生活费。海婴也逐渐承担起此前唐弢承担的朱安和许广平之间中间联系人的角色，由此，朱安和周海婴，不久又和许广平建立了直接的通讯关系。

可以说，是唐弢运用他的智慧和奉献精神圆满地完成了调停朱安和许广平的矛盾，从而保护了鲁迅藏书不至散失，这也是他对鲁迅先生的最好的纪念。

布道者萧军在延安传播鲁迅活动考

——以萧军编辑的《鲁迅先生纪念史料辑存选录》为中心

1981年8月23日到29日,萧军先生应邀赴美出席"鲁迅及其遗产"学术研讨会。临行前,萧军先生在女儿萧耘和女婿王建中等的帮助下,从8月1日到10日把自己所保存下来的一些关于纪念鲁迅的资料抄录下来并编辑成《鲁迅先生纪念史料辑存选录》一书,在打印成册后特地签名送给北京鲁迅博物馆一本。

翻阅这本资料集,可以看出这本书主要收录了萧军在延安时期所发起的纪念鲁迅活动的相关资料,其中一部分是他人撰写的纪念鲁迅的有关资料;一部分是萧军撰写的纪念鲁迅活动相关的文章,书后还附录了萧军所撰写的有关鲁迅的诗歌和文章的目录,以及萧军所从事过的纪念鲁迅的相关活动,另外,该书还提供了一些纪念鲁迅的文章和纪念鲁迅的活动的照片。总体来说,这本资料集具有很高的史料价值,但是很少有研究者关注到该书。

一、萧军主持"延安鲁迅研究会"工作的相关资料

"延安鲁迅研究会"在1941年1月5日举行了首次筹备座谈会,这本资料集中收录了这次会议的记录,内容如下:

> 鲁迅研究会筹备座谈会
> 时间　一九四一、一月五日、上午十时
> 地点　文化俱乐部
> 出席者　丁玲　萧军　舒群　艾思奇　周扬　陈伯达
> 　　　　范文澜　雪韦　吴伯箫　周文
> 主席　萧军
> 记录　吴伯箫
> 讨论事项

一、鲁迅研究会成立问题

决议：一月十五日正式成立，由陈伯达同志拟规约，萧军同志拟计划，艾思奇同志负责召集开会。

二、成立会前之准备

1. 由新华书店取来鲁迅全集
2. 十日以前发出开会通知
3. 会前个人负责的工作当做好

三、成立会上的进行事项

1. 报告成立之目的与经过
2. 研究基本人员的名单
3. 如何聘请基本人员以外之研究人员

四、成立会议

1. 开常委会
2. 决定秘书和会址与经费

从这份会议记录可以看出，萧军是这次会议的主要组织者和发起者，会议主要讨论了成立"延安鲁迅研究会"的问题，并规划了研究会的人员组成和搜集研究资料等方面的问题。另外，也可以看出，"延安鲁迅研究会"的核心成员中有周扬、陈伯达、艾思奇、周文等当时延安的文化界的官员，因此，也可以说，"延安鲁迅研究会"是一个得到官方支持的文化团体。

这次会议之后，萧军在1月12日向一些人士发出了"延安鲁迅研究会"成立会议的请柬。

请柬

为了今后要切实开展并确定鲁迅先生底工作，兹定于本月十五日上午十时假座文化俱乐部开正式成立会。素仰　　同志对于鲁迅先生的学术思想颇多研究敬请届时参加，指使一切为荷。

此致　　同志

鲁迅研究会筹备委员会敬启

一月十二日①

经过一番准备，"延安鲁迅研究会"在1月15日举行了成立大会。这本

---

① 这个请柬没有收入《萧军全集》之中。

资料集收录了萧军撰写的《延安鲁迅研究会成立要记》，全文内容如下：

> 本年一月十五日上午十时在文化俱乐部，鲁迅研究会正式成立。经过如下：一、报告筹备会成立的目的和经过：切实开展研究鲁迅先生的创作学术思想等，发扬鲁迅先生的精神。根据：去年春天文协代表大会底决议，四周年纪念"宣言"，各地对鲁迅研究工作底期待，以及在延安各同志对鲁迅先生研究工作底热衷等。
>
> 二、通过研究纲领：暂分思想（哲学、政治、文艺理论）行传（生平，事迹）创作（小说，诗，散文，杂文）翻译（发展，主张和见解，技术，特点）学术（文学史，一般历史，版画，绘画，出版，文字学等）鲁迅在国外（作品，纪念文字）等六个方面。
>
> 三、拟定研究步骤：A.征集材料（除已订购全集一部外，凡与先生有关的报章、杂志、书物、手迹、书信、生活轶事、个人回忆、专门著作等。方法：请捐赠，或暂借，假抄，照像等）。B.聘请人员（分基本研究人员，赞助人员及先生的较有关联的亲友，一般知名的文化人，一般先生的读众等。方法：自愿，特聘，发公函，登报通知。基本研究人员于每半年必要交出相当数量研究成绩外。并将各方面交来研究的成绩分别选择，印成年刊一种，于纪念日前出版，同时也可举行口头报告等。）
>
> 四、地址：暂设于延安文化协会内
>
> 五、第一批参加基本研究人员名单：
>
> 思想——艾思奇　陈伯达　雪韦
>
> 行传——萧军
>
> 创作——丁玲　周文　舒群　周立波
>
> 学术——范文澜　江烽［丰］　胡蛮
>
> 六、征求基本研究人员参加及与本会有关各方面的意见。（此经过别有较详记录预备载：中国文化）①

这次会议不仅宣告了"延安鲁迅研究会"的正式成立，而且也通过了萧军拟定的鲁迅研究纲领，并确定了研究会第一批基本研究人员的研究任务，可以说，正式在延安开启了有组织、有计划的研究鲁迅的工作。

---

① 萧军：《延安鲁迅研究会成立要记》，载《文艺月报》，1941年4月1日出版的第4期。

附带指出,萧军在1940年6月15日第二次到延安,他1940年在延安的日记现存的只有从8月15日到10月10日期间断续的日记,其中没有关于"延安鲁迅研究会"的相关记载。直到1941年1月14日的日记中才出现了关于"延安鲁迅研究会"的记载:

> 夜间把鲁迅研究会计划纲领拟好,又把《文艺月报》的编辑纲领拟了一份,看了几页中国历史,睡下的时候已经第二天上午一时左右了。这是做工作最多的一天,感到很愉快。①

但是,1月15日的成立大会却令萧军很不满,他在当天的日记中这样记载:

> 约九时去俱乐部开纪念会,到的人还没有,到十二时才一共到了十七人,通知一共发了近乎一百。由我把纲领等读了一遍,虽然我对于延安人这样形式底尊敬鲁迅,实质是敷衍、冷淡的,感到很气愤,但我忍耐着,我不能消极退败,要积极用工作来战胜他们这冷淡,我相信我会战胜的。这里的人凡事全乐意列名而不工作。他们让我担任主干工作,我并不推辞,没有必要。我要忍耐观察,收集他们的缺点,给他们以痛击。②

从上述日记的内容中可以看出,萧军在1月14日晚拟定了"鲁迅研究会计划纲领",并在15日的成立大会上得到通过,但是萧军却在会上感到了延安的一些文化人特别是一些文化界官员对鲁迅的冷淡,并因此下决心要用工作来战胜他们的冷淡。

萧军开始在延安推动鲁迅传播工作时很注意借助官方的支持,他在1月19日的日记中记载:

> 下午把洛甫那篇抗战以来中华民族的新文化运动与今后任务又读了一遍。这是一个概括的纲领,我要寻找他们对于鲁迅研究的决定和观点,预备在写纪[念]鲁迅研究会文章时好好引用,同时也明了了他们所提出的新文化运动的总方向:为民族,为民主,为科

---

① 萧军:《萧军全集》第18卷,华夏出版社,2008年版,第357页。
② 萧军:《萧军全集》第18卷,第357—358页。

学,为大众。①

萧军作为"延安鲁迅研究会"的驻会常务干事,负责学会的日常工作。他为了推动学会的工作又在3月6日主持召开了"延安鲁迅研究会"第一次常务理事会,这本资料集收录了这次会议的记录,内容如下:

鲁迅研究会第一次常务理事会

时间:三月六日下午三时

地点:文协萧宅

出席:艾思奇　周文　萧军

讨论事项:

一、召集参加研究之基本人员开会

二、调查与鲁迅先生有关之各种材料

三、决定启事通知聘书之格式与发出日期

四、征求全集

决议:

一、定于三月十五日下午二时开第一次座谈会,通知如下:

兹定于本月十五日下午二时于杨家岭文化协会举行第一次工作商讨座谈会届时务请拨冗出席为荷　此致　××

二、由陈布文往各图书馆调查登记之

三、格式由江丰、胡蛮设计,发出日期后定

四、分头征集之

这次常务理事会主要讨论了"延安鲁迅研究会"如何开展下一步的工作,会议决定在3月15日召开"延安鲁迅研究会"第一次工作商谈会。这本资料集收录了萧军在3月15日主持召开的"延安鲁迅研究会"第一次工作商谈会的会议记录,并收录了萧军在会后撰写的《延安鲁迅研究会第一次工作商讨座谈会摘记》,两者的内容略有差异。

延安鲁迅研究会第一次工作商讨座谈会

时间:三月十五日下午二时

地点:文协萧宅

---

① 萧军:《萧军全集》第18卷,第361—362页。

出席：艾思奇　舒群　罗烽　江丰　雪韦　丁玲
　　　萧军　周文　范文澜

讨论事项：

一、鲁迅全集未到，研究之进行如何？

二、通知，启事，聘书，拟定待通过即印行发出

三、各基本研究人员之题目当规定

四、五周年纪念会前应完成之工作

五、新到几位作家是否请其研究

决议：

一、即日开始研究工作，全集徐徐求之

二、通过，格式由江丰、胡蛮设计，艾思奇同志接洽报章刊物以发载启事

三、萧军："鲁迅与时代"

丁玲："鲁迅与儿童文学"

艾思奇："鲁迅之思想方法"

范文澜："章太炎与鲁迅"

江丰、胡蛮："蔡元培与鲁迅对中国的美术运动"

"鲁迅与木刻运动"

雪韦："从野草中窥其思想发展"

四、鲁迅研究征文即日登出启事并立奖金

鲁迅文艺奖金之启事即日登出

搜集阿Q之论文，出阿Q研究之研究

出鲁迅纪念年刊

征求绘画、木刻、歌词（与鲁迅先生有关的）

制油画像、铜像、石膏浮雕

开画展

五、罗烽、艾青、张仃、草明

延安鲁迅研究会第一次工作商讨座谈会摘记

时间：三月十五日下午

地点：文化协会内

出席：范文澜　江丰　雪韦　艾思奇
　　　舒群　罗烽　丁玲　周文　萧军

自从本年一月十五日研究会成立以来,因为预约的《鲁迅全集》还没有运到,以致同志们还不能开始研究工作。但是不能因为这一点理由,就不进行工作。此次座谈会,大家这样决定了:

一、自购的《鲁迅全集》虽然不能运到,这就要研究人员自己设法寻找材料开始研究。

二、把拟好的通知,启事,聘书,拟定待通过后就开始印发,登报。聘书式样由江丰同志负责设计。

三、出席的各基本研究人员,当时就把自由分担的题目大致拟好了,没出席的另行去信通知,请他们把题目寄来。

四、在五周年纪念以前,除开出版年刊一种而外,还打算把历年来(自《阿Q正传》刊登以后起,到现在止)关于《阿Q正传》各种,诸方面的论文尽可能搜集起来,集成一书出版。暂名为《阿Q论》。作为《研究丛刊》一种。

五、"鲁迅文艺奖金"想在今年开始颁发。因此要征求各种文艺作品,并征求与鲁迅先生有关的各种文字,乐谱,木刻,择优给以稿酬。

(详细章程将来另行规定)

六、今年纪念会时,打算特制较大的油画像一幅,三十二开书页大小石膏或铜制浮雕像若干座。可能时还打算开一次与鲁迅先生有关的画展,已经分别去信和各专家商量去了。①

另外,萧军在3月15日的日记中也对这次会议的内容做了这样的记载:

下午开第一次鲁迅研究会座谈会。到会的:范文澜、雪韦、江丰、丁玲、艾思奇、舒群等。谈论的结果:①通过通知,启事,聘书等格式与内容。②决定各人研究的题目。③加聘艾青、罗烽等参加研究。④出年刊及阿Q论文集各一种。⑤制作铜浮雕及油画像。⑥决定鲁迅文艺奖金,论文稿金等。②

总体来说,这次会议主要是催促学会的各位研究人员克服资料困难尽快

---

① 萧军:《延安鲁迅研究会第一次工作商讨座谈会摘记》,载《文艺月报》,1941年4月1日出版的第4期。
② 萧军:《萧军全集》第18卷,第391页。

开展鲁迅研究工作,并为鲁迅逝世五周年的纪念活动做出了规划。值得注意的是,萧军还推动延安美术界的一些画家加入"延安鲁迅研究会",并聘请一些画家创作纪念鲁迅的美术作品。

萧军在会后很快就开始落实这次会议所决定的工作。他在3月17日的日记中记载:

> 夜间把研究会的启事、聘书等改过一次,又拟了四封信交陈布文。①

这本资料集收录了萧军所改定的"延安鲁迅研究会"的通知、启事和聘书的文字内容:

通知

素仰

先生是文化界忠诚的战士,对于鲁迅先生的思想、创作、学术、生活等又颇多关心与研究。本会自正式成立以来,因参考材料等多感缺乏,加以一省一地人才究属有限,以致工作还不能圆满进展。用(因?)敢征求海内外各贤达:或为先生的朋友、乡亲、师生、读者,以及过去曾和先生有笔墨论争者——无论赞成反对——只要与先生有关的片纸只字,一枝一叶,一鳞一爪,均请慨然惠下,俾便别类分存:或辑专书;或择要于研究刊物上刊载。本会除以至诚接受和期待以外,并决定妥为保存。鲁迅先生是每一位独立自尊进步的中国人民的鲁迅,我们应该从各方面来研究、理解他的真实价值所在,才能更有效地发扬他的精神和事业。因此敬祈先生多面帮助,时赐匡导,实为至盼。此致

先生

附:成立经过一纸

延安鲁迅研究会
月　　日

延安鲁迅研究会启事

我们新文化开辟及建立的最伟大的导师鲁迅先生,逝世迄今即将五载。此五载中我们因忙于抗战建国的大业,对于先生的学术思

---

① 萧军:《萧军全集》第18卷,第394页。

想的研究,甚少若何可观的成绩,兴念及此感愧者恐非谨一二人已也。本会自正式成立以来,即以先生的"一点一滴"的精神自勉,甚愿于研究先生的工作中,聊尽微力。无如地处边陲,于先生有关之材料既多不易得;而先生精神事业底研究,亦断非百数十人所能胜任。"鲁迅先生是每一个不愿作奴隶中国人的鲁迅。"因此,敢情国内外各界贤达,予以援助,匡以真言,俾使从多方先生的精神,思想,学术,创作……显其真价,得以发扬,受益者非仅中国人而已。谨约如左:

一、研究方面:凡与鲁迅先生的思想,生活,创作,学术等有关底研究著作(不拘题材,长短,赞成或反对)请抄一份寄下,本会当别类分存,或辑专书,或择要刊登于本会研究刊物以及其他刊物。稿费、版税等仍为原作者所有。

二、材料方面:凡与鲁迅先生有关的书籍,杂志,报章,信件,墨迹,照像,画像,遗物,以及其他各项材料,如能捐赠,当然铭感(本会除将赠者姓名缀于该材料以外,并分别以书面或其他纪念物品致谢)如需报酬也请来函相商,本会也必尽可能以付雅意。

三、工作方面:本会成立不久,工作正待开展,我们恳切地希望给以更多的意见和指导,无任企盼。

延安鲁迅研究会　谨启

通讯处:杨家岭文化协会内
注:"鲁研会"的会务记录簿中,此处注明有如下文字:
三月二十五日发出启事
艾思奇同志处伍十份
鄜县进步报伍份
神木抗战日报伍份
绥德抗敌报伍份
山西晋察冀日报伍份
新华日报华北版拾份①

---

① 萧军:《延安鲁迅研究会启事》,载《文艺月报》,1941年4月1日出版的第4期。

延安鲁迅研究会聘书

敬聘

先生为本会赞助会员，并祈对于左列数事，随时给与指导和帮助：

1. 希望对于鲁迅先生的：思想、行传、创作、学术等，参加任何一项或数项底研究。

2. 如已有关于鲁迅先生的专门著作，希望赐寄一份，俾便收入本会每年出版的《鲁迅研究丛刊》或另出专书。

3. 尊处如收有何种与鲁迅先生有关的书物、墨迹，以及其他各项材料，希望尽可能捐赠本会一部或全部。照像、假抄，或代为募集，亦至所企盼。本会决定负责保存。

4. 对本会过去及此后诸般工作，希望随时给以剀切的批评和指示。

延安鲁迅研究会

中华民国　　年　　月　　日

从萧军所改定的"延安鲁迅研究会"的通知、启事和聘书的内容中可以看出，萧军很注重"延安鲁迅研究会"的发展壮大工作，不仅注重扩大学会的人员，而且也注重搜集有关鲁迅的各种资料，从而可以凝聚更多的力量来从事鲁迅研究工作。

另外，这本资料集还收录了萧军在这次会后所拟的几封书信，内容如下：

致未出席座谈会同志的信（陈伯达、周扬、立波、胡蛮）

同志：

在第一次工作商讨座谈会上，出席的人，已经把研究题目大致拟好了，希望您也把您要研究的题目寄下，俾便有个统计。此祝

著安

鲁迅研究会秘书处①

致×××同志

同志：

今年鲁迅先生逝世五周年纪念会，想定制一幅较大的先生的画

---

① 这封信没有收入《萧军全集》之中。

像,素仰您对于油绘研究有素,敬请帮忙,代为绘制为荷。一切尺寸请与江烽(丰)同志相商,如有需经费处,敝会也可代为筹上。此祝

　　春安

鲁迅研究会秘书处
　　月　　日①

致张仃函

张仃同志:

　　今年鲁迅先生逝世五周年纪念会,想开一个与先生有关的画展,请您制作若干幅,以资纪念。(题材等自拟)如有经费需用时,敝会亦可略为筹集。

　　统希勿却为荷。此祝

　　春安

鲁迅研究会秘书处
　　月　　日②

致王朝闻函

朝闻同志:

　　今年五周年鲁迅先生逝世纪念会,想请您制作先生的肖像铜质浮雕若干座,于会场发卖,并留纪念。一切大小格式,均由您自由设计。如在经费上有何需要,请来函,当代设法。此祝

　　春安

鲁迅研究会秘书处
　　月　　日③

结合萧军的日记,可以看出这几封信的写作日期应当是1941年3月17日。

此外,从萧军的日记中可以看出萧军为了"延安鲁迅研究会"的事务还分别找洛甫(张闻天)汇报"延安鲁迅研究会"的工作,并请张仃绘制鲁迅画像。萧军在3月18日的日记中记载:

---

① 这封信没有收入《萧军全集》之中。
② 这封信没有收入《萧军全集》之中。
③ 这封信没有收入《萧军全集》之中。

晚饭时候到洛甫处，把文艺月会、鲁迅研究会等工作谈了一些，增加篇幅与增加餐费等。①

在3月25日的日记中记载：

昨日张仃来，他只乐意做鲁迅画像和连环画，我鼓励他，并答应想法在经费上替他想办法。他高兴说："过去那些庸俗的人们来弄这些，我不高兴和他们合作，现在由一个天才来领导这工作，我高兴画一套鲁迅先生的连环画给研究会……""尽你可能的来帮助这研究会进展，有什么意见全可以提出。"我说。他很高兴。对于一个被压抑的人一定要提起他，鼓励他，让他对人生有用。②

在萧军的推动下，"延安鲁迅研究会"的工作逐渐开展起来。萧军为了为《鲁迅研究丛刊》征集稿件，并总结研究会的工作又再次发出了通知，举行"延安鲁迅研究会"的第二次会议。这本资料集收录了萧军撰写的这次会议的会议通知和会议记录。

通知

定于本月七日（星期六）下午二时，在文化协会内举行第二次工作进行谈话会。因《研究丛刊》到六月底就要集稿了，希望已写好的著作，或"计划"顺便带来，俾便交换意见，公布研究题目。此致

同志

一、备晚饭

二、尽可能请准时到会

三、多准备意见

鲁迅研究会启
月　　日③

（编者注：在"鲁研会"的会务记录簿此页上，写有如下被通知者的名单：）

艾思奇　陈伯达　雪韦　萧军　丁玲
周文　舒群　欧阳山　周扬　立波

---

① 萧军：《萧军全集》第18卷，第394页。
② 萧军：《萧军全集》第18卷，第399—400页。
③ 这个通知没有收入《萧军全集》之中。

范文澜　江丰　胡蛮　艾青　罗烽
草明

鲁迅研究会于六月七日开第二次工作进行座谈会

时间：六月七日下午二时

地点：文协萧宅

出席：艾思奇　周文　雪韦　欧阳山　草明　罗烽　范文澜　江丰　舒群　艾青

主席：萧军

记录：布文

报告：自第一次座谈会后所进行之工作

1. 阿Q文献——延安各图书馆搜集调查并已抄好
2. 鲁迅画像决定用墨画，请张仃同志担任之
3. 浮雕鲁迅石膏像请王朝闻同志任之
4. 陈伯达之研究题为：阿Q论

欧阳山为：阿Q之创作方法

周扬、立波尚未交题

5. 关于启事：解放日报未登、新中华报未登。

聘书决定用铅字印成，五周年纪念前一定发出。

6. 阿Q文献之启事（征集）由解放日报、文艺月报刊出。
7. 欧阳山同志新请参加本会
8. 关于论及鲁迅之各种文字已往各图书馆调查登记。研究同仁需参看可取阅之

第二次座谈会当讨论事项：

1. 研究文章之集稿期
2. 要否成立鲁迅纪念馆
3. 音乐界、美术界要否征请研究同志
4. "奖金征文""纪念征文"如何进行

决议：

一、六月底收稿，但艾青、罗烽、欧阳山、草明四位后来者可迟半月交

二、由文协分配窑洞，然后布置修饰再议

三、美术界可以

四、由鲁迅基金委员会决定奖金额后再讨论细则。

这次会议不仅总结了学会以前的各项工作,而且也对学会今后的工作做出了规划。值得一提的是,这次会议上还专门讨论了在延安成立鲁迅纪念馆的事情。

萧军在6月7日的日记中这样记载:

> 下午开第二次鲁迅研究会,讨论交文章的日期和建立鲁迅纪念堂事。我也提到了辞职事,但他们仍让我做,也只得做下去。①

萧军之所以提出辞职,是为了抗议一些人诬告他和一位女士发生了婚外情。但是在众人的劝说下,萧军打消这个念头,仍然继续担任学会的常务干事。他在6月16日给周立波、周扬、陈伯达等人写信,催交文章。这本资料集收录了这封信:

> 致立波、周扬、陈伯达信
>
> 敬启者:
>
> 　　本月七日第二次工作进行座谈会,决定:凡基本会员新担任的研究文章,均于月底交齐。如至七月五日以前,无文章交到,也无书面声明者,即以弃权论,以后再有文章,应即批(发?)于丛刊第二集,并将理由于第一集编后记书明。此致
>
> 　　立波
>
> 　　周扬　　同志
>
> 　　陈伯达
>
> 　　　　　　　　　　　　　启　六月十六日②

萧军不仅本人坚守"延安鲁迅研究会"常务干事的工作岗位,还劝说舒群、罗烽等人努力工作,他在6月18日的日记中记载:

> 同群、烽,我们三人去桃林讨论了此后关于文艺月会,月报以及文艺学园的工作开展步骤。我告诉他们,应该坚定地把握自己的工作岗位,开展下去,勿为人言,勿为小事而有什么动摇。……"鲁迅

---

① 萧军:《萧军全集》第18卷,第438页。

② 这封信没有收入《萧军全集》之中。

研究会,文艺月会,星期文艺学园这三个是连接着彼此影响的东西。比较月会是要性质消极些;月报却要积极而尖锐些,成为一个综合的批评刊物:高级文艺作品占一部,评论占一部,学生的作品和消息等占一部。不如此是不容易存在的……"①

另外,从萧军日记中可以看出他在经历过辞职事件之后为"延安鲁迅研究会"所作的一些工作:催稿、校稿等。

在萧军的努力下,"延安鲁迅研究会"取得了一定的成绩,陆续出版了《鲁迅研究丛刊》第一辑和《阿Q论集》。萧军在9月25日夜撰写的《〈鲁迅研究丛刊〉第一辑"前记"》中把鲁迅和朱德、毛泽东相提并论:

> 所谓"现实主义":它既不脱离现实,也不拘泥于现实;不独反映了现实,更可贵的,还是在它有指导现实的本领和作用现实的力量。
>
> 在我国,我曾经看见过三位最伟大的"现实主义者",那就是:——鲁迅、朱德、毛泽东。
>
> 他们出生的年代是相近的;背负着的历史的运命是相同的,最主要还是他们的共同的目标——为民族、为人类——现实主义"韧"性的战斗法。
>
> 他们有一面共同的旗帜——为民族、为人类——也有各自的旗帜,各自的队伍:——中国新文化底战斗者们;中国革命的军队;中国最革命的"党"。
>
> 这是一条不能够破分的三股绳。……这绳是不能够破分的,也不可破分的,从来没有破分过。……中华民族的命运是系在这条绳的上面的;世界的和平,人类最崇高的理想底实现,如果愿意夸张一点说,——那也要决定于这条伟大的绳的。……它已经有了过去的历史,眼前的事实作了证明者。
>
> ……
>
> 朱德、毛泽东两位先生还健在,他们还正在领导着自己的队伍——军队,党,——和我们底敌人加紧着肉搏。可是,鲁迅先生离开我们却已经整整五个周年!这五年中,我们虽然一刻也没有离开过自己的队伍……忘了战斗……然而:"灵魂上是寂寞的啊!"

---

① 萧军:《萧军全集》第18卷,第444—445页。

萧军在这个"前记"中把鲁迅、朱德、毛泽东称为自己所见过的中国三位最伟大的"现实主义者",分别是"中国新文化底战斗者们""中国革命的军队""中国最革命的'党'"的领袖,这三个人所代表的三种力量拧成一股绳,这股绳不仅决定着中华民族的命运,甚至还影响着世界的和平。这无疑是借助朱德和毛泽东的领袖地位来提高鲁迅在延安的影响力。

萧军为了总结学会的工作,又在1942年1月15日召集了"延安鲁迅研究会"的第三次座谈会。这本资料集收录了这次会议的通知和会议记录,内容如下:

通知(1942年1月)

谨定于本月十五日十二时,研究会成立纪念日,假座文抗作家俱乐部,举行本年度工作进展第一次商谈会,届时千祈拨冗一临。至盼

此致　　　　　　同志

延安鲁迅研究会
月　　日①

请带饭票

一九四二年一月十五日鲁迅研究会工作商谈会

时间:下午一时

地点:蓝家坪文抗

出席:艾青　又然　张仃　魏东明　雪韦　正义
　　　欧阳山　尹达　萧军　罗烽　金灿然

主席:萧军

主席报告:(A)过去工作(B)此后工作(C)如何寄聘书通知(D)纪念馆

(A)1.鲁迅文艺奖;2.铜像;二件事决议未做。

2.做成者:1出了两本书,2画像制成,3石膏像制成,4聘书启事印成

(B)1.各研究者拟题:欧阳山:题未定

(皆未定题)

---

① 这个通知没有收入《萧军全集》之中。

2.登征文启事,截稿期为本年六月底

(C)分三部分:1.重庆　2.边区　3.前方

(编者注:在会务记录簿的此页上另记有如下文字:)

学术研究:金灿然　欧阳山　李又然　正义　艾青　尹达　罗烽

论文一篇　雪韦

鲁迅的历史小说《故事新编》研究　魏东明

鲁迅在美术上的"民族形式"的见解　张仃

这次会议主要总结了学会以前所完成的工作,并讨论了如何给学会所聘请的各位研究人员寄发聘书和征集《鲁迅研究丛刊》第二辑文章的事情。

萧军在会议之后开始着手寄发聘书,并向一些人催稿。他在1月20日的日记载"上午把一些鲁迅研究会聘书发出"[①]。这本资料集还附录了"延安鲁迅研究会"在1月20日发出聘书的名单:

一月二十日发出聘书

谢觉哉先生　徐特立先生　叶剑英先生
吴玉章先生　何思敬先生　王稼祥先生
林伯渠先生　莫文骅先生　萧劲光先生
毛泽东先生　凯丰先生　　王明先生
博古先生　　洛甫先生　　朱德先生

另外,发出启事的名单人员则包括了延安主要的政治机构、文化机构、新闻机构乃至部分医疗机构中的重要人士。从中可以看出,萧军希望能通过聘请延安的党政军及文化机构的重要人士担任"延安鲁迅研究会"的会员的方式,来获得延安官方和文化界的认可及大力支持。

萧军当天还给没有出席第三次座谈会的人员发信催稿,这本资料集收录了这封信的内容:

(1942年)一月二十日致未到会者信(致周扬、立波、江丰、胡蛮、丁玲、舒群、陈伯达、范文澜、王朝闻、周文、须旅)

---

① 萧军:《萧军全集》第18卷,第548页。

敬启者：

　　此次工作进行商谈会,已于一月十五日开过,参加出席的人,已每人担任写稿一篇,以充实《研究丛刊》第二辑。知您工作甚忙,未便出席,兹特函请把您拟写的研究文章题目寄下为盼。此致

　　同志

　　　　　　　　　　　　　　　　　　　　　　　　启

　　　　　　　　　　　　　　　　　　　　　月　　日①

因为当时延安与外界的信件不太顺畅,所以有一些给国统区及沦陷区人士的聘书需要带出延安然后设法转寄。萧军在3月21日的日记记载：

　　上午同芬他们把第二批研究会的聘书填好,准备在旅行前交凯丰,带到大后方去,我知道在有些人是接不到的,这样做我心安。②

在3月27日的日记中记载：

　　陆石来了。把关外寄的聘书弄好,预备今天交出去。③

值得一提的是,这本资料集还收录了萧军在1942年3月20日填写的一份由陕甘宁边区政府文化工作委员会发来的调查表,内容如下：

　　名称：延安鲁迅研究会　　负责人：萧军

　　成立日期：一九四一年一月十五日

　　人数：文化工作者二十三人,行政人员二人

　　组织概况：委员制,常务干事三人,由驻会干事主持一切会务,研究工作等。

　　经费情况：现在每月三十元常费,拟增至五十元

　　过去工作情形及今后工作计划：

　　一、开过研究座谈会若干次。

　　二、出版研究丛刊二种。

　　三、与各鲁迅研究小组建立通讯联系。

---

① 这封信没有收入《萧军全集》之中。
② 萧军：《萧军全集》第18卷,第586页。
③ 萧军：《萧军全集》第18卷,第591页。

四、拟筹设鲁研出版所,出版文艺读物及通俗文艺读物等。

从萧军所填写的上述内容,不仅可以大致了解"延安鲁迅研究会"的成员、经费、工作等基本情况,而且也可以了解萧军对于"延安鲁迅研究会"未来的设想是成立一个鲁迅研究出版所。对此,萧军在1942年4月19日的日记中也有所提及:

晚饭过后我散步在门前,想着将来由鲁迅研究会举办:

①鲁迅文艺出版社,出版丛书,乐谱,画片,杂志(文艺世界)尽力精美。

②创办鲁迅文艺学园,教育最有天才的青年,分文学,绘画,雕刻,音乐等系。①

总体来说,萧军作为"延安鲁迅研究会"的常务干事,也可以说是实际负责人,主导了学会的发展方向,为学会的建立和发展做出了很多的贡献:1.主持召开了多次学会会议,制定了"延安鲁迅研究会"的研究计划;2.为学会撰写了多份文件和多封信件;3.主持出版了两本鲁迅研究著作;4.主持召开了纪念鲁迅的活动等。在萧军的努力下,"延安鲁迅研究会"得到了延安官方的一定的支持(包括经费的支持,以及毛泽东借给"延安鲁迅研究会"一套《鲁迅全集》用于研究等),从而有力地推动了鲁迅在延安的传播和研究。

二、萧军与延安"星期文艺学园"的成员和中央印刷厂文艺小组成员交往的相关资料

这本资料集收录了一份题为《关于"阿Q正传"及其他》的材料,分为"问题汇集"和"心得与感想"两部分,这份材料最后有两个注释:

①问题是由各组提出,都是按原意抄下来的,未加删改。

②感想与心得,很多同志都没写,以上所写仅是六组与七组有几个同学写出者。

编者在这份材料后面的注释中说:"这份记录,可能是'延安星期文艺学园'学员们的书面读书心得、感想及所提出的问题……待查。"

---

① 萧军:《萧军全集》第18卷,第605页。

总体来说,学员们所提出的问题还是有一定水平的,如问题(4)"像阿Q正传是否能算民族形式的?这篇东西是否可以当作'民族形式的典型作品之一'去研究呢?"问题(17)"阿Q与小D打架时照在墙上的影子,鲁迅为什么用'兰'色形容?"问题(18)"'优胜纪略'和'续优胜纪略'为什么要分成两章?按什么分的?两个是否一个意思?"

不过,学员们阅读《阿Q正传》后的心得与感想相对来说其水平就显得参差不齐了。如"心得与感想"(8):"鲁迅的文章并不欧化,有他独特的中国风格。"(肖彦、李孟)"心得与感想"(9):"看了之后,感到平淡,作者的用意我不懂,阿Q到底代表一种什么东西呢?"(秦师韦)

查《萧军日记》,可以看出萧军发起组织"星期文艺学园"的大致过程。萧军比较重视"星期文艺学园"的工作,他在1941年9月19日的日记中还把建立"星期文艺学园"视为自己在延安时期所做的一个重要工作:

十年来我在中国做了什么呢?……
9. 延安时代——
＊第一次鲁迅先生纪念会上指出延安的缺点,参加各处讲演,发起并完成、参加文艺小组十二次巡回座谈会,解决若干文艺人生问题。
＊发起文艺月会,团结延安作家,提高批评风气。
＊编辑文艺月报,第一个打击俄国贩子萧三,以及一些不正的倾向。第二打击何其芳的"左倾"幼稚病,立波恶劣作品的影响,雪韦的"形式主义",周扬的"官僚主义"。
……
＊建立鲁迅研究会,发扬影响,编辑丛书。
＊建立星期文艺学园,造就失学文艺青年。①

附带提及,这本资料集还收录了《解放日报》、中央印刷厂文艺小组在1941年10月19日油印出版的《鲁迅先生逝世五周年纪念特刊》,包括海州的《变为自己的》、鲁史的《五周年》、程的《管自己的生活》、继甫的《鲁迅在工人中的影响》等文章,此外还刊登了杨廷宾所刻的鲁迅像。这些文章主要是抒发了对鲁迅的怀念之情,并表达出各位作者对鲁迅的理解。值得一提的是,

---

① 萧军:《萧军全集》第18卷,第527页。

上述资料都没有被收入中国社科院文学所编辑的《1913—1983鲁迅研究学术论著资料汇编》之中。

三、萧军与延安鲁艺的"鲁迅研究小组"成员交往的相关资料

这本资料集收录了一份题为《鲁迅研究小组研究计划(本期)》的材料,这是延安的某个鲁迅研究小组在1942年上半年的研究计划,主要内容如下:

《鲁迅研究小组研究计划(本期)》

一、二月份——研究鲁迅先生的生平。

参考他底《自传》及许寿裳编《鲁迅年谱》《回忆鲁迅先生》《鲁迅书简》暨其他散载于报章杂志上描写鲁迅生活之作品。

请人作一次报告。

二、三月份——精读鲁迅先生的小说(阿Q正传除外)作理论的分析。

必读的小说:《药》;《长明灯》;《祥林嫂》;《阿金的故事》等短篇。其中《阿金的故事》作详细的讨论(分析方面——主题,思想,形象,结构,故事的发展,矛盾统一的观点,阿金典型的创造,民族形式……)

开座谈会一次,朗读《阿Q正传》(选语调清晰的同志担任)

请人作一次报告。

三、四月份——精读鲁迅先生的杂文,并以自己熟悉的现实材料,写杂感一篇。选最好者研究之。

研究方面着重在:杂感的时代根据,发展的条件及它的作用;并涉及协作方式和技巧。

开讨论会一次。

请人作报告一次。

出壁报。

四、五月份——以鲁迅先生的作品为标准,作"为大众喜闻乐见的民族气派民族作风"的小说一篇,选优秀的作品共同讨论。

开座谈会一次。

五、六月份——研究"鲁迅先生的艺术生活"以作为总结。

出壁报。

从这份活动计划可以看出,这个鲁迅研究小组不仅认真研读、分析鲁迅的著作,而且也学习鲁迅的精神和创作方法来进行文学创作,并通过出壁报的形式来传播这些学习鲁迅的文章。

编者在这份《鲁迅研究小组研究计划(本期)》之后附录了一个注释,对这个"鲁迅研究小组"做了介绍:

> "鲁迅研究小组"是群众自发结合的学习研究小组,它与鲁迅研究会保有通讯联系,或进行学术交流、辅导、讲话、讲解……不属于鲁迅研究会所领导。此份鲁迅研究小组的活动计划,是由该组有关同志送给鲁研会,并由萧军同志于2月23日进行了复信……

查《萧军日记》,可以看到1942年2月23日的日记中记载:"给陆石等信。"在3月18日的日记中记载:"收到陆石的信。"在3月20日的日记中附录了致陆石的信,信中有如下内容:

陆石同志:

  我大约三月底四月初之间才能离开延安。关于壁报的文章,如果抽出时间当写一点,在临行前寄上。研究丛刊我这里只有一本(附上)曾和书店交涉过,结果不欢而散。《阿Q论集》纸版虽打好了,据说因为没有纸,一时还不能印出。我曾有清样一份借给民族学院鲁迅研究小组了,惟至今还未见交回,你们可与他们接洽借来。

  关于"鲁迅先生早期的思想是不是含有悲观成份",我想是有些的。但悲观不就是绝望。正因为有了这些悲观成份的力,所以他才一直那样对己对人不容情地战斗过来。

  初次发表一篇作品,那是用不到如何惶惑的,将来成功与失败,决不是一两篇作品就可以判定了的。专此祝好。

萧军
三月二十日①

3月26日的日记中记载:"复轻骑队信。……夜间从河边唱歌回来,写给鲁艺鲁迅研究小组壁报短文一篇。"在3月27日的日记中记载:"陆石来

---

① 萧军:《萧军全集》第18卷,第586页。

了。"在 4 月 4 日的日记中记载:"接到留守兵团的信,他们让我们明天就动身,这里办不到的,我决定十日动身。"

从萧军日记中的上述内容可以推断出,这个《鲁迅研究小组研究计划(本期)》应当是延安鲁艺的鲁迅研究小组,而且很可能是这个鲁迅研究小组的成员陆石把这份研究计划交给萧军的。萧军通过写文章、写信、面谈、借阅研究资料、集中回答问题等方式来指导并推动延安的一些民间的鲁迅研究小组的活动,从而推动了鲁迅在延安普通青年读者间的传播。

四、结语

萧军先生在这本资料集的《前言》中说:

> 这里所选辑的材料,一部分是我历年来参加纪念工作所保存下来的;一部分则是自己所撰写的。零散、琐碎……在所难免,但在存"真"这一意义上来说,它们还有一定的价值,对于有志于鲁迅先生各方面的研究者们,还会有些实际参(考)的用处。
>
> 这些材料能够保存到今天,它们和我本人一样,经过了水、火、刀兵,并非容易!

可以说这本资料集不仅收录了萧军发起组织延安"鲁迅研究会"和延安"星期文艺学园",指导普通青年读者成立的"鲁迅研究小组"学习和研究鲁迅著作等方面的材料,较为全面地展示了萧军在延安传播鲁迅的一些活动,而且也收录了延安 40 年代初一些普通读者学习、研究鲁迅的一些资料,在一定程度上反映了延安 40 年代普通青年读者对鲁迅的接受状况。萧军在 1941 年 3 月 15 日的日记中曾经描述了自己对延安文艺运动的设想:

> 我准备把延安的文艺运动开导和整理出一个规模来,那时即使我离开也是好的……文艺运动的方向:
>
> 使月会扩大,尽可能把他们提到鲁迅研究会来,使受鲁迅的影响;
>
> 利用"星期文艺学园"把一般文艺青年,读者与月会取得联系。
>
> 利用月报交换意见,与外面取得联络。
>
> 对于一般不正的,卑下的文艺间接要纠正过来,对阻害文艺运动发展的东西,要给以扫除与攻击。

对于小派别的门户成见,要给以消除——这是我的文艺政策。

鲁迅研究会——文艺月会——星期文艺学园——小组①

总体来说,萧军的上述设想都在一定程度上实现了,他借助延安有关机构的支持,发起成立了"延安鲁迅研究会",然后通过"延安鲁迅研究会"来影响参加"文艺月会"的作家们,进而再影响参加"星期文艺学园"和"(鲁迅研究)小组"的普通读者,这都在很大程度上推动了鲁迅在延安的传播。萧军1942年2月10日的日记中记载:当晚和毛泽东谈话,"每一次我们主要谈到鲁迅,我应该像一个使徒那样传布先生的影响"②。因此,萧军也像他在日记中所说的那样,成为了一个鲁迅精神的布道者,而这本资料集也可以说是萧军为鲁迅"布道"的一个真实的记录。萧军借力传播鲁迅的活动在"延安文艺座谈会"之后基本停滞了,但是萧军在延安播下的鲁迅思想的火种并没有完全熄灭,仍然在一定程度上影响着延安的一些青年读者。而萧军离开延安后也吸取了他在延安传播鲁迅的经验与教训,认识到自身的政治处境使他很难能够再借助有关机构的力量来传播鲁迅,于是开始立足民间的立场面向广大普通读者来宣传鲁迅。

---

① 萧军:《萧军全集》第18卷,第392页。
② 萧军:《萧军全集》第18卷,第567页。

萧军和胡乔木在"延安文艺座谈会"前后的交往及论争

——以萧军的日记和致胡乔木的三封书信为中心

众所周知,"鲁门小弟子"萧军和毛泽东的文化秘书胡乔木在"延安文艺座谈会"上进行了两次论争,但是这两次论争的详细内容却很少为人所知。在萧军先生一百周年诞辰前夕,笔者有幸从萧军先生的女儿萧玉女士那里拜读到萧军先生在本次论争期间给胡乔木的三封信的抄稿,从这三封书信和萧军先生在延安时期的日记大致可了解到本次论争的主要内容。

一、在"延安文艺座谈会"之前的萧军和胡乔木

1936年,当时在上海从事"左翼"文化运动的、属于周扬阵营的胡乔木曾经撰写了一篇文章高度评价萧军的小说《八月的乡村》,但是两人只有这一段文字之交,并没有直接的交往。

1937年7月,胡乔木在冯雪峰的指示下离开上海到达延安,开始在位于泾阳县的"安吴青训班"担任副主任,不久被调回延安在中共中央青年工作委员会担任委员,稍后又到西南大后方从事青年工作。1939年底,胡乔木回到延安担任《中国青年》杂志主编。1940年5月3日,在"安吴青训班"基础上建立的"泽东青年干部学校"在延安成立,胡乔木担任教务长,并创作了《泽东青年干部学校校歌》。不久,胡乔木又调到中央宣传部工作。1941年2月,中共中央秘书长王若飞找到胡乔木,告诉他毛泽东主席点名调他去当秘书。胡乔木由此开始担任毛泽东的文化秘书,并逐渐在政坛崛起。胡乔木最初的工作是代毛泽东校对《六大以来》一书的清样,这本书也是中共整风运动的基本武器。胡乔木首次系统地阅读了书中收录的中共"六大"以来的党内557篇文件和毛泽东的许多著作,上了他在毛泽东身边的第一课。1941年5月16日,中共中央机关报《解放日报》创刊,胡乔木很快就成为该报社论的重要作者之一,前后共写了58篇之多。胡乔木写的社论"有的是毛泽东嘱意写作的,有的是他根据毛泽东在内部会议上的讲话精神写作的,有的是他写好经

毛泽东修改、审定而发表的"①。可以说,胡乔木的言论深受毛泽东的影响,他在某种程度上也可以说是毛泽东言论的代言人。

萧军第一次到延安是在1938年3月21日,他当时准备取道延安奔赴五台山革命根据地抗击日寇,因交通中断而暂住在陕甘宁边区政府招待所,毛泽东得知萧军来到延安后就到招待所看望萧军和当时来延安汇报工作也住在同一招待所的丁玲,这是萧军首次和毛泽东见面。但是,4月初,萧军就随丁玲离开延安前往西安参加西北战地服务团。

1940年6月24日,经过重庆八路军八办事处负责人董必武、邓颖超的批准,萧军携家人和舒群等一起第二次来到延安,并成为"边区文协"的专职作家,主要从事文艺创作。除了继续写作长篇小说《第三代》和四幕话剧《恩仇以外》,作为"鲁门小弟子",萧军还投入很大精力在延安弘扬鲁迅精神,不仅积极参与筹备延安各界纪念鲁迅先生逝世四周年大会,撰写了《鲁迅先生逝世四周年延安各界纪念大会宣言》,还在1941年初发起组织了延安"鲁迅研究会",并担任了该会的主任干事。萧军在1940年8月19日的日记中特别表明了自己"在延安从事文艺运动应注意以下几项":

①纠正一般人肤浅的对文艺不正的观点,如文艺无用论,消闲,装饰等观点。

②提高文艺工作者自尊心,勿甘心丧掉自己的人格和独立精神,变为浅薄的软骨病者或装甲的乌龟。

③应纠正统治阶级用传统的看"文人"的眼光来看待文人,文人是和他们一样站在战斗线上,并且更早,更尖锐。

④文艺作家和将军政客不同的,他不能任命,也不能借光,更不能以别人底牺牲铸成"自己的"成功。

⑤反对分割,曲解,为了自私企图,为了装饰自己,利用鲁迅。②

这几条"注意事项"也是萧军在延安从事文艺活动的基本原则,它在很大程度上影响了萧军此后的命运。

在"延安文艺座谈会"召开之前,作为党外作家的萧军和作为党的理论喉舌之一的胡乔木虽然都与毛泽东有着密切的交往,但是两人之间的交往却很

---

① 叶永烈:《中共中央一支笔胡乔木》,广西人民出版社,2007年版,第45页。
② 萧军:《萧军全集》第18卷,华夏出版社,2008年版,第283页。

少,有限的几次交往也都是因为毛泽东要了解延安文艺界的情况而发生的。

1941年6月17日、18日、19日,延安的《解放日报》连载了周扬的《文学与生活漫谈》一文,引起了萧军、舒群、罗烽、白朗和艾青的不满,五个人集体讨论了这篇文章,最后由萧军执笔写了一篇《〈文学与生活漫谈〉读后》寄给《解放日报》。但是文章被退了回来,萧军认为这很不公平,很不民主,于是在7月8日决定给毛泽东写信,请他约定时间谈话。7月16日,胡乔木受毛泽东的派遣来找萧军,告诉萧军毛泽东因病没有复信,过几天再和萧军谈话。这或许是萧军和胡乔木两人的首次直接交往。

7月18日,萧军收到胡乔木的来信,告知毛泽东邀请萧军谈话。当天晚上萧军去拜访毛泽东,和毛泽东谈了许多问题。萧军问毛泽东:"党有文艺政策吗?"毛泽东回答:"哪有什么文艺政策,现在忙着打仗、种小米,还顾不上哪!"萧军向毛泽东提出建议:"党应当制定一个文艺政策,使延安和各个抗日根据地的文艺工作者有所遵循、有所依据、统一思想、统一行动,加强团结才有利于革命文艺工作正确发展。"毛泽东接受了这个建议:"你这个建议很好,你别走了,帮我收集一下文艺界各方面的意见和情况好吗?"经毛泽东恳切挽留,萧军答应不走了。谈完之后,毛泽东送萧军到阶下说:"你所说的全是对的,这不是一个人的事了,这不是一般的问题,我要和洛甫同志谈谈,此后也叫乔木同志经常到你们那里联系,一定要改变。"萧军认为这次谈话起到了一些作用:"尽情地说了自己要说的话,也代别人打通了一条路。"[1]同时萧军也觉得毛泽东对一些事特别是文艺方面的事情是隔阂的,他回家以后立刻把手里现有的一些有关文艺界的材料整理出来寄给毛泽东,供他参考。

8月2日,毛泽东致信萧军邀请萧军再作一次长谈。8月10日晚上,萧军去拜访毛泽东,再次和毛泽东进行了长谈。"这次谈话比第一次更透彻些和随便一些"[2],萧军建议毛泽东去看望一下新来延安的作家们,毛泽东则劝萧军斗争应该和缓些。次日傍晚,毛泽东从杨家岭住所来到杨家沟半山腰的"文抗"看望作家们,和萧军、艾青等作家长谈,了解文艺界的情况,因为舒群、罗烽等一些作家碰巧不在,毛泽东在12日早上又来信邀请这些作家携家人当天中午到他家中座谈并共进午餐。毛泽东和这些作家畅谈了关于文艺和文艺界的许多问题,中共中央组织部部长陈云、宣传部部长凯丰也参加了座

---

[1] 萧军:《人与人间——萧军回忆录》,中国文联出版公司,2006年版,第347页。
[2] 萧军:《萧军全集》第18卷,第502—503页。

谈。萧军在当天的日记中记下了这次谈话的主要内容：

> 综括这次所谈的：
> 1. 对于叛徒以及不被理解的人，采取尽可能宽大政策，使每人有理解机会。陈云提议成立特别调查委员会，拼半月时间会同各机关作些工作，毛尤其主张要切实。
> 2. 由我们诉说了高阳、杜矢甲、张仃、陈布文等的经过和被迫害等事实。
> 3. 由我提议：制定文艺政策，建立文艺出版所，出版文艺刊物，以至民意的日报，造成舆论。成立革命史料采集会。
> 4. 将来文化机关党可参加，党外人士旁听。……
> 总之，这是个有意义的斗争，也可说是胜利的斗争，因此将要有多少被冤屈的人得以申诉，增加革命力量，校正革命路上的偏差，这将对于中国人民是有利的。①

8月29日下午，萧军再次拜访毛泽东谈论文艺界的事情，萧军在当天的日记中记载了谈话的主要内容：

> 和毛及乔木谈了一些过去左翼作家对其他作家联络、帮助、教育、学习不够等，以及争取一些自由主义作家如朱光潜、顾颉刚等。也谈了中国的文艺政策，毛说他对于这方面不明白，最后由大家提出讨论，而后再决定。他也告诉我，对于延安作风要做一番改变，党已经做好了决定，对于过去的不正的党风要给以教育和纠正，如"关门主义""主观主义"等。过去他们本有这样的打算，因条件未成熟，如今经过我们提出，于是决定了，这对于整个中国革命前途关系是很大的。②

这次关于文艺问题的谈话也是萧军和毛泽东、胡乔木这三个"延安文艺座谈会"上的主角首次关于文艺问题的对话。从谈话内容中可以看出，毛泽东及中共中央不仅决定开展整风运动，而且决定接受萧军等作家的建议制定一个中国共产党关于文艺的政策。

在1941年年底，萧军又特别总结了自己在这一年中的工作，他在12月

---

① 萧军：《萧军全集》第18卷，第504页。
② 萧军：《萧军全集》第18卷，第514页。

31日的日记中写到:

①编八期《文艺月报》,编鲁迅研究丛刊,阿Q论集两册。

②《乌苏里江底西岸》写完,写答辩文,杂文近十几篇。

③教课数次,代看稿近三十篇。

④读书近五十册。大部关于历史方面。

⑤日记逐日照写。

⑥计划现实新文抗底建立,俱乐部筹款,参加省议会二十天。

⑦和毛泽东谈话近六七次,讨论党内外关系,接着组织部就开始调(查)等工作,此影响甚大,改正了党内一些上下不通以及官僚主义作风。有多少被怀疑的人被理解了。我自问这是我很重要的工作之一。

⑧自《文艺月报》出版后,经过我的几篇文章,开展了真切的批评作风,"轻骑队"这社会批判壁报,就是在我的影响下发展起来的。接着也引起了《解放日报》底改变,反主观主义各种论文,接着产出了近乎五种文艺刊物。

⑨在参议会我提出了"小鬼学校"等提案,并作了一次重要的演讲,和一次关于法律上的辩驳。

⑩我打击了周扬,立波,何其芳,雪苇等关门主义的作风和过"左"的作风。①

从上述文字来看,萧军对于自己一年来的工作还是比较满意的,尤其看重自己通过和毛泽东谈话来影响毛泽东的决策所产生的良好效果。

1942年2月,毛泽东在中央党校开学典礼上做了题为《整顿党的作风》的报告,在中央宣传部干部会议上做了《反对党八股》的报告,正式开展了整风运动。2月8日,萧军聆听了毛泽东《反对党八股》的报告,他觉得毛泽东"是很好的一个中学教师,有一种能溶解别人感情的能力……如果说他是领导者,还莫如说是教育者"②。次日晚上,萧军拜访毛泽东,毛泽东向萧军谈到了自己在党内受到11次处分的情况,萧军在2月10日的日记中写道:"今天谈话是很畅快也很深入,使我对于他的长处和短处以及非凡的忍耐力感到

---

① 萧军:《萧军全集》第18卷,第531—532页。
② 萧军:《人与人间——萧军回忆录》,第363页。

钦佩。我应该从他这里学得宽厚和忍耐。"①这次谈话也促使萧军决定要用文章为毛泽东鸣不平。

在此前后,萧军一直在为毛泽东搜集文艺方面的资料。4月4日,毛泽东致信萧军特地感谢他提供的资料。萧军收到信后就带着当日写成的《论同志之"爱"与"耐"》一文去找毛泽东审读,毛泽东建议删去文中引用的他的一段话(并在4月8日电话指示《解放日报》发表此文时删去了文中出现的毛泽东的名字)。毛泽东在谈话中希望萧军能入党当官,但被萧军婉拒了。

萧军虽然积极为毛泽东搜集了许多文艺界的资料,但是却担心在文艺座谈会上会和某些人发生争论,所以他在延安文艺座谈会即将召开前夕,打算去延安附近各县旅行以避开这次会议。当他请毛泽东为他向当地驻军首长王震要一张通行证时,毛泽东在4月7日写信给萧军,请他推迟出行,"以便商量一个重要问题"。萧军在当天的日记中写道:"我懂得了这大概是日间博古所谈那军人方面不高兴文艺作家写部队黑暗方面的事。我本不想参加这类事,自己旅行去算了,可是这又不可能,还得参加,一些文人是要吃亏的,而且有些问题也不会得到解决。"萧军觉得有责任用文学和艺术影响他们,于是就去拜访毛泽东,在谈话中,"毛说最近他感到这文艺政策等重要,也开始留心这些问题,也要懂得些。他提出三个文艺上的问题:①内容与形式。②作家的态度。③作家与一般人关系。再就是新杂文问题。"毛泽东在谈话中决定:"先个别开座谈会,而后开一总座谈会。"②

4月13日,毛泽东致信萧军,请他就4月7日所谈的关于文艺方针诸问题搜集反面意见,并请他将反面意见尽快反馈。萧军把《文艺月报》订成一份寄给毛泽东,供他召开文艺座谈会参考,并再次提出要去延安附近旅行。毛泽东在4月24日上午致信萧军,表示"准备在本周六开会……会前我还想同你谈一下",并派马来接萧军。萧军在4月27日的日记中记载了这次谈话的情景:"起始是谈了一些开会的程序和办法,接着我谈了过去一般不注意文化人的现象,他脸色不很好看,我们沉默了一刻。在谈到艾青、丁玲的近况之后,接着是任意而谈:……③整顿三风为什么要采用这个时机,新老干部关系,作家与非作家的关系。④延安的读者层,他希望写一个落后分子转变的过程……"萧军对这次会谈的效果很满意,不仅接受了毛泽东的挽留,而且自

---

① 萧军:《萧军全集》第18卷,第566页。
② 萧军:《萧军全集》第18卷,第598页。

我感觉对毛泽东的了解也更深入了:"我是尽情谈,他也尽情谈","人只有认真切实的接触,才能感到、看到一切。接近本质啊!"①

二、在"延安文艺座谈会"第一次会议上的论争

1942年5月2日下午,"延安文艺座谈会"在杨家岭中央办公厅楼下的会议室举行。毛泽东根据文艺工作本身的任务和延安文艺界的状况,提出了立场、态度、工作对象、转变思想感情、学习马列主义和学习社会等问题,要大家讨论。

萧军对这次会议的召开也抱有一定的期待,他在5月2日的日记中写道:"(召开文艺座谈会)这还是延安从没有过的举动,这也是自己这两年来,间接直接工作出来的结果,我可以如此说。"在毛泽东讲完之后,萧军第一个发言,他在当天的日记中记下了自己发言的主要内容:

> 由毛泽东报告了边区现在危险的政治环境,国际的环境,接着他提出了六个文艺问题,我第一个起立发言,约四十分钟。对于每个问题,我给了自己的说明,同时也阐明了政治、军事,文化应该如何彼此接近和理解。
>
> 六个问题是:①立场。②态度。③对象。④材料(写什么)。⑤如何搜集材料(和各方接近)。⑥学习。
>
> 我补充的问题:①作家与外界的关系。②作家对内界的关系。③作家对自己姊妹行艺术的关系。④作家对作家 A 革命的,B 非革命的,C 自由主义的。
>
> 我的讲话和平时一般,引起普遍注意凝神和欢腾。我的精神和语言始终是控制着他们。
>
> ……
>
> 大致次序:①引证了列宁关于"笑"的那句话。②自己参加这会的感想。③自己对于文艺和一般事物看法的标准。④对毛泽东问题的意见。⑤自己提出的意见。⑥引罗丹语:"在没做美术家之前,一定要先堂堂的作一个人。"②

---

① 萧军:《萧军全集》第18卷,第610—611页。
② 萧军:《人与人间——萧军回忆录》,第614页。

萧军的发言遭到胡乔木的批驳。据刘白羽回忆,萧军的发言引发胡乔木反驳的主要是这样一句话:萧军说,作家要有创作"自由",作家是"独立"的,鲁迅在广州就不受哪一个党哪一个组织的指挥。萧军话音未落,坐在他旁边的胡乔木就大吼一声"我要发言!"站起来反驳说,"文艺界需要有组织,鲁迅当年没受到组织的领导是不足(按,据萧军回忆,'不足'应是'错误'),不是他的光荣。归根到底,是党要不要领导文艺,能不能领导文艺的问题。"萧军毫不示弱,马上给以回击。胡乔木照顾大局没有再反驳。毛泽东听了胡乔木的发言很高兴,会后就让胡乔木到他那里吃饭,说是"祝贺开展了斗争"①。这不仅仅是作为鲁迅文艺思想的精神传人的萧军与作为毛泽东文艺思想的代言人的胡乔木在延安的第一次正面冲突,而且在某种程度上也是鲁迅文艺思想和毛泽东文艺思想的第一次交锋。另外,这次冲突在某种程度上也带有"两个口号论争"所遗留下来的一些宗派色彩。

在这次会议之后,萧军感到"最近政治环境很险恶",因此在5月4日致信毛泽东告诉他自己准备在5月10日出发旅行,毛泽东在5月5日复信同意萧军的请求。但是,萧军在夫人王德芬的劝说下又决定留下来开完会之后再出发。5月7日,萧军把自己对自己在座谈会上的发言整理成《对当前文艺运动诸问题底我见》一文,准备送给《谷雨》杂志发表,并抄了一份送给毛泽东作参考。萧军在这篇文章中增加了8条建议:

1. 可能时建立一个独立的文艺出版社。按计划出版文艺作品,代售一般文艺用品。

2. 对文艺青年、新作家等文艺上的才能、创作的前途……应给以切实注意与帮助。

3. 较大数目筹设一笔文艺奖金和基金。

4. 建立文艺资料馆、收集革命故事,民间故事等。

5. 建立正确的、马列主义的文艺批评作风,可能时出一种批评刊物。由较公允的人来主持。

6. 由党或行政方面对各方加以解释,使知道:作家的任务,他们对革命的用处,他们的特殊性。

7. 对延安以外各党派作家应取得联系,向他们解释边区的政

---

① 刘白羽:《延安文艺座谈会的前前后后》,《解放军报》,2002年5月17日。

策,影响他们走向革命的路。批评的时候:立场要坚定,但尽可能要公正,所谓"名正言顺"堂堂作战。多下说服工夫,少用打击力量。要争取"第三者"。

8. 可能时应制定一种《文艺政策》,大致规定共产党目前文艺方向,以及和其他党派作家的明确关系。①

虽然萧军对于延安文艺问题的上述意见都是很好的,并且也是可行的,但是这些建议与设想不仅不太适合延安正在进行的整风运动,而且也不符合毛泽东决定用整风的方式来制定党的文艺政策从而彻底解决延安及各根据地文艺问题的思路,因而也不会受到重视。

三、在"延安文艺座谈会"第三次会议上的论争

5月23日召开了第三次会议,萧军在毛泽东作"结论"之前又作了一次发言,重点阐述自己关于延安文艺界现存问题的观点和态度,并为自己在第一次会议上的发言的观点辩护。因为此前萧军发言的主要内容很少为人所知,所以全文转录萧军在5月25日的日记中所记载的这次发言的主要内容:

二十二日(按:应为二十三日)早十时在杨家岭开第三次文艺座谈会,到的人比前两次多。我于做结论前又发了一次言,这是按着我的纲领发言的,主要我提出:

(一)①我愿意学一个党员那样守纪律的品质。(为了他们发言不遵守规定时间)②对于三次座谈会的愿望:A. 勿徒任空言。B. 对自己领袖言语要以行为证实。C. 改正无纪律性,八股作风,夸夸其谈,言之无物主观主义不管别人,言不对题等作风。③对何其芳所提的忏悔解释:A. 我过去没有,将来没有,现在也没有忏悔,因为我没有意识堕落过。要有一种有内容的忏悔,不然就是抒情的游戏,或者骗子的谎言。B. 忏悔本身并无多大价值。在没提出整顿三风以前,一些忏悔的人是否思考过这些问题,假使将来再整顿六风时,或在这中间有人指出是否肯承认。人是思考动物,党员要有自发性。

---

① 萧军:《对于当前文艺问题的我见》,《萧军全集》第18卷,第620页。

（二）关于王实味的问题：A. 我仍然承认他主观上是站在革命立场上，根据是他是个党员。何氏否认他主观的立场是不对的。B. 对于王实味批评的态度是不对的。究竟对他是同志还是敌人。

（三）萧三那是一种阿Q式的一般批评法。

（四）文学上批评问题：A. 对于自己只有认真批评才有接近和团结。B. 有谈论才有了解和通心。

（五）党员作家与非党员作家：A. 作家应以作品，党员应以身份两况要个别看。B. 一切言语应以行为来证明。C. 要团结必须真诚坦白。工作时讲朋友，攻击时讲党性是不中的。没有半斤换不来八两。

（六）我的态度：A. 任何人全可以和我相交。B. 为真理而工作，不惧一切谰言（首长路线，借钱等等）。C. 我是自负的，愿意和任何人竞赛。D. 欠共产党的钱我将来一定还补，只要我不死，不病，不穷困到连饭也吃不上。E. 我不想仗着过去历史来这里混饭吃，我工作。F. 除开对真理和我所尊敬的人而外，我没有谦卑。……

萧军的发言又遭到胡乔木的批驳，关于胡乔木这次批驳萧军的言论很少为人所知，不过从萧军日记的记载中可以了解到大致内容：

接着，乔木带着阴险的成分 A. 他说我把共产党员全看成木瓜。（他想要利用多数党员反对我）B. 对于王实味，思想错误也就是敌人。C. 他们要执行规矩。D. 他请我放心，他们党决不会再整顿六风等等。他的态度很恶劣。事后一般党内人对他印象很不好，他并且说鲁迅是"转变"不是"发展"。（这一点我预备和他辩论）

虽然和胡乔木再次发生了争执，不过萧军还是对自己的观点自我评价较好：

我这一次也算一个挑战，知道知道别人的力量，也知道知道自己的力量，我于这些操马克思主义枪法的人群中，也还是自由杀入杀出，真理是在我这面。

我如此做是别人不敢做的。对于我自己是伤害的，对于真理是有用的。

另外，萧军对这次座谈会的总体评价也是较高的，他在当天的日记中写道：

> 夜间由毛泽东做结论……这是一个值得欢喜的结论。他约言他要对文艺作更进一步的研究，我盼望他这样。他是个领导教育的人物，但深刻浸激力不够，他先做到了宽而不够深。①

5月25日，萧军在晚饭后去拜访毛泽东，适逢毛泽东已经睡觉，所以就把写好的一封信留给毛泽东，希望毛泽东批准他离开延安去绥德。

四、在"延安文艺座谈会"会后的论争

鲁迅思想是"发展"还是"转变"问题从1928年以来就一直是个有争议的问题。一些"右翼"人士攻击鲁迅在1927年的思想变化是"投降"了革命，一些与鲁迅论战过的"左翼"人士也以鲁迅转向革命来证明他们在此前攻击鲁迅的正确性，另外一些热爱鲁迅的人士则强调指出鲁迅思想的前后一贯性。例如，许广平、王任叔等人参加的"鲁迅思想座谈会"就专门讨论这一问题，会后发表了由李平心整理、署名为"鲁座"《思想家鲁迅》一文，该文指出：

> 由于大革命失败的教训，使他由进化论进一步走向史的唯物论。由人道主义走向社会主义，由反对压制个性发展的个性主义走向争取大众解放的集团主义，由"为人生"的启蒙主义走向改革世界的国际主义，这是一个"飞跃"，然而这"飞跃"绝不是偶然的。……但是把鲁迅思想的发展做了一度考察之后，立刻可以看出在他的前期思想和后期思想之间，并没有横着一道鸿沟，他的思想始终是有它的一贯性和统一性的，个性主义和集体主义，人道主义和社会主义，进化论和历史唯物论在他的思想发展历程中可以表示不同的阶段，然而他们并非前后脱节的。理由非常简单，鲁迅思想的发展诸阶段只是中国民主革命和民族解放斗争的发展诸阶段之反应。如果中国革命运动的发展阶段有它的前后连续性，那么鲁迅思想发展的诸阶段当然也有他的前后连续性，作为连贯他前后思想发展的主要脊髓骨的，就是他始终抱定的现实主义。（当然。我们同时不能否认鲁迅思想前后的差异性，正如不能否认中国革命各阶段的差异

---

① 萧军：《萧军全集》第18卷，第631—634页。

性一样,因为没有差异性,就谈不到发展。差异性与连续性是对立而统一的。)因此,如果有人根据肤浅的机械的观察,断定鲁迅前期的思想是落伍的、陈腐的、唯我的、虚无的、改良主义的,后期的思想才是前进的、革新的、利他的、现实的、革命的,那不仅根本不懂鲁迅的思想,而且是对于他的莫大的侮辱。①

因此,鲁迅前后期思想是"转变"还是"发展"的问题是一个涉及鲁迅一生评价的重要问题。为了捍卫鲁迅,萧军在开完文艺座谈会的次日就写信给胡乔木,希望与他辩论一下鲁迅思想究竟是"转变"还是"发展"的问题。

乔木同志:

关于鲁迅先生底"发展"与"转变"说,各有主张。我是主张前者,昨听您所主张系后者,于此事甚盼有一明确认识,如不弃,请直接赐教,或撰文刊于解放日报,还有如此思想非我一人而已。专此敬祝近好。

萧军
5、23(按,应为24日)②

5月25日,胡乔木找到萧军进行了一次长谈。两人就鲁迅思想是"发展"还是"转变"问题以及双方在座谈会上发言中过于激烈的言辞坦率地交换了意见,但是萧军仍然没有说服胡乔木。

萧军在1942年5月26日的日记中详细地记载了两人的谈话内容:

下午乔木来,和他谈鲁迅究竟是"发展"还是"转变"问题:"从鲁迅的思想过程说,他是由进化论走到唯物辩证论;从政治主张,他是由积极的民主主义走向共产主义;从方法(做人,做事,写作)他一直是把握着现实主义。进化论是否和辩证唯物论绝对不同?他的民主政治并不是资产阶级民主政治;他的现实主义手法是一种科学……这究竟是发展还是转变?在外面,有些人想割断鲁迅前面的历史,故意如此说,我们这里也要如此做么?固然,在发展了是包含着转变,但从积极意义上说'转'是方向不同;'变'是质不同……如果按你所说'转变'是那样解释,那么毛泽东也是个转变,马克思、列宁全

---

① 鲁座:《思想家鲁迅》,原载《公论丛书》第三辑,1938年11月10日出版。
② 萧军:《萧军全集》第16卷,第157页。

是个转变……整个世界,中国,历史……全市转变……论断一件事总不能脱离开条件和范畴……尤其对于鲁迅……如你所说,他自己口头上承认过,这不是为凭的。比方毛泽东说自己是十成的官僚主义者,半通的马克思主义者,你能承认这话么?无论他们个人如何说——谦虚,客气,夸张,反面,自负——但我们却只能作为一个材料来采取它……主要还是看他实践的全程。如你所说,鲁迅有悲观有失望……不错,但这只是他感情上的偶然的东西……事实他是一步不曾放松过走着革命的路的,究竟你还是以行为为主,还是以偶然的言论为主?"

经过我的驳诘,他承认,鲁迅在大的方向是发展,在过程某阶段是"转变"。他补充说那天也只指的是一段,事实他说的是全程。他不愿在报纸上论争。

另外,萧军还就胡乔木发言中攻击自己的一些言论进行了反驳,并对胡乔木的态度表示不满。

关于那天座谈会上他说我是侮辱共产党,他是回答的问题。我说:"你也总会相信,我并没把共产党看成我以外,大约共产党也没把我看成以外,所以我才那样不武装的发言……但从你这里我却学到了一种教训,就是对任何人也不要脱下自己的掩心甲……你把问题提到原则上去,而对我是采取敌视的——我把日记中记得的事读给他听了——你说侮辱了'共产党',我记得我在说这话之前我说过这样的话:'今天到会的不是灵魂工程师,也是半工程师',这显然我是对'灵魂工程师'而发的。而且我说那'六风'的话时,也还是笑着用假设说的……"

他不同意我的"竞取第一"那说法,我给他解释了一番,当然他还是认为他那天理由对。在他讲话时,总是断章取义,故意歪曲,我只能像对一个虾蟆似的捏紧它的肚子,它不得不按照我的意志gaga叫!这是他们一般的党员的通病,不肯爽朗承认自己的错误,总是尽可能抵赖,狡辩,掩护自己,无诚意……我非常憎恶这品质,因此对他们的论争,我就决不容情,而且此后更要不容情。"①

---

① 萧军:《萧军全集》第18卷,第635—636页。

5月26日,萧军收到毛泽东的来信,同意等王震回到延安之后为他办理到绥德的通行证。29日,萧军在晚饭后去拜访毛泽东,并带给毛泽东几本自己最近看的书和一封信。萧军在信中说:

泽东同志:

　　昨天在我们这贫乏的图书馆里,捡出几本旧书读读,其中有几篇文章,虽然过时,如今读了还有趣味。愿介绍给您如有暇可读读,而后还我。

　　1. 列宁论高尔基。

　　2. 高尔基论列宁。(高尔基创作四十周年纪念论文集)

　　3. 一个叛逆者的画像(突击队)此篇您也许读过了。这是关于您自己的,我觉得有些地方写得很好,特征捉得很近似,不知您觉得怎样?我已经把用红笔画过的地方,顺便抄下来了,甚愿于我离开延安之前,和您谈谈。

　　4. 鲁迅的日常生活。(鲁迅的创作方法及其他)

　　5. 鲁迅与尼采。

　　关于鲁迅与尼采一文,愿您读完或先给乔木同志看看。因为此中关于鲁迅底"发展"或"转变"问题,比我同他解释得清楚的多。专此祝好

萧军
一九四二、五月廿九日①

萧军在当天的日记中道出了自己送书给毛泽东的目的:"我们要互相教育,互相影响,互相帮助,这里面毫没有不洁的动机,我希望他能够更深地理解文艺,理解鲁迅先生,这对于革命,他自己,文艺本身全有好处。人对于应该做的事一定要勇敢地去做,决不该为了一些平庸的顾虑而失去了时机。"②萧军这样做还因为他自信能对毛泽东产生一点影响,"每一次我们主要谈到鲁迅,我应该像一个使徒那样传布先生的影响"。③例如萧军在1941年年底总结自己在这一年中的工作时特别在12月31日的日记中写道:"⑦和毛泽东

---

① 萧军:《萧军全集》第18卷,第638页。
② 萧军:《萧军全集》第18卷,第638页。
③ 萧军:《人与人间——萧军回忆录》,第364页。

谈话近六七次,讨论党内外关系,接着组织部就开始调(查)等工作,此影响甚大,改正了党内一些上下不通以及官僚主义作风。有多少被怀疑的人被理解了。我自问这是我很重要的工作之一。"①但是,时过境迁,在整风运动的背景下,在中共中央急需统一延安文艺界思想的大环境下,萧军想凭自己和毛泽东的"半宾半友"的关系来影响毛泽东在延安文艺座谈会上已经传达出的自己的也是党的文艺思想已经是不太可能的。

同日,萧军给胡乔木发去了第二封信,希望胡乔木能认真地读一下《鲁迅与尼采》一文,从而可以更好、更准确地理解鲁迅的思想。

乔木同志:

书同报刊七本奉上,谢谢。

鲁迅与尼采一文,有暇时甚愿您一读,那里面对鲁迅先生底"发展"与"转变"说得较好,这对我们理解鲁迅先生甚有帮助。

专此敬祝近好。

萧军

5、29②

6月10日,萧军收到了胡乔木寄来的杂志和一封信,据萧军夫人王德芬女士回忆,胡乔木在这封信中阐述了自己经过思考后的观点,信中有两处毛泽东用铅笔修改的痕迹。从中可以看出这封信是经过毛泽东修改过的,在很大程度上也代表了毛泽东的观点。虽然这封信在"文革"中散失,但是从萧军在收信后当天所写的回信中也可以看出胡乔木此信的一些内容。

《给乔木关于鲁迅思想问题》:

乔木同志:

杂志及信均收到,谢谢。我寄给毛主席的书,如他无功夫读或不准备读时,您可寄我。如还想读,迟些日子交还倒不要紧,因为这类书文抗还无人等待看。您寄来的杂志,三四日内即当寄上。

关于鲁迅先生的一些看法,在根本上,我看我们是没有什么不同的地方,您所要证明的,只是在他发展的全程中,是有着转变的(在他前期);我所要证明的,在今天有些人企图割断鲁迅先生前期

---

① 萧军:《人与人间——萧军回忆录》,第359页。
② 萧军:《萧军全集》第18卷,第639页。

革命的历史,而名之曰"转变",因此我不同意那说法。至于前次我们面谈时,如您所说"在他前期部分上是转变,全程看来是发展"一般我是同意这解说,但在一般转理上,我是主张"发展"而非"转变"的。因为前者和后者虽然是"显然有质的不同了"。但这不同就他个人说,不是绝对的不同,无庸他思想上,所属阶级成分上不是一贯无产阶级的,但从他一贯实践的过程、主张等来观察,他是全程革命的。因为从那时到现在中国的资产阶级它本身在某种程度上,也还是革命的。至于大部小资产阶级几乎和革命中的工农大众结了血缘,这也因为中国社会特殊性的缘故。从此意义来说,恐怕凡参加无产阶级革命的小资产阶级全要在客观上经过这"转变"吧?即使是原属工农大众,因为受了封建社会和资本主义社会的影响,在真正接受无产阶级革命观点上来说,恐怕也应该是一个"转变"吧?但是我们今天是怎样称赞我们的队伍呢?据我的看法,鲁迅先生是很少有过积极地、主观地支持过中国资产阶级退步一面的,虽然您曾说"这就是说,由这一阶级转到那一阶级,"关于这封未发表的信,我看却是他对于那时的政治某一面一种否定。受信的人我不很清楚,是否便于说出自己真正的意见?写信的时日又在一九二〇,那时俄国革命正在世界不明真相中,中国的正式共产党也没成立,无疑的鲁迅先生对于中国的真正前路也还不能够确定和清楚,这也是当然的。以下简单写些意见:

1. 鲁迅先生接受无产阶级的革命观点,是"渐进"的,不是一下子。与其说先由观念中,莫如说先由行动中。如洛蚀文所说,他是由于"他的进步的现实主义的精神……"。

2. 鲁迅先生前期的:政治上是积极的民主主义者,思想上主要是进化论者(进化论是辩证唯物论的一个侧面);方法上是接近科学的现实主义者(处事和创作)。

3. 尼采思想对于先生是否有影响,我同意您的意见,是有的。一种思想地产出(不管好坏)总有它现实的基础,尼采底时代和先生底时代几乎是一半同时的(尼采生殁于 1844—1900;先生生殁于 1881—1936)即使他主观上不接近(何况先生还译过尼采的作品)客观上也一定要多少存在一些的,因为人究竟是历史和环境的产物。不过,关于鲁迅先生和尼采关系,在读过洛蚀文那篇文章以后,我在自己的日记上曾写下这样几点：

一、鲁迅与尼采仅是在历史上某阶段一刹那的相遇，马上就各自走向了自己的方向——向上的，堕落的。

二、尼采是以种族斗争替代阶级斗争的。他所说的人性是"静"的，站在德国的与封建势力结托的资产阶级上，代表大地主极端反动的贵族主义的，走向"破灭"的一闪的磷光。鲁迅先生却与他相反。

三、进化论是辩证唯物论统一中一个侧面：前者在说明自然法则；后者并说明社会进化法则的特殊性全部。

以上是我浅浮的，粗糙的……对于鲁迅先生一点理解，也许有谬乖的地方，至希指正。

此祝好。

萧军
（1942年）六月十日①

萧军在信中再次重申自己在5月25日和胡乔木辩论时所强调的鲁迅思想是"发展"而不是"转向"的观点，并对胡乔木所引用的鲁迅在1920年5月4日致自己的学生宋崇义的信中的观点进行了解释。胡乔木所引用的鲁迅文字已不可知具体是哪一段，不过通观鲁迅的这封书信，无非是对当时的一些所谓新思潮（包括信中所说的"俄国新思潮"即苏联的社会主义）表示失望，例如："要而言之，旧状无以维持，殆无可疑；而其转变也，既非官吏所希望之现状，亦非新学家所鼓吹之新式：但有一塌糊涂而已。"②因此用这封信来证明鲁迅后期的"左翼"思想与早期的悲观思想相比是发生了"转向"，这无疑是断章取义，无视鲁迅思想发展的一贯性和阶段性，是有悖历史事实的。

胡乔木就此信是如何回应的，目前还没有发现相关资料。随后，延安文艺界发起了批判王实味的运动，萧军也被卷入这场运动当中，这次"鲁门小弟子"萧军和胡乔木之间在延安发生的关于鲁迅思想评价问题的论争就不了了之了。不过，这次论争却在很大程度上影响了两个人此后的命运。

在"延安文艺座谈会"之后，萧军虽然多次受到批判，但他仍然坚定地弘扬鲁迅精神，而胡乔木却逐渐在政坛上崛起，成为中共文艺领域的主要领导

---

① 萧军：《萧军全集》第18卷，第157—158页。
② 鲁迅：《鲁迅全集》第11卷，人民文学出版社，2005年版，第382页。

人。但是,胡乔木在20世纪80年代对于《讲话》又做了反思,赞成郭沫若对《讲话》做出的"有经有权"的评价。1981年,《文艺报》编辑请萧军根据胡乔木刚在《红旗》杂志上发表的《当前思想战线的若干问题》一文写点感想。萧军把胡乔木的文章反复阅读之后,写了一篇题为《一瓣"新"香》的文章,其中写道:"我觉得这篇文章是有着痛定思痛,语重心长……我作为中国共产党五十几年的'老'群众,敢于说为了它好,为了它更完美些,总是'知无不言,言无不尽'的,尽管我遭受到若干年的误解——但这算不了什么——我今天仍然是如此,一直到我的终生也如此。"[①]1982年,胡乔木在读到萧军的这篇文章之后致信萧军,向萧军表示感谢,并对他过去曾多次伤害过萧军而萧军却不予计较,仍以坦诚相待而深感歉疚。

(本文的撰写得到萧玉女士的大力支持,特此致谢)

---

① 萧军:《萧军全集》第12卷,第577页。

真实刻画中国抗战的珍贵史料

——胡风收藏的抗战版画

胡风是鲁迅先生晚年比较信任的弟子，他受到鲁迅倡导木刻艺术的影响，也积极推动木刻艺术的发展，不仅在自己主编的《七月》等杂志上刊登了较多的木刻作品，而且在1937年10月1日从上海撤退到武汉之后开始筹备举办"抗敌木刻画展览会"。胡风在10月16日于武汉新出版的《七月》半月刊第一期所刊登的《七月社启事》中介绍了筹办这次木刻展览会的宗旨："一以纪念中国革命文学之父，同时也是新兴木刻艺术底首倡者鲁迅先生的逝世一周年；一以纪念《七月》在武汉的发刊。希望能够得到武汉文化界的支持，在提高抗战情绪这一意义上呈现我们的贡献。"

这次木刻展览于1938年1月8日在武汉开幕，"是抗战期间在国统区开的第一次全国性的木刻展览会"，共展出抗战木刻作品300多幅。其中大部分木刻作品来自于"第三届全国木刻展览会"筹备人陈烟桥、江丰、黄新波等人的赠送，其余的都是木刻作者赠送给胡风的作品。这次展览的观众近一万人次，取得了较好的社会反响，有力地宣传了抗战。

幸运的是，这次展览的展品和胡风之后收藏的一些木刻作品共400多幅，历经战火和政治劫难，被完好地保存下来，并由胡风的家人捐赠给北京鲁迅博物馆。亲身参与过抗战木刻运动的木刻家王琦，研究中国版画史的学者李树声、李允经等在观看过这些木刻之后，一致认为这些早期抗战版画，不仅"数量多，质量高"，包含了马达、沃渣、江丰、野夫等著名木刻家在抗战初期的代表作品，而且也是中国现代版画史上关于早期抗战木刻的非常珍贵的文献史料，从中新发现了王青芳、卢鸿基等木刻家不为研究者所知的木刻作品。

胡风在《七月社启事》中介绍筹办这次木刻展览会时指出："本社征集得的创作木刻，达一百八十幅左右，包含优秀的木刻作家十八位。题材内容十分之九以上为救亡运动和抗日战争，有敌人的凶残面貌，有中国民众的悲惨生活，但更多的是神圣的民族战争中的各种壮烈的图像。"这段话也可以用来概括胡风所收藏的约400幅木刻作品的题材范围。

一、"中国民众的悲惨生活":"侵略者来了","何处是家"?

日寇入侵中国之后,到处大肆烧杀抢掠,广大人民流离失所,深受亡国之苦。胡风收藏的抗战木刻之中就有不少木刻作品反映了广大人民在日寇铁蹄之下的苦难生活。刘岘的《侵略者来了》在前景中突出刻画了一个身穿黑衣、面目狰狞的日本浪人的形象,在背景中刻画了几间正在燃烧的房屋,由此可以看出侵略者的暴行。虽然刘岘明显采用了夸张的手法来刻画日本浪人的形象,从而显得人体结构不太协调,但是整幅作品主题鲜明,以黑色调为主,渲染出以日本浪人为代表的日本侵略者烧杀抢掠的暴行给中国人民造成的苦难。江丰的《何处是家》(该作曾参加"抗敌木刻展览会",并刊登于1938年5月16日出版的《七月》第三集第二期)是这类题材作品的代表:木刻在白色的背景中刻画了日寇枪杀农民、强奸并杀死妇女、抓壮丁、抢夺耕牛、烧毁房屋的场景,在黑色的前景中刻画了一家四口不堪忍受日寇的烧杀抢掠,不得不背井离乡,寻找安身之所的痛苦表情,以黑白对比的构图揭示出了日寇的暴行给广大人民造成的苦难。虽然这幅木刻中的白色背景中的人物的五官都比较模糊,黑色前景中一家四口的面部表情有些僵硬,但是作品的主题鲜明,意义深刻,具有很好的警示教育意义。

这类题材的木刻比较重要的还有如下的作品:李桦的《穷途》和《失望的人们》(该作曾参加"抗敌木刻展览会")两幅木刻都用夸张的手法突出刻画人物的面目表情,以此来反映人物的苦难生活。马达的《劫后》、野夫的《逃难》、江丰的《穷人之家》、张在民的《上海难民曲》和《两个失业女士》、刘建庵的《难民》、陆田的《饿》、庄言的《幸而没有炸死的父母与孩子》,都直接刻画了广大人民在日寇占领后的悲惨生活。卢鸿基的《沦陷区的凶神》《所谓王道乐土》,陈执中的《王道乐土的所谓"夜不闭户"》《东北女同胞的遇难》,杨野明的《无题》,金浪的《英雄至死不屈》则直接刻画了日寇烧杀抢掠的暴行,揭穿了日寇所宣扬的占领区是"王道乐土"的谎言。江丰的《无题木刻之十一》和《囚》,陈执中的《虐待知识分子!》,主要刻画了抗日战士和知识分子在日寇监狱中所遭到的虐待。

二、"神圣的民族战争中的各种壮烈的图像":"中国战斗"的"捷报"

胡风收藏的木刻作品中有不少刻画战争场景的作品。陈烟桥的《保卫卢沟桥》刻画了一位手持步枪的士兵在勇敢地守卫着卢沟桥的场景,虽然这位士兵的五官有些模糊,但是艺术家用黑色调突出了这位士兵的豪迈气概和凛然不可侵犯的气势。野夫的《廿九军之愤恨》刻画了一排廿九军的战士高举刺刀刺杀日寇的场景。艺术家用夸张的手法刻画了战士的面目表情,虽然因此造成了这些战士的五官都有些变形,但也由此刻画出战士对日寇的仇恨之情。野夫的《保卫我们的城池》(曾刊于1937年9月18日出版的《七月》旬刊第二期)刻画了中国军队在城墙上顽强地反击日寇进攻的场景,画作背景是一对战士在向日寇射击,画作的前景是三位分别挥舞着步枪和大刀的战士正在向后面的战友呼喊前进的场景。虽然这三位战士的面目有些变形,但是艺术家也通过这三位战士的夸张的面目造型渲染出战斗的紧张和激烈。张慧的《台儿庄》刻画了中国战士在台儿庄和日寇决战的场景,虽然人物肖像都比较模糊,但是画作还是刻画出了战争的惨烈和中国战士的英勇。王琦的《肉弹战士》刻画了中国空军飞行员舍身驾机冲向日舰的场景,画作用长的直线条,极具视觉冲击力,有力地刻画出中国空军飞行员与日寇同归于尽的豪迈勇气。张在民的《肉搏坦克车》刻画了中国战士奋不顾身地冲上日寇坦克车的场景,用黑色调的简单的构图刻画出中国战士的勇敢。

胡风收藏的抗战木刻作品中还有两个连环木刻。万湜思的《中国战斗》(23幅)不仅刻画了日寇烧杀抢掠的暴行,以及普通百姓在日寇侵略后的苦难生活,而且也刻画了中国战士奋起反抗日寇侵略的战斗场景,以及战士们在战争期间的生产和生活场景。这些画作都以黑色调为主,从而突出日寇侵略给中国人民带来的深远的灾难,不过,画作中的人物形象虽然身形刻画得较好,但是人物的五官普遍都比较模糊。王恩的《荡寇图》(24幅)使用了中国传统的线描手法,刻画了一队日寇入侵一个中国城市之后在城市及附近的乡村烧杀抢掠的场景,并刻画了城乡人民奋起反抗日寇,组成游击队,拆毁日寇铁路、炸坏日寇列车,伏击日寇并最终把日寇消灭的故事。这套连环木刻中的人物形象虽然因为刻板所限显得有些矮小,但是整套连环木刻的构图简洁,故事情节完整,因此也具有很好的宣传抗战的价值。

三、全民抗战:"拿起我们自己的武器","保卫我们的祖国"

胡风收藏的木刻中有不少幅作品的题材是鼓动全民奋起抗日、保家卫国的。野夫的《拿起我们自己的武器》刻画了手握长枪的士兵、手持红缨枪和大刀的农民、挥舞着铁锤的工人一起呐喊着向日寇冲锋的场景,虽然人物的五官刻画得不太准确,甚至人体结构都有些变形,但是画作还是能够充分表达出中国人民的对日寇的满腔愤怒和奋起抗日的勇气。沃渣的《游击队》以黑白对比的手法,刻画了一队游击队员在黎明前拿着红缨枪和砍刀等简陋的武器,勇敢地向着敌人前进的场景,整幅画作虽以黑色调为主,但同时刻画了太阳在黎明前即将跃出地平线时放出的万道光辉,以此来表达出抗战胜利的曙光即将到来的含义。马达的《为自救而战》刻画了三位女性的形象:中间位置突出刻画了一位手持熊熊燃烧着的火炬的女知识青年的形象,左边位置刻画的是一位挥舞着镰刀的女农民形象,右边位置刻画的是一位高举步枪的女战士的形象,以此来象征着中国的女性在抗日战争中用投身抗战的实际行动来获得自救并庆祝"三八妇女节"的含义。庄言的《老百姓的胜利》刻画了一位手持红缨枪的农民形象,从背景中被打死的日寇,和缴获的日本军刀、军旗、防毒面具等,可以看出这位农民刚打了一个胜仗。虽然画作中的农民的五官有些变形,但是整幅画作还是能表现出这位农民的英勇气概。另外,还有一些木刻作品主要刻画了抗日战争中的军人、游击队员、农民的形象。罗工柳的《延安自卫军》突出刻画了一位手执红缨枪的陕北农民自卫军的形象,虽然武器简陋,但是从人物刚毅勇敢的面目表情中也透露出抗战必胜的坚定信心。古元的《青纱帐里》刻画了四位游击队员手拿长枪、红缨枪和手榴弹等武器在青纱帐中准备伏击日寇的场景,平子的《活跃在晋南的民族老英雄张魁五》刻画了古稀之年仍手握步枪抗击日寇的民族英雄张魁五的肖像,古元的《人民的刘志丹》刻画了人民群众扶老携幼欢迎英雄刘志丹的场景,人物形象绘制得生动传神,充分表达出广大人民对英雄刘志丹的热爱,从而突出了"人民的刘志丹"这一主题。陈烟桥的《我们的前卫》在前景中突出刻画了一位手握长枪的身体魁梧的战士形象,在背景中刻画了宣誓参战的战士群体肖像,充分显示出抗日战士的英雄气概。

抗战中,广大人民群众不仅参加武装反抗日寇的军事行动,而且也有很多的普通人在后方用实际行动支援前线的抗战。焦心河的《为抗日将士做军鞋》用中国传统的线描手法刻画了两位青年妇女正在为抗日将士做军鞋的场景,从两位妇女背后的墙上所挂着的一双双已经做好的军鞋就可以突出劳动人民对前方抗日战士的尊敬和支持的主题。阎素的《为抗日战士洗衣裳》刻画了一位正在河边洗衣的妇女眺望着正在驱马奔赴抗日前线的士兵的场景,虽然人物形象比较模糊,但是也从中突出了广大人民支持前方将士抗战的主题。野夫的《送布衣》刻画了一群劳动妇女在把缝制好的布衣送给抗日战士的场景,虽然人物的五官有些变形,但是仍然表达出了这群妇女在完成缝制布衣任务,可以以实际行动支援抗日战士,为抗战出一份力的喜悦之情。卢鸿基的《抗战中诗人的任务》刻画了一位诗人站在高处向周围的群众朗诵抗战诗歌的场景,整幅木刻以黑色调为主,虽然诗人的侧面肖像在黑色调的衬托下显得比较突出,但是周围群众的五官均有些模糊。陈叔亮的《石印工人》刻画了印刷工人正在印刷宣传品的场景,但是前面的两位工人的肖像有些变形,后面两位工人的肖像则很模糊。

抗战中,因为日寇的"三光"政策和经济封锁,广大抗日军民积极开展生产运动,为抗战的胜利打下了良好的物质基础。江丰的《开荒》刻画了延安的八路军战士挥锄开荒,从事农业生产的场景,从人物的面目表情中透出克服困难,从事农业生产,最终必将打败日寇的豪情。阎素的《武装保卫春耕》在前景中刻画了一位肩背长枪的青年农民正在随着一位手持红缨枪的妇女手指的方向观察的场景,在背景中刻画了正在耕地的场景,虽然人物肖像刻画得比较模糊,但也由此表达出武装保卫春耕,不让日寇破坏农民的生产的主题。安林的《保卫收获》在前景中刻画了一位手执长枪目视远方的正在放哨的农民形象,在背景中刻画了两位正在挥镰收割农民的形象,虽然背景中的两位农民形象比较模糊,但是也能表达出武装保卫收获,不让日寇抢走一粒粮食的主题。李桦的《耕耘》则吸收民间剪纸的手法,绘制出农民赶着耕牛从事耕种的场景。古元的《打场》刻画了八路军士兵帮助农民打场的场景,力群的《给群众修纺车》刻画了八路军女战士给群众修理纺车的场景,这几幅木刻中的人物形象的绘制已经脱离了"欧化"的倾向,在人物肖像、服装等方面带有鲜明的民族风格。

此外,还有一些木刻作品反映根据地人民翻身当家做主人之后的生活。钟灵的《战斗之后》刻画了几位八路军战士在休息时读书的场景,力群的《居民工作者》刻画了根据地的政府工作人员为居民服务的场景,力群的《小姑贤》(5幅)刻画了根据地人民婆媳关系变化的故事,力群的《优异的革命老教师刘保堂》(10幅)刻画了根据地的优秀的人民教师刘保堂关心学生、认真教学的故事。刘岘的《延安风景》以延安窑洞为主刻画了延安的建筑风貌,力群的《延安鲁艺校景》主要刻画了鲁艺所在的教堂的外形。这些作品都是延安木刻艺术家较为代表性的作品,表现出他们的木刻创作的艺术风格已经吸收了中国传统艺术和民间艺术的养分,实现了木刻艺术的中国化和本土化。

在胡风收藏的木刻作品中,还有一小部分是刻画战败了的日寇的形象的作品。平杜的《俘虏》刻画了一位被中国军人看守在老百姓院子中的日寇俘虏忏悔流泪的场景,表达出一部分日寇厌战、反战的心理。安林的《皇军在泥沼中》刻画了一位深陷泥沼之中的日寇形象,隐喻日寇已经陷于中国人民抗日战争的汪洋大海之中,而《在异邦》则用黑白对比的手法刻画了一位垂头丧气的日寇在月夜巡逻时思念在日本的母亲和妻子、孩子的场景,表达出一部分日寇厌战的情绪。

另外,在胡风收藏的木刻作品中,还有一些表达反战、追求和平主题的木刻作品。沃渣的《反战细胞》(曾刊登于1938年3月16日出版的《七月》第十一期封面)刻画了一位中国人在向两个日本人宣传反战思想的场景,马达的《和平纪念塔》在前景中刻画了一位站在塔尖上挥舞着旗帜的勇士的形象,另外在背景中刻画了被炸毁的日寇军舰的场景,由此表达出只有通过反抗日寇的侵略,消灭侵略者,才能维护和平生活的主题。而马达的《白求恩像》刻画了来华参加抗战的加拿大医生白求恩的肖像,罗清桢的《光明的枢纽》刻画了苏联统帅斯大林的肖像,张慧的《帮助政府去的西班牙妇女和儿童》刻画了西班牙妇女和儿童拿着武器去支援政府抗击侵略者的场景,这几幅作品都表现出世界各国人民建立国际反法西斯统一战线,共同反抗法西斯侵略的主题。

四、胡风收藏的抗战木刻的价值

中国现代的新兴木刻肇始于鲁迅先生在1931年8月17日至22日在上海举办的木刻讲习班,在鲁迅精神的指引下,伴随着抗战的发展而迅速地成长壮大起来。新兴木刻经过抗战的烽火的淬炼之后,逐渐摆脱"欧化"创作倾向,实现了创作风格向中国化和本土化的转变,成为艺术界宣传抗战的有力的武器之一。

胡风在为"抗敌木刻展览会"所撰写《抗敌木刻画展览会小解》(《新华日报》1938年1月13日)一文中指出了抗战木刻兴起的原因:"木刻能够有今天

的发展,有两个主要的原因:一是中国人民的困苦的斗争,在艺术上要求表现,而木刻一开始就是和这个要求一致的,另一方面也由于中国伟大的文化先驱者鲁迅先生的提倡、介绍和诱导。木刻家所以必得受冷视,受困苦,甚至流血的原因在这里,而木刻艺术就是在冷视、困苦、流血里也依然能够成长、发达的原因也在这里。"胡风还特别指出了抗战木刻的现实意义:"所以,今天我们把木刻和'抗敌'连在一起,绝不是偶然的,从战斗里产生的艺术自然能够和战斗一同前进。我们希望一般观者能够从这里亲切地感到中华民族的伤痛、忿恨以及浴血的苦斗,也希望木刻运动本身从这里得到更深刻地向斗争突进的兴奋。"在某种程度上可以说,胡风的上述评论不仅正确地指出了抗战木刻兴起并发展的原因,而且也指出了抗战木刻经过抗日战争的洗礼而逐渐发展壮大起来的正确道路。胡风的这些评论是在他对所收藏的近400幅抗战木刻的观察和研究之后做出的,这些木刻也因此成为中国现代新兴木刻运动的重要史料,充分反映出新兴木刻在抗战中发展和壮大的历程。

鲁迅在《〈新俄画选〉小引》一文中指出:"当革命之时,版画之用最广,虽极匆忙,顷刻能办。"因此在抗日战争的艰苦环境之下,新兴木刻虽然得到了迅速发展的良机,但也因此不可避免地造成了艺术水平与发展速度不相称的局面。在抗日战争胜利七十周年之际,重新审视这些抗战木刻作品,我们虽然可以看出其中的一些木刻作品在艺术水准上有明显的不足,甚至可以说有些木刻作品还比较粗糙,但是我们无法否认这些木刻作品在那个时代对宣传抗战思想所产生的深远的影响。毕竟在烽火连天的岁月,在缺衣少食的艰苦环境下,刚从事木刻创作没有几年的木刻艺术家用简陋的工具,以饱满的抗日激情所刻制出来的这些木刻作品表达出我们这个民族在遭到外敌侵略时的苦难和抗争,是对那个苦难时代的形象艺术展现。郭沫若在1946年9月18日在上海参观"八年抗战木展"时曾经在题词中高度评价新兴木刻运动:"中国就像一块坚硬的木板,要靠大家从这里刻出大众的苦闷、沉痛、悲愤、斗争,由黑暗中得到光明。看见八年来的木刻令人增加了勇气和慰藉。中国终究是有前途的,人民终必获得解放。把大家的刀锋对准顽强的木板!"这段评论不仅是对抗战八年来新兴木刻运动的总体评价,也可以用来评价胡风所收藏的抗战木刻作品。

《七月》杂志对鲁迅的传播与接受

"七月派"是团结在胡风主编的《七月》《希望》等杂志周围的一批"左翼"进步作家,他们共同的精神领袖是鲁迅。随着鲁迅博物馆馆藏的"胡风文库"中收藏的胡风主编过的期刊的影印出版,不仅可以看到胡风主编过的6种期刊的全貌,而且也可以看出《七月》和《希望》杂志所体现出的鲁迅精神的影响。

《七月》周刊

《七月》周刊创刊于1937年9月11日,刊名之所以取名为"七月",是为了纪念七月抗战的爆发,"欢迎这个全面抗战的发动期底到来",另外,"七月"两字是采用鲁迅的手迹,是为了表达对鲁迅的纪念。可以说,《七月》杂志由此把宣传抗日战争与纪念鲁迅紧密地结合起来了,不仅在抗日战争的时代背景下弘扬鲁迅精神,而且也以鲁迅精神来指导抗战宣传工作。

《七月》周刊只出版了三期就停刊。这三期所刊登的文章作者大多是受到鲁迅影响的进步作家,如胡风、萧军、萧红、曹白、端木蕻良、艾青、刘白羽、丽尼等,另外,还刊登了一些美术作品,如李桦创作的木刻《被枷锁着的中国怒吼了》和《旗手》、野夫创作的木刻《保卫我们的城池》、陈烟桥创作的漫画《我们也要去杀日本强盗,给我们枪呵!》。总体来说,这些文章、诗歌和美术作品的主题都是宣传抗战的。值得注意的是,《七月》周刊第二期刊登了胡风的诗歌《给怯懦者》,这首诗描述了历史上的眉间尺复仇的故事,呼吁在抗战时期怯懦的人们拿起武器反抗敌人。作者特意在诗歌后面注明"眉间尺和黑色人底故事被写在故事新编底铸剑里",由此,也可以说胡风的这首诗歌是在抗日战争的背景下对鲁迅的小说《铸剑》中故事情节的改编,用鲁迅在小说《铸剑》中所表达的复仇精神来宣传抗战。

此外,《七月》周刊第三期刊登了鲁迅之子周海婴手写的儿歌《打日本》。周海婴当时只有8岁,杂志在刊登这首儿歌时采用了周海婴的稚拙的手迹,更形象地表达出作为鲁迅之子的周海婴反抗日寇的精神,很好地起到了宣传抗战的作用。

《七月》半月刊

因为战事的发展,胡风也把《七月》周刊停刊,并从上海撤到汉口。他到汉口后,本来想创办一个新的杂志《战火文艺》,但是因为手续不全而未能成功,于是就重新恢复了《七月》杂志,并改为半月刊。

《七月》半月刊于1937年10月16日在汉口出版,首期除了重新刊登《七月》周刊所发表过的一些文章外,还设立了"鲁迅先生逝世周年纪念特辑",在杂志封面刊登了《鲁迅先生在休息的时候》和《敌人炮火下的墓地》两张照片,另外还有惊百创作的木刻《鲁迅先生的一生》、聂绀弩的文章《人与鲁迅》、彭柏山的文章《"活的依旧在斗争"》、萧军的文章《周年祭》、萧红的文章《在东京》、端木蕻良的文章《哀鲁迅先生一年》、胡风的文章《即使尸骨被炸成了灰烬》等。

除此之外,胡风在发刊词《愿和读者一同成长》中提出了抗战中"改造国民性"的问题:"在今天,抗日的民族战争已经在走向全面展开的局势。如果这个战争不能不深刻地向前发展,如果这个战争底最后胜利不能不从抖去阻害民族活力的死的渣滓启发蕴藏在民众里面的伟大力量而得到,那么,这个战争就不能是一个简单的军事行动,它对于意识战线所提出的任务也是不小的。"胡风的这一观点不仅是对民众"精神奴役创伤"的一种表述,同时也是对鲁迅"改造国民性"思想的继承和发扬,深刻地影响到了"七月派"作家的一些小说创作。

另外,《七月》半月刊也多次刊登关于鲁迅的消息。如《七月》半月刊第一期刊登了征集木刻准备在武汉展览的启事,"一以纪念中国革命文学之父,同时也是新兴木刻艺术底首倡者鲁迅先生的逝世一周年,一以纪念《七月》在武汉的发刊"。《七月》半月刊陆续刊登了一些征集到的木刻作品,如第一期刊登的沃渣创作的木刻《全民一致的力量》、第二期刊登的沃渣创作的木刻《饿死也不被汉奸收买》、第三期刊登的张慧创作的木刻《野火》、第四期刊登的野夫的木刻《曙光》和李桦的木刻《游击队员》、第五期刊登的李桦的木刻《被枷锁着的中国怒吼了》和力群的木刻《出征》等,这些进步的木刻工作者大多是受到鲁迅影响而走上木刻创作道路的,他们这一时期所创作的木刻作品大多以宣传抗战为主题,配合杂志所刊登的文章,起到了很好的宣传作用。

《七月》半月刊第二期刊登了罗衣寒撰写的文章《记鲁迅先生周年祭》,描述了由武汉文化团体举行的鲁迅逝世周年祭大会的情况。

《七月》杂志第十六期为配合《鲁迅全集》的出版而刊登了《鲁迅全集发刊缘起》一文,文章指出:"这是一个火炬,照耀着中国未来的伟大前途;也是一个指针,指示着我们怎样向着前途走去。在这个民族抗争的期间内,这全集的出版,将发生怎样的作用,是可以想象得到的。"胡风为了进一步宣传《鲁迅全集》的出版意义,特地在该期的《七月社明信片》一文中指出:"本期特载《鲁迅全集发刊缘起》,这对于中国思想界文艺界是一件大事,我们相信一定能够得到读者底广大支持。"

需要特别提到的是,《七月》半月刊第十期刊(1938年3月1日出版)登了由大漠笔录的《毛泽东论鲁迅》一文,这是当时的中共领导人毛泽东在陕北公学纪念鲁迅逝世一周年大会上的讲话。毛泽东在讲话中从政治的角度对鲁迅做出了高度评价,指出:"鲁迅在中国的价值,据我看要算是中国的第一等圣人。孔夫子是封建社会的圣人,鲁迅则是新中国的圣人。"毛泽东最后发出了号召:"我们纪念鲁迅,就是要学习鲁迅的精神,把它带到全国各地的抗战队伍中去使用,为中华民族的解放而奋斗!"毛泽东的这个讲话能在国统区的《七月》杂志首次公开发表,使国统区的广大读者可以了解到中共领导人对鲁迅的高度评价,不仅体现了胡风的勇气,而且对于推动鲁迅在抗战时期的传播具有重要的意义。

《七月》月刊

《七月》杂志在总第十八期后停刊约11个月左右,终于在1939年7月重新在重庆出版,并从第十九期起开始改为月刊。胡风在刊首语《愿再和读者一同成长》中指出了出版《七月》月刊的目的是:"多少能够使进步的文艺发展,为光荣的祖国效命。"

《七月》月刊也多次刊登关于鲁迅的消息。如《七月》月刊总第二十期刊登了两个关于鲁迅的消息,其一是征集木刻的消息:"木刻家李桦,新波,建庵,赖少其在桂林筹备'鲁迅木刻展'征求木刻创作……以及一切有关木刻和鲁迅先生的文献";其二是《鲁迅书简》的出版消息:"这是鲁迅夫人在征集的书信里面选印的真迹纪念本,从这里可以真切地感到,就是在日常的人事接触中,这一代巨人也随时吐露了坚贞不苟的精神。"另外,该期杂志还在《排印前小记》中预告了出版纪念鲁迅逝世3周年专辑的消息:"10月快到了,我们也想有一点纪念鲁迅先生逝世三周年的准备。当然,我们只能在很小的规模上纪念先生,但我们自信没有存分胙的心理。希望寄赠研究的或怀念的真切的稿件。"

另外,《七月》月刊总第二十期还刊登了"纪念鲁迅先生逝世三周年"的专辑,包括杂志封面上刊登的李可染的墨画《鲁迅先生像》,内文中刊登的魏猛克的墨画《鲁迅先生及其杂文》,卢鸿基创作的木刻《他举起了投枪》,以及欧阳凡海的文章《思想的雏荃——在南京求学的鲁迅》、力扬的文章《鲁迅先生与一八艺社》、力群的文章《木刻工作者的纪念》、胡风的文章《断章》等。总体来说,这个纪念专辑比较突出木刻工作者对鲁迅的纪念。值得注意的是,胡风在《断章》这篇文章中结合抗战的时代背景,再次重申了鲁迅的观点:解放正是为了进步。胡风指出:"鲁迅底一生是为了祖国底解放,祖国人民底自由平等而战斗了过来的。但他无时无刻不在'解放'这个目标底旁边同时放着叫做'进步'的目标。在他,没有进步的努力,解放是不能达到的。……这是我在先生逝世一周年纪念时说的话(《关于鲁迅精神的二三基点》),现在再让我回忆一次罢。而且,在今天,我们还可以把这解释更推进一点:在先生,解放正是为了进步,不要进步的人终于会背叛解放。汪精卫及其群丑证明了后者,但不愿做奴隶的全中国人民底战斗一定要使前者成为创造新中国的真理。"

可以说,胡风的上述言论是在抗战背景下对鲁迅精神的继承和弘扬,后来也影响到"七月派"作家的文学创作。

此外,《七月》月刊也陆续刊登了一些研究鲁迅的文章。如《七月》月刊总第二十四期(1940年3月出版)刊登了木刻家江丰的文章《鲁迅先生与新兴木刻运动》,文章叙述了鲁迅对木刻艺术的提倡和对中国木刻青年的关心和指导,并在最后指出了鲁迅对于中国新兴木刻运动的巨大贡献:"中国的新兴木刻运动,在短短的十年中,能有这样的收获,能在百般摧残中,百般困难中长大起来,能够始终如一地保持着最积极的精神,去为民族为大众的解放而奋斗,这些光荣的成绩可以说全是由于鲁迅先生苦心的哺育指导,鼓励保卫,和木刻青年们的努力的结果。"

《七月》总第二十五期(1940年10月出版)刊登了欧阳凡海的文章《鲁迅的幼年期》,这篇文章实际上是用评传的体例描述并分析鲁迅的幼年时期的生活和阅读状况。

《七月》总第二十七、二十八期合刊(1940年12月出版)刊登了雪韦和汶重的文章《鲁迅思想认识的断片》,文章指出了鲁迅先生的思想对于当前青年继续前进的重要意义:"鲁迅先生是这样走过来的,那么踏实地'平凡'地步步前进,任何刺激和剧变都动摇不了他,沿着鲁迅先生的思想发展路线,沿着鲁迅先生践踏出来的及走过来的'路',学习着鲁迅先生那种'平凡',那种'朴素',那种'踏实',那种'坚强',和那种'韧'的精神,那就是我们中国的青年最好的,最可靠的,最稳健的。能通过中国式的复杂折曲的革命斗争长途,迎接'革命时代'的'世界潮流'以走入新的天地。"

《七月》总第三十一、三十二期合刊(1941年9月出版)刊登了吕荧的文章《鲁迅的艺术方法》,文章对鲁迅的小说创作进行了系统的分析,最后从时代意义的角度对鲁迅文学创作的艺术价值做出了高度的评价:"鲁迅的作品,在量上,他不能和莎士比亚,巴尔扎克,托尔斯泰,高尔基相比;然而在作品的质上,在艺术的完成度上,在四万万五千万人民底第一个伟大的作家的意义上,他能与世界任何伟大作家并列,他应该与世界伟大作家并列。鲁迅死了,鲁迅的艺术永生。"

这些研究文章不仅在一定程度上扩大并深化了对鲁迅精神和思想的传播,而且也可以帮助青年读者进一步加深对鲁迅的认识。

结论

《七月》杂志从《七月》周刊第一期(1937年9月11日创刊),到《七月》月刊总第三十一、三十二期合刊(1941年9月出版该期合刊之后停刊),在4年的时间中一共出版了32期杂志。胡风在1935年评论黄源主编的《译文》杂志时曾经指出:"一本杂志也是一篇创作,那里面的文章就是题材。"如果把《七月》杂志看作胡风创作的一篇文章的话,可以说,鲁迅就是这篇文章的关键词。胡风作为鲁迅的弟子,在抗战的时代背景下大力提倡鲁迅的启蒙精神和"改造国民性"的思想,试图通过《七月》杂志来"抖去阻害民族活力的死的渣滓启发蕴藏在民众里面的伟大力量",他不仅团结一大批进步的青年作家和木刻家投身于抗战的宣传之中,而且也以富有理论远见的批评文章指导青年作家在鲁迅的精神旗帜引领下,为追求中华民族的进步与解放,为建设新中国而奋斗。

塑造鲁迅银幕形象背后的权力政治

——以《〈鲁迅传〉座谈会记录》为中心

一、电影剧本《鲁迅传》的创作缘起

1958年"大跃进"时期,上海市委领导人在《红旗》杂志发表文章,提出了"超越鲁迅"的口号。周恩来总理对此表示不同意见,认为应当先了解鲁迅、学习鲁迅,才能谈到所谓的"超越鲁迅",为此,他指示上海文化部门的领导人拍摄一部反映鲁迅生平的电影,帮助广大人民群众特别是青年了解鲁迅。上海市委文教书记石西民便指定曾任上海电影制片厂副厂长的上海作协副主席叶以群撰写反映鲁迅生平的电影剧本。1958年12月,叶以群写出了电影剧本《艰难时代——鲁迅在上海》(因为当时北京方面也准备撰写关于鲁迅的剧本,所以只写鲁迅在上海的一段),次年3月又写出了修改稿,但是上海有关部门对此剧本意见不一,认为像纪录片,不像故事片,还要重新修改。1960年初,叶以群利用在北京开会的机会抽空当面向周总理汇报了剧本的情况,周总理指出:"既然要重写,我看拍上、下两集,表现鲁迅的一生。争取明年七月先拿出上集,作为向党成立四十周年的献礼片。"

石西民得知周总理的指示后就指派上海电影局长张骏祥和叶以群在1月7日晚上邀请在京的文化部副部长夏衍、中宣部副部长林默涵、中国作协副主席邵荃麟等人开会商量如何落实周总理的指示,拍摄反映鲁迅一生的电影。在这会议上决定成立由叶以群、陈白尘、柯灵、杜宣等人组成的《鲁迅传》创作组,陈白尘担任执笔人;另外按照上海市委的指示决定成立由沈雁冰、周建人、许广平、杨之华、巴金、周扬、夏衍、邵荃麟、阳翰笙、陈荒煤等人组成的《鲁迅传》顾问团。周总理在听取有关人士的汇报后,指定叶以群担任创作组组长,夏衍担任顾问团团长。1月29日,石西民在上海召集会议,宣布了创作电影《鲁迅传》的人员名单,陈白尘、叶以群、唐弢、柯灵、杜宣、陈鲤庭等人负责创作剧本;陈鲤庭、赵丹、蓝马、于蓝、石羽、谢添、于是之等人负责摄制工

作,正式启动了《鲁迅传》的创作工作。①

这部被定位为建党四十周年献礼片的影片不仅深受电影艺术家的重视,汇集了国内一流的剧作家和演员,而且也得到了官方的高度重视,周扬、夏衍、林默涵等主管宣传文化领域的领导人多次召集创作和摄制人员谈话,周总理也亲自解答创作组的疑难问题,并为剧本定下了基调:"《鲁迅传》影片应以毛主席在《新民主主义论》中对鲁迅的评价为纲。"②但是在某种程度上也可以说,官方的高度重视是一把双刃剑,一方面为创作组提供了丰富的政治资源,可以以"中央亲自抓"的名义调动各方面的力量,极大地促进剧本和影片的创作,但同时又因为各级领导人的高度关注,使剧本的创作受到了政治因素的极大影响,并最终导致了这部历史巨片的夭折。

二、电影剧本《鲁迅传》的《详细提纲》、一稿和二稿

在周总理于1960年4月3日解答《鲁迅传》创作组的疑难问题并就影片的基调做出详细指示之后,4月8日,《鲁迅传》顾问团团长夏衍召集《鲁迅传》创作组开会,讨论剧本的提纲。夏衍在讲话中指出:(1)剧本要写出鲁迅从进化论到阶级论的思想发展过程。(2)剧本反映鲁迅接受党的领导,"俯首甘为孺子牛"的精神可以采用"鲁迅自己文章中的精炼的话"或"在旁人的话中点出"。(3)剧本"从辛亥革命开始时比较妥当的",(第一部)"自日本回国,满腔热血,要推翻满清王朝,建立共和国,但革命失败了,他陷于失望之中;第二部开始,大革命失败了,又是一个大失望,对民族资产阶级的'革命家'完全绝望了,看到无产者才有将来,成为共产主义者。这从结构上讲也很好"。(4)"鲁迅的性格要全面写出来,光写硬骨头是不行的,他很风趣,但原则性强,一翻面,不认人"。(5)"关于人名问题可以真真假假一翻"。(6)关于王金发如何写的问题,"王的事迹要核一核"③。

夏衍的这番讲话不仅明确指出了创作《鲁迅传》剧本的政治目的,而且也指出了剧本应采取的篇章结构以及人物形象塑造的方法等,从而为剧本的创

---

① 参阅沈鹏年:《历史巨片〈鲁迅传〉的诞生与夭折》,载《生活丛刊》1986年11月号,学林出版社,1986年版。
② 《〈鲁迅传〉创作组访谈记录》第一集,上海天马电影制片厂印制,第1页。
③ 《〈鲁迅传〉创作组访谈记录》第一集,第3—4页。

作指明了方向。《鲁迅传》创作组很快就在此基础上写出了《剧本提纲草案》。

4月16日,夏衍又召集了《鲁迅传》顾问团开会,讨论剧本的提纲草案。陈白尘介绍了剧本的初步构思:剧本分八段,"上部断在北伐和大革命失败,下部结在长征胜利"。茅盾、巴金、周建人、阳翰笙、邵荃麟等人对剧本提纲草案进行了评议。茅盾说"关于结构问题,主要根据历史事实,有些地方允许虚构,如王金发应该要虚构。在历史的基础上可以有虚构,但私人生活可以避开不写。(夏衍插话:'对海婴可以写一些,这样便于表现鲁迅的人情味。')这可以写,但分量不多"。巴金指出:"凡是合乎鲁迅性格的,可以创造一些,不必完全拘泥于事实。对反派人物,可以夸张一下。有些人物可以集中概括;有些人物与戏的关系不大,可以不要。"邵荃麟指出:"写鲁迅要写出中国革命知识分子从民主主义走到共产主义的道路",另外"我们的一些同志曾说'鲁迅在五四前后是进化论,1927年以后才转变为阶级论的',这个说法,不够恰当。人的思想不能分割,不能一刀切的。"夏衍最后强调指出:"整个戏最主要的两点:第一,必须以毛主席对鲁迅的评语为纲,以中国革命为背景,写出中国革命知识分子所走过的道路和思想上经历的变化……第二,是党的领导,特别是党对文艺运动领导的一条线。……鲁迅的进步实际上是靠拢党,思想上起了变化的结果。鲁迅和党的关系早在广州就开始,不是直到左联才开始的,更早的还有李大钊,这条线应该写出来。"①

创作组在听取了顾问团各位成员的意见之后,又得到了奉陈延年之命与鲁迅联系的原中共中山大学支部书记徐文雅提供的鲁迅与陈延年会见的资料,并赴广州等地参观访问,然后回到上海开始创作剧本详细提纲。经过一个多月的紧张工作,创作组写出了《剧本详细提纲》。剧本上集的提纲共分四章:第一章"辛亥革命时代",第二章"五四时代",第三章"五卅到三一八",第四章"一九二七年大革命时代",描述了鲁迅从执教绍兴到离开广州奔赴上海的斗争经历,并重点突出了鲁迅和中国共产党人李大钊、陈延年等人的亲密关系。毫无疑问,这个《剧本详细提纲》按照夏衍等领导人的指示,突出了共产党对鲁迅的影响和领导,但是没能把握好鲁迅和共产党亲密关系的度,以至于太突出鲁迅的革命色彩了。

6月18日,夏衍到上海传达了顾问团对《剧本详细提纲》的意见:

---

① 《〈鲁迅传〉创作组访谈记录》第一集,第25—36页。

最主要有两个问题：一，还是个老问题，从辛亥革命起，中国历史还是反帝反封建的历史，作为背景，洋人这条线不清楚。毛主席讲鲁迅反帝反封建很彻底，鲁迅的对手是洋人，在戏里这条线不清楚。……二，鲁迅在前集中调子高了，下集难以为继。……在第一部中已经有些像共产党员了，虽然不是党员，但有地方看来好像比党员还坚决，这样，后集难以为继了。鲁迅是硬骨头，有坚定的原则性，但表现形式应前后有所不同，到后来在党的影响、领导下，才更加光彩。鲁迅在辛亥革命时期时和后来写《阿Q正传》，对农民的态度是"哀其不幸，怒其不争"，鲁迅站的地位是同情的地位……（农民）实际上不是不争，广大人民在进行无数次的斗争……鲁迅不可能不感受到这一点。

夏衍最后指出："骨架基本上不动，结构再坚实一点，可删一些，可增一些，《鲁迅传》搞到这样是不容易的，有戏。"①

创作组按照夏衍的指示开始创作剧本，陈白尘负责创作剧本的上集，柯灵、杜宣负责创作剧本的下集。11月27日，陈白尘写完了剧本的上集，这是剧本的第一稿。该稿在《剧本详细提纲》的基础上吸收夏衍等人的意见做出了部分修改，有所进步，但是篇章结构未动，仍然分为四章。另外，描写鲁迅革命活动内容的章节仍然较多，鲁迅的革命色彩仍然比较突出。陈白尘稍后又对该稿做了局部修改，然后刊登在1961年2月出版的《人民文学》杂志上，这是剧本的第二稿。该稿最大的变化就是取消了原来的篇章名称，另外增加了描写鲁迅和农民的关系以及鲁迅在"五四"期间的文化活动的内容。

剧本发表后获得了热烈的反响，一些高校师生还召开座谈会讨论这一剧本。为了听取各方面对剧本的意见，林默涵在3月6日召集了在京的顾问团成员和部分专家的会议讨论这一剧本，同日，夏衍也在上海召集创作组和摄制组人员开会进一步讨论剧本。笔者所搜集到的这份资料就是林默涵主持召开的这次座谈会的会议记录。

三、《〈鲁迅传〉座谈会记录》的主要内容

从会议记录上可以看到，出席这次座谈会的有陈白尘、唐弢等在京的创

---

① 《〈鲁迅传〉创作组访谈记录》第一集，第37—44页。

作组成员,有林默涵、许广平、阳翰笙(中国文联副主席)、陈荒煤(文化部电影局局长)等在京的顾问团成员,有章廷谦(川岛)、曹靖华等与鲁迅有交往的人士,此外还有严文井(中国作协书记处书记兼人民文学出版社社长)、何其芳(中国社科院文学所所长)、袁文殊(中国电影工作者协会书记处书记)、陈笑雨、李希凡、袁水拍等文艺界的领导人和专家学者,会议由林默涵主持。

陈白尘向大家介绍了剧本第二稿的修改情况:

> 这次修改,主要改了两点:一,加强鲁迅和农民的关系。这主要在第一章里,表现在他和闰水、阿冬等人关系上。幼年时代的鲁迅和农民的关系较深,但很难写,很难集中。要写,可能写得很长;而且幼年时代抒情的东西多,和后面生活统一不起来,又不敢放手虚构,因为没有资本,真是捉襟见肘。
>
> 二,关于五四运动。五四包括文化运动和爱国运动,上次稿对后者着笔太多,这次着重在写《新青年》。鲁迅和五四直接关系的材料极少,只是在当天向刘半农等人询问过运动的情况,十分关心。他主要是参加《新青年》活动。但是关于鲁迅与《新青年》关系的材料也不多,除了《呐喊》自序等文章以外,只有关于《新青年》的几封通信,第二章中关于《新青年》的一场戏就从这几封信中化出来的。大钊同志对鲁迅作品很赞扬,李星华的文章曾着重提到过,另外,从鲁迅日记中看出,他们之间通过不少信。第二章中即五四时代,只能尽量突出他们三个人的关系来写出鲁迅,除此,还没有想到更好的办法。关于胡适的材料是不能虚构的,不然,将来他要否认。《新青年》这一次编辑会议虽没有根据,会上的话却有根据,他的思想都有根据,思想他是赖不掉的。

从陈白尘的上述介绍中不难看出他创作剧本的艰难:首先要尊重夏衍等领导人的意见,写鲁迅与农民的关系,这是为了突出鲁迅的革命民主主义者的色彩,以便描写后来鲁迅在广州时受到共产党的教育认识到农民的革命性后的思想转变;其次,为了写出鲁迅在"五四"时期的文化活动,突出鲁迅与"五四"新文化运动的紧密关系,不得不从有限的资料中虚构鲁迅与胡适在《新青年》编辑会议上的争论的情节;另外,还要按照政治要求,有意地突出李大钊对鲁迅的引导,并同时回避鲁迅和陈独秀的联系。

从会议记录中也可以看出与会者的意见主要集中在如下几个问题(按:

以下引文除注明外均引自《〈鲁迅传〉座谈会纪录》):

(1)关于鲁迅形象塑造的问题

剧本中为了突出鲁迅的斗士风采和革命性多处描写到鲁迅怒斥对手的场面,部分与会者对此提出了批评。许广平说,剧本在许多地方写到鲁迅怒气冲冲,这不符合鲁迅的性格:"鲁迅就是对敌人说话也不都是怒气冲冲的,他的笔调很凶,见了人并不那样。"李希凡认为:"鲁迅的性格一方面是横眉冷对千夫指,同时又很老练,有幽默感。剧本强调了严肃的一面,后一面比较弱。"川岛指出:"有好几处写到鲁迅'双目怒视''怒目直视'等,自然用眼睛表示鲁迅的感情是需要的,但不要过了,鲁迅不大这样。"曹靖华也指出:"用《鲁迅传》作题目,就要更全面、更广阔地表现鲁迅紧张、严肃、战斗的一生。鲁迅的'横眉冷对千夫指'的战斗精神当然应该突出表现,但是除了这一方面以外,还有所谓鲁迅的讽刺、幽默的一面也应该稍有表现。因为这是鲁迅的武器之一,这讽刺武器的威力,有时并不亚于投枪、匕首,这也应该适当表现,现在剧本中后一方面表现得似觉不足。"

一些与会者也对剧本中关于鲁迅性格的描写提出了批评。唐弢说:"节奏太急促,一个运动接一个运动,生活写得少了些。如果拍三、四部片子,波澜起伏就可以处理得好一些。上集他是独身的,下集里家庭生活是否可以多一些?有些生活细节对刻画他的性格有帮助,可以更全面地反映他的性格。"曹靖华也指出:"鲁迅也很有风趣,很随便,真所谓嬉笑怒骂皆成学问,对同志很亲切,这是他为人性格的一个重要方面。对敌人善于讽刺,这讽刺有时令敌人感到连地缝也钻不进去。因而对剧本写的鲁迅,作为一个全面的活生生的鲁迅来要求,还不够。……剧本中把鲁迅写得过于严肃了,实际上他对同志很风趣、很随便,但在风趣、幽默中蕴藏着深厚的爱。因而,不要把鲁迅写的只知'冲啊、冲啊'的,这样太单调了。"

剧本也写到了鲁迅幽默风趣的一面,但是不太真实。何其芳指出剧本中写鲁迅的幽默的一面不太像,如"鲁迅说'张棣华万里寻……未婚夫……',这种玩笑不像鲁迅的口吻。"川岛也指出:剧本多处写到鲁迅摸着脑门激动地说话,但他不大见鲁迅这样。

剧本中关于鲁迅思想发展的描写也引发了一些与会者的不同意见。陈笑雨指出:"剧本中说鲁迅对辛亥革命的估价完全正确,恐怕不一定,辛亥革命毕竟推翻了封建王朝,而且鲁迅对农民的估计太消极了,恐怕不一定完全正确。"何其芳认为:"鲁迅不但是文学家,也是革命家、思想家,要表现他的思想,现在感到思想方面还不大够。鲁迅突出之点是思想的深刻,有他的特点,虽然有些地方有限制,例如对群众的看法,对中国前途的看法,有他的偏颇之处,但是这些地方仍旧有他的特点。我感到不足之处就在这里。关键在于怎么理解他的特点。"

严文井指出:"要写好鲁迅,必须写他的发展,写他的早期和后期的不同特点,他思想上的进展,他后期所达到的东西不一定是早期都达到的;如果写他一开始就什么都达到了,一则不合乎事实,二则后面也没有什么好写的了,因而那真正的高峰就不容易突出。现在的剧本,这一点虽然注意到了,但还不够鲜明。(何其芳插话:鲁迅早期有不足的地方,也有深刻的地方。)当然,也应该写早期的鲁迅的独到的深刻的地方。如果把他的发展写得更加鲜明一些,教育意义就会更大。鲁迅的道路,不是一点曲折都没有的,既是道路,那么就有高低有曲折,我认为这些东西都不要回避。表现了这些东西决不影响鲁迅之所以伟大,也许,只有这样做了,才能深刻地表现鲁迅伟大之处。剧本的不足处,就是使人感觉一开始好像鲁迅各方面就都定型了,什么都已完成了,看不出早期的鲁迅身上有什么限制性。"川岛也指出:"鲁迅的进化论的思想怎样抛弃的?这个发展变化过程表现得还不够鲜明有力。"

(2)关于剧本艺术上的问题

一些与会者对剧本的结构提出了意见。川岛指出:"剧本是用鲁迅各个生活片段凑合起来的,是个平面的东西,平铺成为一大块,好像抽掉哪一段,也都可以,与其他各段不发生必然的联系。随便抽掉一段,也不影响全剧,只是短些小些,因而剧本需要更明显的贯穿一根线索,使具有内在的联系。"阳翰笙说:"这是故事性的传记片,本身却没有什么故事,完全写他的生活和斗争,写时代对他的影响,他怎样推动这个时代。"严文井指出:"这个电影开头怎么开,似乎还可以研究一下。现在这样开头有点像文献片,前后风格有点不统一。是不是可以有另外的办法开头,比如一开始就是生活和斗争,一下子带到那个时代气氛里去。"何其芳也指出:"作为艺术,不够统一。后面虚构多一些,斗争写得比较集中,前面却有些像纪录片,而且第二段写背景,还有漫画式的写法,变化很多。"

另外,剧本的语言问题也引起了与会者的高度重视。唐弢说:"现在把文章里的语言应用到口头上,的确,文章里有些话很好,很精彩,不用可惜。可是要让观众听懂,恐怕还有问题,白尘同志已经费了一些力气,观众的听觉能不能跟得上?仍然值得研究。"川岛指出:"把鲁迅的文章拆散变成台词,长篇大论是否合适？平常我们和鲁迅接触,他说话不这么长篇大论,往往只有三言两语,三两句话;而且在电影里老是说教式的长篇大论是否也不相宜？语言多了,相对地行动少了一点,有些地方虽还不是语言多于行动,却文章还是文章,没有把文章的话弄活,像是背诵,没有把文章变成行动。……(另外)剧本的语言缺乏时代性,五四时代的语言和现在不一样。"曹靖华也指出:"鲁迅的语言是非常犀利、非常火辣辣的,使敌人很难受,在他那火辣辣的讽刺之下常搞得敌人无地自容,恨不得找个地缝钻进去。平时鲁迅不大作演讲式的长篇大论。他讲话原是只说三言两语,但一语破题,十分深刻。"

(3)关于虚构的问题

剧本为了突出鲁迅和党的亲密关系,虚构了李大钊多次和鲁迅谈话的情节:不仅有李大钊邀鲁迅为《新青年》杂志写稿,李大钊向鲁迅介绍革命形势劝鲁迅南下广州参加革命等情节,而且也有陈延年送给鲁迅《湖南农民运动考察报告》、陈延年让郭小鹏转达希望鲁迅在"四·一五"反革命政变之后离开广州到上海相见的情节。另外,还虚构了鲁迅和胡适在《新青年》编辑会议上的辩论、鲁迅为女师大学生通风报信以及鲁迅在"三·一八"时提醒学生注意段祺瑞的阴谋的情节。这引起了部分与会者的争议。

何其芳对此表示了反对意见,他说:"剧本里真真假假都有,当然不是要一一考证,问题是鲁迅和李大钊的来往是不是那么亲密,我就有怀疑,有没有根据,是不是在老虎尾巴里那样谈心,什么消息都告诉他？到广州后,陈延年给他《湖南农民运动考察报告》,鲁迅的反应还相当强烈,这个有没有根据？他看到没有看到这本书？即使看到,能不能认识其重要性？是不是就能看到农民的革命性？虚构,我想也应该符合一点什么东西,不一定是符合事实呢(因为是虚构),是不是要符合鲁迅当时的思想情况呢,和党关系等等。还有鲁迅当面对王金发不客气,我也有怀疑。传记片有两种:一种是有事实根据,文献性的;一种是故事性的。这部片子应该属于后者,细节、次序,当然容许虚构和变动,但是总不要引起读者的怀疑才好。"

阳翰笙认为剧本可以在一定程度上虚构,他指出:"鲁迅和李大钊的区别与关系,剧本基本上处理得好。他们有关系,但没有这么密切,这是事实。但是为了突出鲁迅和党的关系,就不能不虚构一些。是不是虚构那么多？能不能再略一略？鲁迅和李大钊有区别,在探索道路时有彷徨,而李大钊是初期共产主义知识分子,后来成为党的领导人,他们的区别在剧本里是明显的。要更明显,也有困难,把鲁迅写得再落后一些,也不合事实。究竟怎样写,还可以再斟酌一下。"

(4)关于历史细节真实性问题

剧本在描写人物、场景、细节和时代背景、社会氛围等方面还存在一些问题,部分与会者对此提出了批评。川岛和曹靖华在发言中都指出了剧本中存在的一些和历史不符的地方,如川岛就指出:"《阿Q正传》是在《晨报副镌》上发表的,不是在《晨报》上";"在老虎尾巴'鲁迅面窗坐在写字桌前藤椅里',不对,也不好看,背对门,因为他的书桌不是面窗摆的,靠窗是一张床。"阳翰笙也指出:"真人真事尽可能核对一下,特别是关于敌人的。胡适等人都在台湾,他们一定会集中力量搞我们一下,说我们不真实、造谣。《新青年》分家,是不是面对面开过会?钱玄同、李大钊、鲁迅、胡适都参加?最后一场,鲁迅清算进化论思想,已经成了阶级论者,他的思想是不是真实发展到了这个程度?恐怕不要说得太死,把他的思想的高度搞得准确一点。"

在听取了大家的发言之后,林默涵最后做了总结发言,他指出:

> 今天的意见很好,主要还是如何表现鲁迅的发展问题,鲁迅由进化论到阶级论,由革命民主主义者到共产主义者的过程不能写得太简单。上次稿把他写成一开始就是马克思主义者,这次已经好得多了,但是还没有完全解决。原因可能是对鲁迅和党的关系太强调了,和李大钊的关系写得太密切。在广州和陈延年见面,如果真有其事,可以那么写,这倒是作者新发现的材料,很重要。
>
> 其次,鲁迅性格的多方面,丰富性,生动性还写得不够。看二稿时大家对这一点谈得较少。斗争是主要的,这方面占去许多篇幅,但又必须写出他幽默感和生活上的风趣。这很困难。
>
> 另外有一点也很重要,就是语言、习惯、风俗人情等要尽可能符合当时情况,增加影片的真实感。这方面需要访问一些老人。《新青年》的分家、和敌人作斗争的问题,也要尽可能符合当时的情况,稍微编造一些是可以的。胡适要声明,关系不太大;你不编,他也要声明的。但重大情节还是要符合事实。反面人物仍然太多,最好再集中一点,许多人还活着,不要牵涉得太广了。

应当说,作为中宣部副部长的林默涵的上述总结发言,不仅概括出了与会人员对剧本二稿的主要意见,而且也可以说传达出了官方对剧本二稿的主要意见。总体来说,这些意见和建议都从不同方面指出了剧本存在的问题,比较正确，陈白尘也在后来的修改稿中吸收了其中的一些意见和建议。

四、剧本二稿的其他反响

夏衍和周扬也先后对剧本第二稿提出了不少的意见和建议。

夏衍在同日也对《鲁迅传》创作组和摄制组的主要成员谈了他对剧本的几个意见：

> 一、历史背景问题。……由于提到国内大事多，写国际大事少，所以新民主主义革命阶段的反帝这一面就显得不足了。现在看来，鲁迅反封建的一面是突出的，反帝一面不突出，这样，时代面貌就不全面了。
>
> 二、鲁迅人物性格成长问题。我看沙汀同志对白尘同志的评语是对的，白尘是以崇敬的心情写鲁迅，因此对鲁迅的起点，提得高了一些，不想去接触早期鲁迅的历史条件限制。写鲁迅的由进化论者转变为阶级论者的成长，不够清楚，对鲁迅寻找道路的彷徨苦闷，写的不足，不够清楚。对这个问题特别是表现在对农民的问题上，问题有二：一是鲁迅与农民的关系，另一是鲁迅当时对农民的估价问题。……他还不能理解到中国革命是必须依靠农民的。按照现在剧本这样写，似乎鲁迅早就发现了农民的力量，似乎比党还要早看到，这样鲁迅以后的转变就不需要了。……总之，把辛亥时期鲁迅的觉悟认识写得过高，后面就没有转折了。
>
> 三、枝蔓太多，要减头绪才能立主脑。人物枝蔓似乎太多了。……事件似乎也有些枝蔓。
>
> 四、这部片子的风格要符合鲁迅的风格。……我以为整个调子，应该是谨严的现实主义的。语言方面，不太像鲁迅的话，主要是把他文章中的话搬来了，这改一下问题不大。其他人物尤以反面人物胡适、朱家骅等都写得太露、太浅。……整个说来，鲁迅的演讲太多了，好像是个煽动家。鲁迅只有在很必要的时候才作演讲，讲话也很短[①]。

[①] 夏衍同志和《鲁迅传》摄制组创作人员的谈话记录稿。

创作组得知国内主管宣传文化领域的主要领导人周扬在杭州主持会议的消息立刻分赴杭州希望听听周扬对剧本的意见。3月17日,周扬在百忙之中抽空听取了《鲁迅传》创作组和摄制组主要人员对剧本的汇报后说:"北京座谈会的记录看了,意见都很好,我基本上同意这些意见。"周扬指出:一,"鲁迅的道路有他的特殊性,他是从民主主义到共产主义的,确实是有他自己的道路,经过了很长的摸索。……写鲁迅找到革命道路容易了,看起来就不够真实,现在有个倾向,写历史人物写得过分革命化了。鲁迅当然是革命的了,但过分革命化的结果,就会不真实"。二,"我们讲的是历史的真实。写鲁迅性格革命性,要注意两个方面:一是鲁迅对革命的认识问题,不要太超过当时的实际,好像很早就和党、和革命接触很多;二是'横眉冷对'和'俯首甘为',尖刻讽刺和幽默温和结合起来。一个是写他性格的发展,一个是写他性格的全面,这才显得出性格的丰富性。如果只搞了一方面,就不真实了。写鲁迅的革命性开始时太高了,好像唱歌开头,调子定得太高,以后就发展不下去了。"

周扬看过剧本之后,在3月19日早上找叶以群和于蓝等人说了几点意见:

一、凡涉及重大历史事件、政治事件的地方,没有确实根据的,不要随便编造。如"三·一八"时李大钊和鲁迅的幕后活动,鲁迅在船上得到"秋收起义"的消息,读《湖南农民运动考察报告》之类,凡是有全国意义的、众人皆知的事,要就真实,否则就避开。

二、鲁迅对有些政治运动太直接了,又没有根据。不要把鲁迅写成与政治斗争太密切了,好像一直在斗争漩涡中不好,他自己也讲过'不在斗争的漩涡之中'。文学活动可以着重写,也不一定局限于在写文章,如办什么刊物,支持什么文学社团,和文学青年的来往等等都可以写。

三、鲁迅和李大钊、陈延年的这种关系,真人真事的关系,就可以多花些功夫考证一下,没有的就不要编造或者故意渲染……某些实有其事的,把它突出一下是好的,而没有的,如在"三一八"去通风报信,把鲁迅写成参加者,甚至是组织者似的,这样就不好。

四,关于认识的问题。有些问题在当时,不仅鲁迅看不到,李大钊也看不到。如解决农民问题根本关键是要解决土地问题这一点,当时党内其他人也看不到,只有毛主席才看到了。①

当天晚上,周扬再次找创作组的主要成员谈话。周扬说:"总的意见就是这两点:一个是重大的革命事件和重要的历史人物,大体上要符合实际、符合历史的真实。至于细节,当然可以虚构。……再一点是革命文学家鲁迅和革命运动相呼应是精神上的呼应,直接联系减少一点,这样才显示出他的伟大,不然,老是人家在帮助他,又是李大钊在跟他谈,又是陈延年在跟他谈,而他自己摸索、奋斗就反而削弱了。"②

应当说周扬的这些意见是很尖锐的,正确地指出了剧本存在的最主要的问题,虽然这些意见在几年之后爆发的"文革"中受到了猛烈批判,但是从现在的角度来看仍然是正确的。

陈白尘听取了周扬的意见之后,回到北京很快就在5月9日写出了修改稿,即剧本的第三稿。周扬回到北京后不久就向周总理汇报了自己对剧本的意见,他在看到陈白尘修改的第三稿之后感到仍然不太满意,于是就在5月22日决定由夏衍修改这个剧本。夏衍接受了这一任务之后感到在陈白尘第三稿的基础上很难进行大的修改,于是就重新进行创作,在8月份写成了新的剧本,即剧本的第四稿。陈白尘和摄制组的一些人因为对夏衍创作的剧本第四稿仍然保留意见,所以周扬、林默涵等中宣部领导又同意陈白尘在夏衍第四稿的基础上再创作一个剧本,陈白尘在11月27日完成了对自己剧本的再次修改,这就是剧本的第五稿,也是剧本的定稿本。剧本虽然定稿了,并得到了上海市委、文化部和中宣部的同意,赵丹等众多演员也为所饰演的角色准备了两年多,但是影片的拍摄工作却因某种原因停顿下来。为了满足广大观众对电影《鲁迅传》的期待心理,陈白尘在1962年8月又对剧本的第五稿作了部分修改并易名为《鲁迅》交给上海文艺出版社在1963年出版,这是剧本的第六稿,至此,电影剧本《鲁迅传》的创作终于告一段落。而《鲁迅传》摄制组在1964年也被上海市委宣传部长张春桥借口"摄制组腐烂了"为由下令

---

① 周扬同志和《鲁迅传》摄制组创作人员的谈话记录稿。
② 周扬同志和《鲁迅传》摄制组创作人员的谈话记录稿。

解散,这一汇聚国内电影界众多明星的历史巨片就此夭折了。①

五、结语

拍摄电影《鲁迅传》不仅组成了阵容豪华的创作组和摄制组,汇聚了国内一流的剧作家、导演和演员,而且也得到了官方的高度重视,可以说预想中的电影《鲁迅传》将会是一部历史巨片。但是这部历史巨片却命运多舛,仅仅完成剧本的定稿工作,还未来得及正式开拍就夭折了。

现在看来,这部预想中的历史巨片恐怕在电影史上还不能称得上是一部站得住的巨片,因为作家对鲁迅银幕形象的塑造深受当时政治因素的制约,没有能创作出一个能比较真实地反映出鲁迅银幕形象的优秀剧本。

拍摄《鲁迅传》源于周总理对"大跃进"时期上海市委领导人在《红旗》杂志提出的"超越鲁迅"这一口号表示不同意见,上海市委落实总理指示开始筹拍,可以说从一开始创作《鲁迅传》就被作为一项向建党四十周年献礼的重要政治任务,而且是一项"中央亲自抓"的政治任务。正是因为这个原因,负责创作剧本上集的著名剧作家陈白尘在"固辞不获"的情况下不得不"战战兢兢"地开始创作②。陈白尘在接受这一创作任务之前,曾因为在"奉命创作"的描写古代农民起义领袖的剧本《宋景诗》中比较如实地按照历史记载和调查访问所得的资料进行创作,而被某些政治人物斥为"歪曲农民领袖形象"并受到极大的政治压力,因此他对于这次的"奉命创作"非常谨慎,按照周总理的指示和顾问团团长夏衍的讲话精神进行创作。夏衍要求创作剧本时必须"以毛主席对鲁迅的评语为纲,以中国革命为背景,写出中国革命知识分子所走过的道路和思想上经历的变化";另外,"党的领导,特别是党对文艺运动领导的一条线""应该写出来"。值得一提的是,夏衍、邵荃麟等领导人在阐释他们对鲁迅的定位时,还批驳了胡风、冯雪峰等人曾发表的一些关于鲁迅思想的言论,这与当时的政治和文化背景以及两派之间关于"两个口号"论争的历史恩怨不无关系。从陈白尘在《鲁迅传》座谈会上的发言不难看出,陈白尘在

---

① 参阅陈白尘《我这样走来》,江苏美术出版社2008年出版,第58页。另外,陈虹在为三联书店1997年版的陈白尘回忆录《对人世的告别》撰写的序言《父亲的故事》一文中说:"1964年影片终于开拍,又哪知一道指令,据说是主要演员在'生活作风'上有了什么问题,摄制组便被莫名其妙的解散了。"

② 陈白尘:《我这样走过来》,江苏美术出版社,2008年版,第57—58页。

构思剧本时面对创作组搜集的众多访谈资料只能选择能突出上述两点的资料进行创作,甚至为了迎合这两点要求而虚构了一些历史场面。

陈白尘的女儿陈虹在为父亲的回忆录《对人世的告别》一书撰写的序言《父亲的故事》中这样描述陈白尘创作《鲁迅传》剧本时的情景:

> 由于被塑造的人物是"中国文化革命的主将",是"伟大的文学家"和"伟大的思想家"与"伟大的革命家",因此把关者除上海市委外,更有中宣部的诸位领导。父亲的手被众人牵制着,他不敢去描写鲁迅的常人情感与凡人生活,也不敢按照写戏的规律,赋予他一定的性格。一层层的审查,一遍遍的修改,父亲已没有了自己的思想,写到最后,鲁迅到底是人还是神,连他自己都糊涂了。①

值得注意的是,陈白尘按照夏衍在顾问团会议上对剧本创作所提出的两条要求,有意在《鲁迅传》剧本第二稿中比较突出鲁迅的革命色彩,把鲁迅写得"高"了,并通过李大钊和陈延年与鲁迅的谈话来重点写出党对鲁迅的领导,但是却未能得到广泛的认可、特别是官方的认可。从《〈鲁迅传〉座谈会记录》的内容可以看出,与会的众多人士包括中宣部副部长林默涵对陈白尘创作的《鲁迅传》上集剧本第二稿在肯定其成功之处的基础上提出了一些修改意见,另外文化部副部长夏衍虽然也提出了不少的修改意见,但是也肯定了剧本的成功之处。总之,不仅与会的专家学者,包括夏衍、林默涵等文化界领导人都没有否定这一剧本,但是中宣部常务副部长周扬提出的不少修改意见则决定了剧本的命运。周扬的意见非常尖锐地指出了陈白尘剧本所存在的主要问题,实际上基本否定了剧本。这是因为陈白尘按照夏衍的要求虽然在剧本中通过虚构的情节有意拔高鲁迅,突出鲁迅的革命精神,以及鲁迅和共产党的亲密关系,从而写出共产党对鲁迅的引导这一主线,但是剧本通过虚构的情节所塑造的鲁迅的形象也因此显得不真实。显然,陈白尘未能把夏衍等领导的政治意图和目的通过艺术手法在剧本中较好地表现出来,没能塑造出一个让有关领导和人士满意的既革命又显得比较真实的鲁迅形象,而虚假的、让读者和观众产生怀疑的鲁迅形象不仅无法达到良好的宣传目的,反而可能取得相反的效果。另外,陈白尘虽然是按照官方的要求塑造鲁迅形象,但是他在塑造鲁迅形象时也融入了一些自己对鲁迅的理解和认识,而这种带

---

① 陈虹:《父亲的故事》,载陈白尘《对人世的告别》,三联书店,1997年版,第11页。

有个人色彩的因素与剧本中浓厚的官方色彩之间产生了一定的张力,从而使剧本的风格不太一致。

总之,陈白尘虽然是一位天才的剧作家,但是他在"奉命创作"的情况下也无法摆脱政治因素的制约,只能带着枷锁跳舞,在这样的情况下,他很难发挥自己的才华创作出一个精品剧本。在"文革"中,周扬对电影《鲁迅传》的指示被另一政治集团命名为"反对鲁迅",并作为周扬的一大罪状,而"革命群众"要陈白尘交代的一大罪状也是"在《鲁迅传》的写作过程中是如何执行周扬指示的?"①现在来看,陈白尘按照夏衍等人的指示所创作的剧本第二稿是失败的,周扬对第二稿的意见是正确的。陈白尘在吸收周扬的修改意见之后所创作的剧本三稿及在此稿和夏衍所撰的第四稿基础上又创作的剧本第五稿虽然对鲁迅的塑造有很大的进步,并在得到了上海市委和文化部、中宣部的同意之后作为定稿本等待据此进行影片拍摄工作,但是陈白尘在创作中仍然无法摆脱政治因素的影响,剧本仍然存在一些政治色彩。

最后需要指出的是,《鲁迅传》剧本未能成功地塑造出鲁迅的银幕形象也和作家自身的创作条件有关。

从《〈鲁迅传〉座谈会记录》中也可以看出,与会者指出了剧本中除了虚构的一些历史情节之外,还有一些细节方面的错误,如鲁迅的性格特征、习惯、语言乃至服饰、屋内布置等等,这些历史细节虽小,但如果不符合历史的真实就会使影片显得不够真实,从而妨碍鲁迅形象的塑造,甚至会最终导致影片的失败。陈白尘在后来的修改稿中虽然吸收了川岛、曹靖华等一些人士提供的修改意见,但仍然存在一些问题,比如邵荃麟、常惠等人就指出了剧本第三稿存在一些历史细节方面的错误。

此外,陈白尘虽然是"奉命创作"《鲁迅传》剧本,但因为他本人对鲁迅先生很敬仰,也想在银幕上塑造出鲁迅的光辉形象,所以他用饱含敬意的方式来描写鲁迅,这也使得剧本所塑造的鲁迅形象在某种程度上显得不够真实。虽然陈白尘为创作《鲁迅传》剧本付出了极大的心血,甚至为了挽救自己的剧本不惜违抗周扬和夏衍而上书上级要求再给自己一个修改剧本的机会,但是从艺术的角度来看,《鲁迅传》剧本第二稿,也包括后来的第三稿和第五稿等都没有能够成功地塑造出鲁迅的银幕形象。

当时预定在这部《鲁迅传》中饰演鲁迅的赵丹在1961年撰写的《角色自

---

① 陈白尘:《我这样走过来》,江苏美术出版社,2008年版,第63页。

传》和《角色自我设计》的笔记中写道:"无论如何不能抱着主席夸赞鲁迅的几个伟大去创造角色,那就糟了,必须忘掉那几个伟大。"①他还在当时为《人民中国》杂志撰写的《艺术家要用自己的语言说话》一文中删节了毛泽东对鲁迅的三个"家"五个"最"的高度历史评价,强调"艺术家要用自己的语言说话"。应当说,赵丹对塑造鲁迅形象这一工作的认识是很正确的,但是,陈白尘是"奉命创作",他在撰写剧本时不得不按照夏衍、周扬等领导人的要求或者说是命令来创作,还不能完全按照自己对鲁迅的理解来塑造鲁迅形象。

陈白尘后来在1981年撰写的《一项未完成的纪念——电影剧本〈鲁迅传〉记略》中对自己创作的《鲁迅传》剧本进行了深刻反思,并表示即使过了二十年自己也无法塑造出鲁迅真实的银幕形象。他说:

"人贵有自知之明"。对于原剧本自己既然并不满意,则不会因为它被"四人帮"践踏过,就更加美丽起来。更何况是二十年后重新拍摄,怎能不重新写过?重新写,我有必胜的信心么?

第一,1960年我接受执笔的任务时,我的信心就不足。鲁迅说过,描绘一个人物首先要描出他的眼睛。但我自从1935年春重返上海当"亭子间作家"以后,一年半的时间不短,我总没有机会见到鲁迅先生,因为在他的门前有位自封的"门官"设置了路障。当我在1936年10月19日下午从巴金同志口中惊闻噩耗而赶到万国殡仪馆楼厅见到鲁迅先生时,他安详地躺在厅中榻上,闭上双目已十二小时了!我怎么能画出他的眼神来?

第二,一位前辈曾批评我说:"你是把他当着最尊敬的人去叙述他,而不是当着你笔下所创造的人物来描写他的。"这也许是的。我现在又能从这状态中超脱出来么?

第三,十年来,一些想做神的后裔的人们曾经在鲁迅的塑像上又胡乱地涂抹过一些金粉。近年来有人想为它洗刷,但又不自觉地另涂上些别色的粉末;而同时为之修补的又大有人在。我不是文学史家,又不是鲁迅研究专家,能有如此能耐,使这被污染的塑像恢复本来的面目么?……②

---

① 转引自夏榆:《遥远的爱——陈鲤庭传》,中国电影出版社,2008年版,第121页。
② 陈白尘:《对人世的告别》,第790—791页。

陈白尘的这段反思指出了他不能成功塑造出鲁迅银幕形象的三个关键：第一，和鲁迅没有直接的交往，对活生生的鲁迅缺乏感性的认知；第二，面对鲁迅这一伟大的创作对象无法摆正创作心态；第三，在现实中无法摆脱政治因素的干扰。对照陈白尘总结出来的这三点经验和教训，看来电影家要在银幕上塑造出真实的鲁迅形象仍然是一个很难完成的历史任务，也正因为此，我们要对陈白尘在20世纪60年代塑造鲁迅银幕形象的尝试具有了解之同情并表示崇高的敬意。

（本文撰写得到陈白尘先生的女儿陈虹教授的大力支持，谨此致谢。）

从"革命家鲁迅"到"文学家鲁迅"：
20世纪60年代塑造鲁迅银幕形象的艰难尝试

——以夏衍的集外佚作电影剧本《鲁迅传》第四稿的手稿为中心

1960年1月29日，上海市委落实周总理的指示，集中了国内文化界的领导人和电影界的精英再次启动了电影《鲁迅传》的拍摄工作，成立了由叶以群、陈白尘、柯灵、杜宣、唐弢、陈鲤庭等人组成的《鲁迅传》创作组，《人民文学》常务副主编陈白尘担任执笔人；由沈雁冰、周建人、许广平、杨之华、巴金、周扬、夏衍、邵荃麟、阳翰笙、陈荒煤等人组成的《鲁迅传》顾问团，文化部主管电影的副部长夏衍担任顾问团团长。陈白尘按照夏衍等领导人的指示并吸收有关人士的建议先后创作出剧本的一、二稿，但是中宣部副部长周扬于1961年3月19日在杭州听取了《鲁迅传》创作组关于剧本的汇报之后，指出了剧本存在的虚构历史事实和人物形象塑造太突出革命色彩的问题，对剧本的创作提出了新的要求。陈白尘在聆听周扬讲话之后再次修改剧本写出了第三稿，但是仍然没有很好地贯彻周扬的讲话精神。周总理在听取了周扬的汇报之后，指定由夏衍亲自动手修改这个剧本。夏衍在接受任务之后，很快就修改完成了剧本的第四稿。但是除了《鲁迅传》创作组的人员之外，夏衍生前没有对外透露过自己修改《鲁迅传》剧本的事，夏衍的这个剧本至今也没有公开发表过，属于《夏衍全集》的集外佚作。

本文依据中国现代文学馆手稿库中珍藏的从未公开披露过的夏衍执笔的电影剧本《鲁迅传》第四稿的手稿，从中解读官方对鲁迅银幕形象的定位及其背后的复杂的权力政治关系。

一、夏衍的电影剧本《鲁迅传》第四稿手稿解读

夏衍看了陈白尘执笔的《鲁迅传》第三稿之后感到很难在此基础上修改，于是对剧本进行了很大的改动，重新创作了《鲁迅传》剧本第四稿。1961年8月，夏衍在创作完成《鲁迅传》第四稿之后委托《鲁迅传》创作组资料员沈鹏年

编制了他执笔的《鲁迅传》第四稿和陈白尘执笔的《鲁迅传》第三稿的分场对比表,图表如下(×为删改,*为新增)①:

夏衍第四稿第一章	陈白尘第三稿第一章
第一节　绍兴风光	第一节　绍兴风光
*鲁归国、范迎、过街	×鲁迅走出台门
*酒店、孔乙己、祥林嫂影子	×市民好奇、乡绅骂鲁"该杀"
*凭吊秋瑾殉难遗址	×大段字幕
*轩亭口、阿有、抱牌位出殡	
鲁迅领学生过街	鲁迅领学生过街
学生队伍过酒店	学生队伍过酒店
*阿有唱戏踢"狗气煞"、乡绅惊慌	×阿有议论、打小孩
龙山采标本……范来报信	龙山采标本……范来报信
*学生问"老勿大"花	×农民押解经过
第二节　满街慌乱、章急归、客厅密商	第二节　满街慌乱、章急归、客厅密商
*章谈与汤蛰仙熟、钱报王金发到绍	×谈大势已去、钱报学生上街
第三节　操场、整队待发、何几仲阻、割辫逃	第三节　操场、整队待发、何几仲阻、割辫逃
阿有幻想、阿冬问讯、章夜遁	阿有幻想、阿冬问讯、章夜遁
第四节　夜迎革命军、王金发过桥、遇鲁、安民	第四节　夜迎革命军、王金发过桥、遇鲁、安民
乡绅送礼、鲁王叙旧	乡绅送礼、鲁王叙旧
第五节　《越铎报》、鲁回家、闰土诉苦	第五节　《越铎报》、鲁回家、闰土诉苦
范碰壁*鲁谈僵尸	范碰壁　×鲁说王变了
第六节　章卷土重来、桥畔遇劫	第六节　章卷土重来、桥畔遇劫
*匪逼阿冬挑赃、二爷吹笛惊匪	×章谈三千亩革命
*阿有顺手掠衣披身去	×阿冬问匪是否革命党
第七节　报社惊变	第七节　报社惊变
*范奔出找王、鲁拦不住、沉思	×王欢宴群绅、鲁范怒闯花厅
第八节　酒楼饯别	第八节　酒楼饯别

---

① 沈鹏年:《行云流水记往·二记——电影〈鲁迅传〉筹拍亲历记》,上海三联书店,2011年版,第248—257页。

*鲁谈蔡元培是书生、阿有被杀	×范说情愿死、鲁劝慰、阿冬被杀
*范谈又来严冬、鲁提示春天不远	×范吟秋瑾诗"愁杀人",鲁问革命好处
*鲁劝范沉着、道别	
第九节 *特写:政府北迁	第九节 ×南京:鲁徐交谈
*旧时京华(有前门)	前门箭楼
教育部死气沉沉	教育部死气沉沉
*鲁阅《百喻经》	×鲁说《庚子日记》(义和团)
*琉璃厂、厂甸、鲁购碑帖、《鬼趣图》	×鲁路遇章介眉
绍兴会馆、青年韩来	绍兴会馆、青年韩来
*鲁谈梦醒无路、写悼范诗	×鲁谈章"放革命债",又当官了
夏衍第四稿第二章	陈白尘第三稿第二章
第十节 会馆抄碑	第十节 会馆抄碑
*鲁在旧报试笔、点出时代背景	×鲁吟诗"上下求索"
*教育部部员谈京戏、再点时代背景	×钱鲁夜谈冲破铁屋子
*特写《鲁迅日记》、三点时代背景	×郭小朋离家出走、韩陪见鲁
*琉璃厂、鲁购《新青年》	×钱玄同硬拉鲁写稿
第十一节 *北大风光:胡适上课、钱来拉稿	第十一节 ×图书馆:李大钊与鲁初会、交谈
*胡谈白话文、李谈法俄革命比较	×李谈俄国革命、鲁谈僵尸杀现代
*会馆:鲁理书浇花、槐树下徘徊	×胡适出场、青年包围
*《新青年》会:钱来约、鲁允作文、拒赴会	×《新青年》会:李大钊谈任务、鲁愿做"马前卒"
第十二节 *会馆:郭来,闻疯人受惊,担心家乡之张棣华	第十二节 会馆写作
鲁写《狂人日记》、张棣华冲出家庭	鲁写《狂人日记》、张棣华冲出家庭
鲁写小说、论文,青年中影响	鲁写小说、论文,青年中影响
第十三节 北大图书馆	第十三节 北大图书馆
*青年读《来了》,猜笔名是谁	×青年读新书刊,议论国事
第十四节 五三北大晚会,天安门五四大会	第十四节 五三北大晚会,天安门五四大会
教育部 鲁不安	教育部 鲁不安
火烧赵家楼、学警扭打、张郭巧遇	火烧赵家楼、学警扭打、张郭巧遇
第十五节 郭谈战绩、张候门外、鲁邀入	第十五节 郭谈战绩、张候门外、鲁邀入
鲁招待青年、兴奋谈"路",灯下作文	鲁招待青年、兴奋谈"路",灯下作文

第十六节＊徐来报信:陈独秀被捕 ＊张棣华来辞行、鲁赠旅费	第十六节×鲁至车站送学生,遇胡适陪杜威来京 ×胡适恭维鲁迅,鲁斥之、揭胡面目
第十七节＊至北大交稿 ＊《新青年》会,鲁经过,未入,未参加会 ＊李大钊出来,询鲁迅意见	第十七节×至北大参加《新青年》会 ×《新青年》会,胡分裂,鲁面斥,鲁不愿与胡同路 ×鲁迅欣然与李大钊同行,高大背影
第十八节＊离会馆与老仆惜别、搬新家 鲁迅与母、母子情。郭南方归来,找新路 ＊鲁与青年谈僵尸变化,要踏实做事	第十八节×鲁新家 鲁迅与母、母子情。郭南方归来,找新路 ×鲁劝青年要行动:要敢说、敢笑、敢哭、敢怒、敢骂、敢打
第十九节＊鲁迅伏案写作:徘徊、沉思 ＊叠印范爱农、阿有、赵太爷、假洋鬼子影子 ＊特写《阿Q正传》:《晨报副刊》	第十九节　×鲁迅写小说《明天》《风波》《故乡》 ×鲁给母看新写的《阿Q正传》,母笑说滑稽 ×《阿Q正传》片段:读者反映、官僚生气、青年猜疑
夏衍第四稿第三章	陈白尘第三稿第三章
第二十节　日历:叠现时代背景 ＊街景、茶馆莫谈国事 ＊名流集会:胡适、陈源议论 ＊北大教室、陈源演讲。鲁下课,至未名社 ＊刘和珍购书、遇鲁 ＊刘陪许广平来谈学潮,鲁关心青年	第二十节　报刊:点出时代背景 ×张棣华陪许广平来访,鲁母迎进 ×老虎尾巴,谈学潮。鲁抽烟,许抢烟 ×鲁迅助办《莽原》,指示青年要韧战 ×李大钊访鲁,谈《现代评论》是"山羊" ×鲁迅号召青年"捣毁人肉宴席"
第二十一节　学生集会 女师大操场,学生整队待发 ＊杨荫榆陪陈源演讲"救国先救自己" 学生拒听,轰杨、陈出校	第二十一节　学生集会×段祺瑞棋桌定杀计 女师大操场,学生整队待发 ×杨荫榆陪陈源演讲"没有帝国主义侵略" 学生拒听,轰杨、陈出校
第二十二节　女师大开除学生布告、学生自治会商议对付办法 鲁迅摸出教授宣言＊谈《现代评论》阴谋 鲁迅点名、刘和珍激动	第二十二节　女师大开除学生布告、学生自治会商议对付办法 鲁迅摸出教授宣言×谈"冒牌国货" 鲁迅点名、刘和珍激动
第二十三节＊段祺瑞官邸下棋、日本顾问献谋	第二十三节×陈源书斋、胡适授计反鲁迅

＊段派警察保护杨荫榆回校	×段祺瑞下令封闭女师大，校内断水电、一片漆黑
	×鲁迅送蜡烛至校、学生点燃蜡烛、出现光亮
	×李大钊率领各校学生举火把来声援、一片光明
	×李与鲁相见，李劝鲁"用笔战斗"
第二十四节 ＊北京街头、学生募捐、鲁迅捐一元	第二十四节　北京鲁家
鲁家，徐来报信，鲁徐同去女师大	老虎尾巴，徐来报信，鲁徐同去女师大
三河老妈子绑架女生，刘百昭欲动武，鲁喝住	三河老妈子绑架女生，刘百昭欲动武，鲁喝住
教育部＊鲁等支持维持会，刘百昭带来"解职令"	教育部×鲁写辞职书，刘百昭带来"解职令"
鲁控告非法解职。鲁徐谈女师大复校	鲁抗议非法解职。鲁徐谈女师大复校
第二十五节 ＊学生购阅《语丝》书刊	第二十五节 ×鲁带学生宗帽胡同复校
＊陈源书斋、胡适劝陈"带住"	×胡适陈源围攻鲁迅、鲁苦战、咳嗽、服药
＊鲁发文"不能带住"	×各大学宣言脱离教育部
＊胡适发表《爱国运动与学生》，劝学生回校	×段祺瑞被迫下令复效，女师大学生返校
＊胡适对陈源暗示：南方革命兴起，应另谋良策	×鲁家，学生欢庆胜利，鲁说斗争还要继续
第二十六节 ＊鲁迅书斋、咳嗽、学生带来李大钊赠药	第二十六节 ×陈源书斋，胡适提出"公理"招牌
＊刘和珍、许广平来访，鲁分析"缓兵之计"	×鲁和青年谈"痛打落水狗"
＊刘和珍邀鲁开会	×鲁退还刘和珍购书款
第二十七节　日军炮轰大沽口、三一八天安门大会	第二十七节　日军炮轰大沽口、三一八天安门大会
鲁迅书斋，许广平交稿，＊鲁母留许吃饭	鲁迅书斋，许广平交稿，×鲁以《莽原》交许转刘
游行队伍开往执政府	游行队伍开往执政府
段祺瑞下杀机，李大钊赶来指挥转移	段祺瑞下杀机，李大钊赶来指挥转移
段下令屠杀，刘和珍救友中弹牺牲	段下令屠杀，刘和珍救友中弹牺牲
唐人凤挥旗冲出重围	唐人凤挥旗冲出重围
第二十八节　追悼会：鲁、许吊刘遗体	第二十八节　追悼会：鲁、许吊刘遗体
送葬行列，鲁沉默前行	送葬行列，鲁沉默前行×独白"血债要血还"
第二十九节　鲁写《无花的蔷薇》痛斥反动派	第二十九节　鲁写《无花的蔷薇》痛斥反动派
＊陈源写《闲话》，假作"公平"，胡适点头	×段祺瑞看《语丝》，怒斥、反诬学生领袖
鲁斥陈段"心心相印"。胡告陈：鲁被通缉	鲁斥陈段"心心相印"。胡告陈：鲁被通缉

第三十节　李大钊雨夜访鲁迅	第三十节　李大钊雨夜访鲁迅
李鲁谈心:李劝鲁南下;鲁要李当心	李鲁谈心:李劝鲁转移阵地;鲁要李当心
*鲁母要鲁离京,鲁表示同意	×鲁迅称李大钊是"真的猛士"
夏衍第四稿第四章	陈白尘第三稿第四章
第三十一节　*广州风光	第三十一节　×报纸叠印——点出时代背景
*长堤:徐文滔、许广平等来欢迎鲁迅	×陈延年命毕磊欢迎鲁迅
毕磊率学生码头迎鲁	毕磊率学生码头迎鲁
鲁目睹工农兵游行队伍、兴奋	鲁目睹工农兵游行队伍、兴奋
第三十二节　中山大学白云楼大钟楼	第三十二节　中山大学白云楼大钟楼
*许广平来赠"水横枝"	×毕磊来赠中共党刊,鲁迅接受
祝家骅来访、鲁谈广州印象	祝家骅来访、鲁谈广州印象
第三十三节　鲁观花市,遇学生吴梦非	第三十三节×顾请鲁赴接风宴,鲁怫然变色
许、毕陪鲁出席学生欢迎会	许、毕陪鲁出席学生欢迎会
祝来二邀:鲁答"概不赴宴"	祝来二邀:鲁答"概不赴宴"
第三十四节　鲁讲"革命文学"	第三十四节　鲁讲"革命文学"
司的克党捣乱,祝上台驱之	司的克党捣乱,祝上台驱之
祝乘机捧鲁"革命文学家",鲁退还高帽	祝乘机捧鲁"革命文学家",鲁退还高帽
第三十五节 *陶陶居茶楼内间:鲁会晤陈延年	第三十五节×中共党委机关:陈延年与鲁迅谈心
*陈请鲁"自己观察"	×陈向鲁大谈革命形势、湖南农民运动,颂毛
第三十六节　白云楼鲁寓	第三十六节　白云楼鲁寓
*张棣华来告结婚喜讯	×张棣华来告上海工人起义胜利
毕来告反革命叛变。*司的克党抹反动标语	毕来告反革命叛变。毕商议保护鲁迅
*鲁等候青年,问黑夜枪声、学生被捕	×毕向鲁辞行,出门被捕,鲁冲出营救不成
第三十七节　中山大学教授会,鲁竭力营救学生	第三十七节　中山大学教授会,鲁竭力营救学生
鲁迅愤怒斥祝"画皮"	鲁迅愤怒斥祝"画皮"
第三十八节　白云楼上师生相晤	第三十八节　白云楼上师生相晤
*学生告鲁:李大钊英勇就义	特写李大钊被捕就义
*鲁惊闻:郭张刑场就义	鲁怒写"地火在运行"
*青年特务在楼下监视	小郭带来陈延年对鲁关心

第三十九节　师生夜谈,鲁自剖轰毁进化论	第三十九节　师生夜谈,鲁自剖轰毁进化论
*徐文滔劝鲁离开广州 许广平愿同行,鲁说许"中毒太深"	郭来告陈延年希望鲁离广州,在沪等鲁 许广平甘为"鲁迅党",愿同行
第四十节　珠江轮上	第四十节　珠江轮上
*徐文滔陪鲁、唐人凤陪许上船	×郭小朋、张棣华送鲁、许上船
*徐说夜车走,掏报纸给鲁	×郭说去湖南,掏报纸给鲁
鲁迅看报:秋收起义	鲁迅看报:秋收起义
*鲁说:"石在,火不灭,这是中国的希望"	鲁说:"中国又有了新的希望"

从上表可以看出,夏衍对剧本场景和情节的修改主要集中在如下几点:

第一章:删去剧本开头的大段字幕;鲁迅闯花厅,怒斥王金发;王金发捣毁报馆,鲁迅斥王。新增了鲁迅从日本回到绍兴时的见闻,与学生的交流,在绍兴会馆抄古碑的场面。另外改写了阿冬、阿有的命运,及鲁迅与范爱农交谈及告别的谈话内容。

第二章:删去《新青年》会:李大钊谈任务、鲁愿做"马前卒";在火车站胡适恭维鲁迅、鲁斥之、揭胡面目;《新青年》会鲁迅与胡适对立;鲁迅与李大钊在图书馆的会见;鲁迅在《新青年》会后欣然与李大钊同行,高大背影;鲁劝青年要行动;《阿Q正传》片段。新增了描写教育部环境的场面,鲁迅在琉璃厂淘书、在绍兴会馆浇花、徘徊等生活的场景,胡适、李大钊在北大授课的场景,李大钊向鲁迅问询的场景,疯子的形象,鲁迅与绍兴会馆老仆人惜别的场景。改写了钱玄同劝鲁迅为《新青年》写稿的对话等。

第三章:删去许广平在老虎尾巴抢鲁迅的烟,鲁迅帮助青年办《莽原》杂志,鲁和青年谈"痛打落水狗";鲁迅号召青年"捣毁人肉宴席";三·一八鲁迅向学生报警;鲁迅向女师大学生送烛,点燃光亮;李大钊率大队学生声援女师大,火把一片光明。李与鲁相见,李劝鲁"用笔战斗";鲁迅称李大钊是"真的猛士";段祺瑞棋桌定杀计;段祺瑞看《语丝》怒斥学生领袖,鲁迅为刘和珍送葬时的大段内心独白。新增了鲁迅支持未名社等文学活动,关心刘和珍,关心女师大学潮的活动,段祺瑞的阴谋,鲁迅捐款,鲁迅与陈源等的论战,鲁迅生病,李大钊赠药,鲁迅指导刘和珍、许广平等女士大学生进行斗争,鲁母劝鲁迅南下等。另外,改写了鲁迅和李大钊雨夜谈话的内容,以及胡适和陈源谈话的内容。

第四章:删去陈延年命毕磊欢迎鲁迅;毕磊来赠中共党刊,鲁迅接受;陈延年向鲁迅讲革命形势,送《湖南农民运动报告》,歌颂毛泽东;陈延年通知鲁迅离开广州,说陈在上海等候鲁迅再见。新增了广州风光的描写,许广平赠花,鲁迅在黑夜关心学生的安全等候学生,得到郭小朋和张棣华牺牲的消息等。另外,改写了鲁迅和陈延年会见的地点及陈延年谈话的内容,鲁迅得知李大钊牺牲的消息,护送鲁迅、许广平登船赴上海的人物,鲁迅看到秋收起义的报导之后的感想、独白内容等。

另外,从夏衍的手稿中还可以到他对陈白尘执笔的第三稿中的许多语句进行了修改,删去了鲁迅谈话中大量使用的鲁迅文章中的原文,并订正了三稿中存在的一些历史细节方面的错误,多处使用电影手法过渡章节等。

总体来说,夏衍的修改基本贯彻了周扬杭州讲话的精神,注重重大历史事件的真实和鲁迅性格的丰富与发展,对陈白尘执笔的第三稿进行了很大的改动:删除了一些不符合历史事实的虚构情节,在一定程度上淡化了中共领导人李大钊、陈延年等对鲁迅直接领导的色彩;减少了描写鲁迅正面斗争的场面,删减了鲁迅用文章中的话来指导青年的场面,在一定程度上淡化了鲁迅的斗士形象;减弱了对胡适、陈源、段祺瑞、章介眉等反面角色的丑化色彩;减少了一些出场人物;增加了一些体现历史背景的生活场面和描写鲁迅家庭生活的情节;从而在历史真实方面、鲁迅形象塑造方面、电影艺术手法的运用方面都有很大的进步。夏衍在关于第四稿处理问题的谈话中说:

> 周扬同志和我讲了之后,我再把剧本仔细看了一道,觉得周扬同志在杭州讲的和默涵同志在北京座谈会上讲的精神,在三稿中似乎还有贯彻的不彻底之处,重大历史事件的分寸掌握上还不够严格。这表现在两方面:一是李鲁几次会面、陈鲁关系、农民运动讲习所、读毛主席的文章等,改得没有和周扬同志在杭州讲的那样坚决,对某些不一定落实的重大历史事件,在三稿中还保留了一些。其实像对胡适之、陈独秀等人的暴露,也似早了一些。
>
> ……
>
> 要动,恐怕就不止是若干处。不单是有关党的大事件、历史事件和历史人物的真实问题,此外,也还有一个"年代纪"的问题……现在既然称《鲁迅传》,也有一个"传"的问题,"传"总要研究"纪年、时代"的问题,要力求符合历史真实。
>
> 因此要动,就可能牵涉面大一些,而一个地方动了就必然要涉

及别的地方。比如拉网一样,一牵一收,就会影响全局。①

但是,夏衍在修改剧本的过程中还没有完全贯彻周扬杭州讲话的精神,勉强接受了《鲁迅传》摄制组的一些意见,按照摄制组的要求增加了一些情节。夏衍在关于第四稿处理问题的谈话中说:

> 因为在动手前和进行中,看到你们摄制组和演员同志们对"三稿"的许多意见和设想,我认为可用的,有利于形象塑造的,尽量采纳了一些,因此,改动就会更多一些。我有一些妥协了的地方。如三章李鲁相见,四章陈鲁会见等等。细节上也有这种情况,如张棣华发现周先生即鲁迅的场面等等,这些地方,假如按照我自己的想法,是可以割爱的。②

夏衍虽然保留了陈白尘执笔的第三稿的四章四十节的结构,但是他按照周扬的讲话精神,努力把陈白尘三稿中所塑造的"革命家鲁迅"改造成"文学家鲁迅",不仅删掉了陈白尘三稿中的很多内容,新增了大量的内容,而且还重写了陈白尘三稿中的一些场景的内容,可以说夏衍的第四稿对陈白尘执笔的第三稿改动很大,是一种革命性的改造,剧本有超过80%的内容是夏衍重新创作的,以至于陈白尘本人都说"剧本好似四间房子,夏公在内部拆修了,改好了,更漂亮了,但是我进去还不习惯,有点摸不清门路了"③。因此从严格意义上来说,夏衍的《鲁迅传》第四稿已经是他本人的著作了。

但是,编剧陈白尘和导演陈鲤庭、主演赵丹等《鲁迅传》创作组和摄制组的一些人对夏衍创作的剧本第四稿仍然保留意见,编剧、导演和演员的共识是:

> 过去搭的架子是辛亥革命中的鲁迅、五四运动中的鲁迅、三一八运动中的鲁迅、二七大革命中的鲁迅,虽然也研究过鲁迅思想的发展,但还是抽象,没有做到以鲁迅思想发展作主线。从《鲁迅传》的架子来说,应该是以鲁迅思想发展作主线的,而不是几个运动中的鲁迅。篇幅长的问题亦由此产生,如以鲁迅思想发展为主线,有些事件可以略去。过去有些满足于外在的材料,例如鲁迅和王金发

---

① 沈鹏年:《行云流水记往·二记——电影〈鲁迅传〉筹拍亲历记》,第267—268页。
② 沈鹏年:《行云流水记往·二记——电影〈鲁迅传〉筹拍亲历记》,第268页。
③ 沈鹏年:《行云流水记往·二记——电影〈鲁迅传〉筹拍亲历记》,第287页。

的关系,现在看来,可能成为赘疣。必须从许多历史事件中跳出来,否则要失败。

……例如写文学家的鲁迅,一定要写《狂人日记》和《阿Q正传》,写出这两部作品的成因,不写不足以成为文学家的鲁迅,但究竟如何写?还有困难。如果按照鲁迅思想发展来写,鲁迅和胡适、李大钊的关系可能避开,但是见面还难免的。第三章写的不好,是为了避开章士钊,鲁迅许多文章针对章士钊,成了无的放矢。总理早就指示不要碰他。现在可不可以用一个假拟的名字,也不谐音,写一些。①

应当说,上述意见不仅指出了夏衍执笔的《鲁迅传》第四稿的缺点,而且也点明了《鲁迅传》创作中存在的最大的问题,即很难在用政治事件和社会运动搭建的剧本架构中塑造出一个"文学家鲁迅"的形象。

鉴于上述原因,周扬、林默涵等中宣部领导又同意陈白尘在夏衍第四稿的基础上吸收其优点再创作一个剧本,陈白尘在11月25日完成了对自己剧本的再次修改,这就是剧本的第五稿,也是剧本的定稿本。剧本虽然定稿了,并得到了上海市委、文化部和中宣部的同意,赵丹等众多演员也为所饰演的角色准备了两年多,但是影片的拍摄工作却因导演陈鲤庭因病住院而停顿下来。为了满足广大观众对电影《鲁迅传》的期待心理,陈白尘在1962年8月又对剧本的第五稿做了部分修改并易名为《鲁迅》交给上海文艺出版社在1963年出版,这是剧本的第六稿,至此,电影剧本《鲁迅传》的创作终于告一段落。而《鲁迅传》摄制组在1962年12月就已经正式宣布解散了。

三、结论

1.电影《鲁迅传》的创作充分显示出新中国官方对鲁迅的高度重视,试图通过对鲁迅形象的塑造体现出共产党对文艺问题的领导的主题,但是这一尝试没有成功。因为创作电影《鲁迅传》是周恩来总理的亲自提议,所以得到了中宣部、文化部、上海市委等的大力支持,调动了各种资源,集合了国内电影界的一大批精英投入创作,很少有一部电影能得到官方的如此重视和高度介

---

① 沈鹏年:《行云流水记往·二记——电影〈鲁迅传〉筹拍亲历记》,第288页。

入，可以说官方预想中的这部影片拍摄出来之后应当是一部历史巨片了。但是官方的这种高度介入对影片的创作也造成了很大的困难，即电影要按照官方的要求创作，所以陈白尘等编剧在创作剧本的过程中不是完全按照自己对鲁迅的理解塑造出自己心目中的鲁迅形象，而是必须按照夏衍等人的指示塑造出一个官方定制的鲁迅形象，要让鲁迅的银幕形象体现出党对鲁迅的领导，为此就不得不在一定程度上违背历史事实对鲁迅形象进行加工和虚构，而这样塑造出来的鲁迅形象虽然可以表达出共产党对鲁迅的领导的主题，但是剧本通过虚构的情节所塑造的鲁迅的形象也因此显得不真实，而虚假的、让读者和观众产生怀疑的鲁迅形象不仅无法达到良好的宣传目的，反而可能取得相反的效果。

2. 电影《鲁迅传》的创作也充分显示出高层文化官员之间对鲁迅认识的差异，因为高层文化官员对鲁迅形象塑造的不同认识，所以剧本所塑造的鲁迅的银幕形象有一个明显的变化过程。夏衍作为文化部主管电影工作的副部长和周总理指派的《鲁迅传》创作顾问团团长在开始创作《鲁迅传》剧本时的多次讲话不仅指定了剧本的创作原则，而且也规定了剧本的结构，陈白尘等编剧按照夏衍的多次指示，为了突出鲁迅的革命性和党对鲁迅的领导，不仅把鲁迅的革命活动作为主要情节，甚至虚构了一些鲁迅的革命故事，如李大钊要求鲁迅为《新青年》写稿，李大钊到西三条鲁迅家中会见鲁迅要鲁迅南下广州，陈延年在广州对鲁迅的指导等等，这些都在一定程度上神化了鲁迅和共产党的关系，在很大程度上把鲁迅塑造成了革命家，从而有违历史事实。而林默涵作为中宣部分工主抓电影《鲁迅传》的副部长虽然在陈白尘剧本第二稿之后的讲话中指出剧本的不符合历史事实的问题，但是他和夏衍都没有否定陈白尘的剧本，只是要求继续修改。周扬作为中宣部常务副部长虽然不分工管电影《鲁迅传》的创作，但是他在杭州的讲话实际上否定了陈白尘的剧本第二稿，从根本上扭转了剧本创作的方向，而陈白尘在聆听了周扬的指示之后所修改完成的剧本第三稿虽然删除了一些虚构的鲁迅和共产党领导人交往的情节，但是仍然保留了一些，以此来表达出共产党对鲁迅的领导的主题，所以仍然没有得到周扬的认可，从而导致夏衍亲自修改完成了剧本的第四稿。夏衍的第四稿虽然按照周扬的杭州讲话精神进行创作，但是仍然还没能完全贯彻周扬的讲话精神，他勉强地吸收了摄制组的意见保留了一些虚构的李大钊和鲁迅谈心的情节等，所以也没有成为定稿。应当说，周扬在杭州关于《鲁迅传》的讲话所指出的重大历史事件必须真实和鲁迅性格要丰富，不能把鲁迅塑造成革命家而是要把鲁迅塑造成文学家的基本原则是正确的,他对鲁迅的认识和对电影《鲁迅传》定位超过了林默涵和夏衍。

3. 电影《鲁迅传》的创作因为牵涉众多的高层文化官员,所以也多次成为政治斗争的工具,对中国当代的政治与文化上产生了一些影响。《鲁迅传》虽然没有投拍就在1962年底下马,但是《鲁迅传》的余波未消。1964年8月开始的文艺整风运动,上海市委候补书记张春桥在上海电影系统就以《鲁迅传》创作中的问题来批判"夏(衍)、陈(荒煤)路线",又在同年12月开始的"四清运动"中又以《鲁迅传》创作中的经济问题来揭批三十年代人物的"反党"问题。在"文革"中,电影《鲁迅传》的创作组和摄制组的成员也因为筹拍《鲁迅传》而受到了政治迫害,赵丹因为饰演鲁迅还成为他挨批斗的一大罪状。而周扬、夏衍、林默涵等人也受到了政治批判,其中的一条罪状就是对《鲁迅传》的多次"错误"指示。1966年7月23日,上海《青年报》发表了《粉碎周扬在〈鲁迅传〉创作组的政治阴谋》,拉开了"文革"中借《鲁迅传》来批判周扬的大幕,7月31日,《文汇报》发表了整版长文《彻底粉碎周扬黑帮诋毁鲁迅的大阴谋》,指出"这是文艺黑帮倾巢而出的反党阴谋","通过拍摄《鲁迅传》是为篡党、篡政、篡军和复辟资本主义作舆论准备。"①("上海电影系统大批判组"也发表了题为《决不许"四条汉子"丑化鲁迅!》的文章。)《红旗》杂志1966年第12期发表了许广平的《不许周扬攻击和诬蔑鲁迅》一文,除了揭露周扬伙同夏衍、林默涵、冯雪峰等人篡改《鲁迅全集》中的《答徐懋庸并关于抗日统一战线问题》一文的一条注释之外,还抨击了周扬对《鲁迅传》拍摄工作的"错误"指示:

> 一九六一年三月,周扬在对《鲁迅传》创作人员谈话时,竭力玩弄从政治上贬低鲁迅、抬高自己的阴谋:"鲁迅究竟不是政治活动家","他没有投入政治斗争漩涡的中心","还是着重写他作家的活动,革命活动作为他内在的、精神上的呼应。把他和革命活动的联系写得太直接了,第一违背历史,第二鲁迅就被动了,难了。"
>
> 周扬不许写鲁迅和党的关系,不许写毛主席对鲁迅的影响。胡说什么写了党,鲁迅"自己在摸索、奋斗就反而削弱了"!把一个伟大的共产主义者鲁迅的形象,歪曲成为脱离党的领导、脱离群众的

---

① 红缨、长剑:《彻底粉碎周扬黑帮诋毁鲁迅的大阴谋》,《文汇报》,1966年7月31日。

个人摸索、个人奋斗的资产阶级文人,这就是周扬们的罪恶企图!

周扬甚至疯狂的叫嚷:"不要怕这样写了有人会提意见:党的影响不够呀,毛主席都没有提到呀,等等。"这完全暴露了他的反党反毛主席的政治面目。①

从现在的观点来看,许广平的这篇文章所指出的周扬的"罪状"恰恰体现出周扬的远见并证明周扬对电影《鲁迅传》创作指导思想的正确。

1980年10月8日,赵丹在《人民日报》发表文章《管得太具体 文艺没希望》,不仅表达了"文艺不能管得太死"的呼声,而且也表达了"二十年拍不出《鲁迅传》"的遗憾,他说《鲁迅》影片之迟迟不能问世,实也联系到新一代的鲁迅式的文艺家之诞生"②。赵丹的这篇文章不仅在国内产生了重要影响,而且也引发了一些境外媒体刊登以不实之词批评共产党与文艺关系的文章。

总体来说,电影《鲁迅传》的剧本创作不仅显示出20世纪60年代中国官方对鲁迅接受与改造的政治目的,而且也充分体现了官方对鲁迅定位与认识的变化过程,在一定程度上反映出20世纪60年代中国文学与政治的复杂关系。而电影《鲁迅传》创作过程中所产生的从"革命家鲁迅"到"文学家鲁迅"认识的转变以及与此相关的文学与政治关系的话题也在中国当代文化与文学中产生了深远的影响,至今仍然是一个值得中国当代文化界深思的话题。

(本文撰写得到了陈白尘先生的女儿陈虹教授的大力支持,特此致谢!)

---

① 许广平:《不许周扬攻击和诬蔑鲁迅》,《红旗》杂志,1966年第12期。
② 赵丹:《管得太具体 文艺没希望》,《人民日报》,1980年10月8日。

百年中国鲁迅研究的回顾与前瞻

1913年4月25日出版的《小说月报》第4卷第1号发表了署名"周逴"的文言小说《怀旧》,杂志的主编恽铁樵不仅对这篇小说进行了随文点评,还在篇末写下了《焦木附志》对小说予以好评。这是一个具有标志性的历史时刻:"周逴"就是后来以笔名"鲁迅"享誉世界的著名作家周树人,《怀旧》作为鲁迅创作的第一篇小说也成为中国现代文学的先声,而恽铁樵对《怀旧》的评论也成为中国鲁迅研究的开端。

从1913年算起,中国鲁迅研究至2013已经有100年的历史了,其间虽然因社会风云的变幻而经历了很多的曲折,但是仍然涌现了一大批著名的专家学者,取得了一大批重要的学术成果,并在20世纪80年代逐渐发展成为一门具有重要影响的学科——"鲁学"。回顾中国百年鲁迅研究史,可以看出政治因素极大地影响了鲁迅研究的历史进程,由此,我们可以从政治的角度把百年中国鲁迅研究史大致划分为中华民国时期和中华人民共和国时期。

中华民国时期(1913～1949)的鲁迅研究可以说是中国百年鲁迅研究的萌芽期和奠基期。

中国百年鲁迅研究的萌芽期是在中华民国"北洋军阀"政府期间(1913～1927.3)。据不完全统计,这一期间,国内报刊共发表关于鲁迅的文章96篇,其中鲁迅生平史料类的文章22篇,鲁迅思想研究类文章3篇,鲁迅作品研究类文章40篇,其他类文章31篇。在这些文章中,比较重要的只有张定璜在1925年发表的《鲁迅先生》和周作人的《〈阿Q正传〉》2篇。另外,随着鲁迅在文化上影响的逐渐扩大,越来越多的批评家开始从事鲁迅的相关研究,在1926年出版了中国第一本鲁迅研究论文集《关于鲁迅及其著作》。

中国百年鲁迅研究的奠基期是在中华民国南京国民政府期间(1927.4～1949.9)。据不完全统计,在这一期间,国内报刊共发表关于鲁迅的文章1276篇,其中鲁迅生平史料类的文章336篇,鲁迅思想研究类的文章191篇,鲁迅作品研究类的文章318篇,其他类文章431篇。重要的文章有方壁(茅盾)的《鲁迅论》、何凝(瞿秋白)的《〈鲁迅杂感选集〉序言》、毛泽东的《鲁迅论》

和《新民主主义的政治与新民主主义的文化》、周扬的《一个伟大的民主主义者的路》、鲁座(李平心)的《思想家鲁迅》，以及许寿裳、景宋(许广平)、冯雪峰等人撰写的回忆鲁迅的文章。另外，国内出版的关于鲁迅研究的著作共79部，其中鲁迅生平及史料研究类著作共27部，鲁迅思想研究类著作共9部，鲁迅作品研究类著作共9部，其他类鲁迅研究著作(专题研究及辑录类研究著作)共34部。重要的著作有李长之的《鲁迅批判》、鲁迅纪念委员会编辑的《鲁迅先生纪念集》、萧红的《回忆鲁迅先生》、郁达夫的《回忆鲁迅及其他》、茅盾主编的《论鲁迅》、许寿裳的《鲁迅的思想与生活》和《亡友鲁迅印象记》、林辰的《鲁迅事迹考》、王士菁的《鲁迅传》等。这一时期的鲁迅研究，虽然整体上来说学术水平不高，但从鲁迅史料研究、作品研究和思想研究等方面为中国百年鲁迅研究奠定了基础。

中华人民共和国时期的鲁迅研究其发展历程比较曲折，因为受到政治因素的影响而划分为多个阶段：发展期、异化期、拨乱反正期、高峰期、分化期、深化期。

中华人民共和国"十七年"期间(1949~1966)是中国百年鲁迅研究的发展时期。新中国成立之后，国家很重视纪念与研究鲁迅的工作，相继建立了上海鲁迅纪念馆、北京鲁迅博物馆、绍兴鲁迅纪念馆、厦门鲁迅纪念馆、广东鲁迅纪念馆等纪念鲁迅的机构，多次在鲁迅诞辰或逝世的纪念日举行一些纪念活动，并在1956年到1958年出版了新版的《鲁迅全集》。《人民日报》也多次结合现实政治需要在鲁迅逝世纪念日刊登纪念鲁迅的社论，如《学习鲁迅，坚持思想斗争》(1951.10.19)、《继承鲁迅的革命爱国主义的精神遗产》(1952.10.19)、《伟大的作家 伟大的战士》(1956.10.19)等，以此来引导学者和作家开展鲁迅研究。在政府的大力推动下，国内的鲁迅研究逐渐发展起来。

据不完全统计，这一期间，国内报刊共发表关于鲁迅研究的文章共3206篇，其中鲁迅生平史料类的文章707篇，鲁迅思想研究类的文章697篇，鲁迅作品研究类的文章1146篇，其他类的文章656篇。重要的文章有王瑶的《鲁迅对于中国文学遗产的态度和他所受中国文学的影响》、陈涌的《一个伟大的知识分子的道路》、周扬的《发扬"五四"文学革命的战斗传统》、唐弢的《论鲁迅的美学思想》等。另外，国内出版的关于鲁迅研究的著作共162部，其中鲁迅生平及史料研究类著作共49部，鲁迅思想研究类著作共19部，鲁迅作品研究类著作共57部，其他类鲁迅研究著作(专题研究及辑录类研究著作)共

37部。重要的著作有《鲁迅先生逝世二十周年纪念大会论文集》、王瑶的《鲁迅与中国文学》、唐弢的《鲁迅杂文的艺术特征》、冯雪峰的《论野草》、陈白尘执笔的《鲁迅》(电影文学剧本)、周遐寿(周作人)的《鲁迅的故家》和《鲁迅小说里的人物》以及《鲁迅的青年时代》等。这一时期的鲁迅研究在鲁迅作品研究领域、鲁迅思想研究领域、鲁迅生平史料研究领域可以说都取得了一批重要的学术成果,在整体学术水平上比中华民国时期的鲁迅研究有了极大深入,是中国百年鲁迅研究史的第一个快速发展时期。

中华人民共和国"文革"十年是中国百年鲁迅研究的异化期。在"文革"初期,中共中央为了推动"无产阶级文化大革命",并反击苏联借鲁迅来攻击中国"文革"的言论,而举行了有7万多人参加的纪念鲁迅逝世30周年大会,把鲁迅塑造成毛泽东的红小兵,号召红卫兵学习鲁迅的造反精神,将"文化大革命"进行到底,这不仅极大地歪曲了鲁迅的真实形象,而且开始把鲁迅纳入"文革"的话语体系之中,利用鲁迅为"文革"服务。此后,在"批林批孔"运动、"反击右倾翻案风"运动、批判《水浒》运动中又利用鲁迅来为这些运动服务,以达到一定的政治目的。"文革"后期,毛泽东在1975年底发出了"读点鲁迅"的号召,在全国掀起了学习鲁迅的热潮,极大地推动了鲁迅在全国各地的普及工作,为鲁迅研究在80年代的蓬勃发展打下了基础。

据不完全统计,整个"文革"期间(1966～1976),国内报刊共发表关于鲁迅的研究文章1876篇,其中鲁迅生平史料类的文章130篇,鲁迅思想研究类的文章660篇,鲁迅作品研究类的文章1018篇,其他类的文章68篇。这些文章大多是结合政治运动而撰写的,重要的文章有《人民日报》在1966年10月20日为纪念鲁迅逝世30周年而发表的社论《学习鲁迅的革命硬骨头精神》,《红旗》杂志刊登的纪念鲁迅逝世30周年大会上的姚文元、郭沫若、许广平等人的会议发言及社论《纪念我们的文化革命先驱鲁迅》,《人民日报》在1976年10月19日为纪念鲁迅逝世40周年而发表的社论《学习鲁迅 永远进击》等。另外,国内出版的关于鲁迅研究的著作共213部,其中鲁迅生平及史料研究类著作共30部,鲁迅思想研究类著作共9部,鲁迅作品研究类著作共88部,其他类鲁迅研究著作(专题研究及辑录类研究著作)共86部。这些著作几乎都是结合政治运动的需要而编撰的,学术水平较低,如北京大学中文系写作教学小组撰写的《鲁迅作品选讲》系列丛书、人民文学出版社出版的《学习鲁迅深入批修》等。这一时期没有能够延续"十七年"期间所开创的鲁迅研究的良好局面,对鲁迅的学术研究几乎停滞,公开发表的各类关于鲁迅的论著几乎都是歪曲利用鲁迅的宣传品,这对于中国的鲁迅研究来说无疑是一场劫难。

"文革"结束之后到1980年期间(1977~1979)是中国百年鲁迅研究的拨乱反正期。1976年10月"文革"结束之后,"文革"对鲁迅的歪曲与利用所造成的不良影响仍在相当程度地存在着,国家有关部门在"文革"结束之后很快就开始着手清除这些不良影响,不仅加强了鲁迅著作的出版工作,筹备新版《鲁迅全集》的出版,而且成立了中国鲁迅研究学会,并组建了鲁迅研究室,极大地修正了"文革"对鲁迅研究所造成的破坏。另外,人民文学出版社在1974年启动了以知识分子与工农兵三结合的方式注释鲁迅著作单行本的工作,从1975年8月到1979年2月陆续印出了"征求意见本"(也被称为"红皮本"),在粉碎"四人帮"之后,这批"征求意见本"都在作了较大修改之后从1979年12月开始陆续出版(也被称为"绿皮本")。毫无疑问,70年代末按照"三结合"原则建立的鲁迅著作各卷本的注释组对鲁迅著作所作的注释带有明显的时代色彩,但是相比于"文革"期间对鲁迅著作的歪曲和利用,已经有所进步,所以这些"红皮本"鲁迅著作单行本在粉碎"四人帮"之后能很快在加以修改之后以"绿皮本"的形式出版,对于在"文革"后传播鲁迅做出了重要的贡献。

据不完全统计,这一期间,国内报刊共发表关于鲁迅的研究文章2243篇,其中鲁迅生平史料类的文章179篇,鲁迅思想研究类的文章692篇,鲁迅作品研究类的文章1272篇,其他类的文章100篇。重要的文章有陈涌的《关于鲁迅思想发展问题》、唐弢的《关于鲁迅思想发展的问题》、袁良骏的《鲁迅思想完成说质疑》、林非和刘再复的《鲁迅在五四时期倡导"民主"和"科学"的斗争》、李希凡的《"五四"文学革命的战斗檄文——从〈狂人日记〉看鲁迅小说的"呐喊"主题》、许杰的《重读鲁迅先生的〈狂人日记〉》、周建人的《回忆鲁迅片段》、冯雪峰的《有关一九三六年周扬等人的行动以及鲁迅提出"民族革命战争中的大众文学"口号的经过》、赵浩生的《周扬笑谈历史功过》等。另外,国内出版的关于鲁迅研究的著作共134部,其中鲁迅生平及史料研究类著作共27部,鲁迅思想研究类著作共11部,鲁迅作品研究类著作共42部,其他类鲁迅研究著作(专题研究及辑录类研究著作)共54部。重要的著作有袁良骏的《鲁迅思想论集》、林非的《鲁迅小说论稿》、刘再复的《鲁迅与自然科学》、朱正的《鲁迅回忆录正误》等。总体来说,这一时期的鲁迅研究对"文革"歪曲鲁迅的现象开始拨乱反正,逐步走上正确的道路,陆续取得了一批重要的学术成果,为80年代的鲁迅研究打下了良好的基础。

20世纪80年代是中国百年鲁迅研究的高峰期。在1981年,中共中央为了彻底清除"文革"的影响,在人民大会堂隆重举行了纪念鲁迅诞辰100周年的大会,极大地清除了"文革"时期歪曲利用鲁迅所造成的不良影响。胡耀邦在代表中共中央的《在鲁迅诞生一百周年纪念大会上的讲话》中对鲁迅精神进行了全新的阐释,并对鲁迅研究工作提出了新的要求。《人民日报》在1981年10月19日发表了社论《鲁迅精神永在》,结合当时的国际和国内形势对鲁迅精神作了全新的解读,指出了继承和发扬鲁迅精神的重要现实意义,并向全国人民发出"学习鲁迅、研究鲁迅"的号召,极大地推动了鲁迅在全国的传播,掀起了80年代研究鲁迅的高潮。不仅王瑶、唐弢、李何林等老一辈鲁迅研究专家在经历"文革"之后重新开始了学术研究工作,写出了一批重要的鲁迅研究论著,而且涌现出了一批在三四十年代出生的鲁迅研究专家,如林非、孙玉石、刘再复、王富仁、钱理群、杨义、倪墨炎、袁良骏、王得后、陈漱渝、张梦阳、金宏达等,中国鲁迅研究已经蔚然成为时代的显学,在推动民族思想解放方面发挥了重要的作用。但是,在80年代末,因为政治上的原因,鲁迅又逐渐被官方边缘化。

据不完全统计,整个20世纪80年代,国内共发表鲁迅研究文章7866篇,其中鲁迅生平事迹类的文章935篇,鲁迅思想研究类的文章有2495篇,鲁迅作品研究类的文章有3406篇,其他类的文章1030篇。鲁迅生平事迹类重要的文章有胡风的《关于"左联"及与鲁迅关系的若干回忆》、阎愈新的《鲁迅致红军贺信的新发现》、陈漱渝的《东有启明西有长庚——鲁迅周作人失和前后》、蒙树宏的《鲁迅生平史实探微》等;鲁迅思想研究类重要的文章有王瑶的《鲁迅思想的一个重要特点——清醒的现实主义》、陈涌的《鲁迅与无产阶级文学问题》、唐弢的《论鲁迅早期"为人生"的文艺思想》、钱理群的《鲁迅心态研究》和《试论鲁迅与周作人的思想发展道路》、金宏达的《鲁迅的"改造国民性"思想及其文化批判》等;鲁迅作品研究类的重要文章有王瑶的《鲁迅与中国古典文学》、严家炎的《鲁迅小说的历史地位》、孙玉石的《〈野草〉与中国现代散文诗》、刘再复的《论鲁迅杂感文学中的"社会相"类型形象》、王富仁的《中国反封建思想革命的一面镜子——论〈呐喊〉〈彷徨〉的思想意义》和《两条因果链的辩证统一——论〈呐喊〉〈彷徨〉的结构艺术》、杨义的《论鲁迅小说的艺术生命力》、林非的《论〈故事新编〉与中国现代文学中的历史题材小说》、汪晖的《历史的"中间物"与鲁迅小说的精神特征》和《自由意识的发展与鲁迅小说的精神特征》以及《"反抗绝望"的人生哲学与鲁迅小说的精神特征》等;其他类重要的文章有汪晖的《鲁迅研究的历史批判》、张梦阳的《论六十年来鲁迅杂文研究的症结》等。另外,国内出版的关于鲁迅研究的著作共 373 部,其中鲁迅生平及史料研究类著作共 71 部,鲁迅思想研究类著作共 43 部,鲁迅作品研究类著作共 102 部,其他类鲁迅研究著作(专题研究及辑录类研究著作)共 157 部。一批著名的鲁迅研究专家出版了重要的鲁迅研究著作,如戈宝权的《鲁迅在世界文学上的地位》、王瑶的《鲁迅与中国古典小说》和《鲁迅作品论集》、唐弢的《鲁迅的美学思想》、刘再复的《鲁迅美学思想论稿》、陈涌的《鲁迅论》、李希凡的《〈呐喊〉〈彷徨〉的思想与艺术》、孙玉石的《〈野草〉研究》、刘中树的《鲁迅的文学观》、范伯群和曾华鹏的《鲁迅小说新论》、倪墨炎的《鲁迅后期思想研究》、王得后的《〈两地书〉研究》、杨义的《鲁迅小说综论》、王富仁的《鲁迅前期小说与俄罗斯文学》、金宏达的《鲁迅文化思想探索》、袁良骏的《鲁迅研究史(上卷)》、林非和刘再复合著的《鲁迅传》,以及鲁迅诞生 100 周年纪念委员会学术活动组编辑的《纪念鲁迅诞生 100 周年学术讨论会论文选》等。总体来说,这一时期的鲁迅研究可以说是中国百年鲁迅研究史上的一个爆发期,经历过"文革"十年的压抑之后,以王瑶、唐弢为代表的老一代学者,以王富仁、钱理群为代表的中年学者,以汪晖为代表的青年学者在鲁迅思想研究领域和鲁迅作品研究领域都取得了丰硕的研究成果,不仅涌现了一批著名的鲁迅研究专家,极大地推动了中国鲁迅研究的进程,而且也使鲁迅研究在推动民族思想解放方面发挥了引领潮流的核心作用。

20 世纪 90 年代是中国百年鲁迅研究的分化期。90 年代初,为了清理 80 年代以来国内出现的资产阶级自由化思潮,中共中央在 1991 年 10 月 19 日为纪念鲁迅诞辰 110 周年而在中南海隆重举行了纪念鲁迅的大会,江泽民代表中共中央在《进一步学习和发扬鲁迅精神》的讲话中在新的形势下对鲁迅作了新的解读,并对鲁迅研究乃至整个人文社科研究提出了新的要求,指明了新的方向,明确以鲁迅为榜样和武器来扭转思想文化战线的政治方向。但是随着市场经济的发展,在市场经济大潮的冲击下,90 年代中后期官方又逐渐把鲁迅边缘化,鲁迅研究也逐渐陷入低谷,但仍然崛起了一批在五六十年代出生的中青年鲁迅研究专家,如汪晖、张福贵、王晓明、杨剑龙、黄健、高旭东、朱晓进、王乾坤、孙郁、林贤治、王锡荣、李新宇、张闳等,他们以新的理论和新的研究方法,进一步拓展了鲁迅研究的空间。在 90 年代末,韩冬等一些青年作家和葛红兵等一些青年批评家又掀起了批判鲁迅的热潮。这一切都表明鲁迅已经开始走下了神坛。

据不完全统计,20世纪90年代国内共发表鲁迅研究文章4485篇,其中鲁迅生平事迹类的文章549篇,鲁迅思想研究类的文章1050篇,鲁迅作品研究类的文章1979篇,其他类的文章907篇。鲁迅生平事迹类的重要文章有周正章的《鲁迅死因新探》、吴俊的《鲁迅的病史与暮年心理》等;鲁迅思想研究类的重要文章有林贤治的《鲁迅的反抗哲学及其命运》、张福贵的《鲁迅宗教观与科学观的悖论》、张钊贻的《鲁迅与尼采"反现代性"的契合》、王乾坤的《鲁迅世界的哲学解读》、黄健的《历史"中间物"的价值与意义——论鲁迅的文化意识》、李新宇的《鲁迅人学思想论纲》、郜元宝的《鲁迅与中国现代的自由主义》、高远东的《论鲁迅与墨子的思想联系》等;鲁迅作品研究类的重要文章有高旭东的《论鲁迅"恶"的文学观及其渊源》、朱晓进的《鲁迅小说的杂感化倾向》、王嘉良的《诗情观念:鲁迅杂感文学的诗学内蕴》、杨剑龙的《文本互涉:鲁迅乡土小说的意向分析》、薛毅的《论〈故事新编〉的寓言性》、张闳的《〈野草〉中的声音意象》等;其他类的重要文章有彭定安的《鲁迅学:中国现代文化文本的理论构造》、朱晓进的《鲁迅的文体意识及其文体选择》、孙郁的《当代文学与鲁迅传统》等。另外,国内出版的关于鲁迅研究的著作共220部,其中鲁迅生平及史料研究类的著作共50部,鲁迅思想研究类的著作共36部,鲁迅作品研究类的著作共61部,其他类的鲁迅研究著作(专题研究及辑录类研究著作)共73部。其中重要的鲁迅生平及史料研究类的著作有王晓明的《无法直面的人生:鲁迅传》、吴俊的《鲁迅个性心理研究》、孙郁的《鲁迅与周作人》、林贤治的《人间鲁迅》、王彬彬的《鲁迅:晚年情怀》等;鲁迅思想研究类的重要著作有汪晖的《反抗绝望:鲁迅的精神结构与〈呐喊〉〈彷徨〉研究》、高旭东的《文化伟人与文化冲突:鲁迅在中西文化撞击的漩涡中》、王乾坤的《由中间寻找无限:鲁迅的文化价值观》和《鲁迅的生命哲学》、黄健的《反省与选择:鲁迅文化观的多维透视》等;鲁迅作品研究类重要著作有杨义的《鲁迅作品综论》、林非的《中国现代小说史上的鲁迅》、袁良骏的《现代散文的劲旅》、钱理群的《心灵的探寻》、朱晓进的《鲁迅文学观综论》、张梦阳的《阿Q新论:阿Q与世界文学中的精神典型问题》等;其他类的鲁迅研究著作(专题研究及辑录类研究著作)有袁良骏的《当代鲁迅研究史》、王富仁的《中国鲁迅研究的历史与现状》、陈方竞的《鲁迅与浙东文化》、叶淑穗的《从鲁迅遗物认识鲁迅》、李允经的《鲁迅与中外美术》等。总体来说,随着鲁迅在90年代中后期开始走下神坛,国内的鲁迅研究虽然受到市场经济的很大冲击,一时显得比较萧条,但是仍然有一批中年学者和新崛起的年轻学者通过采用新的理论和研究方法,在鲁迅思想研究领域和鲁迅作品研究领域陆续取得一批标志性成果,可以说,90年代的鲁迅研究成果虽然在数量方面明显落后于80年代的鲁迅研究成果,但是在学术质量上明显高于80年代的鲁迅研究成果。这种现象不仅标志着鲁迅研究已经基本摆脱政治因素的影响回归正轨,而且也在很大程度上拓展了鲁迅研究的空间。

21世纪的第一个十年是中国百年鲁迅研究的深化期。进入21世纪,国家纪念鲁迅的活动明显降温,在2001年鲁迅诞辰120周年之际,国家没有举行纪念鲁迅的大会,不仅国家最高领导人没有发表关于鲁迅的讲话,而且《人民日报》也没有再发表关于鲁迅的社论。与此同时,批判鲁迅的言论却层出不穷,这标志着鲁迅已经完全走下了神坛,回归了人间社会。但是,中国的鲁迅研究却依然在发展着,不仅严家炎、孙玉石、钱理群、王富仁、汪晖、郑心伶、张梦阳、张福贵、高旭东、黄健、孙郁、林贤治、王锡荣、姜振昌、许祖华、靳丛林、李新宇等一批学者在坚守着鲁迅研究的阵地,而且郜元宝、王彬彬、高远东、王学谦、汪卫东、王家平等60年代出生的一代鲁迅研究专家也逐渐成长起来,使得鲁迅研究得以薪火相传。

据不完全统计,2000年至2009年,国内共发表了鲁迅研究文章7410篇,其中鲁迅生平史实类的文章759篇,鲁迅思想研究类的文章有1352篇,鲁迅作品研究类的文章有3794篇,其他类的文章1505篇。鲁迅生平事迹类的重要文章有阎愈新的《再谈鲁迅茅盾致红军贺信》、陈平原的《经典是如何形成的——周氏兄弟为胡适删诗考》、王晓明的《"横站"的命运》、史纪辛的《再论鲁迅与中国共产党关系的一则史实》、钱理群的《作为艺术家的鲁迅》、王彬彬的《鲁迅与中国托派的恩怨》等;鲁迅思想研究类的重要文章有王富仁的《时间·空间·人:鲁迅哲学思想刍议》、温儒敏的《鲁迅对文化转型的探求与焦虑》、钱理群的《以"立人"为中心:鲁迅思想与文学的逻辑起点》、高旭东的《论鲁迅与屈原的深层精神联系》、郜元宝的《为天地立心——鲁迅著作中所见"心"字通诠》等;鲁迅作品研究类的重要文章有严家炎的《复调小说:鲁迅的突出贡献》、王富仁的《鲁迅小说的叙事艺术》、逄增玉的《鲁迅小说中的非对话性和失语现象》、姜振昌的《〈呐喊〉〈彷徨〉:中国小说叙事方式的深层嬗变》、许祖华的《鲁迅小说的基本幻象与音乐》等;其他类的重要文章有钱理群的《鲁迅:远行之后(1949~2001)》、李新宇的《1949:进入新时代的鲁迅》、李继凯的《论鲁迅与书法文化》等。另外,国内出版的关于鲁迅研究的著作共

431部,其中鲁迅生平及史料研究类著作共96部,鲁迅思想研究类著作共55部,鲁迅作品研究类著作共67部,其他类鲁迅研究著作(专题研究及辑录类研究著作)共213部。其中鲁迅生平及史料研究类重要著作有倪墨炎的《鲁迅与许广平》、王锡荣的《鲁迅生平疑案》、林贤治的《鲁迅的最后十年》、周海婴的《鲁迅与我七十年》等;鲁迅思想研究类重要著作有钱理群的《与鲁迅相遇》、李新宇的《鲁迅的选择》、朱寿桐的《孤独的旗帜:论鲁迅传统及其资源》、张宁的《无数人们与无穷远方:鲁迅与左翼》、高远东的《现代如何"拿来"——鲁迅思想与文学论集》等;鲁迅作品研究类重要著作有孙玉石的《现实的与哲学的:〈野草〉研究》、王富仁的《中国文化的守夜人——鲁迅》、钱理群的《鲁迅作品十五讲》等;专题研究及辑录类研究重要著作有张梦阳的《中国鲁迅学通史》、彭定安的《鲁迅学导论》、冯光廉主编的《多维视野中的鲁迅》、钱理群的《远行之后:鲁迅接受史的一种描述(1936~2000)》、王家平的《鲁迅域外百年传播史(1909~2008)》等。总体来说,21世纪第一个十年的鲁迅研究基本摆脱了政治因素的影响,更侧重对鲁迅作品的研究,更重视鲁迅作品的文学价值和美学价值,所取得的学术成果不仅在数量上处于中国百年鲁迅研究的高峰期,而且在学术质量上也处于中国百年鲁迅研究的高峰期。

进入21世纪第二个十年,中国鲁迅研究在老、中、青三代学者的努力下,依然处于一个良好的发展时期。

据不完全统计,2010年国内共发表关于鲁迅的文章977篇,其中鲁迅生平史实类的文章140篇,鲁迅思想研究类的文章有148篇,鲁迅作品研究类的文章531篇,其他类的文章158篇。另外,2010年国内共出版关于鲁迅的研究著作37部,其中鲁迅生平及史料研究类著作7部,鲁迅思想研究类著作4部,鲁迅作品研究类著作3部,其他类的鲁迅研究著作(专题研究及辑录类研究著作)23部。大多都是重新翻印的鲁迅研究旧作。新出版的鲁迅研究重要的著作有王得后的《鲁迅与孔子》、张福贵的《"活着的鲁迅":鲁迅文化选择的当代意义》、吴康的《书写沉默:鲁迅存在的意义》等。2011年国内共发表关于鲁迅的文章845篇,其中鲁迅生平史实类的文章128篇,鲁迅思想研究类的文章有178篇,鲁迅作品研究类的文章有279篇,其他类的文章260篇。另外,2011年国内共出版关于鲁迅研究的著作共66部,其中鲁迅生平及史料研究类的著作18部,鲁迅思想研究类的著作12部,鲁迅作品研究类的著作8部,其他类的鲁迅研究著作(专题研究及辑录类研究著作)28部。重要的著作有刘再复的《鲁迅论》、周令飞主编的《鲁迅社会影响调查报告》、张钊贻的《鲁迅:中国"温和"的尼采》等。2012年国内共发表关于鲁迅的文章750篇,其中鲁迅生平史实类的文章105篇,鲁迅思想研究类的文章有148篇,鲁迅作品研究类的文章有260篇,其他类的文章237篇。另外,2012年国内共出版关于鲁迅研究的著作37部,其中鲁迅生平及史料研究类的著作14部,鲁迅思想研究类的著作4部,鲁迅作品研究类的著作8部,其他类的鲁迅研究著作(专题研究及辑录类研究著作)11部。重要的著作有许祖华的《鲁迅小说跨艺术研究》、张梦阳的《鲁迅传》(第一部)、葛涛的《"网络鲁迅"研究》等。从上述统计数据可以看出,目前国内的鲁迅研究在21世纪第一个十年所取得成就的基础上,正继续处于一个良好的发展时期。

最后,回顾百年鲁迅研究史,还需要对国内发表的鲁迅研究文章和出版的鲁迅研究论著进行一个宏观的量化分析。据不完全统计,从1913年到2012年国内共发表关于鲁迅的文章31030篇,其中鲁迅生平史实类的文章3990篇,占总数的12.9%;鲁迅思想研究类的文章有7614篇,占总数的24.5%;鲁迅作品研究类的文章有14043篇,占总数的45.3%;其他类的文章5383篇,占总数的17.3%。从上述统计结果可以看出,国内鲁迅研究在整体上以鲁迅作品类的文章为主,其次是鲁迅思想研究类的文章,最为薄弱的是鲁迅生平史实类的研究文章。希望鲁迅研究界今后能进一步加强这个领域的研究。此外,从统计结果中也可以看出,中华民国期间(1913~1949.9)共发表了1372篇鲁迅研究文章,仅占中国鲁迅研究文章总数的4.4%,平均每年38篇;而中华人民共和国时期共发表了鲁迅研究文章29658篇,占中国鲁迅研究文章总数的95.6%,平均每年470篇。其中"文革"后期的3年(1977~1979)、20世纪80年代(1980~1989)和21世纪第一个十年期间(2000~2009)是鲁迅研究文章的高产期,中国鲁迅研究的文章中有56.4%的文章(共17519篇)是在这三个时期发表的,其中"文革"后期的3年平均每年近748篇,20世纪80年平均每年发表近787篇,21世纪第一个十年平均每年发表740篇。另外,"十七年"(1949.10~1966.5)期间和"文革"期间(1966~1976)是新中国建国后鲁迅研究文章发表的低潮期,其中"十七年"期间共发表鲁迅研究文章3206篇,平均每年188篇,"文革"期间共发表鲁迅研究文章1876篇,平均每年发表187篇。而20世纪90年代是发表鲁迅研究文章的平稳时期,共发表文章4485篇,平均每年448篇,接近新中国建国后发表鲁迅研究文章的年平均数451篇。

另外,据不完全统计,国内共出版关于鲁迅研究的著作1716部,其中鲁迅生平及史料研究类的著作382部,占总数的22.3%;鲁迅思想研究类的著作198部,占总数的11.5%;鲁迅作品研究类的著作442部,占总数的25.8%;其他类的鲁迅研究著作(专题研究及辑录类研究著作)694部,占总数的40.4%。从上述统计结果可以看出,国内出版的鲁迅研究著作以鲁迅作品研究类的著作为主,鲁迅思想研究类的著作较少,希望学术界能进一步加强鲁迅思想的研究,使鲁迅思想能在当代中国发挥更大的作用。此外,从统计结果中也可以看出,中华民国期间(1913～1949.9)共出版了80部鲁迅研究著作,仅占中国鲁迅研究著作出版总数的大约5%,平均每年2部,而中华人民共和国时期共出版了鲁迅研究著作1636部,占中国鲁迅研究著作出版总数的95%,平均每年近26部。"文革"后期的3年、20世纪80年代(1980～1989)和21世纪第一个十年期间(2000～2009)是鲁迅研究著作出版的高峰期,这三个时段共出版鲁迅研究著作835部,大约占中国鲁迅研究著作出版总数的48.7%。其中,"文革"后期的3年共出版鲁迅研究著作134部,平均每年近45部;20世纪80年代共出版鲁迅研究著作373部,平均每年37部;21世纪第一个十年期间共出版鲁迅研究著作431部,平均每年达43部。另外,"十七年"(1990～1999)期间、"文革"期间和20世纪90年代是鲁迅研究著作出版的低潮期,其中"十七年"期间共出版鲁迅研究著作162部,平均每年近10部;"文革"期间共出版鲁迅研究著作213部,平均每年21部;20世纪90年代共出版鲁迅研究著作220部,平均每年22部。

如果说,"文革"后期和20世纪80年代的鲁迅研究文章出现发表的高峰期和鲁迅研究论著出版的高峰期是和国家的政治意识形态对鲁迅的重新定位和对鲁迅研究的大力推动有关,那么21世纪第一个十年出现的鲁迅研究文章发表的高峰期和鲁迅研究论著出版的高峰期则是与鲁迅回归人间成为学术研究的对象以及国内新生的鲁迅研究力量大量涌现有很大的关系。因此,中国的鲁迅研究虽然已经有100年的曲折发展历史,但是鲁迅研究这门学科还存在着鲜活的生命力,还有着美好的发展前景。展望未来,可以说虽然道路是曲折的,但前途总是光明的,相信21世纪第二个十年的中国鲁迅研究会取得更大的成就!

展望未来的中国鲁迅研究,有几个重要的问题需要关注。

首先,要把鲁迅研究工作与国家当前的文化战略紧密结合起来,以鲁迅为媒介进一步促进中外民间文化交流,把鲁迅作为中国文化"软实力"的杰出代表推广到世界各地。鲁迅不仅是中国现代先进文化的杰出代表,也是享誉世界的大文豪。近百年来,鲁迅的作品被翻译成众多的外国文字在世界各地出版发行,外国学者也通过研究鲁迅来了解现代中国。但是,一个无法否认的现实就是,近20年来的国外鲁迅研究相对比较冷清,鲁迅研究队伍显得青黄不接。在这样的背景下,中国鲁迅研究者应当肩负起推动国外鲁迅研究的重任,通过鲁迅研究方面的学术交流,一方面促进鲁迅在国外的传播与研究,另一方面也通过鲁迅展示中华文化的"软实力",促进中外民间文化交流。目前由各国学者共同发起成立的国际鲁迅研究会已经于2011年在韩国正式注册成立,来自20多个国家和地区的100多位汉学家加入了这个学会。在国际鲁迅研究会各位领导人特别是会长朴宰雨教授的推动下,印度中国研究所及印度尼赫鲁大学、美国哈佛大学、韩国外国语大学及全南大学陆续举办了国际鲁迅研讨会,今后还规划在世界各国的著名大学陆续举办国际鲁迅研讨会,以此来推动世界各国的鲁迅研究工作。在国外鲁迅研究重新活跃的大好形势下,中国鲁迅研究者也要抓住这一时机,一方面呼应国家推动中国文化走出去,在国外展示中国文化"软实力"的战略,另一方面也要和国外鲁迅研究者密切配合,共同推动鲁迅在外国的传播与研究工作。

其次,要把鲁迅研究工作与中国当代现实紧密结合起来。回顾百年鲁迅研究史,可以看出鲁迅研究与20世纪90年代以前的中国历史进程有着紧密的联系。但是从20世纪90年代之后,随着社会思潮的转变,鲁迅研究也逐渐和现实社会脱离,成为一种学院式的研究。这种学院式的鲁迅研究虽然不无其学术价值,但是却在很大程度上背离了鲁迅的精神,失去了鲁迅研究所应当具有的介入中国社会现实生活的鲜活的生命力。在十八大之后,习近平总书记多次提出要实现"中国梦",其实鲁迅早在1906年就在《文化偏至论》中提出先"立人"后"立国"的设想:"取今复古,别立新宗,人生意义,致之深邃,则国人之自觉至,个性张,沙聚之邦,由是转为人国。"中国鲁迅研究者应当抓住这一机遇期,通过鲁迅研究来弘扬鲁迅精神,改造落后的国民性,从而帮助国人实现"中国梦",同时也是实现建立"人国"的"鲁迅梦"。

最后,中国的鲁迅研究也要高度重视创新。国家在"十二五"规划中提出了"哲学与社会科学创新工程",中国的鲁迅研究也需要实施创新工程。撰写过《中国鲁迅学通史》的张梦阳研究员在20世纪90年代举行的一次鲁迅研究会议上说,中国的鲁迅研究成果90%都是重复前人已经取得的研究成果。在引起一些学者的议论之后,张梦阳研究员又重新思考了这一观点,并作了修改:中国的鲁迅研究成果99%都是重复前人已经取得的研究成果。虽然这一说法有很大的争议,但是毫无疑问,百年以来的中国鲁迅研究在整体上可以说创新性不足,有很多的研究成果都是在重复前人的劳动。"青出于蓝而胜于蓝",近年崛起的年轻一代的鲁迅研究者在知识结构等方面具有优势,加之又遇到了良好的学术环境,因此也希望他们能够刻苦钻研,在创新方面有所突破,从而提升中国鲁迅研究的学术水平。

鲁迅友人研究

曹靖华的三封集外书信考释

未名社在 1925 年成立时的成员有鲁迅、韦素园、李霁野、曹靖华、台静农和韦丛芜等 6 人，目前除了鲁迅之外，还有曹靖华、李霁野、台静农等也已经陆续出版了文集。但是因为种种原因，这些文集失收了一些文章和书信。笔者在北京鲁迅博物馆的资料部陆续查找出《曹靖华文集》失收的 3 封书信，现介绍如下：

1. 曹靖华 1935 年 10 月 18 日致徐懋庸的信

鲁迅在 1935 年 10 月 22 日致徐懋庸的信中说："靖华寄来一笺，今附上。"鲁迅这封信中提到的曹靖华致徐懋庸的信的主要内容是介绍徐懋庸所翻译的一位俄国作家的情况的，全文如下：

懋庸先生：

> 承赠著译，谢谢。关于这部书，作者曾有这样的话："我很爱伊特勒共和国，不过批评家对牠很冷淡，都没有估量到牠的价值。"这是在问他爱他那一部作品时的回答。我想牠在中国一定能得到不少的读者。我也是爱读拉氏的一人。

敬请著安

K.H。上
十，十八

K.H。是曹靖华俄文名字的缩写，鲁迅也在 10 月 22 日致曹靖华的信中特地告诉曹靖华："十八日信收到，致徐先生笺已转寄。"需要指出的是，曹靖华致徐懋庸的这封信也是鲁迅在 1935 年 10 月 22 日致徐懋庸书信的一个组成部分,应当作为鲁迅这封书信的附件收入《鲁迅全集》之中。

2. 曹靖华 1939 年 3 月 22 日致许广平信

××(景宋)兄:

久未通讯,近况如何?××[海婴]如何?生活如何?殊念。弟半年来生活有很多变动。去年暑假赴武汉一游,友人即留弟在武汉,奈当时好多旧友在校,不愿中途离开。十月初回校后,一切均好。不料在十一月×部即派人长[掌]法商,×翁离职,弟及大批教授被解聘(因所谓思想问题),近见逮捕优秀学生三人,弟旧历十二月廿三日离校,携眷来此。现将家眷送至渝西三百里之白沙,与×及××数家合住共食,一切均好。弟单人来此,工作不久可决定,容后再奉问。

祝安

靖华

三月廿二日

通讯处为重庆生活书店转,用弟出书名,不然他们不知道。怕退回。

这封信原载 1939 年 4 月 12 日出版的《鲁迅风》第 13 期,但是没有被收入《曹靖华译著文集》的书信卷。因为当时的《鲁迅风》杂志是在上海租界的特殊环境下出版的,所以在发表该信时对信的内容做了一些处理,用××来分别代替一些人的名字。不过,从《曹靖华年谱》中可以看到曹靖华在这封信中没有明确说明的内容:

(1938 年暑假赴武汉详情)这年西北联大由西安迁到汉中。一天,曹靖华得到电报,星夜赶赴武汉,见到了周恩来。周说,国共需要翻译人员,你是北伐战争时期的老翻译人员,大家希望你来,你就到武汉来吧。

(1938 年 11 月被解聘的详情)10 月初,回到汉中安排工作。伪教育次长以在学生中"宣传与三民主义不相容的马克思主义"解聘。

(1939 年到重庆工作的详情)春天,离开西北联合大学,到重庆。在重庆八路军办事处见到了周恩来。周安排曹到中苏文化协会工作。

春夏,将家眷送到渝西南300里之白沙;与李何林、台静农两家合住共食。

3. 曹靖华1946年9月18日致许广平信

景兄:

潘德枫先生为中苏文协老同事,忠实可靠,奋力前进。拟将豫才先生事迹,写为短篇故事。在苏联有左琴科等所写之列宁故事,颇为读者所称道。在中国可为创举。现潘先生奋勇尝试,已成数篇,特为介绍,望兄费神赐教。

再叙,祝安!

弟 丹
九,十八

曹靖华的这封信中还附录了准备写《鲁迅的故事》一书的同事潘德枫写给许广平的信:

景宋先生:

我今天很荣幸地第一次给您写信。

这次承曹先生鼓励,使我有勇气来试写鲁迅先生故事。我曾对曹先生说:假如我试写的万一有发表的可能,则我有一诚恳的要求,就是在未发表之前,务恳您和曹先生审阅以后方付排。想先生一定允许我这由衷的恳求吧。肃此敬颂撰安!

晚 潘德枫 谨上
九,十九

从这封信的信封上的落款:"南京汉中路牌楼巷51号曹寄"可以看出,这封信是曹靖华在1946年5月随中苏文化协会从重庆迁到南京之后写的,但是因为邮戳模糊,无法辨认出准确的时间。考虑到曹靖华在1948年7月即因接到警报而只身离开南京北上任教,所以这封信大致可以断定是在1946年9月18日或1947年9月18日所写的。另外,曹靖华在这封信中提到的苏联作家左琴科撰写的《列宁的故事》,其实,把左琴科撰写的《列宁的故事》翻译成中文的译者就是曹靖华。他从1942年1月20日开始翻译左琴科所写的《列宁的故事》之一《逃亡》,后来他又把所翻译的列宁的故事和一些苏联的民间故事一起编成《列宁的故事》(苏联民间故事选集)一书,由新华书店晋察冀分店在1946年出版。或许,潘德枫就是受到曹靖华翻译《列宁的故事》一书的启发,再加上1946年是鲁迅逝世10周年,上海等地都在筹备举行纪念活动,由此萌发了撰写《鲁迅的故事》一书的设想。因此,笔者倾向于把这封信的写作时间断定在1946年9月18日。

结　语

未名社后来发生了分裂,鲁迅在1931年5月声明退出未名社,未名社也最终在1933年春宣告解散,但是未名社虽然解散了,未名社的主要成员曹靖华等人此后和鲁迅仍然有联系,并在鲁迅逝世后成为鲁迅精神的弘扬者,对于传播和研究鲁迅的工作做出了重要的贡献。上述的这几封书信就是未名社主要成员曹靖华在鲁迅生前和逝后与鲁迅夫人许广平保持联系的一个历史的见证,希望今后在增补曹靖华等人的文集时把上述的书信收入其个人的文集之中。

李霁野集外的五封书信及一篇文章考释

笔者在北京鲁迅博物馆的资料部陆续查找出一些关于李霁野的资料,对照《李霁野文集》(百花文艺出版社 2004 年出版),可以看出其中的一些书信和文章因为种种原因没有被收入《李霁野文集》之中,现介绍如下。

一、李霁野的集外书信

1. 李霁野 1930 年 5 月 2 日致许寿裳信

季茀先生:

　　前次快信,想已达览,译稿原想暂存上海,托友人走取另行设法,现在以为是没有什么希望的,适逢有几个熟人愿看一看,顺便也可以把译文修改一翻[番],所以再劳先生嘱沪方将该稿以快件(不用航空)寄下,谢谢。附邮票一元,作为稿件邮资,望转去。匆上,即祝

　　近安!

　　　　　　　　　　　　　　　　　　霁野敬启
　　　　　　　　　　　　　　　　　　五月二日①

从这封信的内容和时间来看,信中所说的译稿应当是李霁野翻译的俄国作家陀思妥耶夫斯基的长篇小说《被侮辱与损害的》。李霁野在 1948 年 3 月 14 日撰写的《许季茀先生纪念》一文中提到了许寿裳帮助出版该书的事:

　　1929 年我译了《被侮辱与损害的》,没有地方出版,也经季茀先生转托蔡先生卖给商务印书馆,解决了我一个很大的困难。②

---

① 北京鲁迅博物馆编,《鲁迅博物馆藏近现代名家手札》,福建教育出版社,2002 年版,第 278 页。

② 李霁野:《李霁野文集》第一卷,百花文艺出版社,2004 年版,第 100 页。

这部书后来在1934年11月由商务印书馆出版。李霁野文中所说的"解决了我一个很大的困难",是用出售这部译稿所得的稿酬清偿了自己和韦素园的大部分的债务。

李霁野在《李霁野文集·总序》中说:

> 我在未名社工作完全是尽义务,教书也很少能拿到工资,又有大家庭的负担,所以弄得债台高筑。我便决定译《被侮辱与损害的》,希望能将译稿卖出去。1930年夏书译完了,托人卖给商务印书馆,得稿费一千六百元,一部分为素园还了债,一部分寄给家里维持生活,肩头的重担稍轻,心情也就舒畅了一些。①

2. 李霁野、台静农1933年8月30日致开明书店的信

鲁迅在1933年8月30日致信开明书店,询问办理取书款的手续:

> 径启者:倾得未名社来函并收条。函今寄奉;其收条上未填数目及日期,希即由贵局示知,以便填写并如期走领为荷。②

鲁迅这封信中所说的未名社来函保存下来,全文如下:

开明书店执事先生:

贵店第二次应付未名社之款,早已到期,现已备妥收据,另行寄给鲁迅先生,请他在收据上签字盖章取款,希即照付为荷。该款数目因韦丛芜君他去,契约不在手头,已通知鲁迅先生去贵店询明填写。第三次付款期已将届,一切手续当照一二次办理,不另奉函矣。

专此即颂

大安!

李霁野(印章)

台静农(印章)

同上

八月廿三日

据《鲁迅日记》记载,鲁迅在1934年8月29日"得静农函,内为未名社致

---

① 李霁野:《李霁野文集》第一卷,百花文艺出版社,2004年版,第6页。
② 鲁迅:《鲁迅全集》第12卷,第440页。

开明书店信并收条二纸。"①但是从这封信所用的信纸的顶端带有如下英文单词:Department of English Women's Normal College of Hopei Tientsin, China(中国河北天津女子师范学院英文系)以及笔迹来看,这封信应该是由当时正在天津女子师范学院任教的李霁野执笔撰写而由台静农从北京寄出的。

未名社在结束时曾经把存书折价交给开明书店,由开明书店付款给鲁迅、曹靖华等人:"开明书店应付未名社之款分三期付鲁迅,韦丛芜之开明版税亦分期付鲁迅。"②鲁迅在8月29日收到李霁野的这封信后就在8月30日致信开明书店催交欠款,据《鲁迅日记》记载,鲁迅在1933年3月14日,9月5日,9月14日共收到开明书店代未名社所付款,共二千二百九十九点八三元。

另外,李霁野的这封信的内容是通知开明书店付款给鲁迅,对于鲁迅在1933年8月30日致开明书店的那封信具有补充作用,应当作为这封鲁迅书信的附件收入《鲁迅全集》之中。

3. 李霁野1959年4月17日致许广平信

广平同志:

  这次在绍兴住了近十天,看看鲁迅先生的创作环境,觉得很有兴趣。现已成立招待所,外宾年年不少人去。

  来前接到留法学生所译,在巴黎出版的"故事新编",装印颇佳。此人曾译"红楼梦",妻为法师范学院毕业生,译文大概不差,书已转赠纪念馆。

  前后写诗十首,录上请指教。

  祝 健好!

霁野上
四月十七日下午

(按,这十首诗此处从略,详见下文)

1959年春天,李霁野访问上海和绍兴,拜谒了鲁迅墓,参观了鲁迅故居,因此写了十首关于鲁迅的旧体诗,并抄送给许广平请教。这封信中所提到的法文版《故事新编》,是法国华裔翻译家李治华翻译的,该书在1959年由巴黎

---

① 鲁迅:《鲁迅全集》第16卷,第394页。
② 李霁野:《关于未名社结束情况再答客问》,《李霁野文集》第二卷,第184页。

Gallimard出版社出版。李治华还与法国籍夫人雅克琳·阿雷扎从1954年开始共同翻译《红楼梦》,历时27年,终于在1981年出版了法文版的《红楼梦》。

另外,对照一下这封信中所附录的十首诗的手稿和《李霁野文集》第三卷所收录的这十首诗的内容,可以看出李霁野后来对这十首诗的一些标点符号和一些词语进行了修改,具体修改的内容如下:

谒鲁迅[原稿此处有先生两字]墓并访故居(63页)

(一)

垂柳和风绽玉兰,江南正直艳阳天。
长眠端坐皆潇洒,故国青春万万年。

(二)

奋战生平世所钦,当年教诲意谆谆[原稿为殷殷]。
刀丛斗智显真勇,俯首为牛见大仁。

(三)

竟日长谈万事非,目光炯炯映斜晖[原稿为辉]。
毛锥横[原稿为纵]扫千钧力,离乱声中尚横眉。

(四)

廿载重来万象新,绕梁犹记旧时音。
桌前稚子回眸顾,慈爱拳拳[原稿为殷殷]一片心。
1959年3月21日[原稿无写作时间]

访鲁迅先生故乡(65页)

(一)

百草园中百草新,短垣犹留旧时春。
遥思搔首仰天态,[原稿为:]蟋蟀原双从未闻。[原稿为!]

(二)

小园未改梅花[原稿为腊梅]在,白雪归来自在开。
坛上难寻旧履迹,梅期霖雨长青苔。
(小园在三味书屋后,先生幼时曾登台折梅。)[原稿无此注解]

(三)

两岸菜花黄似绫,乌篷船破水水声轻。
玲珑包殿亭亭立,遥望稽山欲滴青。
(包公殿是先生幼时看社戏的地方)[原稿无此注解]

(四)

当年社戏寂无声,留得名文四海称。
为道先生少小事,儿童额首[原稿为笑语]喜盈盈。

(五)

皇甫安桥万事新,亩产争取一[原稿为二]千斤。
红旗高举[原稿为高举红旗]迎风舞,无愧两村好儿孙。

(六)

鉴湖寄迹少风波,绝笔放翁哀感[原稿为感慨]多;
爱国诗人今豪兴,前来共我舞婆娑!
1959年4月4日至6日[原稿无写作时间]

总体来说,李霁野后来对这十首诗的修改是比较正确的,特别是把当时所写的"亩产争取二千斤",改为"亩产争取一千斤",比较接近现实情况。

4. 李霁野1965年4月16日致许广平信

景宋同志:

接来信,承见赠鲁迅先生手迹影印本,至感。不日南大有人去京开会,当讬他走取;您常在外忙工作,给家里人留一句话即可。

去沪开会,曾谒先生墓,照几张相,现寄上。

此致

敬礼!

文贞致候

李霁野

四月十六日

这封信中提到的鲁迅先生手迹影印本应当是文物出版社在1964年12月出版的《鲁迅手稿》一书,该书影印了《朝花夕拾》和《故事新编》两本文集的手稿。许广平赠送此书也是表达对李霁野保存鲁迅《朝花夕拾》手稿的感谢。

5. 李霁野1976年12月13日致陈漱渝信

漱渝同志:

范文澜地址,"小取灯胡同"我还记得,似在黄化门内,他被捕时也在那里。

《鲁迅先生与未名社》有二三小修改处,无关重要,不再抄录了。全书有几张插图是未名社旧址与被捕处,明春天暖,我想去玩几天,照一下。另外还要烦你请博物馆同志给我印韦素园墓碑,鲁迅致章锡琛(雪村,1935,11,14)各二张备用。一再麻烦她们,我真不好意思了,希代致歉致谢。

我们户外棚子可以过冬,屋内床也加高加固了。你们怎么样?念念。

祝好

霁野

十二月十三日

《鲁迅与未名社》(修改处)

1.《从"烟清云散"到"云破月出"》

P.4 第二行,"愉快的心情吧。"后加:

鲁迅先生十一月二十日给景宋的信也说:"我到此后……静农,霁野……皆待我甚好,这种老朋友的态度,在上海势力之邦是看不到的。"

2.《轰动一时的"最新式炸弹"案》

P.2 第六行,"送到北京"后,加"绥靖公署军法处",

P.2 第六行末至七行,改为:"也问不出所以然,但就是不放。鲁迅先生给许寿裳先生写信,托他找汤尔和帮忙。(见《鲁迅书信集》352,363 信。)也许为了这个关系,军法处终于对孔若君说……"

3.《两次秘密座谈会和五次公开演讲》

P.12 第七行,"是在"后,加"黄化门内小取灯胡同七号"

4.《未名社出版的书籍和期刊》

P.5 第五行,"……骗人的。"后加"但是,鲁迅先生并不完全同意厨川白村的观点,并说明书中错误之处,不应作为行动的指针。"

P.17 第二行,"……一部吧。"后加:"这是'一篇象征写实的童话诗',是'成人的童话',主旨是表现要摆脱人间苦,与大自然融为一体,是可望而不可企的境界。"

李霁野

1976年12月14日

这封信的主要内容是介绍《鲁迅与未名社》有几处修改,并请陈漱渝帮助在鲁迅博物馆复制一些资料。从这封信所附录的一张题为《〈鲁迅与未名社〉(修改处)》的手稿上所写的时间"1976年12月14日",可以断定这封信写于1976年12月13日。

二、拍卖市场上的李霁野书信

1.李霁野1983年3月1日致德明的书信

德明同志:

　　一,廿七信早收到,我因自杭去闽十一月八日回津,当晚冠心病发作,住院三周,以后回家静养至今。幸心肌无损不久可望痊愈。但写序的事就托下来了。近3日写几百字,希望能于三、四月写成。不过也要写到他的生平及小说,怎[么也]要六七千字吧。这对你们恐未必合适,等看书稿的内容再说了。此祝

　　近好!

李霁野
83,3,1

李霁野这封信的收信人具体的名字一时还没有考证出来。

2.李霁野1984年1月14日致《新文学史料》编辑部书信

编辑部同志们:

　　我的回忆录(十万多字)已基本写完,春节前后可定稿。你们前曾有同志问过,所以请问你们愿否看看?题目仍想用《生活历程纪要》。内有二三篇发表过,但印数不多,如你们用,似可重发,以求联贯。

　　祝好!

李霁野
1,14

另外,在这封信结尾的空白处还有如下几个字:已复,84,1,20

从信封上的文字和时间可以看出,这封信是李霁野在1984年1月14日写给《新文学史料》杂志编辑部的,后来,李霁野在这封信中所说的回忆录后来以《我的生活历程》为题分六次发表于《新文学史料》的1984年第3、4期和

1985 年的第 1、2、3、4 期。

3. 李霁野 1987 年 4 月 16 日致文秉勋书信

秉勋同志：

　　文集编整工作,现在基本完了,稿先存我处,你们那里已经有几卷了。原说去年底付排的《简·爱》,似乎还未旅行到印刷局,是否走出了赤峰道,那几张木刻能否结伴同行,希见告。一卷的清样早交去,前函谈到封面题字,扉页内衣加一页书名,《温暖集》加印单行本等问题,均未蒙明告如何,希考虑好见复。

　　祝
　　好！

李霁野
四月十六日

在这封信上端的空白处有如下文字:

　　请元惠阅过存总编办公室,下次会议我们可以集体议一下。
　　德清　4,18
　　暂存　87 年

《李霁野文集》第九卷收录了李霁野在 1986 年致百花文艺出版社编辑邓元惠和文秉勋的多封书信,内容都是关于《李霁野文集》的编辑和出版方面的事务,李霁野的这封信的主要内容也是向编辑文秉勋询问自己的文集的编辑进展情况的。信中所说的"那几张木刻"是否能同《简·爱》"结伴同行",从李霁野在 1987 年 2 月 22 日致文秉勋的信中可以看出"那几张木刻"是李霁野搜集到的几幅《简·爱》插图。李霁野在信中说：

　　前些天带回《简·爱》几张插画,我认为最好加印上,此书或尚未付排,想无甚难处。[①]

4. 李霁野 1992 年 1 月 8 日致天津市新闻出版局书信

出版局：

　　出版社一位编辑对我说,因为《简·爱》畅销,文集首先印这本

---

① 李霁野:《李霁野文集》第九卷,第 462 页。

书。这是不可以的,因为《简·爱》单行本由陕西人民出版社出版。多年来,他们每重印一版都给我应有的版税,他们这样做,我觉得是适当的,也是我应得的权利。若我的文集,编辑部另出单行本,那就是损害到我应得的权利,所以全集不能另出单行本。将来文集可将此书放在最后印行,以七千册为限。陕西出版社印行的《简·爱》单行本仍由他们单行出版。

李霁野
(李霁野印)
1992,1,8

李霁野的这封信是就出版他个人文集的出版社希望先行出版单行本的《简·爱》的问题向天津市新闻出版局领导提出异议,并表明自己的意见。

三、李霁野的集外文章

鲁迅博物馆资料部保存着两份《与李霁野同志座谈纪略》,其中一份是原始记录稿,一份是经过李霁野修改后的修订稿。这是鲁迅博物馆的工作人员在 1975 年 6 月 4 日赴天津采访李霁野时的谈话记录,全文有一万字左右,内容分为如下几个方面:一,未名社与地下党的关系;二,所谓"最新式炸弹";三,关于几个文学团体;四,鲁迅的生活与工作;五,鲁迅的战斗和学习马克思主义;六,鲁迅的亲属和朋友;七,未名社几个成员的简况。

李霁野在 1975 年中秋节(9 月 20 日)致陈漱渝的信中说:

> 博物馆记录基本完好,不过我略有增改,所以重写了一份,约万言,嘱不外传,但说明你若看是可以的。①

从这封信可以看出,李霁野对这份谈话记录做过认真的修改,应当算是李霁野本人的文章。《李霁野文集》之中所收录的《漫谈诗歌写作——与工人业余作者座谈时的发言摘要》②一文就是李霁野发言的摘要纪录。另外,对照一下这份讲话记录和李霁野的《鲁迅先生与未名社》等文章,可以看出有一些相同之处,但是也有一些内容是李霁野没有在文章中写过的,因此,这份讲

---

① 李霁野:《李霁野文集》第九卷,第 83 页。
② 李霁野:《李霁野文集》第一卷,第 360—364 页。

话记录也应当收入《李霁野文集》之中。其实《李霁野文集》之中就收了一些主要内容大致相同的文章,如《在沦陷的天津和北平》①和《有关周作人的几件事》。②

三、结论

未名社后来发生了分裂,鲁迅在1931年5月声明退出未名社,未名社也最终在1933年春宣告解散,虽然未名社解散了,但是未名社的主要成员李霁野、曹靖华等人此后和鲁迅仍然有联系,并在鲁迅逝后成为鲁迅精神的弘扬者,对于传播和研究鲁迅的工作做出了重要的贡献。上述的这几封书信和一篇文章就是未名社主要成员李霁野在鲁迅生前和鲁迅以及在鲁迅逝后和鲁迅夫人许广平保持联系的一个历史的见证,希望今后在增补李霁野的文集时把上述的书信和文章收入他的文集之中。

---

① 李霁野:《李霁野文集》第一卷,第484—488页。
② 李霁野:《李霁野文集》第一卷,第511—515页。

茅盾谈电影剧本《鲁迅传》的两则佚文考释

2008年11月,笔者应陈白尘先生的女儿陈虹教授之邀赴上海参加陈鲤庭导演的百岁诞辰庆祝活动,有幸拜访了陈鲤庭先生,向他请教了拍摄电影《鲁迅传》的有关问题,并得到了陈虹教授提供的关于电影《鲁迅传》的相关资料,而这些资料是电影《鲁迅传》的编剧陈白尘和电影《鲁迅传》的导演陈鲤庭两位先生历经"文革"劫难之后所保留下来的仅有的资料。笔者在整理这些资料的过程中看到两篇茅盾的讲话记录,在请教了人民文学出版社张小鼎先生并查阅了《茅盾全集》之后,确认这两篇讲话记录应当是茅盾的佚文。

一、茅盾的佚文之一:《茅盾同志的发言摘要》

茅盾于1960年4月16日上午在《鲁迅传》顾问团会议上的讲话内容被记录下来,并以《茅盾同志的发言摘要》为题收入《〈鲁迅传〉创作组访谈记录》第一集。以下就是茅盾讲话的内容:

  一、关于结构问题

    主要根据历史,有些地方允许虚构,如王金发应该要虚构。在历史基础上可以有虚构,但私人生活可以避开不写,(夏衍插话:对海婴可以写一些),这可以写,但份量不多。

    照现在计划看,从辛亥革命前后写起,略去日本求学和生病到死,从效果看这也好,可以省一些,笔墨更加精简。我个人是倾向于分八段,照这计划的写法的。大事情以历史事件为背境[景],这样就非分两集不可,至于在何处分为宜,要看长短。

  二、关于人物及其他问题

    1. 有些人一定要用真名,主要是死者,还有如反面人物,胡适就用胡适,活着的人中,许大姐一定要出场,也没有办法用假名的。另外的人,与其用假名,还是不出场的为妙,可以在对话中间提一下就完。

2.在左联成立前,和创造社太阳社笔战,可以侧面写,但冯乃超等的话可不必写。是否可以在这中间用画外音,如表现鲁迅在笔战的时候的思想在想,画外音出来:"逼迫着看普列哈诺夫、马克思主义的文艺理论书,并且翻译出来。"并不一定要用一段话。

3.杨杏佛、瞿秋白、陈延年可用真名。陈延年的照片是否找得到?我和陈延年在广州一段相当熟。有些人可不必出现了,如许寿裳,否则鲁迅熟朋友很多,片子啰苏了。

4.从广州分段,从鲁迅的思想发展上看也较好一些。在1927年以前,鲁迅对北洋军阀已深恶痛绝,在政治上倾向于共产党,但思想上还不是马列主义者。大革命以前鲁迅说:"从俄国文学中看到了有阶级的存在",话是在后面说的,但思想在以前早就有了,从进化论到阶级论,思想上是过度[渡]的。五四时代和李大钊的关系,也有路子可找。

5.这部影片要搞好,二个演员非常重要,一个是鲁迅,一个是瞿秋白,(许广平倒可以请许大姐自己演,她能演戏的,头发染黑一下。)要找一个见过鲁迅的演员不一定有了,鲁迅的声音笑貌,走路说话没有记录下来,不能见到了,但鲁迅是"文如其人",只要多读他的文章,可以从中揣摩。建老比鲁迅先生小一号。

杨杏佛演说有时拳头一伸,台子一砸,很有煽动力,鲁迅先生就不是这样剑拔弩张。恽代英也是煽动家,又是另一个风格。

6.表现鲁迅文章的影响问题,当时《阿Q正传》在晨报发表,有些人疑心要骂到他了,特别是假洋鬼子,这的确是事实。以后的杂文更厉害了,尤其在九·一八前后,骂蒋介石不抵抗,完全和历史背境[景]配合的。写柔石等牺牲时,可以围绕《为了忘却的记念》,特别是"惯于长夜过春时"一诗,演员可以吟出来,用低音,不用朗诵,最好用老式的念诗方法念。

7.关于电报问题,(庆祝长征胜利贺电)恐怕原文也不长,好像经过史沫特莱转去的。(夏衍插话:请茅公再拟一个好了。)①

---

① 《鲁迅传创作组访谈录》第一集,第29—30页。

茅盾在1960年4月16日的日记中记载：

十六日（晴，十几度，一、二度。风已止，觉得比昨天冷）

今晨醒来为六时。不能再睡。至六时半起身。上午九时半赴国际饭店出席《鲁迅传》影片摄制的座谈会。该摄制组有顾问委员会，我被推为顾问之一。下午一时许始返家。处理公文、信件，阅抒情长诗（一千行以上的）数部。晚赴民族宫观内蒙京剧团之演出（近代剧），九时半返家，服药如昨，又阅书，至十二时后入睡。①

从茅盾当天的日记中可以确认，茅盾确实出席了《鲁迅传》顾问团的座谈会。这个讲话记录因此也可命名为《在〈鲁迅传〉顾问团会议上的讲话》。从茅盾的讲话内容可以看出，他对陈白尘代表《鲁迅传》创作组所介绍的关于剧本的构想以及夏衍的讲话表示同意，他所谈的剧本结构问题以及塑造人物形象问题不仅是周总理和夏衍讲话中提到的主要问题，而且也都是这次座谈会的热点问题。另外，茅盾作为熟悉鲁迅的文化名人，还为影片的拍摄提供了很好的建议，如建议演员多读鲁迅的文章来体验鲁迅，用吟诗体现鲁迅在柔石牺牲后的心理等。值得一提的是，茅盾在这个讲话中对于庆祝红军的贺电并没有否认。

《鲁迅传》创作组的成员在聆听了茅盾的讲话之后，为了在影片中突出鲁迅和共产党领导人瞿秋白、陈延年的关系，需要进一步了解瞿秋白和陈延年的相关资料，于是就在这次会议之后的第二天拜访了熟悉这两位共产党领导人的茅盾。

二、茅盾的佚文之二：《访问茅盾同志的摘记》

茅盾在4月18日的日记中有如下记载：

十八日，晴后阴，大风，今晨六时卅十分醒，旋即起身。上午阅书刊，日报，《参资》。下午阅贺敬之抒情长诗。七时许，柯灵、杜宣、陈鲤庭来谈《鲁迅传》影片事，九时半辞去。又阅书至十一时服药就寝，然而竟不能睡，又服镇静剂，至翌晨一时许始入睡。②

---

① 茅盾：《茅盾全集》第39卷（日记一集），人民文学出版社，2001年版，第69页。
② 茅盾：《茅盾全集》第39卷（日记一集），第70页。

从茅盾日记中可以看出，茅盾当天和柯灵、杜宣、陈鲤庭等《鲁迅传》创作组的成员谈了电影《鲁迅传》的事情，因此，创作组成员笔录的《访问茅盾同志的摘记》也可以命名为《和〈鲁迅传〉创作组的谈话》。具体的谈话内容如下：

《访问茅盾同志的摘记》

1960·4·18

1. 关于陈延年

在广州的时候，中山舰事件前，国民党召开第二次代表大会，陈延年和恽代英等都是代表，他们去开会，我当时在宣传部做秘书，开会时和陈常常见面。

陈延年同志的个子不高，讲话很沉着、很干脆，话不多讲。在广州是半公开身份，非常朴素，有时穿长衫，穿短的时候多。陈延年不像独秀，但还是有一点独秀的样子，陈乔年比较有点书生气，头发分开的。

中山舰事件发生后，我乘船离开广州，在开船前和陈延年见过一次，陈延年要我带信给陈独秀，还记得的内容大概有两点：①陈延年谈了中山舰事件后对国民党的看法，当时陈延年的看法和陈独秀不同，陈独秀右倾，陈延年正确。到上海汇报后，彭述之表示广东的看法不好，彭以为蒋介石还没有那么坏，对蒋介石逼得太紧，会引起他的反感，说现在是资产阶级革命，让他们来领导好了，让蒋介石坐轿，我们来抬好了。陈独秀当时也同意彭述之的看法。事实证明，他们是右倾机会主义，错的，而陈延年是正确的。

②是关于一个苏联派来的，在黄埔军校的总教官契商卡的问题，当时上海方面对他有反感。

以后，和陈延年就没有再见过面。

2. 关于瞿秋白

认识秋白是通过郑振铎介绍的，和他时常往来有二个时期：一是在上海大学，一是在27年大革命失败后。

他的个子高，头发梳分头，人的确很潇洒，但演瞿秋白不能专抓潇洒，他演说的时候煽动力很强。平时也很风趣，但这种风趣又和鲁迅不同，鲁迅是幽默，秋白是风趣。当郑振铎结婚时要用两颗图章，一时找不到人刻，时间又很急，大家知道秋白会刻图章的，于是就去找他帮忙,但他提出一张刻字的润格,并定出几天前定,几天后交的期限,使来人瞠目结舌,到第二天郑结婚的日子,秋白来了,带来很厚的一封,上写贺礼××元,是很大的一笔数目,郑振铎说你太客气了,坚辞不肯收,推之再三,打开来一看,原来是刚刚刻好的二颗图章,数字正好是前一天订出润格上的数字,于是大家哄堂大笑。

瞿秋白常住在阴阳界,他对二房东说是教书的,又有杨之华夫妻二人一道,二房东也就很相信了。过去搞秘密工作,因二房东出事的很少,而被叛徒出卖的倒不少。

瞿秋白出外时一般乘黄包车,有时候坐出差汽车。后来搬到南市紫霞路,国民党是没有想到的,他们总以为一般都住在租界上的,所以有时候住在那种地方反而不会受到注意。

3. 关于鲁迅

鲁迅和一般朋友,尤其是青年人在一起时很幽默,很少听到他讲教训人的话。在讲话中时常带点讽刺,但刺人也不一定是恶意,不能把他看作冷酷无情。但他幽默也并不是每句话都是使人发笑的,他讲起话来慢吞吞,谈话不长,从来没有一谈半个钟头的。瞿秋白讲话时滔滔不绝,有时一个人常常说上半个钟头。

鲁迅不相信傅东华,对傅不满,有二件事很生气,一次是黑人作家休士来中国,一次是生活(书店)把《译文》停刊。

鲁迅笑的时候很天真,不冷笑,到真正生气时,才冷笑一下。

鲁迅很重感情,他和蔡元培、许寿裳、齐寿山都很好。许寿裳在北京时,鲁迅常常托许寿裳去北京图书馆查书的。①

从茅盾的讲话中可以看出,他重点介绍了自己和陈延年、瞿秋白交往的情况,并因为影片要塑造两人的形象而特别介绍了两人的外貌特征和性格特点,另外,还介绍了鲁迅的性格特点。

如果把茅盾在1960年的这次讲话内容和他在1979年撰写的回忆录《文学与政治的交错》的相关内容进行对照,可以看出这些内容在大体上是一致的。茅盾关于陈延年在大革命前后与陈独秀的政治分歧的回忆比较为治现代文学史的人士所熟知,在此我们不妨看看茅盾在回忆瞿秋白时曾写到过瞿

---

① 《鲁迅传创作组访谈记录》第一集,第53—54页。

秋白为郑振铎刻图章的故事：

> 我还可以讲瞿秋白的一个轶事，以见其为人之幽默。当郑振铎和高君箴结婚仪式之前一日，郑振铎这才发现他的母亲没有现成的图章（照当时文明结婚的仪式，结婚证书上必须盖有主婚人，即双方家长，介绍人及新郎新娘的图章），他就写信请瞿秋白代刻一个。不料秋白的回信却是一张临时写起来的"秋白篆刻润格"，内开：石章每字二元，七日取件；如属急需，限日取件，润格加倍；边款不计字数，概收二元。牙章、晶章、铜章、银章另议。郑振铎一看，知道秋白忙，不能刻，他知道我也能刻图章，就转求于我，此时已为举行结婚仪式之前夕，我便连夜刻了起来。第二天上午，我把新刻的图章送到郑振铎那里，忽然瞿秋白差人送来一封红纸包，大书"贺仪五十元"。郑振铎正在说："何必送这样重的礼！"我把那纸包打开一看，却是三个图章，一个是郑母的，另两个是郑振铎和高君箴的，郑、高两章合为一对，刻边款"长乐"二字（因为郑、高二人都是福建长乐县人），每章各占一字，这是用意双关的。我一算：润格加倍，边款两元，恰好是五十元。这个玩笑，出人意外，郑振铎和我都忍不住捧腹大笑。自然，我刻的那个图章，就收起来了，瞿秋白的篆刻比我高明十倍。郑、高二人本来打算在证书上签字，不用图章，现在也用了秋白刻的图章。下午举行结婚仪式，瞿秋白来贺喜了，请他讲话，他便用"薛宝钗出闺成大礼"这个题目，讲了又庄严又诙谐的一番话，大意是妇女要解放，恋爱要自由。满堂宾客，有瞠目结舌者，有的鼓掌欢呼。①

这一段回忆虽然与茅盾在同《鲁迅传》创作组成员谈话时的内容有所出入，但是大致内容是一致的，由此也可以说明茅盾的这个讲话记录是真实的。

三、小结

需要指出的是，茅盾在1960年的这两个讲话记录均未经他本人审阅的，

---

① 茅盾：《文学与政治的交错》，载《茅盾全集》第34卷（回忆录一集），第252—253页。该文初发于《新文学史料》第一期，篇末署明一九七九年九月二十日写完，原标题是《文学与政治的交错——回忆录（六）》。

但即使如此,我们也可以结合《鲁迅传》创作的背景与经过以及茅盾在 1979 年撰写的回忆录来确定这两个讲话记录的内容是真实的。而且,《鲁迅传》作为中央亲自抓的向建党四十周年献礼的影片,为摄制影片而采访历史当事人的记录在经过《鲁迅传》创作组资料员沈鹏年整理后由《鲁迅传》创作组党小组长杜宣签字后油印 100 份,在理论上也不会造假,更何况,这两个讲话记录来自于曾经参加这两次和茅盾谈话的陈白尘和陈鲤庭之手。此外,从 1960 年 4 月采访茅盾到 1960 年 6 月油印出版,中间仅隔了两个多月的时间,如果访谈录的资料整理者造假的话,相关当事人当时就能够发现,根本就不会保存下来了。另外,这份访谈录在油印之后很可能也给了作为《鲁迅传》创作组顾问团成员之一的茅盾一份。因此,笔者希望能把这两个讲话记录分别更名为《在〈鲁迅传〉顾问团会议上的讲话》《和〈鲁迅传〉创作组的谈话》收入《茅盾全集》之中。

(本文撰写得到南京师范大学陈虹教授和人民文学出版社张小鼎编审的帮助,特此致谢!)

文物背后的历史信息

——萧军、萧红寄存许广平处的物品释读

1937年9月初,萧军与萧红离开上海奔赴武汉,临行前把鲁迅给两人的53封书信交给许广平并把一些个人物品寄存在许广平处。1956年3月21日,许广平把鲁迅的遗物和两萧所寄存的个人物品一并捐给北京鲁迅博物馆。经过半个世纪的风云,两萧的这些个人物品作为文物仍完好地保存在北京鲁迅博物馆的库房之中。笔者检索之后,看到两萧所寄存的个人物品有稿本、照片、书籍、画作、出版合同、文具等,现在就选择其中的一部分可以确认为萧军个人的藏品予以介绍。

一、稿本

这些藏品中有萧军的一个学习俄语的黑色封皮的硬笔记本,从中可以看到萧军所记录的一些俄语单词以及所翻译的一篇短文,鉴于这篇短文可能是萧军的未发表过的翻译文稿,所以转录如下:

一位服务在高加索的军友老爷,一般人全叫他日林。

一次从他的家里来了一封信,是他的年老的妈妈写来的:

"老了,我已经老了,在我未死之前,我很想看看我亲爱的儿子。和我来告别罢,在我埋葬之前。那么样子,上帝保佑您再去上班。啊,可是我还为你物色了一个未来的妻子咧:又好,又聪明,还有财产。你能够娶你(?)可娶了她,同时你也就可以留在家里。"

太阳已经过了午了,辎重仅仅上了一半的路。尘土,炎热,太阳像烧着的炉子,并且没有地方可以遮蔽。赤裸的荒原,在道路上没有小树,也没有灌木。

日林走在前边,停止下等待,一刻来的辎重车。听见了后面的毂声,——又站住了。同时,日林想:

"一个人不可以走吗？没有兵？我骑的是最好的马，若是和鞑靼人遇到，可以逃跑，走不走？"

他停止下想了又想。这时一个骑在马上的军友向他走来了，背着枪，向他说：

"日林，我们单独的走，尿全没啦，不要说吃，还这样热。我真想把我的衬衫拧一拧。"

克司得林，是一个既雄壮又粗胖的男人，脸脖一齐红着，同时汗还是那样从他的身上头上流。日林想了想就说：

"枪装好子弹了吗？"

"当然啦！"

"这样，我们就走。我们这样约定——不能分开。"

他们沿着大道向前走了。走着荒原，说着，四处看着，向四外远方看着。

很久才走完荒原，进了两山中间的一条凹道。日林说：

"等一等走，我到山顶上去看看。不然我们走，敌人们从山谷中里来，我们全不知道。"

可是克司得林说了：

"看什么？向前走罢。"

日林不听他。

"不，"他说："你在下面等一等，我到上面看看就来。"

他向左边放马上了山。日林的马是烈马，（他是花了一百芦〔卢〕布的代价，从马驹群中挑选出来的。）象同生了翅膀似的带着他飞旋。

将一停下，——一看在前面很多的人，占有一亩地的样子，站着鞑靼人。有三十个人。他看见了，开始向下折回，鞑靼人也看见他了，开始向他追来了，一面从肩上摘着挎着的枪。日林放开了缰绳，尽马跑开自己的腿喊着克司得林：

"摘枪啊！"

同时自己在马身上想着自己的事："妈妈保佑，不要绊倒了腿呀，绊倒就完蛋了。若是卧倒在枪那里，我就不能做俘虏了。"

可是，克司得林却用？代替了等待，就是一看见鞑靼人，就想着怎样向堡垒去滚动。他火烧似的打着马的两边的肋骨，在尘土中仅是可以看到马尾在旋转着。

日林一看不好,枪已经跑了,仅有一柄腰刀,是什么也不好干的。

他想着扭转马头跑到兵那里去,可是飞驰着向他横过来六个人。

在他骑的马是好,可是他们底马更好,所以横在先头。

他开始转马,想要转弯。可是马惊了,不能勒住,竟兔似地一直跑向他们。看见一个红胡子的骑着灰色马的人向他走近了。向着他,牙齿伸露着,准备着枪。

好——日林想——我知道你们这些鬼东西:若是我被你们擒住,你们要把我坐在坛子里,用鞭子抽我。一定不给你们捉活的……

日林身体虽然并不高大,但是有勇气。抽出刀来,扭转马头,向[想]奔向那个红色的鞑靼人,同时想:"不是用马踏,就是用刀砍。"

在马上日林还没有跑到那地方,射车已经转轮向他来了,同时射车马。牠旋转,动摇,两腿立起,把日林摔在了地上。

他想要站起来,可是两个臭鞑靼人已经坐在他的身上了,扭转他的手。他挣扎,鞑靼人用枪托打他,头开始晕眩了。鞑靼人拉捉(住)他,从鞍子上摘下一条富余的肚带来,反绑他的手在背后,绑起一个鞑靼结。扯着坐下,帽子打落了,靴子脱掉了,钱,表,全搜了去,衣服也全破了。

通读萧军的这篇翻译稿,可以看出萧军选择了一篇描写俄国战争题材的小说作为学习俄语的对象,萧军曾经有过军旅生涯,可能也是因为这个缘故而选择了这样的一篇小说。不过,萧军的翻译还不太流畅,不仅把一些俄语单词翻译得比较生硬,而且一些句子也翻译得比较拗口。可以说,这篇翻译稿在很大程度上显示出萧军的俄语水平的确不高。萧军和萧红在哈尔滨期间曾经跟随俄国姑娘佛民娜学了一年多的俄语(从1933年到1934年夏),萧军后来回忆此事时说:"和萧红比较起来,我的学习成绩实在太差了,不独留下的练习作业常出错误,而且常常完成不了,交不上卷,这使得我们这位老师真有些愤怒了……"①

不过,从萧军把这个学习俄语的笔记本保存下来并寄存在许广平那里,也可以看出萧军对这个笔记本还是比较珍惜的。萧军在1937年8月4日的日记中还强调学习外语的重要性:"午后自己在家里温习俄文,自己查了一些单字,看了文法中的前置词,觉得很有所得。俄文一定要学好它,因为靠本国文字读书太不够了。"②萧军在8月7日的日记中写道:"从今年起,极力读书,把俄语学好了,有机会学点英语,世界语……"③

另外,萧军寄存在许广平处的书籍有《俄文文法》《英汉合译纳氏文法表解》《英文最常用四千字表》《英汉求解作文文法辨义四用词典》《毛诗注疏》《朝鲜满洲旅行案内》(日文)、《十九世纪法国画集》《学徒艺术》(外国画集)、《革命故事》(俄文)等,可以说大部分是学习外语的工具书,这也从一个方面反映出萧军比较重视学习外语。

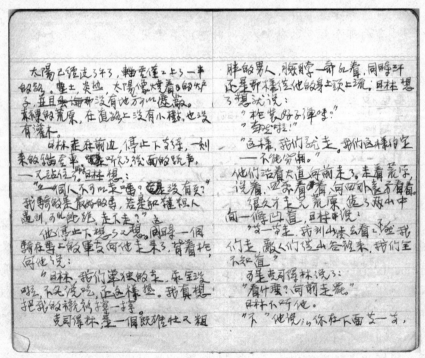

---

① 萧军:《萧红书简辑存注释录》,《萧军全集》第9卷,华夏出版社,2008年版,第239页。

② 萧军:《萧军全集》第18卷,第30页。

③ 萧军:《萧军全集》第18卷,第31页。

二、照片

萧军和萧红寄存在许广平处的物品中有两个相册和一些零散的照片,总共大约有 200 张照片。这些照片大致可以分为如下几类:萧军个人不同时期的照片;两萧不同时期的合影;萧军个人拍摄的风景和人物照片;萧军与友人不同时期的合影;萧军、萧红的友人赠送给他们留念的照片。鉴于其中的一些照片已经被作为插图在一些关于两萧的图书中披露过,这里就选择几幅萧军个人拍摄的照片和有萧军本人题字的照片略做介绍。需要指出的是,这些题写在照片后面的文字应当算作萧军的集外佚文,对于研究两萧的交往具有一定的参考价值。

1936 年 7 月 17 日,萧红赴日本学习,萧军也在 8 月赴青岛写作。萧军在青岛期间花五元钱购买了一个"照相箱"(即照相机),拍摄了一些照片,并把其中的几张附在信中寄给萧红。

萧军把自己住处附近的风景拍摄下来寄给萧红,并在照片的背后题写了如下的文字:

这是我住的房子旁边一条有林子的路。照得还不错吧?

> 这是我住的房子，旁边便有林子的。照得还不错吧。

萧军通过这个照片也是请萧红相信他在青岛期间的生活是比较舒适的，不必为他担心。

萧军在青岛期间曾经去崂山旅游，他把旅途中拍摄的一些照片寄给萧红欣赏，并在几张照片的背后题写了说明文字。

萧军在一张照片的背面有如下的题字：

> 这是崂山"梯子石"下面山沟中一个人家，吃香烟的女人，是那个人家的住家姑娘，戴三角草帽的，那是为我领路的人。他认识这里，我们便在这里休息一会。他们正在吃地瓜干。八·一九

> 这是崂山"梯子石"下面山涧中一个人家,吃完烟的女儿,是那个戴六角草帽的,她是我铁路的。他远送了一程,我们便在这里休息一会。他们不死吃地瓜干。
>
> 八·一九

萧军在另一张照片的背后有如下题字:

> 这是"梯子石"下面山沟中一个为过路人预留的茶亭,卖茶的人他也到过我们的故乡。八·一九

提包、帽子、手杖、水壶、崂山指南,全是您所熟识的。

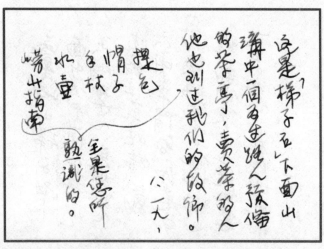

萧军还在一张崂山风景的照片后面题下如下的文字:

崂山的一个峰
一九三六,八·一九

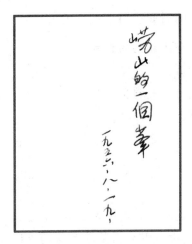

萧红对萧军寄来的照片大加赞赏,她在 8 月 27 日致萧军的信中说:

今天同时接到你从崂山回来的两封信,想不到那小照像机还照得这样好!真清楚极了,什么全看得清。就等于我也逛了崂山一样。

说真话,逛崂山没有我同去,你想不到吗?①

从萧军在这几张照片后面的题字和萧红致萧军的书信中可以看出,两萧虽然感情产生了一些隔阂,决定分开一段时间,一个赴东京,一个赴青岛,但是彼此还是相爱着的,都在牵挂着对方。萧红在这封致萧军的书信的结尾这样写道:

你等着吧!说不定那一个月,或那一天,我可真要滚回去的。到那时候,我就说你让我回来的。

萧军后来在注释萧红的这封书信时说:

这是她到日本一个月零七天寄给我的信。离别的日子不能算长,在她似乎已经有了挨不下去的样子,而在我也确是很怀念她,因此向她说,如果日子挨不下去时就"滚"回来吧!不必矜持了,像那次分床各睡时一样,半夜又哭起来!②

此外,萧军的相册中还有两张同样的两个鸭子在水中并排前进的照片,

---

① 萧军:《萧红书简辑存注释录》,《萧军全集》第 9 卷,第 216 页。
② 萧军:《萧红书简辑存注释录》,《萧军全集》第 9 卷,第 217 页。

萧军在其中的一张照片的后面题写了如下的文字：

  这是同游在一个池塘里的鸭鸭，
  我们互相地不离，
  可是终有分散的一天啊！
  分离后的鸭鸭，
  你们就不要再鸣叫了，
  叫也是听不到的了！
  6，16夜

  这两张照片在萧军的两个相册中都有，特别是其中的一个相册包含这两张照片才仅有四张，由此也可以看出萧军对这两张照片的珍惜。在某种程度上也可以说，这两张照片也是两萧当时感情状况的一个象征，萧军触景生情，所以题写了上述的文字。另外，从题字落款的时间来看，这应当是萧军在1936年6月16日所写的。当时两萧因为感情隔阂，最后决定分开一段时间。不过，与分离的鸭鸭听不到彼此的鸣叫不同，两萧虽然一个远赴异国，一个赴青岛，但仍然鸿雁往来，本想冷却一下的感情反而逐渐增温了。

一九三七年萧军与萧红在上海分开时，萧军在这两只鸭子的照片背后写了一段字。

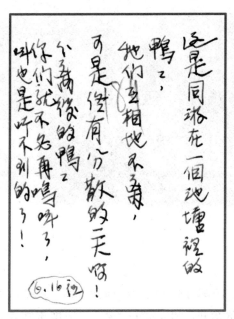

萧军在青岛期间还到附近参观了盐场和矿山,并拍摄了一些盐工和矿工的照片,萧军后来还以其中所拍摄的一张残疾矿工的照片为素材创作了小说《四条腿的人》,揭露日本侵略者对矿工的迫害和剥削。

三、文具

萧军在1936年10月13日从青岛回到上海,安顿下来后就在15日与黄源一起去看望病中的鲁迅先生,匆忙之中,忘记携带在泰山为鲁迅买下的一个石笔架和几张碑拓。不料鲁迅在19日突然逝世,萧军为鲁迅所买的这个石笔架和几张碑拓也就没有能够在鲁迅生前亲手送给鲁迅,好在这些物品最后都作为许广平捐献的文物而与鲁迅的遗物一起保存在鲁迅博物馆的库房之中,也算了却了萧军的一个心愿。

萧军在《十月十五日》一文中描述了他向鲁迅先生提到这个笔架和碑拓的情景:

"为了贪便宜……我还买了几张碑拓呢!"

"那上面恐怕是没有什么好碑的。"

"我是不懂,也不管好歹……只是觉得好玩便买了两张……我还给你带来一个一角钱的'泰山石'笔架……今天忘了……没带来……"

"那不忙……不忙……"

不忙!不忙!……当我把这笔架拿给你,你已经睡在灵床上!①

萧军在这个石笔架上还亲自刻写了如下的文字:

---

① 萧军:《十月十五日》,《萧军全集》第11卷,第144页。

鲁迅先生

这是我为您买的,可是它殉了您的死!

田军 1936,10,19

这个笔架也成为萧军寄托对鲁迅哀思的物品,从这些题字中可以看出萧军对鲁迅的无限怀念之情。

四、油画

萧军寄存在许广平处的物品中有一幅友人金剑啸给他所画的油画,萧军在 1936 年 9 月撰写的《未完成的构图》一文中回忆了和金剑啸的交往并介绍了这幅画的来历:

一九三四年的春天,他给我画像,可是画了两次他全都说不好,涂了,在第三次,记不清是我们临行的前几天,那是在半个钟头以内,画成了一幅头像。他说:

"这次虽然不满意……但是你的脸上的特征总算便显出来了。"

我说:

"我的嘴唇并没有那样红,眼睛没有那样大……"

"只好这样了……不能再改了……就算弟兄们一点纪念吧!"

他在画像的一个下角签了他的名字 J. S. Kin

这像,如今还是悬在我的墙壁上。

听说他在入狱后的七天,他的女人还生了一个儿子!爸爸如今是死了,但愿他的儿子会康强起来,好完成爸爸的那"未完成的构图"。①

萧军对于这幅带有纪念意义的画比较重视,曾经悬挂在上海拉都路福显坊的住所中。萧军在1979年撰写的回忆文章中还以为此画已经随同寄存在友人唐豪处的书籍毁于战火,并为此惋惜。不意他的女儿萧耘在1981年偶然在鲁迅博物馆发现了这幅画和一些萧军的照片,这个好消息使萧军感到了一些欣慰。

五、合同

萧军寄存在许广平处的物品中还有他和萧红的几本书的出版合同,其中有一个萧军在1937年6月22日与上海燎原书店签的小说《涓涓》的出版合同。

萧军曾经这样介绍这篇小说的创作背景:

当一九三三年我曾在哈尔滨《国际协报》上发表了一个连载的中篇名为《涓涓》的小说,这全部题材就是萧红亲口提供给我的。她因为憎恨她所住过的那个学校……希望我给以揭露和打击。同时也提供了一些近于正面性的人物……

这小说,是她一面提供材料我一面续写的,当然谈不到什么整体的规划。而写法上也太多采用了"自然主义"暴露式的近于"黑幕

---

① 萧军:《未完成的构图》,《萧军全集》第11卷,第138页。

小说"的手法。我也曾给鲁迅先生看过,他是这样批评过它的。后来草草结束成了一个中篇的单行本,加以适当的删节,一九三七年出版于上海燎原书店。①

另外,萧军还在《〈涓涓〉前言》中这样写着:"有时现从 H(按:萧红)的口中听取一段故事,再加上一点自己的意思,就这样写成了。"②因此,在某种程度上也可以说这篇小说是两萧共同完成的,是两人密切合作进行创作的一个范例。也正是因为这个原因,这篇小说对于两萧来说,具有一种特别的意义。

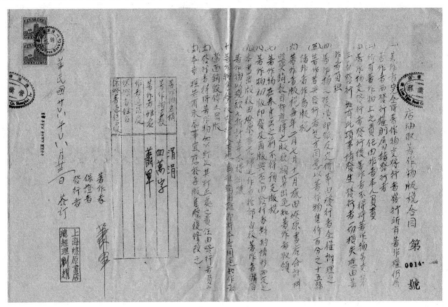

六、小结

历史都是由无数的细节组成的,但是大浪淘沙,一些历史细节往往会被宏大的历史叙述所遮蔽。所以,我们更应当珍惜有幸保存下来的一些历史细节,从而可以更好地回到历史的现场,更好地理解历史上曾经出现过的人和曾经发生过的事。通过对上述萧军寄存在许广平处的个人物品的简单介绍,可以让我们通过这些物品及其背后的历史信息,更好地了解萧军生平中的一些事。

---

① 萧军:《萧红书简辑存注释录》,《萧军全集》第9卷,第235页。
② 《萧军全集》第11卷,第187页。